Gerhard Kühn

Gesamtwirtschaft/WiSo – Kompetenzbereiche I–IV

für die Kaufmännische Berufsschule Baden-Württemberg

1. Auflage

Bestellnummer 40265

Bildungsverlag EINS

Die in diesem Produkt gemachten Angaben zu Unternehmen (Namen, Internet- und E-Mail-Adressen, Handelsregistereintragungen, Bankverbindungen, Steuer-, Telefon- und Faxnummern und alle weiteren Angaben) sind i. d. R. fiktiv, d. h., sie stehen in keinem Zusammenhang mit einem real existierenden Unternehmen in der dargestellten oder einer ähnlichen Form. Dies gilt auch für alle Kunden, Lieferanten und sonstigen Geschäftspartner der Unternehmen wie z. B. Kreditinstitute, Versicherungsunternehmen und andere Dienstleistungsunternehmen. Ausschließlich zum Zwecke der Authentizität werden die Namen real existierender Unternehmen und z. B. im Fall von Kreditinstituten auch deren IBANs und BICs verwendet.

Die in diesem Werk aufgeführten Internetadressen sind auf dem Stand zum Zeitpunkt der Drucklegung. Die ständige Aktualität der Adressen kann vonseiten des Verlages nicht gewährleistet werden. Darüber hinaus übernimmt der Verlag keine Verantwortung für die Inhalte dieser Seiten.

service@bv-1.de
www.bildungsverlag1.de

Bildungsverlag EINS GmbH
Ettore-Bugatti-Straße 6-14, 51149 Köln

ISBN 978-3-427-**40265**-7

Vorwort

Mit diesem neuen Lehrbuch für die kaufmännische Berufsschule in Baden-Württemberg können Sie die Kompetenzbereiche für den *Prüfungsbereich „Wirtschafts- und Sozialkunde“ erwerben.*

Kompetenzbereiche (KB) im Überblick

KB I	In Ausbildung und Beruf orientieren
KB II	Wirtschaftliches Handeln in der sozialen Marktwirtschaft analysieren
KB III	Wirtschaftspolitische Einflüsse auf den Ausbildungsbetrieb, das Lebensumfeld und die Volkswirtschaft einschätzen
KB IV	Entscheidungen im Rahmen einer beruflichen Selbstständigkeit treffen

Die Kompetenzbereiche der Lernfeld-Lehrpläne **mit Schwerpunktbildung** werden im Rahmen des Schwerpunkts *Gesamtwirtschaft* erworben. Als wichtigste Ausbildungsberufe sind hier zu nennen: Verkäufer/Verkäuferin (KB I–II), Kaufleute im Einzelhandel (KB I–III); Industriekaufleute (KB I–IV), Kaufleute im Groß- und Außenhandel (KB I–IV).

Die Kompetenzbereiche der Lernfeld-Lehrpläne **ohne Schwerpunktbildung** werden im Bereich *Berufsfachliche Kompetenz* bzw. im Rahmen des *berufsbezogenen Lernfeldunterrichts* erworben. Als wichtigster Ausbildungsberuf ist hier zu nennen: Kaufleute für Büromanagement (KB I–III).

Jeder größere Lernabschnitt beginnt mit einer typischen **Problemstellung**. Sie enthält **Arbeitsaufträge**, die anhand der nachfolgenden **Sachdarstellung** gelöst werden können. Merksätze und Beispiele dienen der Veranschaulichung. Jeder größere Lernabschnitt schließt mit einer Zusammenfassung und einem **Aufgabenteil**. Im Aufgabenteil wird der Aufbau einer **Lernkartei** unterstützt.

Im Aufgabenteil und am Ende verschiedener Kapitel finden Sie **Lernsituationen** mit einer lernfeldübergreifenden Aufgabenstellung, die das *Lernen in vollständigen Handlungen* ermöglichen. Die Lernenden informieren sich, planen ihre Vorgehensweise selbstständig, treffen Entscheidungen und führen die Handlungen möglichst selbst aus, präsentieren und bewerten ihre Ergebnisse und reflektieren darüber. Die Lernenden berücksichtigen dabei technische, wirtschaftliche, rechtliche, soziale und ökologische Gesichtspunkte. Sie üben soziale Prozesse, konstruktives Feedback und Methoden zur Konfliktbewältigung ein.

Immer wieder wird auf das **Modellunternehmen** TRIAL GmbH (siehe S. 7 ff.) Bezug genommen.

Im Anhang finden Sie ein Abkürzungsverzeichnis und ein **Sachwortverzeichnis.**

Verlag und Autor sind für Anregungen und Kritik dankbar und wünschen ein erfolgreiches Arbeiten mit diesem Buch. Wir haben uns bemüht, geschlechtsneutrale Begriffe zu verwenden (z. B. Kundschaft). Zugunsten der Lesefreundlichkeit haben wir uns manchmal auf die männliche Form beschränkt, z. B. Kunden statt Kundinnen und Kunden. Wir bitten bei unseren Leserinnen um Verständnis.

Autor und Verlag

Inhaltsverzeichnis

Das Modellunternehmen

TRIAL GmbH

Die **TRIAL GmbH** mit Sitz in 69111 Heidelberg, Franz-Sigel-Straße 188, ist eine Gesellschaft mit beschränkter Haftung. Neben Fahrrädern (Rennrädern und Mountainbikes) vertreibt das Unternehmen auch Bikewear (z. B. Radtrikots).

Auf den folgenden Seiten werden weitere wichtige Daten zum Modellunternehmen vorgestellt.

Auszug aus dem Handelsregister – Abteilung B 1526

Amtsgericht Heidelberg						
Nr. der Eintragung	a) Firma b) Ort der Niederlassung (Sitz der Gesellschaft) c) Gegenstand des juristischen Unternehmens (bei juristischen Personen)	Grund- oder Stammkapital (in €)	Geschäftsinhaber persönlich haftende Gesellschafter Geschäftsführer Abwickler	Prokura	Rechtsverhältnisse	a) Tag der Eintragung b) Bemerkungen
1	2	3	4	5	6	7
121	a) TRIAL GmbH b) Heidelberg c) Vertrieb von Bikewear und Fahrrädern	600 000,00	Peter Gasch, 01.05.1969, Dipl.-Kaufmann, Mannheim		Gesellschaft mit beschränkter Haftung	1. Januar 2016

Auszug aus dem Gesellschaftsvertrag (Satzung)

Gesellschaftsvertrag

§ 1 Gesellschafter:

- **Peter Gasch,** Diplom-Kaufmann, geb. 01.05.1969 in Heidelberg
- **Markus Bundschuh,** Diplom-Ingenieur, geb. 12.07.1969 in Mosbach
- **Tanja Knötig,** Bankkauffrau, geb. 23.8.1965 in München

§ 2 Firma, Sitz und Gegenstand der Gesellschaft:

- Die Vertragschließenden errichten eine Gesellschaft mit beschränkter Haftung unter der Firma **„TRIAL GmbH"**.
- Sitz der Gesellschaft ist die Franz-Sigel-Straße 188 in 69111 Heidelberg.
- Gegenstand der Unternehmung ist der Vertrieb von Bikewear und Fahrrädern.

§ 3 Beginn, Geschäftsjahr und Dauer der Gesellschaft:

- Die Gesellschaft mit beschränkter Haftung entsteht durch Umwandlung aus der **„TRIAL KG"**.
- Die Gesellschaft beginnt am 01.01.2016.
- Geschäftsjahr ist das Kalenderjahr.
- Die Dauer der Gesellschaft ist unbefristet.

§ 4 Einlagen der Gesellschafter:

Die Gesellschafter bringen die Personenunternehmung **„TRIAL KG"** im Gesamtwert von 600 000,00 € als Stammkapital ein. Das Stammkapital ist in folgende Stammeinlagen aufgeteilt:

- **Peter Gasch:** 300 000,00 €
- **Markus Bundschuh:** 200 000,00 €
- **Tanja Knötig:** 100 000,00 €

§ 6 Gewinn und Verlustverteilung:

Der Jahresgewinn oder ein Jahresfehlbetrag wird im Verhältnis der Stammeinlagen auf die Gesellschafter Peter Gasch, Markus Bundschuh und Tanja Knötig verteilt.

§ 7 Nachschusspflicht:

Im Falle von Liquiditätsschwierigkeiten kann die Mehrheit der Gesellschafter Nachschüsse fordern. Kommt ein Gesellschafter seiner Nachschusspflicht nicht nach, so ist ihm sein Geschäftsanteil binnen 2 Monaten auszuzahlen. Der betreffende Gesellschafter scheidet mit Ablauf der Nachschusspflicht aus der Gesellschaft aus.

§ 8 Geschäftsführung:

Zum Geschäftsführer wird **Peter Gasch** bestellt.
Die Bestellung des Geschäftsführers kann nur in Fällen grober Pflichtverletzung oder Unfähigkeit zur ordnungsgemäßen Geschäftsführung widerrufen werden.

Heidelberg, den 28.12.15

gez. *Peter Gasch* **Peter Gasch**

gez. *Markus Bundschuh* **Markus Bundschuh**

gez. *Tanja Knötig* **Tanja Knötig**

gez. *Ralf Schäckeler* (Rechtsanwalt und Notar) **Ralf Schäckeler**

Mitarbeiter und Gesellschafter

Personal-Nr.	Name	Position / Tätigkeit
630000	Peter Gasch	Geschäftsführer (Gesellschafter)
630001	Markus Bundschuh	Abteilungsleiter Personal (Gesellschafter)
	Tanja Knötig	Gesellschafterin (keine Funktion im Betrieb)
630002	Jürgen Merkle	Sachbearbeiter Einkauf
630003	Lukas Reichert	Einkauf (Abteilungsleiter)
630004	Anna Lurka	Verkauf (Abteilungsleiterin)
630005	Thomas Horak	Sachbearbeiter Verkauf
630006	Thomas Ernst	Sachbearbeiter Rechnungswesen
630007	Stefanie Binder	Sachbearbeiterin Personalabteilung
630008	Michael Müller	Lagerarbeiter
630009	Katja Müller	Auszubildende
630010	Meral Öger	Abteilungsleiterin Lager

Organigramm der TRIAL GmbH

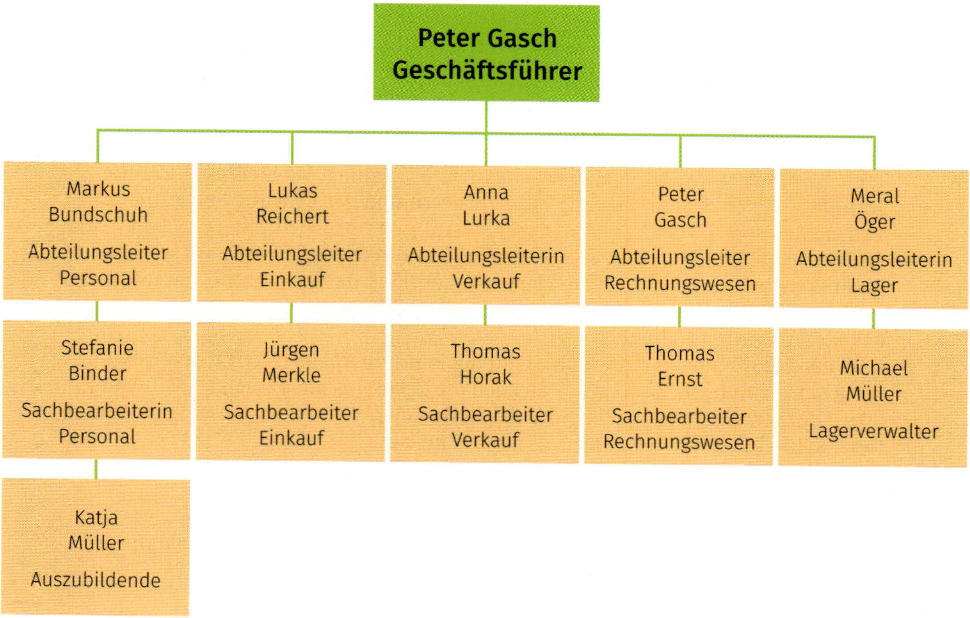

Kompetenzbereich I

In Ausbildung und Beruf orientieren

1 Rechtliche Grundlagen der Berufsausbildung

PROBLEM

Lehrvertrag

Gruenberg und Biedenkopf, den 27. November 1864

Eduard Groos in Gruenberg einerseits und Philipp Walther in Biedenkopf andererseits haben folgende Uebereinkunft getroffen:

1. Groos nimmt den Sohn des Philipp Walther mit Namen Georg auf vier Jahre, und zwar vom Oktober 1864 bis dahin 1868, als Lehrling in sein Geschaeft auf.
2. Groos macht sich verbindlich, seinen Lehrling in Allen dem, was in seinem Geschaeft vorkommt, gewissenhaft zu unterrichten, ein wachsames Auge auf sein sittliches Betragen zu haben und ihm Kost und Logis in seinem Hause frei zu geben.
3. Groos gibt seinem Lehrling alle 14 Tage des Sonntags von 12 bis 5 Uhr frei; dabei ist es gestattet, dass er auch an des Sonntags, wo er seinen Ausgangstag nicht hat, einmal den Gottesdienst besuchen kann.
4. Groos verzichtet auf ein Lehrgeld, hat aber dagegen die Lehrzeit auf vier Jahre ausgedehnt.
5. Walther hat waehrend der Lehrzeit seines Sohnes denselben in anstaendiger Kleidung zu erhalten und fuer dessen Waesche besorgt zu sein.
6. Walther hat fuer die Treue seines Sohnes einzustehen und allen Schaden, den derselbe durch boesen Willen, Unachtsamkeit und Nachlaessigkeit seinem Lehrherrn verursachen sollte, ohne Einrede zu ersetzen.
7. Der junge Walther darf waehrend der Dauer seiner Lehrzeit kein eigenes Geld fuehren, sondern die Ausgaben, welche nicht von seinem Vater direkt bestritten werden, gehen durch die Haende des Lehrherrn und der Lehrling hat solche zu verzeichnen.
8. Hat der junge Walther seine Kleidungsstücke und sonstige Effekten auf seinem Zimmer zu verschließen, aber so, dass sein Lehrherr davon Kenntnis hat und dieser solche von Zeit zu Zeit nachsehen kann, sooft es diesem gewahrt ist, um ihn gehoerig zu ueberwachen.
9. Darf der Lehrling waehrend seiner Lehrzeit kein Wirtshaus oder Tanzbelustigung besuchen, er muesste dann ausdruecklich die Erlaubnis hierzu von seinem Vater oder Lehrherrn erhalten haben und dann besonders darf er auch nicht rauchen im Geschaeft oder außer demselben, es bleibt ihm ganz untersagt.
10. Wenn der junge Walther das Geschaeft der Groos verlaesst, so darf dieser in kein Geschaeft in Gruenberg gehen, ohne dass Groos dazu die Erlaubnis gibt.
11. Zur Sicherstellung, dass beide Teile diese Uebereinkunft treulich halten und erfuellen wollen, ist dieser Contract doppelt ausgefertigt. Jedem ein Exemplar ausgehaendigt und unterschrieben worden.

Groos **Walther**

Arbeitsaufträge

1 *Vergleichen Sie in einer Übersicht die Regelungen des dargestellten Lehrvertrags aus dem Jahre 1864 mit Ihrem Berufsausbildungsvertrag.*

2 *Beschreiben Sie die gesellschaftlichen Verhältnisse zur Zeit des oben dargestellten Lehrvertrags.*

SACHDARSTELLUNG

1.1 Berufsausbildung im dualen System – zwei Lernorte

Die Berufsausbildung hat die für die Ausübung einer qualifizierten beruflichen Tätigkeit in einer sich wandelnden Arbeitswelt notwendigen beruflichen Fertigkeiten, Kenntnisse und Fähigkeiten **(berufliche Handlungsfähigkeit)** in einem geordneten Ausbildungsvorgang zu vermitteln und den Erwerb der erforderlichen Berufserfahrungen zu ermöglichen [BBiG § 1 (3)].

Um dieses anspruchsvolle Ziel zu erreichen, arbeiten die beiden Lernorte Ausbildungsbetrieb und Berufsschule im **dualen Ausbildungssystem** zusammen. Dabei legt der **Lernort Betrieb** seinen Schwerpunkt auf die Vermittlung fachtheoretischer Inhalte in Verbindung mit der fachpraktischen Anwendung am Arbeitsplatz. In der **Berufsschule** steht die fachtheoretische unternehmens- und branchenübergreifende Unterrichtung des Auszubildenden im Vordergrund. So kann der Auszubildende sowohl die notwendige Berufserfahrung als auch eine breit angelegte berufliche Grundbildung erwerben.

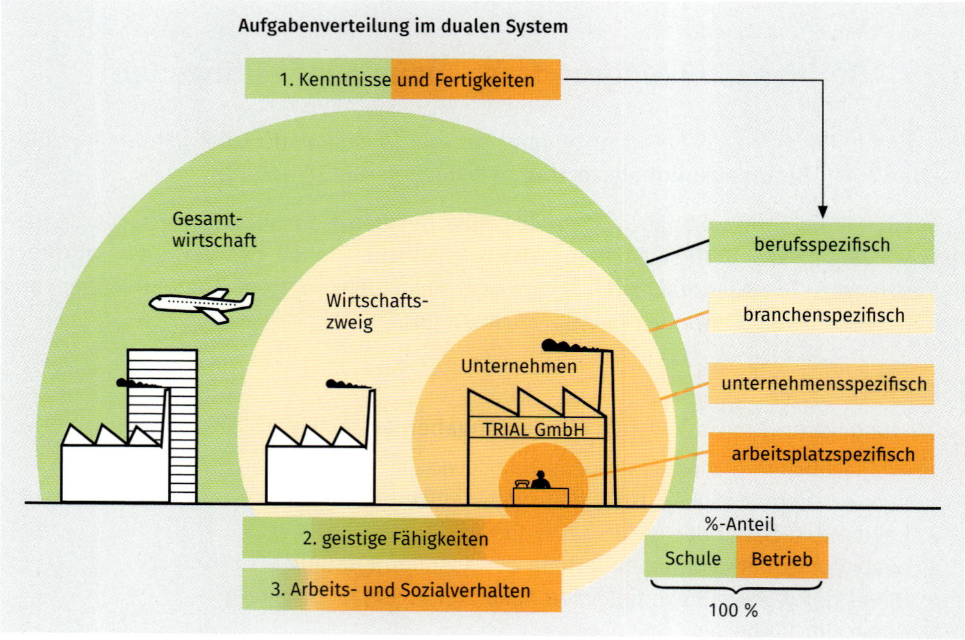

Ausbildungsbetrieb und Berufsschule können mit Berufsbildungseinrichtungen außerhalb der schulischen und betrieblichen Berufsbildung **(außerbetriebliche Berufsbildung)** zusammenarbeiten **(Lernortkooperation)**. Teile der Berufsausbildung können im **Ausland** durchgeführt werden, wenn dies dem Ausbildungsziel dient. Ihre Gesamtdauer soll ein Viertel der in der Ausbildungsverordnung festgelegten Ausbildungsdauer nicht überschreiten (BBiG § 1).

Die Ausbildung darf nur in einem der rund 400 staatlich anerkannten Ausbildungsberufe erfolgen, zu denen das jeweils fachlich zuständige Bundesministerium im Einvernehmen mit dem Bundesministerium für Bildung und Forschung eine verbindliche Ausbildungsordnung erlässt (BBiG § 4).

Die Ausbildungsordnung regelt nach BBiG § 5

- die Bezeichnung des **Ausbildungsberufes**, der anerkannt wird,
- die **Ausbildungsdauer**, sie soll nicht mehr als drei und nicht weniger als zwei Jahre betragen,
- die Fertigkeiten, Kenntnisse und Fähigkeiten, die mindestens Gegenstand der Berufsausbildung sind **(Ausbildungsberufsbild)**,
- eine Anleitung zur sachlichen und zeitlichen Gliederung der Vermittlung der Fertigkeiten, Kenntnisse und Fähigkeiten **(Ausbildungsrahmenplan)**,
- die **Prüfungsanforderungen**.

Für die Berufsschulen erlassen die Kultusminister der Länder **Lehrpläne**, die mit der Ausbildungsordnung des Ausbildungsberufs und dem von der Kultusministerkonferenz (KMK) empfohlenen Rahmenlehrplan inhaltlich abgestimmt sind.

Rechtlich gehört die Berufsschule in die Zuständigkeit der Bundesländer, deren Schulpflichtvorschriften von allen Jugendlichen bis zum Alter von 18 Jahren den Schulbesuch verlangen.

1.2 Berufsausbildungsvertrag – neun Mindestangaben

Wer andere Personen zur Berufsausbildung einstellt (Ausbildender), hat mit den Auszubildenden einen **Berufsausbildungsvertrag** zu schließen (BBiG § 10).

Ausbildende haben unverzüglich nach Abschluss des Berufsausbildungsvertrages, spätestens vor Beginn der Berufsausbildung, den wesentlichen Inhalt des Vertrages schriftlich niederzulegen. Die **Niederschrift** ist von dem Ausbildenden, dem Auszubildenden und dessen gesetzlichen Vertretern zu unterzeichnen (BBiG § 11).

MERKE:

Die Niederschrift muss folgende **Mindestangaben** enthalten:

1. Art, sachliche und zeitliche Gliederung sowie Ziel der Berufsausbildung, insbesondere die Berufstätigkeit, für die ausgebildet werden soll,
2. Beginn und Dauer der Berufsausbildung,
3. Ausbildungsmaßnahmen außerhalb der Ausbildungsstätte,
4. Dauer der regelmäßigen täglichen Ausbildungszeit,
5. Dauer der Probezeit,

6. Zahlung und Höhe der Vergütung,
7. Dauer des Urlaubs,
8. Voraussetzungen, unter denen der Berufsausbildungsvertrag gekündigt werden kann,
9. Hinweis auf die Tarifverträge, Betriebs- oder Dienstvereinbarungen, die auf das Berufsausbildungsverhältnis anzuwenden sind.

Die Dauer der regelmäßigen täglichen Ausbildungszeit ist in Betriebs- und Dienstvereinbarungen festgelegt, die Arbeitgeber und Betriebs- bzw. Personalrat gemeinsam aushandeln (siehe Kapitel 3.4). Die Höhe der Vergütung und die Dauer des Urlaubs sind meistens brancheneinheitlich in Tarifverträgen geregelt (siehe hierzu Kapitel 4).

BEISPIEL: Berufsausbildungsvertrag der Katja Müller

Berufsausbildungsvertrag

(§§ 10, 11 Berufsbildungsgesetz – BBiG)

Zwischen dem/der Ausbildenden (Ausbildungsbetrieb)

Öffentlicher Dienst ☐

KNR | Firmenident-Nr. 85355814 | Tel.-Nr. 06221 2526

Anschrift des/der Ausbildenden (Ausbildungsbetrieb): TRIAL GmbH

Straße, Haus-Nr.: Franz-Sigel-Str. 188

PLZ: 69111 | Ort: Heidelberg

E-Mail-Adresse des/der Ausbildenden: TRIAL-GmbH@personal.de

Verantwortliche/r Ausbilder/in: Gasch, Peter | Geburtsjahr

und dem/der Auszubildenden männlich ☐ weiblich ☑

Name: Müller | Vorname: Katja

Straße, Haus-Nr.: Dantestr. 12

PLZ: 69115 | Ort: Heidelberg

Geburtsdatum: 23.03.1999 | Staatsangehörigkeit: Deutsch

Gesetzliche/r Vertreter/in[1]

Eltern ☑ Vater ☐ Mutter ☐ Vormund ☐

Namen, Vornamen der gesetzlichen Vertreter: Müller, Georg und Maria

Straße, Hausnummer: Dantestr. 12

PLZ: 69115 | Ort: Heidelberg

wird nachstehender Vertrag zur Ausbildung im Ausbildungsberuf: Kauffrau im Groß- und Außenhandel

mit der Fachrichtung/dem Schwerpunkt/dem Wahlbaustein etc.: Rad/Radzubehör Groß- und Außenhandel

nach Maßgabe der Ausbildungsordnung[2] geschlossen.

Änderungen des wesentlichen Vertragsinhaltes sind vom/von der Ausbildenden unverzüglich zur Eintragung in das Verzeichnis der Berufsausbildungsverhältnisse bei der Industrie- und Handelskammer anzuzeigen.

Die beigefügten Angaben zur sachlichen und zeitlichen Gliederung des Ausbildungsablaufs (Ausbildungsplan) sowie die umseitigen Regelungen sind Bestandteil dieses Vertrages.

A Die Ausbildungszeit beträgt nach der Ausbildungsordnung 36 Monate.

Die vorausgegangene

☑ schulische Vorbildung

☐ abgeschlossene betriebliche Berufsausbildung als

☐ abgebrochene betriebliche Berufsausbildung als

☐ abgeschlossene Berufsausbildung in schulischer Form mit Abschluss als

wird mit 12 Monaten angerechnet bzw. es wird eine entsprechende Verkürzung beantragt.

Das Berufsausbildungsverhältnis beginnt am 01.08.2016 und endet am 31.07.2018.

B Die Probezeit (§ 1 Nr. 2) beträgt 4 Monate.[3])

C Die Ausbildung findet vorbehaltlich der Regelungen nach D in

Heidelberg, TRIAL GmbH

und den mit dem Betriebssitz für die Ausbildung üblicherweise zusammenhängenden Bau-, Montage- und sonstigen Arbeitsstellen statt (§ 3 Nr. 12).

D Ausbildungsmaßnahmen außerhalb der Ausbildungsstätte (§ 3 Nr. 12) (mit Zeitraumangabe):

E Der/die Ausbildende zahlt dem/der Auszubildenden eine angemessene Vergütung (§ 5); diese beträgt zur Zeit monatlich brutto

€	823	874	949	
im	ersten	zweiten	dritten	vierten

Ausbildungsjahr.

F Die regelmäßige Ausbildungszeit in Stunden beträgt täglich[4] 8 und/oder wöchentlich

Teilzeitausbildung wird beantragt (§ 6 Nr. 2) ja ☐ nein ☑

G Der/Die Ausbildende gewährt dem/der Auszubildenden Urlaub nach den geltenden Bestimmungen. Es besteht ein Urlaubsanspruch

Im Jahr	2016	2017	2018		
Werktage	12	27	18		
Arbeitstage	13	23	15		

H Hinweise auf anzuwendende Tarifverträge und Betriebsvereinbarungen; sonstige Vereinbarungen:

J Die beigefügten Vereinbarungen sind Gegenstand dieses Vertrages und werden anerkannt.

Ort, Datum: Heidelberg, 01.08.2016

Der/Die Ausbildende:

Stempel und Unterschrift

Der/Die Auszubildende:

Vor- und Familienname

Der/Die gesetzlichen Vertreter/in des/der Auszubildenden:

Vater und Mutter/Vormund

1) Vertretungsberechtigt sind beide Eltern gemeinsam, sowie nicht die Vertretungsberechtigung nur einem Elternteil zusteht. Ist ein Vormund bestellt, so bedarf dieser zum Abschluss des Ausbildungsvertrages der Genehmigung des Vormundschaftsgerichtes.
2) Solange die Ausbildungsordnung nicht erlassen ist, sind gem. § 104 Abs. 1BBIG die bisherigen Ordnungsmittel anzuwenden
3) Die Probezeit muss mindestens einen Monat und darf höchstens vier Monate betragen.
4) Das Jugendarbeitsschutzgesetz sowie für das Ausbildungsverhältnis geltende tarifvertragliche Regelungen und Betriebsvereinbarungen sind zu beachten.

2. Blatt = Ausfertigung für den Ausbildungsbetrieb, Seite 1 von 2

Vereinbarungen in einem Berufsausbildungsvertrag, die zuungunsten des Auszubildenden von den Vorschriften des BBiG abweichen, sind nichtig (Unabdingbarkeit BBiG § 25).

Rechte und Pflichten der Vertragspartner

Im Berufsausbildungsvertrag sind alle wesentlichen Rechte und Pflichten des Auszubildenden und des Ausbildenden festgehalten. Die Rechte des Ausbildenden sind zugleich die Pflichten des Auszubildenden und umgekehrt.

Rechte	Die Ausbildenden haben
Berufsausbildung BBiG § 14	■ dafür zu sorgen, dass den Auszubildenden berufliche Handlungsfähigkeit vermittelt wird, die zum Erreichen des Ausbildungszieles erforderlich ist, um das Ausbildungsziel in der vorgesehenen Ausbildungszeit zu erreichen; ■ selbst auszubilden oder einen Ausbilder ausdrücklich zu beauftragen; ■ den Auszubildenden kostenlos die Ausbildungsmittel, insbesondere Werkzeuge und Werkstoffe, zur Verfügung zu stellen, die zur Berufsausbildung und zum Ablegen von Zwischen- und Abschlussprüfungen erforderlich sind; ■ die Auszubildenden zum Besuch der Berufsschule sowie zum Führen von schriftlichen Ausbildungsnachweisen anzuhalten, soweit solche im Rahmen der Berufsausbildung verlangt werden, und diese durchzusehen.
Fürsorge BBiG § 14	■ dafür zu sorgen, dass Auszubildende charakterlich gefördert sowie sittlich und körperlich nicht gefährdet werden; ■ den Auszubildenden nur Aufgaben zu übertragen, die dem Ausbildungszweck dienen und ihren körperlichen Kräften angemessen sind.
Freistellung BBiG § 15	■ die Auszubildenden für die Teilnahme am Berufsschulunterricht und an Prüfungen freizustellen. Das Gleiche gilt, wenn Ausbildungsmaßnahmen außerhalb der Ausbildungsstätte durchzuführen sind.
Zeugnis BBiG § 16	■ Auszubildenden bei Beendigung des Berufsausbildungsverhältnisses ein Zeugnis auszustellen. Dieses muss Angaben enthalten über Art, Dauer und Ziel der Berufsausbildung sowie über die erworbenen Fertigkeiten, Kenntnisse und Fähigkeiten des Auszubildenden **(einfaches Zeugnis)**. Auf Verlangen des Auszubildenden sind auch Angaben über Verhalten und Leistung aufzunehmen **(qualifiziertes Zeugnis)**.
Urlaub JArbSchG § 19, BUrlG § 3	■ den nach dem Bundesurlaubsgesetz bzw. dem Jugendarbeitsschutzgesetz zustehenden Urlaub zu gewähren. Am 1. Januar noch nicht 16 Jahre: mindestens 30 Werktage Am 1. Januar noch nicht 17 Jahre: mindestens 27 Werktage Am 1. Januar noch nicht 18 Jahre: mindestens 25 Werktage Am 1. Januar über 18 Jahre: mindestens 24 Werktage
Vergütung BBiG §§ 17–19	■ den Auszubildenden eine angemessene Vergütung zu gewähren. Diese ist nach dem Lebensalter des Auszubildenden so zu bemessen, dass sie mit fortschreitender Berufsausbildung, mindestens jährlich, ansteigt; ■ eine über die vereinbarte regelmäßige tägliche Ausbildungszeit hinausgehende Beschäftigung besonders zu vergüten oder durch entsprechende Freizeit zu vergüten;

Rechte	Die Ausbildenden haben
Vergütung BBiG §§ 17–19	■ den Auszubildenden die Vergütung auch für die Zeit der Freistellung zu zahlen und bis zur Dauer von sechs Wochen, wenn sie aus einem in ihrer Person liegenden Grund unverschuldet verhindert sind, ihre Pflichten aus dem Berufsausbildungsverhältnis zu erfüllen.

BEISPIEL: Entgeltabrechnung[1] für die Auszubildende Katja Müller

Abrechnung der Brutto-Netto-Bezüge für den Monat März — **Blatt 1**

Personal-Nr.	Name, Vorname	Eintritt	Abt.nr.	KK-Nr.	St.-Kl.	Kinderzahl	Sozialvers. Schlüssel	Freibetrag
000001	Katja Müller	01.08.16	143	01	1	0	1211	0

LA		Bezahlte Zeit, Stunden, Tage	% Zuschlag	Faktor	Bruttobetrag (€)
09	Ausbildungsvergütung				823,00
42	VWL				7,00

Steuer-Brutto	Soz.vers.-Brutto	Alter					Gesamt-Brutto
830,00	830,00	17					830,00
Lohnsteuer	**Kirchensteuer**	**Sol.-Beitrag**	**Pflegevers.**	**Krankenv.**	**Rentenvers.**	**Arb. losenver.**	**Gesamtabzüge**
0,00	0,00	0,00	9,75	68,89	77,61	12,45	168,70

	Netto-Verdienst
Nettoentgelt	661,30
– VWL	40,00
Auszahlung	621,30

Pflichten	Auszubildende haben nach BBiG § 13
Bemühung	■ sich zu bemühen, die berufliche Handlungsfähigkeit zu erwerben, die erforderlich ist, um das Ausbildungsziel zu erreichen. Sie sind insbesondere verpflichtet, die ihnen im Rahmen ihrer Berufsausbildung aufgetragenen Aufgaben sorgfältig auszuführen.
Berufsschulbesuch	■ an Ausbildungsmaßnahmen teilzunehmen, für die sie nach § 15 BBiG freigestellt sind.
Weisungsbefolgung	■ den Weisungen zu folgen, die ihnen im Rahmen der Berufsausbildung vom Ausbildenden, vom Ausbilder oder von anderen weisungsberechtigten Personen erteilt werden.
Betriebsordnung	■ die für die Ausbildungsstätte geltende Ordnung zu beachten.
Sorgfalt	■ Werkzeuge, Maschinen und sonstige Einrichtungen pfleglich zu behandeln.
Stillschweigen	■ über Betriebs- und Geschäftsgeheimnisse Stillschweigen zu wahren.

[1] Stand 2016

Beginn und Ende des Berufsausbildungsverhältnisses

Das Berufsausbildungsverhältnis beginnt mit der Probezeit. Diese muss mindestens einen Monat und darf höchstens vier Monate betragen (BBiG § 20). **Während der Probezeit** kann das Berufsausbildungsverhältnis jederzeit ohne Einhaltung einer Kündigungsfrist gekündigt werden (BBiG § 22).

Nach der Probezeit kann das Berufsausbildungsverhältnis nur bei Einhaltung bestimmter **Kündigungsgründe und -fristen** vorzeitig beendet werden (BBiG § 22):

Kündigungsgründe und Kündigungsfristen	
wichtiger Grund	Kündigung vom Ausbildenden oder Auszubildenden **ohne Einhalten einer Kündigungsfrist**, wenn die Fortsetzung des Ausbildungsverhältnisses nicht zugemutet werden kann. Die Kündigung muss **innerhalb von zwei Wochen** nach Bekanntwerden des wichtigen Grundes erfolgen.
Aufgabe bzw. Wechsel der Berufsausbildung	Kündigung vom Auszubildenden mit einer **Kündigungsfrist von vier Wochen**, wenn er die Berufsausbildung vorzeitig beenden bzw. sich für eine andere Berufstätigkeit ausbilden lassen will.

Die Kündigung muss **schriftlich** und bei Kündigung nach der Probezeit unter Angabe der Kündigungsgründe erfolgen. Wird das Berufsausbildungsverhältnis nach der Probezeit vorzeitig gelöst, so können der Ausbildende oder Auszubildende **Ersatz des Schadens** verlangen, wenn die andere Person den Grund für die Auflösung zu vertreten hat. Dies gilt nicht bei Aufgabe oder Wechsel der Berufsausbildung. Der Schadenersatzanspruch kann nur innerhalb von drei Monaten nach Beendigung des Berufsausbildungsverhältnisses geltend gemacht werden (BBiG § 23).

Das Berufsausbildungsverhältnis endet mit dem **Ablauf der Ausbildungszeit**. Bestehen Auszubildende vor Ablauf der Ausbildungszeit die Abschlussprüfung, so endet das Berufsausbildungsverhältnis mit **Bekanntgabe des Ergebnisses der Abschlussprüfung** durch den Prüfungsausschuss (BBiG § 21). Bei Nichtbestehen verlängert sich das Berufsausbildungsverhältnis auf Verlangen des Auszubildenden bis zur nächstmöglichen Wiederholungsprüfung, höchstens um ein Jahr. Wird der Auszubildende im Anschluss an das Berufsausbildungsverhältnis **weiterbeschäftigt**, ohne dass hierüber ausdrücklich etwas vereinbart worden ist, so wird ein Arbeitsverhältnis auf unbestimmte Zeit begründet (BBiG § 24).

BEISPIEL:

Im Berufsausbildungsvertrag wurde für das Ende der Ausbildungszeit der 31. Juli vereinbart. Der letzte Prüfungstag (in der Regel die fachpraktische Prüfung) ist der 10. Juni.

Wird die Prüfung bestanden, so endet das Ausbildungsverhältnis am 10. Juni. Wird der Auszubildende weiterbeschäftigt, dann wird ab dem 11. Juni ein Arbeitsverhältnis auf unbestimmte Zeit begründet. Bei Nichtbestehen der Prüfung endet sein Ausbildungsverhältnis am 31. Juli; es sei denn, der Auszubildende beantragt eine Verlängerung des Ausbildungsverhältnisses bis zum nächsten Prüfungstermin.

Überwachung der Berufsausbildung

Die Überwachung der Berufsausbildung, soweit sie die anerkannten Ausbildungsberufe betrifft, ist Sache der **„zuständigen Stellen des BBiG“**. Das sind vor allem die Industrie- und Handels-, Handwerks-, Steuerberater-, Ärzte- und Rechtsanwaltskammern. Bei der zuständigen Stelle ist ein **Berufsbildungsausschuss** eingerichtet, dem sechs Beauftragte der Arbeitgeber, sechs Beauftragte der Arbeitnehmer und sechs Lehrkräfte an berufsbildenden Schulen (letztere mit beratender Stimme) angehören. Der Berufsbildungsausschuss ist in allen wichtigen Angelegenheiten der beruflichen Bildung zu unterrichten und zu hören (BBiG §§ 77 ff.).

Bei Streitigkeiten aus einem bestehenden Berufsausbildungsverhältnis darf das Arbeitsgericht erst dann angerufen werden, wenn zuvor eine Verhandlung vor dem **Schlichtungsausschuss der Kammer** durchgeführt wurde, sofern ein solcher besteht. Das gilt auch, wenn gekündigt wurde.

Beschwerdeliste der Auszubildenden/besondere Mängel in der Berufsausbildung	
Von 1 000 befragten Lehrlingen bezeichnen als Hauptmangel in ihrer Berufsausbildung in %	
▪ zu wenig theoretischer Unterricht	11,4
▪ zu viele Befehle	9,6
▪ zu viel Routinearbeit	9,3
▪ keine gleiche Bezahlung trotz gleicher Arbeit	9,1
▪ Berichtsheft zu Hause schreiben	9,0
▪ zu wenig Berufsschule	8,1
▪ keine gleichwertige Behandlung trotz gleicher Arbeit	6,7
▪ Samstagsarbeit	6,4
▪ zu wenig Zwischenprüfungen	4,5
▪ zu wenig praktische Ausbildung	4,3
▪ Nichteinhaltung der tariflichen Arbeitszeit	3,8
▪ man wird nur schlecht gemacht und nicht gelobt (zu viel Beschimpfungen durch ältere Kollegen)	3,8
▪ Nichteinhaltung des Ausbildungsplanes	3,6
▪ unqualifizierter Ausbilder	3,3
▪ zu viel ausbildungsfremde Tätigkeit	3,2
▪ niemand kontrolliert, was wir im Betrieb machen müssen	2,5
▪ keine Freistellung für die Berufsschule	0,9

(Quelle: eigene Erhebung innerhalb eines Schulprojekts)

1.3 Jugendarbeitsschutz – wesentliche Regelungen

Jugendliche, die in einer Berufsausbildung stehen oder als Arbeitnehmer beschäftigt sind, werden durch das Jugendarbeitsschutzgesetz vor Überforderung, Überbeanspruchung und Gefährdung am Arbeitsplatz geschützt. **Jugendlicher** ist, wer 15 Jahre, aber noch nicht 18 Jahre alt ist. Als Mindestalter für die Beschäftigung Jugendlicher legt das Gesetz das 15. Lebensjahr fest. Die Beschäftigung von **Kindern** (= Personen unter 15 Jahren) ist grundsätzlich verboten. Für Jugendliche, die noch der Vollzeitschulpflicht unterliegen, gelten die gleichen Schutzvorschriften wie für Kinder.

Für die Ausbildung wesentliche Regelungen des JArbSchG im Überblick	
Arbeitszeit (§§ 8, 12, 14, 15)	▪ Jugendliche dürfen nur an fünf Tagen in der Woche beschäftigt werden (in Ausnahmefällen auch an einem Samstag, Sonntag oder Feiertag). ▪ Für Jugendliche gilt grundsätzlich eine Arbeitszeit von höchstens acht Stunden täglich und vierzig Stunden wöchentlich. Arbeitszeit ist die Zeit vom Beginn bis zum Ende der Beschäftigung ohne Ruhepausen. Kurzpausen unter 15 Minuten gelten als Arbeitszeit. ▪ Die Schichtzeit (Arbeitszeit einschließlich Ruhepausen) darf zehn Stunden nicht überschreiten. ▪ Wenn an einzelnen Werktagen die Arbeitszeit unter acht Stunden beträgt, dann können Jugendliche an den übrigen Werktagen derselben Woche bis zu 8,5 Stunden beschäftigt werden. ▪ Der Arbeitstag eines Jugendlichen beginnt frühestens um sechs Uhr morgens und endet spätestens um 20 Uhr abends. Ausnahmen gelten für Jugendliche über 16 Jahren, die im Gaststätten- oder Schaustellergewerbe, in mehrschichtigen Betrieben, in der Landwirtschaft oder in Bäckereien arbeiten.
Freistellung (§ 9)	Der Arbeitgeber hat den Jugendlichen für die Teilnahme am Berufsschulunterricht bzw. an Prüfungen und außerbetrieblichen Ausbildungsmaßnahmen freizustellen. Darüber hinaus sind Jugendliche an dem Arbeitstag, der der schriftlichen Abschlussprüfung unmittelbar vorausgeht, freizustellen.
Berufsschulzeit (§ 9)	Auf die Arbeitszeit werden Berufsschultage mit mehr als fünf Unterrichtsstunden bzw. Berufsschulwochen mit mindestens 25 Stunden Unterricht mit acht bzw. 40 Stunden angerechnet.[1] Der Arbeitgeber darf den Jugendlichen nicht beschäftigen ▪ vor einem vor neun Uhr beginnenden Unterricht (dies gilt auch für volljährige Auszubildende), ▪ an einem Berufsschultag mit mehr als fünf Unterrichtsstunden von je 45 Minuten, einmal in der Woche, ▪ in Berufsschulwochen mit einem Blockunterricht von mindestens 25 Stunden an mindestens fünf Tagen.
Ruhepausen (§ 11)	Als Ruhepause gilt eine Arbeitsunterbrechung von mindestens 15 Minuten. Bei einer Arbeitszeit von mehr als 4,5 Stunden (bzw. 6 Stunden) müssen die Ruhepausen mindestens 30 Minuten (bzw. 60 Minuten) betragen.
Freizeit (§ 13)	Nach Beendigung der täglichen Arbeitszeit dürfen Jugendliche nicht vor Ablauf einer ununterbrochenen Freizeit von mindestens zwölf Stunden beschäftigt werden.
Urlaub (§ 19)	Der Arbeitgeber hat Jugendlichen jährlich bezahlten Erholungsurlaub zu gewähren. Wenn der Jugendliche am 1. Januar des Jahres noch nicht 16 Jahre (bzw. 17 Jahre, bzw. 18 Jahre) alt ist, erhält er mindestens 30 Werktage Urlaub (bzw. 27 Werktage bzw. 25 Werktage). Der Urlaub soll in der Zeit der Berufsschulferien gegeben werden. Für jeden Urlaubstag, an dem die Berufsschule besucht wird, ist ein weiterer Urlaubstag zu gewähren.

Für die Ausbildung wesentliche Regelungen des JArbSchG im Überblick	
Beschäftigungsverbote und -beschränkungen (§§ 22, 23)	Kinder dürfen grundsätzlich nicht beschäftigt werden. Jugendlichen darf keine Arbeit übertragen werden, die ihre Leistungsfähigkeit übersteigt oder die besondere Unfallgefahren und gesundheitliche oder sittliche Gefahren in sich birgt. Akkordarbeit und andere tempoabhängige Arbeitsformen sowie Arbeiten unter Tage sind verboten.
Gesundheitsschutz (§§ 31, 32, 33)	Jugendliche dürfen vom Arbeitgeber nicht körperlich gezüchtigt werden. Kein Jugendlicher darf ohne ärztliches Gesundheitszeugnis (Erstuntersuchung), beschäftigt werden. Ein Jahr nach Arbeitsbeginn muss eine Nachuntersuchung stattfinden. Nach Ablauf jedes weiteren Jahres kann sich der Jugendliche erneut nachuntersuchen lassen.

ZUSAMMENFASSUNG

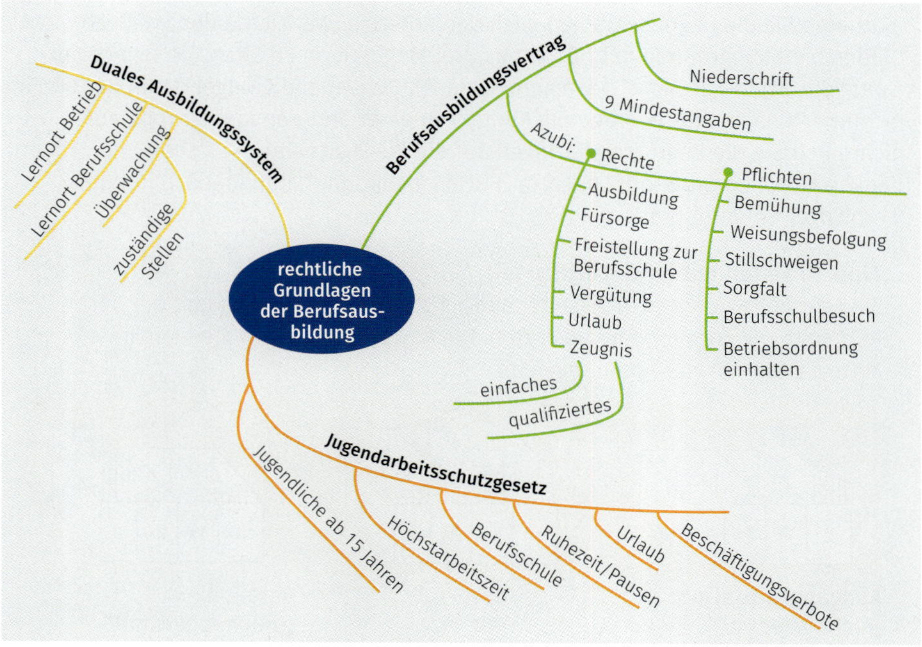

[1] Die Freistellung des Auszubildenden für den Berufsschulunterricht beinhaltet auch die Pausen in der Schule sowie die Wegezeit von der Berufsschule zum Betrieb (BAG Az.: 5 AZR 413/99). Die **Anrechnung erfolgt** nicht auf die betriebsübliche, sondern **auf die gesetzliche Höchstarbeitszeit**. Diese beträgt bei erwachsenen Auszubildenden pro Woche 48, bei jugendlichen Auszubildenden 40 Arbeitsstunden.
Ein Berufsschultag mit 9 Unterrichtsstunden wird mit 8 Arbeitsstunden angerechnet; der Auszubildende muss anschließend nicht mehr in den Betrieb. Ein zweiter Berufsschultag von 8:40–11:25 Uhr und einer Wegezeit von 0,25 Stunden wird mit 3 Arbeitsstunden angerechnet. Insgesamt würden die beiden Berufsschultage mit 11 Stunden auf die gesetzliche Höchstarbeitszeit pro Woche angerechnet. Ein volljähriger Auszubildender müsste noch 37 Stunden, ein minderjähriger Auszubildender müsste noch 29 Stunden im Betrieb ableisten.

AUFGABEN

1 Schreiben Sie jeden der folgenden Begriffe auf die Kopfzeile eines DIN-A6-Kärtchens:

Duales Ausbildungssystem, Ausbildungsordnung (Inhalt), Ausbildungsvertrag (Mindestinhalt), Ausbildungsvertrag (Form), Ausbildungsvertrag (Rechte und Pflichten des Azubi), Probezeit, Zeugnis (einfaches und qualifiziertes), Mindesturlaub, Kündigungsgründe des Auszubildenden, Kündigungsgründe des Ausbildenden, Beendigung der Ausbildung (Gründe), zuständige Stellen, Weiterbeschäftigung, Unabdingbarkeit des BBiG, Entgeltabrechnung (Inhalte), Jugendarbeitsschutzgesetz (Geltungsbereich), Jugendarbeitsschutzgesetz (Vorschriftsbereiche), Jugendliche (nach JArbSchG), Kinder (nach JArbSchG), Schichtzeit, Arbeitszeit (nach JArbSchG), Beschäftigungsverbote (nach JArbSchG), Freistellung, Ruhepause (nach JArbSchG).

Sortieren Sie die Begriffskärtchen nach den Kriterien „weiß ich“ oder „weiß ich nicht“. Bilden Sie Kleingruppen mit höchstens drei Mitgliedern. Erklären Sie sich gegenseitig die „Weiß-ich-nicht“-Kärtchen. Schlagen Sie dabei die ungeklärten Begriffe im Schulbuch nach oder nehmen Sie Kontakt zu einer anderen Kleingruppe auf. Schreiben Sie die Begriffserklärungen auf die Rückseite Ihrer Kärtchen und ordnen Sie die Kärtchen unter der Leitkarte „Berufsausbildung“ alphabetisch in Ihren Lernkartei-Behälter ein.

Tipp: Arbeiten mit einer Lernkartei
Sie schreiben auf der Vorderseite die Fachbegriffe bzw. Fragen und auf der Rückseite die zugehörigen Antworten. Die Karteikarten legen Sie in einen Zettelkasten mit vier Abteilungen ab.

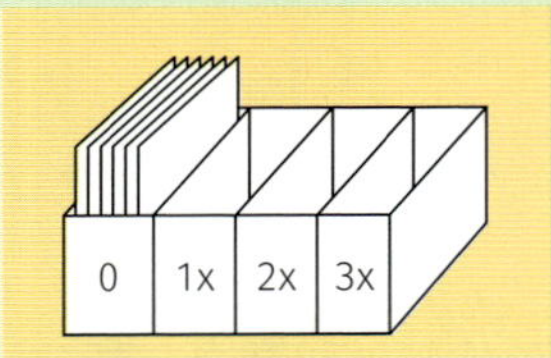

Ausgangssituation:
„nicht gewusst“

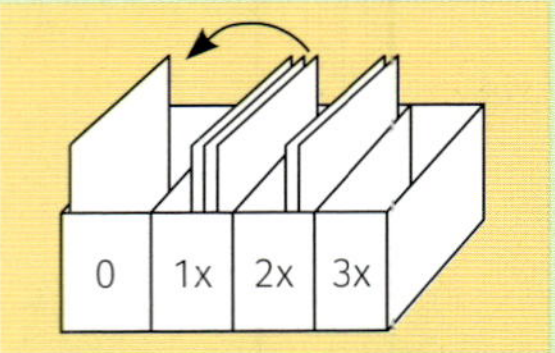

„1x gewusst“ bzw.
2x gewusst“ bzw.
„nicht mehr gewusst“
(zurück)

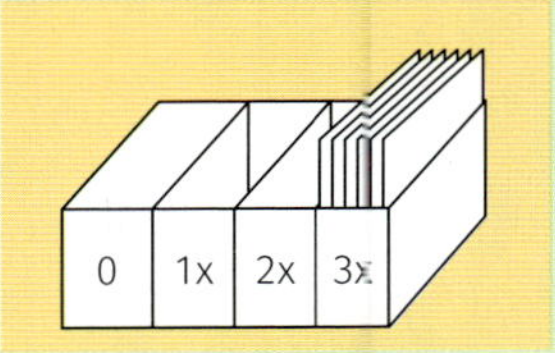

Abteilung 3:
„dreimal gewusst“
Situation am Schluss

2 Bilden Sie Teams mit jeweils drei Mitgliedern (Stammgruppen). Schreiben Sie jeden der Begriffe aus Aufgabe 1 auf ein extra Stück Papier und fügen Sie diese Papierkärtchen zu einer sinnvollen Struktur zusammen. Die Struktur kann durch Pfeile, Farben, Symbole, Texte (z. B. Überschriften), Bilder oder weitere Begriffe ergänzt werden.

3 Bei einer Diskussion werden folgende Meinungen geäußert. Nehmen Sie dazu Stellung.

a) „Auch ein Azubi muss viele Tätigkeiten ausführen, die nicht zu seiner Berufsausbildung gehören!“

b) „Die Probezeit ist doch nur für den Ausbildenden von Vorteil!“

c) „Eine fristlose Entlassung von Azubis ist nach der Probezeit nicht möglich!“

d) „Besteht ein Azubi die Abschlussprüfung nicht, so wird er entlassen und kann die Prüfung nicht wiederholen!“

4 Vollziehen Sie die Entgeltabrechnung für die Auszubildende Katja Müller auf Seite 15 nach und vergleichen Sie diese Entgeltabrechnung mit Ihrer eigenen. Ermitteln Sie insbesondere die Prozentsätze für die Abzüge Lohnsteuer, Kirchensteuer, Solidaritätszuschlag, Pflege-, Kranken-, Renten- und Arbeitslosenversicherung, insgesamt.

5 Beurteilen Sie folgende Fälle anhand des BBiG.

a) Die Auszubildende Sabrina Völkel soll regelmäßig die Kinder des Betriebsinhabers beaufsichtigen; Mario Töpfer muss gelegentlich Frühstück für seine Kollegen holen.
b) Als Sabrina Völkel Artikel wiederholt falsch auszeichnet, wird sie von der Abteilungsleiterin vor den anderen Mitarbeitern mit sehr beleidigenden Äußerungen beschimpft.
c) Mario entdeckt sein Interesse an der Datenverarbeitung. Er möchte deshalb seine Berufsausbildung als Kaufmann im Einzelhandel aufgeben und eine Ausbildung als Informatikkaufmann beginnen.
d) Der Firmeninhaber Arthur Fritz und der Auszubildende Mario Töpfer stellen erst nach Ablauf der Probezeit fest, dass sie nicht miteinander auskommen.
e) Als der Auszubildende Mario Töpfer vom Chef zurechtgewiesen wird, antwortet er mit dem „Götz-Zitat“.

6 Beurteilen Sie folgende Fälle anhand des JArbSchG.

a) Anna ist 15 Jahre alt. Sie möchte an ihrem 16. Geburtstag mit ihrer Freundin eine Reise nach Gran Canaria unternehmen. Ihre Eltern wollen ihr nur einen Zuschuss für diese Reise geben. Das restliche Geld will Anna in den Sommerferien verdienen. Eine Bäckerei in der Nähe der Schule sucht gerade eine Aushilfe für fünf Wochen zu folgenden Konditionen: Stundenlohn 8,00 €, Arbeitszeit: Montag bis Samstag jeweils 4 Stunden.
b) Fall wie a), mit dem Unterschied, dass Anna erst 14 Jahre alt ist.
c) Der 16-jährige Sven ist in einem Cash-und-Carry-Markt als Auszubildender tätig. Er muss samstags arbeiten.

d) Ein 16-jähriger Auszubildender arbeitet täglich neun Stunden.
e) Die Auszubildende Nadine hat am Montag vormittag von 07:50 Uhr bis 13:55 Uhr Unterricht in der Berufsschule. Am Nachmittag muss Nadine im Betrieb arbeiten.
f) Ein Auszubildender will mit seinen Eltern in Urlaub fahren. Er ist seit zwei Monaten in Ausbildung. Das Urlaubsgesuch wird abgelehnt.
g) Jens, 15 Jahre alt, beginnt am 1. Juli in einem Textilgroßhandelsbetrieb seine Ausbildung. Im laufenden Jahr werden ihm 14 Tage Urlaub gewährt.
h) Die Auszubildenden eines Cash-und-Carry-Marktes müssen an ihrem Berufsschultag von 07:30 Uhr bis 08:30 Uhr arbeiten. Der Berufsschulunterricht beginnt um 09:00 Uhr.
i) Die 18-jährige Auszubildende Nancy arbeitet (einschließlich Berufsschulbesuch) montags bis freitags täglich sieben Stunden und samstags sechs Stunden.
j) Ein 17-jähriger Auszubildender hat bis 20:00 Uhr gearbeitet. Am nächsten Tag muss er um 07:30 Uhr wieder mit der Arbeit beginnen.
k) Um sich ein Moped kaufen zu können, arbeitet der 16-jährige Auszubildende Otto an seinem freien Samstag mit Zustimmung seiner Eltern als Aushilfe im Auslieferungslager eines Möbelhauses.

7 Situation 1

Anja Ruess ist seit einem halben Jahr als Auszubildende zur Kauffrau im Groß- und Außenhandel bei der Alois Prima GmbH beschäftigt. Die Elektrogroßhandlung beschäftigt neben dem Gesellschafter-Geschäftsführer noch zwei Verkäufer, eine ungelernte Bürokraft und einen Auszubildenden zum Kaufmann im Einzelhandel. Anja ist zuständig für das Kopieren, Sortieren und Ablegen von Belegen aller Art. Manchmal wird sie auch am Empfang eingesetzt. In letzter Zeit ist sie zunehmend mit Botendiensten und dem Auspacken der eingegangenen Waren betraut. Einen direkten Ausbilder hat sie nicht, im Grunde ist für sie niemand richtig zuständig. Anja befürchtet, dass sie als „Mädchen für alles" nicht genügend mitbekommt und so nach Ende ihrer „Ausbildung" keine Chance in ihrem Beruf hat. Beim Einstellungsgespräch wollte der Inhaber Alois Prima sich persönlich um ihre Ausbildung kümmern. Er ist jedoch ständig unterwegs und hat, wie er sagt, „zu viel um die Ohren". Als Anja ihn auf sein Versprechen hinweist und anspruchsvollere Aufgaben reklamiert, antwortet er lapidar: „Lehrjahre sind keine Herrenjahre!" Anja Ruess will den Konflikt in einem Gespräch klären, notfalls den Schlichtungsausschuss der Handelskammer anrufen.

Situation 2

Martin Böttcher ist im 2. Ausbildungsjahr als Auszubildender zum Kaufmann im Groß- und Außenhandel bei der Sanitärgroßhandlung Beka KG tätig. Seit einem Monat ist eine neue Ausbildungsleiterin, Frau Lisa Berger, für ihn zuständig. Er kommt mit ihr nicht klar. Ständig hat sie an seiner Arbeitsweise und seiner Person etwas auszusetzen. Mal verlangt sie eine Krawatte, mal ist ihr seine Krawatte zu „schrill", mal arbeitet er zu langsam, mal zu schnell. Das Arbeitsklima passt Martin nicht mehr. Er trägt sich mit dem Gedanken, seine Ausbildung bei einer Firma fortzusetzen, in der sein Vater eine führende Position hat. Doch zuvor will er Frau Berger noch einmal seine Meinung sagen.

a) Bauen Sie für die beiden Situationen eine Szenerie auf (z. B. Schreibtisch, ggf. Hintergrundbilder).
b) Bilden Sie mehrere Parallelgruppen (nicht mehr als sechs Mitglieder) und stellen Sie die Konfliktsituationen 1 und 2 in einem Szenenspiel vor der Klasse nach.
c) Bilden Sie Teams mit jeweils drei Mitgliedern (Stammgruppen) und klären Sie die Rechtslage für beide Situationen.
d) Bereiten Sie in Gruppen mit maximal drei Mitgliedern (Parallelgruppen bilden!) ein Rollenspiel vor, indem Sie Rollenkarten für Anja Ruess und Alois Prima (Gruppe A) bzw. Martin Böttcher und Lisa Berger (Gruppe B) entwerfen. Suchen Sie nach Argumenten für die jeweiligen Interessen und nach Möglichkeiten zur Konfliktlösung. Entwerfen Sie einen Beobachtungsbogen mit passenden Beobachtungskriterien (z. B. fachliche Sicherheit, Auftreten, überzeugende Argumentation).
e) Entscheiden Sie in Ihrer Gruppe, wer welche Rolle übernimmt (Auszubildender, Chef, Beobachter) und spielen Sie die Rollen durch. Der Beobachter macht sich Notizen auf seinem Beobachtungsbogen.
f) Zum Abschluss können zwei Gruppen (zu jeder Situation) in einem Innenkreis ihr Rollenspiel vorführen. Die Schüler im Außenkreis bewerten die Konfliktgespräche anhand des Beobachtungsbogens. Anschließend stellen sich die Gruppen den Bewertungen in einer Diskussion.

2 Schutzbestimmungen im Überblick

PROBLEM

Kurt Leger, 16 Jahre, Auszubildender zum Kaufmann für Büromanagement in einer großen Bauunternehmung, und die Auszubildende Katja Müller treffen sich im Übungsraum ihrer Band zu den Proben fürs Wochenende.

Kurt: *„Wieder ein Tag zum Abhaken. Sieben Stunden Berufsschule und dann noch zwei Stunden im Betrieb. Morgens ab sechs Uhr bis zum Unterrichtsbeginn muss ich in letzter Zeit da sein. Mein Chef will mir die Einteilung der Baustellenarbeiter zeigen. Mir reicht's für heute."*

Katja: *„Mir reichen die sechs Stunden Schule schon. Ich bin total gestresst. Ich würde mir das nicht gefallen lassen. Neun Stunden Arbeit an einem Tag! Ist das überhaupt zulässig? Ich würde mich sofort krank melden."*

Kurt: *„Lieber nicht! Wenn das mein Chef mitkriegt, werde ich sofort entlassen. Die Leute stehen doch Schlange für so eine gute Lehrstelle. Ich würde sogar Nachtschichten in Kauf nehmen."*

Katja: *„Dein Chef kann mit dir jedenfalls zufrieden sein. Du lässt dich nach Belieben ausbeuten. Du arbeitest doch auch am Samstagvormittag. Das darfst du doch gar nicht."*

Kurt: *„Weiß ich nicht! Jedenfalls hat mein Chef mir versprochen, dass ich die Überstunden im Winter am Stück abfeiern kann, wenn ich 60 Stunden pro Woche durchmaloche. Die 20 Arbeitstage Urlaub will er mir auszahlen."*

Katja: *„Wir sind doch nicht in Indien, wo die Kinder von fünf Uhr morgens bis zehn Uhr nachts Teppiche knüpfen. Soviel ich weiß, stehen dir außerdem mehr als 20 Werktage Urlaub zu."*

Kurt: *„So schlimm ist das nicht. Wenn mir nicht dauernd der Rücken weh tun würde. Ich habe so einen alten Drehstuhl, der lässt sich nicht verstellen. Ich muss immer so verkrampft sitzen. Meine Augen sind auch immer ganz trocken."*

Katja: *„Soviel ich weiß, gibt es eine Vorschrift, dass der Arbeitgeber Arbeitsplätze so ausstatten muss, dass keine Gesundheitsschäden entstehen können. Wenigstens hast du einen sicheren Arbeitsplatz. Meine Schwester ist schwanger und hat Angst, dass sie ihren Job verliert. Sie weiß nicht, wie es dann weitergehen soll."*

Arbeitsaufträge

1 *Wählen Sie aus dem Klassenverband zwei Schüler, die den vorstehenden Dialog nachspielen.*

2 *Nehmen Sie zu den einzelnen Aussagen Stellung. Prüfen Sie insbesondere, ob die Aussagen richtig sind.*

SACHDARSTELLUNG

2.1 Bestimmungen zum Unfall- und Gesundheitsschutz

MERKE:

Der **Arbeitsschutz** beinhaltet alle Maßnahmen zur **Verhütung von Unfällen**, zur **Vermeidung arbeitsbedingter Gesundheitsgefahren** und zur **menschengerechten Arbeitsgestaltung**.

Der **Arbeitgeber ist verpflichtet**, die erforderlichen Arbeitsschutzmaßnahmen auf eigene Kosten zu treffen und ihre Wirksamkeit laufend zu überprüfen und zu verbessern (ArbSchG § 3). Bei besonderen Gefahren hat er die Beschäftigten über die zu treffenden Schutzmaßnahmen zu unterrichten (ArbSchG § 9).

Zur Unfallverhütung erlassen die **Berufsgenossenschaften** als Träger der gesetzlichen Unfallversicherung (siehe Kap. 5.2 Wesentliche Leistungen der Sozialversicherung) unter Mitwirkung der Deutschen Gesetzlichen Unfallversicherung e. V. (DGUV) **Unfallverhütungsvorschriften (DGUV-V)**. Diese sind für Arbeitgeber und Arbeitnehmer verbindlich.

BEISPIEL:

Verhaltensregeln zur Unfallverhütung:

- Verkehrswege müssen freigehalten werden.
- Rettungswege und Notausgänge sind stets freizuhalten.
- Versicherte dürfen bei der Arbeit nur Kleidung tragen, durch die ein Arbeitsunfall durch sich bewegende Teile nicht verursacht werden kann, dies gilt auch für die Fußbekleidung.
- Für gesundheitsgefährliche Flüssigkeiten dürfen keine Trinkgefäße oder Getränkeflaschen benutzt werden (wegen der Verwechslungsgefahr).
- An gefährlichen Stellen (z. B. im Bereich von Kränen, Baggern) dürfen sich Versicherte nicht unnötig aufhalten.
- Versicherte dürfen durch Alkoholgenuss sich und andere nicht gefährden.
- Einrichtungen und Arbeitsstoffe dürfen nicht unbefugt benutzt werden.

Diese sicherheitsorganisatorischen Maßnahmen müssen durch **Sicherheitskennzeichen** ergänzt werden. Solche Schilder weisen mithilfe von Symbolen und Farben auf besondere Gefahren und Risiken hin.

BEISPIEL: Einige Sicherheitskennzeichen am Arbeitsplatz (DGUV-V 9)

Die **Arbeitsstätten- und die Bildschirmarbeitsverordnung** enthalten Mindestanforderungen zur Gestaltung von Arbeitsbedingungen in Arbeitsstätten bzw. an Bildschirmarbeitsplätzen. Die **berufsgenossenschaftlichen Informationen** (BGI) bieten konkrete Hilfen bei der Umsetzung dieser Vorschriften an. Empfehlungen zur Ausgestaltung enthält die Normenreihe DIN EN ISO 9241.

Mindestanforderungen gemäß arbeitswissenschaftlicher Erkenntnisse der Bundesanstalt für Arbeitsschutz und Arbeitsmedizin (BAuA) i. V. m. ArbStättV und BildschArbV	
Raumtemperatur, Raumluft, Beleuchtung, Lärmpegel	▪ 19 °C, in Büroräumen mindestens 20 °C, bei Arbeitsbeginn ▪ 40 % bis 70 % relative Luftfeuchtigkeit ▪ mindestens 12 m³ Luftraum pro Arbeitsplatz ▪ bei sitzender Tätigkeit mindestens 8 m² Grundfläche ▪ Luftqualität entsprechend der Außenluft ▪ Beleuchtungsstärke in Fensternähe mindestens 300 Lux, in Gruppenbüros mindestens 500 Lux ▪ maximal 55 dB (Dezibel) bei überwiegend geistiger Arbeit, bei sonstigen Tätigkeiten maximal 85 dB

Mindestanforderungen gemäß arbeitswissenschaftlicher Erkenntnisse der Bundesanstalt für Arbeitsschutz und Arbeitsmedizin (BAuA) i. V. m. ArbStättV und BildschArbV	
Bildschirmarbeit	■ Untersuchung der Augen und des Sehvermögens in regelmäßigen Abständen durch eine fachkundige Person ■ flimmerfreier Bildschirm (möglichst hohe Bildwiederholfrequenz und Auflösung, keine störenden Spiegelungen (z. B. Klasse I bei Positivdarstellung); leicht dreh- und neigbar ■ reflexionsfreie, ausreichend große Arbeitsfläche (160 cm · 80 cm), möglichst neig- und höhenverstellbar

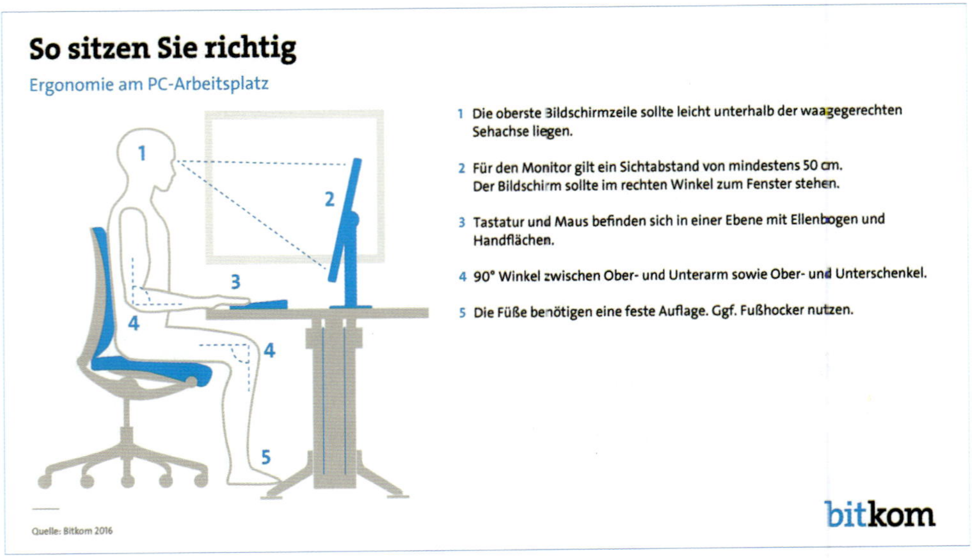

2.2 Jugendarbeitsschutz und Umweltschutz

(Jugendarbeitsschutz → siehe Kapitel 1.3)

Umweltschutz im Büro

Jede Arbeitskraft kann an ihrem Arbeitsplatz aktiv zum Umweltschutz beitragen, indem sie möglichst Abfall vermeidet und auf geringen Material- und Energieverbrauch achtet. Umweltbewusstsein beginnt bereits beim Einkauf des Bürobedarfs. Hier gilt es, möglichst umweltverträgliche und recyclinggerechte Produkte auszuwählen.

Beispiele für umweltbewusstes Verhalten im Büro
■ Einsatz umweltverträglicher Büromaterialien, z. B. lösungsmittelfreie Stifte und Klebstoffe, Recycling-Druckerpapier aus 100 % chlorfrei gebleichtem Zellstoff ■ sparsamer Papierverbrauch durch E-Mail und Vermeidung von E-Mail-Ausdrucken ■ sparsamer Tintenverbrauch bzw. Tonerverbrauch, indem mithilfe der Druckereinstellungen eine geringere Auflösung gewählt wird, z. B. Entwurfsqualität mit 300 dpi ■ Kauf umweltschonender (auf Energie- und Umweltlabel achten), langlebiger, strahlungsarmer, möglichst geräuscharmer Bürogeräte mit möglichst wenig Energieverbrauch (A+++), Laserdrucker mit möglichst wenig Ozon- und Feinstaub-Emissionen wählen, bei Kopiergeräten auf Stromspartaste achten ■ defekte Bürogeräte nicht sofort wegwerfen, sondern reparieren ■ Verwendung ökologisch optimierter Büromöbel und -stühle, z. B. aus nachwachsenden Rohstoffen ■ Fußbodenbeläge aus Naturmaterialien, z. B. Kork, Parkett ■ Büroreinigung mit umweltschonenden Mitteln ■ bei der Beleuchtung auf energiesparende Leuchtmittel achten, möglichst Tageslicht nutzen und Licht ausschalten beim Verlassen des Raums ■ Büroabfälle möglichst vermeiden bzw. recyclinggerecht trennen ■ Heizung bzw. Klimaanlage möglichst energiesparend betreiben usw.

2.3 Arbeitszeitgesetz – ArbZG

Das ArbZG schützt alle volljährigen Arbeitnehmer. Wichtige Regelungen betreffen die tägliche Arbeitszeit, die Ruhepausen, die Nacht-, Sonn- und Feiertagsarbeit.

Wichtige Regelungen des ArbZG im Überblick	
Höchstarbeitszeit (ArbZG § 3)	■ täglich bis zehn Stunden mit Ausgleich innerhalb sechs Monaten auf durchschnittlich acht Stunden/Tag; ■ maximal 48 Stunden pro Woche
Mindestruhezeit und -pausen (ArbZG §§ 4, 5)	■ Nach Ende der Arbeitszeit mindestens elf Stunden Ruhezeit ■ nach sechs bis neun Stunden Arbeitszeit → 30 Minuten Ruhepause ■ nach über neun Stunden Arbeitszeit → 45 Minuten Ruhepause
Nacht- und Schichtarbeit (ArbZG § 6)	■ Anspruch auf arbeitsmedizinische Untersuchung ■ Umsetzungsanspruch auf einen Tagesarbeitsplatz bei gesundheitlicher Gefährdung, Betreuung von Kindern unter zwölf Jahren
Sonn- und Feiertagsarbeit (ArbZG § 9, 10, 11)	■ grundsätzliches Beschäftigungsverbot ■ Ausnahmen siehe ArbZG § 10, z. B. Beschäftigung in Not- und Rettungsdiensten sowie bei der Feuerwehr, zur Aufrechterhaltung der öffentlichen Sicherheit und Ordnung, in Krankenhäusern und anderen Einrichtungen zur Behandlung, Pflege und Betreuung von Personen, in Gaststätten und anderen Einrichtungen zur Bewirtung und Beherbergung sowie im Haushalt, bei Musikaufführungen, Theatervorstellungen, Filmvorführungen, Schaustellungen, in der Landwirtschaft und in der Tierhaltung ■ Ausgleichsregelungen siehe ArbZG § 11, z. B. müssen mindestens 15 Sonntage beschäftigungsfrei bleiben

2.4 Mutterschutz und Elternzeit

Das Mutterschutzgesetz (MuSchG) gilt für alle Frauen, die in einem Arbeitsverhältnis stehen. Nach dem Bundeselterngeld- und Elternzeitgesetz (BEEG) können erwerbstätige Mütter und Väter Elternzeit und Elterngeld beanspruchen.

Wichtige Regelungen des MuSchG und BEEG	
Beschäftigungsverbote (MuSchG §§ 4, 8)	▪ Beschäftigungsverbot gilt für sechs Wochen vor der Niederkunft und acht Wochen (bei Früh- bzw. Mehrlingsgeburten zwölf Wochen) danach **(Mutterschutzfristen)**. ▪ Werdende Mütter dürfen nicht beschäftigt werden mit schweren körperlichen, gefährlichen und gesundheitgefährdenden Arbeiten, Akkord- und Fließbandarbeit. ▪ Werdende Mütter dürfen keine Mehrarbeit, Nacht-, Sonntags- und Feiertagsarbeit leisten.
Kündigungsschutz (MuSchG § 9, BEEG § 18)	▪ während der Schwangerschaft und bis zum Ablauf von vier Monaten nach der Niederkunft (bei Kündigung muss die Arbeitnehmerin binnen zwei Wochen durch ein ärztliches Attest auf ihre Schwangerschaft hinweisen) ▪ während der Elternzeit
Mutterschaftsgeld (MuSchG §13),	▪ während der Mutterschutzfristen 13,00 € pro Tag von der Krankenversicherung; Aufstockung durch den Arbeitgeber bis zum durchschnittlichen Nettoverdienst der letzten 13 Wochen
Elternzeit und Elterngeld (BEEG §§ 2, 15)	▪ **Elternzeit** für erwerbstätige Mütter oder Väter bis zum 36. Monat nach der Geburt ihres Kindes, weitgehender Kündigungsschutz in dieser Zeit. ▪ **Elterngeld** für Kinder, wenn ein Elternteil auf die Berufstätigkeit verzichtet. Es beträgt 67 % des Nettoverdienstes (maximal 1 800,00 €, mindestens 300,00 € pro Monat) und wird zwölf Monate lang gezahlt. Nur 65 % bekommt, wer mehr als 1 240,00 € netto verdient. Die Zahlung verlängert sich um zwei Monate, wenn in dieser Zeit beide Eltern beruflich pausieren. Eltern, die während des Elterngeldbezugs Teilzeit arbeiten, bekommen doppelt so lange Elterngeld in maximal halber Höhe (ElterngeldPlus).

ZUSAMMENFASSUNG

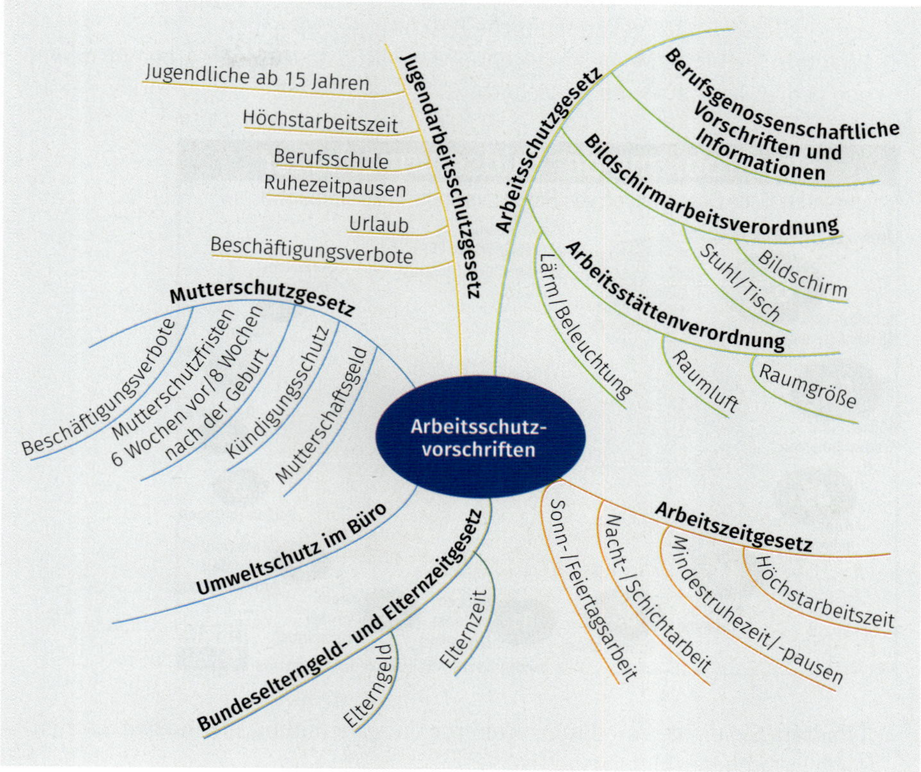

AUFGABEN

1 Schreiben Sie jeden der folgenden Begriffe auf die Kopfzeile eines DIN-A6-Kärtchens:

Arbeitsschutz (Begriff), Sicherheitskennzeichen, Arbeitszeitgesetz (Vorschriftsbereiche), Mutterschutzgesetz (Geltungsbereich), Mutterschutzfristen, Kündigungsschutz (nach MuSchG), Mutterschaftsgeld, Elternzeit, Elterngeld

Sortieren Sie die Begriffskärtchen nach den Kriterien „weiß ich" oder „weiß ich nicht".
Bilden Sie Kleingruppen mit höchstens drei Mitgliedern.
Erklären Sie sich gegenseitig die „Weiß-ich-nicht"-Kärtchen. Schlagen Sie dabei die ungeklärten Begriffe im Schulbuch nach oder nehmen Sie Kontakt zu einer anderen Kleingruppe auf.
Schreiben Sie die Begriffserklärungen auf die Rückseite Ihrer Kärtchen und ordnen Sie die Kärtchen unter der Leitkarte „Arbeitsschutz" alphabetisch in Ihren Lernkartei-Behälter ein.

a) Nehmen Sie zu dem dargestellten Umfrageergebnis zur Bildschirmarbeit Stellung.
b) Widerlegen Sie die Behauptung, dass Bildschirmarbeit krank macht, indem Sie auf die Ursachen für gesundheitliche Beschwerden eingehen.
c) Erläutern Sie einige Mindestanforderungen zur Gestaltung von Arbeitsbedingungen gemäß ArbStättV und BildschArbV.

2

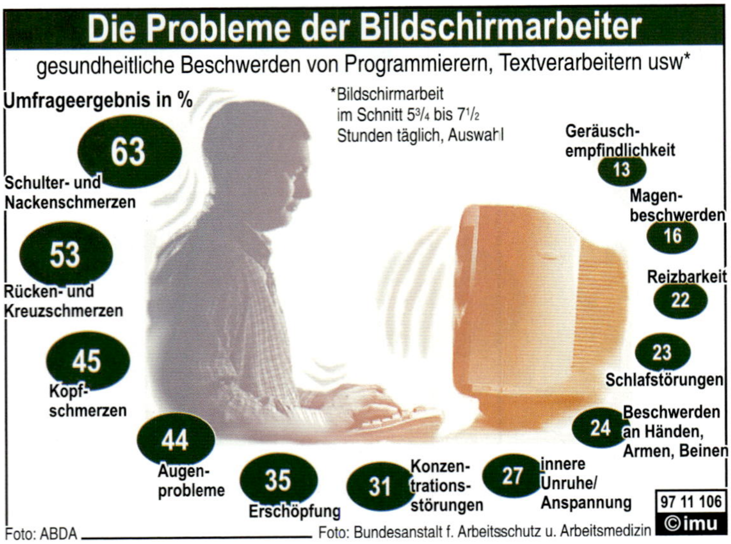

3 a) Erläutern Sie einige Verhaltensregeln zur Unfallverhütung. Erkundigen Sie sich auch in Ihrem Ausbildungsbetrieb.
b) Beschreiben Sie einige Sicherheitskennzeichen nach Form und Farbe. Worin unterscheiden sich Verbots-, Gebots-, Warn- und Rettungszeichen?

4 Nehmen Sie mit Ihrem jetzt erworbenen Fachwissen zu den Aussagen von Katja Müller und Kurt Leger Stellung (siehe Problem auf Seite 23 f.).

5 Vergleichen Sie die Regelungen von ArbZG, JArbSchG und MuSchG zum Geltungsbereich, zur Höchstarbeitszeit, zu Nacht-/Schichtarbeit und Sonn- und Feiertagsarbeit. Erstellen Sie hierzu eine Tabelle.

6 Bilden Sie drei Teams. Jedes Team erstellt ein Plakat bzw. eine Pinnwand. Verwenden Sie dabei möglichst Kärtchen mit sinnvollen Formen und Farben (Metaplantechnik).
Team A: „Bildschirmarbeit – wesentliche gesetzliche Regelungen"
Team B: „Arbeitszeit – wesentliche gesetzliche Regelungen"
Team C: „Umweltschutz im Büro – Beispiele"

3 Mitbestimmung der Arbeitnehmer

PROBLEM

Katja Müller und Stefanie Binder unterhalten sich im Pausenraum.

Stefanie: *„Du kennst doch meinen Freund, den Giulio. Er ist gestern gekündigt worden. Völlig überraschend."*

Katja: *„Der Giulio? Gekündigt? Der arbeitet doch als Einkäufer bei der Sanitärgroßhandlung Hieber KG? Da muss ich mich schon wundern. Was hat er denn ausgefressen?"*

Stefanie: *„Da war überhaupt nichts. Er hat eine ordentliche Kündigung mit dem Kündigungstermin 31. März bekommen. Wegen allgemein rückläufiger Umsätze. Wieso wunderst du dich?"*

Katja: *„Ich habe erst gestern eine Stellenanzeige gelesen. Da sucht die Sanitärgroßhandlung Hieber KG einen Einkäufer."*

Stefanie: *„Das gibt es doch gar nicht!"*

Katja: *„Wir haben erst kürzlich in der Berufsschule das Thema Betriebsrat behandelt. Der hat da auch noch was zu sagen!"*

Stefanie: *„Meinst du? Soviel ich weiß, gibt es bei der Hieber KG sogar einen Betriebsrat. Danke für den Tipp."*

Arbeitsaufträge

1 *Stellen Sie das Gespräch in einem Rollenspiel nach.*

2 *Ist die Kündigung wirksam? Welche Rechte hat der Betriebsrat bei der Kündigung eines Arbeitnehmers?*

Tipp: *Schlagen Sie im Betriebsverfassungsgesetz (BetrVG § 102) nach.*

SACHDARSTELLUNG

Der Interessengegensatz zwischen Arbeitgeber (Kapital) und Arbeitnehmer (Arbeit) wird durch die **Mitbestimmung** der Arbeitnehmer entschärft.

Ebenen der Mitbestimmung		
Arbeitsplatzebene	**Betriebsebene**	**Unternehmensebene**
Unmittelbare Arbeitsumgebung des Arbeitnehmers; hier übt der einzelne Arbeitnehmer seine Arbeitstätigkeit aus.	Produktiver Bereich des Unternehmens; hier werden die Sachziele (z. B. Produktion und Lagerung von Gütern) verwirklicht.	Rechtlicher Rahmen des wirtschaftlichen Tuns. Hier werden die Betriebe gelenkt und Formalziele (z. B. Gewinnmaximierung) verfolgt.
⬇	⬇	⬇
Mitbestimmung durch **Individualrechte** des Arbeitnehmers, z. B. aufgrund seines Arbeitsvertrags, BetrVG §§ 81 bis 84, von Arbeitsschutzvorschriften.	Mitbestimmung des Arbeitnehmers durch **Kollektivrechte** des **Betriebsrats** aufgrund von Tarifverträgen, BetrVG §§ 87 bis 112.	Mitbestimmung des Arbeitnehmers durch die Arbeitnehmervertreter im **Aufsichtsrat** aufgrund des ■ Drittelbeteiligungsgesetzes ■ Mitbestimmungsgesetzes, ■ Montan-Mitbestimmungs-Gesetzes.

3.1 Mitwirkungsrechte des einzelnen Arbeitnehmers

Recht auf Unterrichtung (BetrVG § 81)

Der Arbeitgeber hat den Arbeitnehmer

- über dessen Aufgabe und Verantwortung sowie über die Art seiner Tätigkeit und ihre Einordnung in den Arbeitsablauf des Betriebs zu unterrichten;
- vor Beginn der Beschäftigung über die Unfall- und Gesundheitsgefahren, denen dieser bei der Beschäftigung ausgesetzt ist, sowie über die Maßnahmen und Einrichtungen zur Abwendung dieser Gefahren zu belehren;
- über Veränderungen in seinem Arbeitsbereich rechtzeitig zu unterrichten;
- über die aufgrund einer Planung von technischen Anlagen, von Arbeitsverfahren und Arbeitsabläufen oder der Arbeitsplätze vorgesehenen Maßnahmen und ihre Auswirkungen auf seinen Arbeitsplatz, die Arbeitsumgebung sowie auf Inhalt und Art seiner Tätigkeit zu unterrichten.

Sobald feststeht, dass sich die Tätigkeit des Arbeitnehmers ändern wird und seine beruflichen Kenntnisse und Fähigkeiten zur Erfüllung seiner Aufgaben nicht ausreichen, hat der Arbeitgeber mit dem Arbeitnehmer zu erörtern, wie dessen berufliche Kenntnisse und Fähigkeiten im Rahmen der betrieblichen Möglichkeiten den künftigen Anforderungen angepasst werden können.

Anhörungs- und Erörterungsrecht (BetrVG § 82)

Der Arbeitnehmer hat das Recht, in betrieblichen Angelegenheiten, die seine Person betreffen, von den nach Maßgabe des organisatorischen Aufbaus des Betriebs hierfür zuständigen Personen gehört zu werden. Er ist berechtigt, zu Maßnahmen des Arbeitgebers, die ihn betreffen, Stellung zu nehmen sowie Vorschläge für die Gestaltung des Arbeitsplatzes und des Arbeitsablaufs zu machen.

Der Arbeitnehmer kann verlangen, dass ihm die Berechnung und Zusammensetzung seines Arbeitsentgelts erläutert und dass mit ihm die Beurteilung seiner Leistungen sowie die Möglichkeiten seiner beruflichen Entwicklung im Betrieb erörtert werden.

Einsicht in die Personalakte (BetrVG § 83)

Der Arbeitnehmer hat das Recht, in die über ihn geführten Personalakten Einsicht zu nehmen. Erklärungen des Arbeitnehmers zum Inhalt sind der Personalakte auf sein Verlangen beizufügen.

Beschwerderecht (BetrVG § 84)

Jeder Arbeitnehmer hat das Recht, sich bei den zuständigen Stellen des Betriebs zu beschweren, wenn er sich vom Arbeitgeber oder von Arbeitnehmern des Betriebs benachteiligt oder ungerecht behandelt oder in sonstiger Weise beeinträchtigt fühlt. Er kann ein Mitglied des Betriebsrats zur Unterstützung oder Vermittlung hinzuziehen.

3.2 Betriebsrat – Interessenvertretung der Arbeitnehmer

Wahl des Betriebsrats

Mitwirkung und **Mitbestimmung** der Arbeitnehmer sind durch den **Betriebsrat** garantiert. Sobald mindestens fünf **wahlberechtigte** Mitarbeiter[1] (sie müssen volljährig sein, mindestens drei müssen wählbar sein) in einem Betrieb[2] arbeiten, können sie für **vier Jahre** in freier, geheimer und unmittelbarer Wahl ihre Interessenvertreter wählen. **Wählbar** sind alle Wahlberechtigten, die **mindestens sechs Monate** dem Betrieb angehören (BetrVG §§ 7 und 8).

Die Größe des Betriebsrats ist von der Zahl der Arbeitnehmer abhängig (siehe BetrVG § 9). Ab drei Mitgliedern müssen weibliche und männliche Beschäftigte entsprechend ihrem zahlenmäßigen Anteil im Betriebsrat vertreten sein.

Aufgaben des Betriebsrats

Arbeitgeber und Betriebsrat sollen zum Wohl aller Betriebsangehörigen, des Betriebs und zum Gemeinwohl vertrauensvoll zusammenarbeiten.

---

[1] Wahlberechtigt sind auch Teilzeit- und Leiharbeitskräfte, nicht jedoch leitende Angestellte.
[2] Ein Unternehmen (z. B. XY GmbH) kann mehrere Betriebe haben und damit mehrere Betriebsräte. Ein Betrieb ist eine Zusammenfassung von Menschen und Betriebsmitteln mit einer einheitlichen Leitung, die über personelle (z. B. Einstellungen, Entlassungen) und soziale Angelegenheiten (z. B. Arbeitszeit) selbstständig entscheiden kann.

Nach BetrVG § 80 hat der Betriebsrat

- darüber zu wachen, dass die zugunsten der Arbeitnehmer geltenden Gesetze, Verordnungen, Unfallverhütungsvorschriften, Tarifverträge und Betriebsvereinbarungen durchgeführt werden;
- Maßnahmen, die dem Betrieb und der Belegschaft dienen, beim Arbeitgeber zu beantragen;
- die Durchsetzung der tatsächlichen Gleichstellung von Frauen und Männern, insbesondere bei der Einstellung, Beschäftigung, Aus-, Fort- und Weiterbildung und dem beruflichen Aufstieg, zu fördern; ebenso die Vereinbarkeit von Familie und Erwerbstätigkeit;
- Anregungen von Arbeitnehmern und der Jugend- und Auszubildendenvertretung entgegenzunehmen und, falls sie berechtigt erscheinen, durch Verhandlungen mit dem Arbeitgeber auf eine Erledigung hinzuwirken; er hat die betreffenden Arbeitnehmer über den Stand und das Ergebnis der Verhandlungen zu unterrichten;
- die Eingliederung Schwerbeschädigter und sonstiger besonders schutzbedürftiger Personen zu fördern; die Eingliederung ausländischer Arbeitnehmer im Betrieb und das Verständnis zwischen ihnen und den deutschen Arbeitnehmern zu fördern;
- die Wahl einer Jugend- und Auszubildendenvertretung vorzubereiten und durchzuführen und mit dieser zur Förderung der Belange der Jugendlichen und Auszubildenden eng zusammenzuarbeiten;
- die Beschäftigung älterer Arbeitnehmer im Betrieb zu fördern;
- die Beschäftigung im Betrieb zu fördern und zu sichern;
- Maßnahmen des Arbeitsschutzes und des betrieblichen Umweltschutzes zu fördern.

In der mindestens **vierteljährlich** stattfindenden **Betriebsversammlung** aller Arbeitnehmer berichtet der Betriebsrat über seine Arbeit. Der Arbeitgeber wird dazu eingeladen und kann, wie auch alle anderen Betriebsangehörigen, das Wort ergreifen (BetrVG § 43).

Im Mittelpunkt der Betriebsversammlung stehen:

- die Entgegennahme des Tätigkeitsbereichs des Betriebsrats und die Information über die mit dem Arbeitgeber getroffenen Vereinbarungen und gefassten Beschlüsse;
- die allgemeine Unterrichtung der Belegschaft über die betrieblichen Verhältnisse und ihre Entwicklung durch Betriebsrat und Arbeitgeber;
- Fragen, kritische Anmerkungen und Anträge der Mitarbeiter;
- die Pflicht des Arbeitgebers, einmal im Kalenderjahr über das Personal- und Sozialwesen einschließlich des Stands der Gleichstellung von Frauen und Männern im Betrieb sowie der Integration der im Betrieb beschäftigten ausländischen Arbeitnehmer, über die wirtschaftliche Lage und Entwicklung des Betriebs sowie über den betrieblichen Umweltschutz zu berichten, soweit dadurch nicht Betriebs- oder Geschäftsgeheimnisse gefährdet werden.

In Betrieben mit über 100 Beschäftigten wird ein **Wirtschaftsausschuss** gebildet, der mit drei bis sieben Mitgliedern besetzt ist. Mindestens ein Mitglied muss dem Betriebsrat angehören. Der Wirtschaftsausschuss berät wirtschaftliche Angelegenheiten mit dem Unternehmer, z.B. Fabrikations- und Arbeitsmethoden, Produktionsprogramm, die wirtschaftliche Situation des Unternehmens, die Produktions- und Absatzlage, und berichtet dem Betriebsrat (BetrVG § 106).

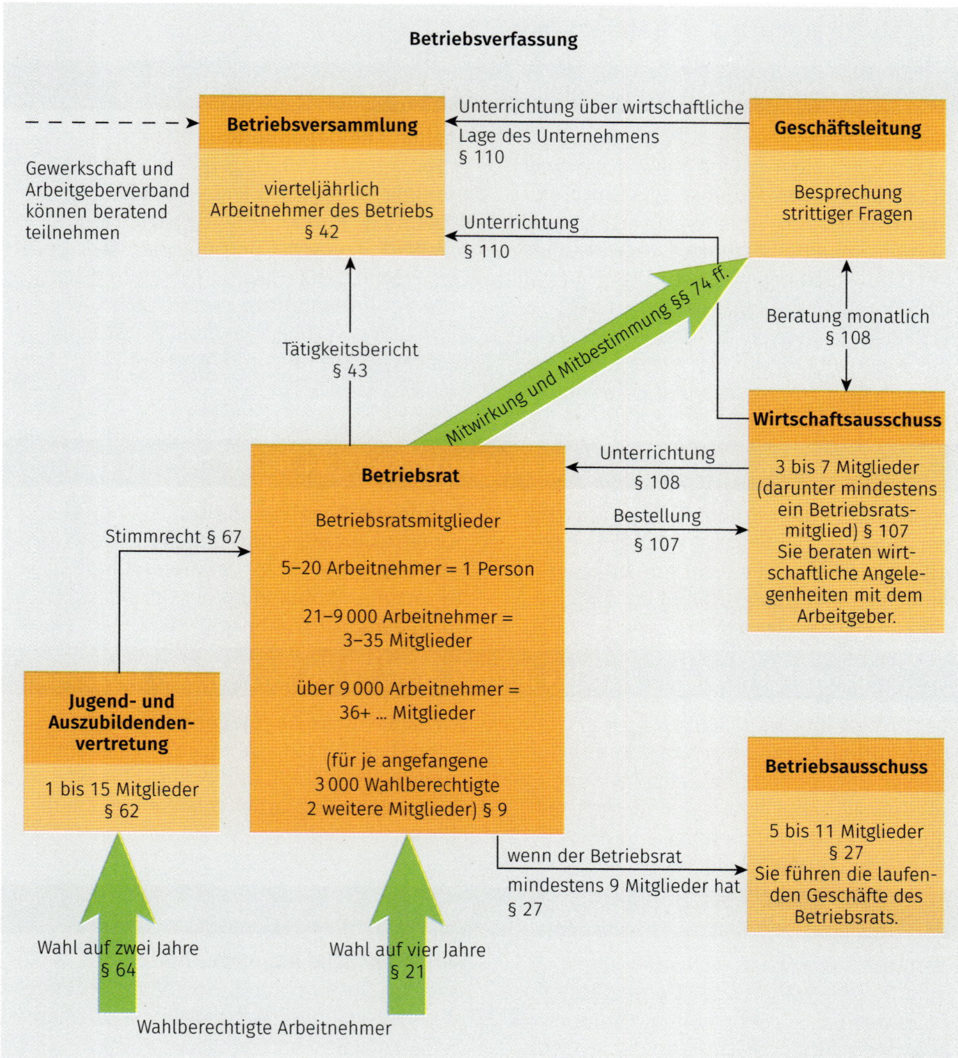

Mitwirkungs- und Mitbestimmungsrechte

Die Befugnisse des Betriebsrats sind in sozialen und personellen Angelegenheiten am wirksamsten, dagegen hat er in wirtschaftlichen Angelegenheiten nur Informations- und Beratungsrechte. **Soziale Angelegenheiten** betreffen eine **größere Gruppe** von Mitarbeitern (z. B. Gleitzeitvereinbarung). Von **personellen Angelegenheiten** spricht man, wenn nur **einzelne Arbeitnehmer** von einer bestimmten Maßnahme betroffen sind (z. B. Kündigung eines einzelnen Arbeitnehmers). **Wirtschaftliche Angelegenheiten** betreffen **Entscheidungen des Unternehmens** mit wirtschaftlichen Folgen (z. B. Umgestaltung von Arbeitsabläufen).

Abgestufte Rechte des Betriebsrats

Echte Mitbestimmungsrechte (BetrVG §§ 87, 91, 95, 98, 104, 112)	
Ohne eine Einigung mit dem Betriebsrat darf der Arbeitgeber eine Maßnahme nicht durchführen. Der Betriebsrat hat auch ein Initiativrecht, d.h., er kann von sich aus aktiv werden, um eine bestimmte Angelegenheiten (anders) zu regeln. Bei Nichteinigung mit dem Arbeitgeber entscheidet die Einigungsstelle (diese ist je zur Hälfte mit Vertretern des Arbeitgebers und Betriebsratsmitgliedern besetzt, ihr Vorsitzender muss unparteiisch sein).	**Soziale Angelegenheiten** (sie betreffen alle Arbeitnehmer), z.B. Fragen der Betriebsordnung, Beginn und Ende der täglichen Arbeitszeit, vorübergehende Verlängerung bzw. Verkürzung der betrieblichen Arbeitszeit, Fragen der Leistungs-/Verhaltenskontrolle der Arbeitnehmer mittels technischer Einrichtungen, Ausschreibung von Arbeitsplätzen, Aufstellung und Ausgestaltung eines Sozialplans.
Widerspruchs-/Zustimmungsrechte (BetrVG §§ 87, 94, 95, 98, 99, 102, 103)	
Widerspricht der Betriebrat, dann entscheidet entweder die Einigungsstelle oder der Arbeitgeber kann die nicht erfolgte Zustimmung des Betriebsrats durch das Arbeitsgericht ersetzen lassen.	**Personelle Angelegenheiten** (sie betreffen nur einen einzelnen Arbeitnehmer), z.B. wie Einstellung, Ein- bzw. Umgruppierung und Versetzung, Maßnahmen der Berufsausbildung, Personalfragebogen.
Beratungs-/Anhörungsrechte (BetrVG §§ 90, 92, 96, 97, 102, 106, 111)	
Der Arbeitgeber kann Maßnahmen erst durchführen, wenn er sich mit dem Betriebsrat beraten bzw. seine Meinung gehört hat. Dabei geht es um die Anforderungen an die Arbeitnehmer und die Auswirkungen auf die Arbeit.	**Wirtschaftliche Angelegenheiten**, z.B. Planung technischer Anlagen, Umgestaltung von Arbeitsabläufen und Arbeitsplätzen, Personalplanung, arbeitgeberseitige Kündigungen.
Informationsrechte (BetrVG §§ 80, 89, 90, 92, 92a, 93, 105, 106, 111)	
Der Arbeitgeber kann Maßnahmen erst durchführen, wenn er den Betriebsrat informiert hat. Dabei geht es um die Anforderungen an die Arbeitnehmer und die Auswirkungen auf die Arbeit.	**Wirtschaftliche Angelegenheiten**, z.B. allgemeine Unterrichtung, Einstellung leitender Angestellter, betrieblicher Arbeits- und Umweltschutz, Beschäftigungssicherung.

BEISPIEL (SIEHE PROBLEM):

Die Voraussetzung einer betriebsbedingten Kündigung ist, dass der konkrete Arbeitsplatz tatsächlich wegfällt. Da die Sanitärgroßhandlung Hieber KG gleichzeitig einen Einkäufer sucht, ist der Kündigungsgrund „rückläufige Umsätze“ nicht ausreichend für die Kündigung. Der Betriebsrat ist vor jeder Kündigung zu hören. Dabei hat der Arbeitgeber die Kündigungsgründe darzulegen. Im vorliegenden Fall ist anzunehmen, dass der Betriebsrat nicht gehört wurde (er hätte sonst wiedersprochen). Damit ist die Kündigung nach BetrVG § 102 (1) unwirksam. Giulio sollte binnen einer Woche Einspruch beim Betriebsrat der Hieber KG einrichen (KSchG § 3), damit hat er alle Chancen seinen Arbeitsplatz zu behalten.

Bei Meinungsverschiedenheiten zwischen Arbeitgeber und Betriebsrat kann eine **Einigungsstelle** gebildet werden, die paritätisch von Arbeitgeberseite und Betriebsratsmitgliedern besetzt ist und deren Vorsitzender, auf dessen Person sich beide Seiten einigen müssen, unparteiisch sein muss. Die Einigungsstelle wird dann tätig, wenn beide Seiten es beantragen. Ihr Spruch ersetzt die Einigung zwischen Arbeitgeber und Betriebsrat nur, wenn beide Seiten sich dem Spruch im Voraus unterworfen oder ihn nachträglich angenommen haben. Anders ist es bei den Mitbestimmungsrechten, bei denen im Gesetz vorgeschrieben ist, dass die Einigungsstelle bei Nichteinigung entscheidet. Dann wird sie tätig und entscheidet, auch wenn nur eine Seite das beantragt. Bei Ermessensfehlern der Einigungsstelle kann das Arbeitsgericht angerufen werden.

Europäischer Betriebsrat (EBR)

In europaweit tätigen Unternehmen sind **Europäische Betriebsräte** oder andere Verfahren zur grenzübergreifenden Unterrichtung und Anhörung der Arbeitnehmer einzurichten. Dabei bleibt den beteiligten Parteien Spielraum für **freiwillige Vereinbarungen** u.a. über Zuständigkeit und Aufgaben, Zusammensetzung und Finanzierung des EBR und die Einbeziehung von Betrieben außerhalb der EU. Nur wenn keine Verhandlungslösung zustande kommt, wird ein **gesetzlicher Europäischer Betriebsrat** gebildet. Dieser besteht aus drei bis 30 gewählten Mitgliedern, wobei jedes Land, in dem sich ein Standort des Unternehmens befindet, durch mindestens einen Vertreter repräsentiert sein muss. Die Unternehmensleitung muss den EBR unter anderem über die Struktur und die Situation des Unternehmens, über die Beschäftigungslage, die Investitionen, über grundlegende Änderungen der Organisation, die Einführung neuer Arbeits- und Fertigungsverfahren, Produktionsverlagerungen, Fusionen, Betriebsschließungen und Massenentlassungen unterrichten.

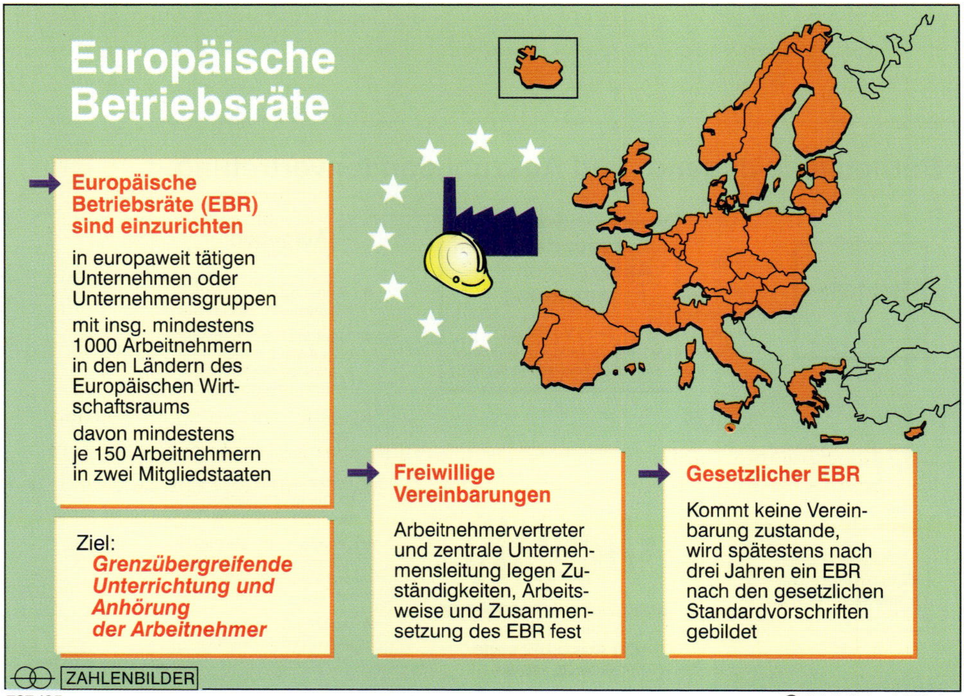

737 195 © Erich Schmidt Verlag

3.3 Jugend- und Auszubildendenvertretung – nur mit Betriebsrat

Wo ein Betriebsrat besteht und mindestens fünf jugendliche Arbeitnehmer oder Auszubildende beschäftigt sind, kann eine **Jugend- und Auszubildendenvertretung** gewählt werden. Die Jugend- und Auszubildendenvertretung ist folglich kein selbstständiges Organ der Betriebsverfassung, sondern bleibt **dem Betriebsrat nachgeordnet**; nur durch dessen Vermittlung kann sie auf den Arbeitgeber einwirken. Damit sie ihre Aufgaben erfüllen kann, muss der Betriebsrat sie rechtzeitig und umfassend informieren und ihr die erforderlichen Unterlagen zur Verfügung stellen. Zu jeder Betriebsratssitzung kann sie einen Vertreter oder eine Vertreterin entsenden; stehen Jugend- und Ausbildungsfragen auf der Tagesordnung, ist sie mit allen Mitgliedern teilnahmeberechtigt. Darüber hinaus haben die Jugend- und Auszubildendenvertreter auch Stimmrecht, wenn im Betriebsrat ein Beschluss gefasst werden soll, der die jugendlichen Arbeitnehmer oder die Auszubildenden betrifft.

Vor oder nach jeder Betriebsversammlung kann im Einvernehmen mit dem Betriebsrat eine betriebliche Jugend- und Auszubildendenversammlung abgehalten werden; soll sie zu einem anderen Zeitpunkt stattfinden, muss auch der Arbeitgeber zustimmen. Jugend- und Auszubildendenvertretungen werden in den Betrieben jeweils im Oktober oder November für eine **Amtszeit von zwei Jahren** gewählt. **Wahlberechtigt** sind alle jugendlichen Arbeitnehmer(-innen) unter 18 Jahren und alle Auszubildenden unter 25 Jahren. Wählbar sind alle Arbeitnehmer des Betriebs, die das 25. Lebensjahr noch nicht vollendet haben; sie dürfen nicht gleichzeitig dem Betriebsrat angehören.

Die Größe der Jugendvertretung (1 bis 15 Mitglieder) richtet sich nach der Zahl der Jugendlichen und Auszubildenden im Betrieb. Bestehen in einem Unternehmen mehrere Jugend- und Auszubildendenvertretungen, ist eine Gesamt-Jugend- und Auszubildendenvertretung zu errichten.

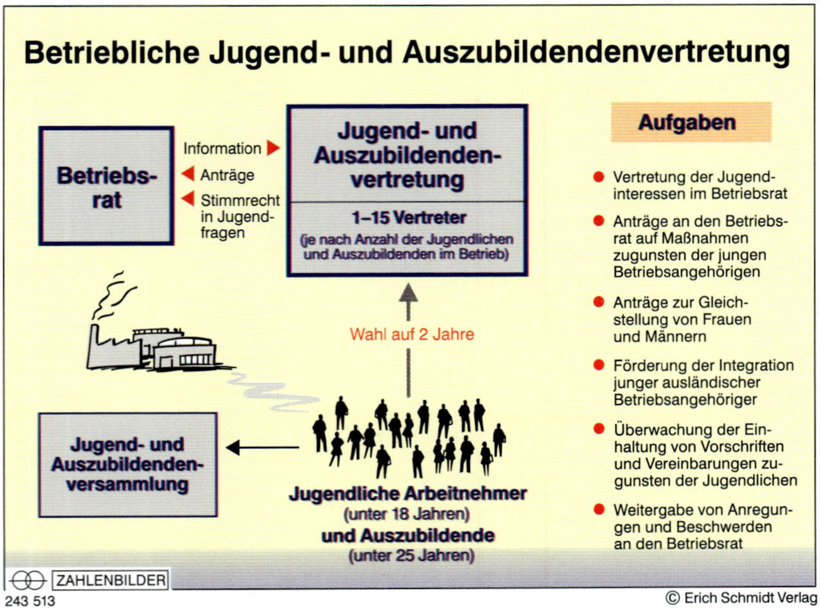

Die Mitglieder des Betriebsrats bzw. der Jugend- und Auszubildendenvertretung dürfen in der Ausübung ihrer Tätigkeit nicht gestört oder behindert werden. Sie dürfen wegen ihrer Tätigkeit nicht benachteiligt oder begünstigt werden; dies gilt auch für ihre berufliche Entwicklung (BetrVG § 78). Beabsichtigt der Arbeitgeber, einen Auszubildenden, der Mitglied der Jugend- und Auszubildendenvertretung bzw. des Betriebsrats ist, nach Beendigung des Berufsausbildungsverhältnisses nicht in ein Arbeitsverhältnis auf unbestimmte Zeit zu übernehmen, so hat er dies drei Monate vor Beendigung des Berufsausbildungsverhältnisses dem Auszubildenden mitzuteilen (BetrVG § 78 a).

3.4 Betriebsvereinbarung – Arbeitgeber mit Betriebsrat

In Betriebsvereinbarungen werden vom Betriebsrat und dem einzelnen Arbeitgeber für das jeweilige Unternehmen **betriebsinterne Regelungen** beschlossen (BetrVG § 77).

Solche betriebsinternen Bestimmungen betreffen z.B. Arbeitszeitregelung, Rauchverbot, Meldung von Unfällen, soziale Maßnahmen, Maßnahmen zur Unfallverhütung.

Tarifvertragliche Regelungen dürfen grundsätzlich nicht Gegenstand einer Betriebsvereinbarung sein, es sei denn, der Tarifvertrag enthält eine Öffnungsklausel.

In Betriebsordnungen und Dienstordnungen, welche den Betriebsangehörigen z.B. durch Aushang zugänglich sein müssen, sind solche Betriebsvereinbarungen festgelegt.

ZUSAMMENFASSUNG

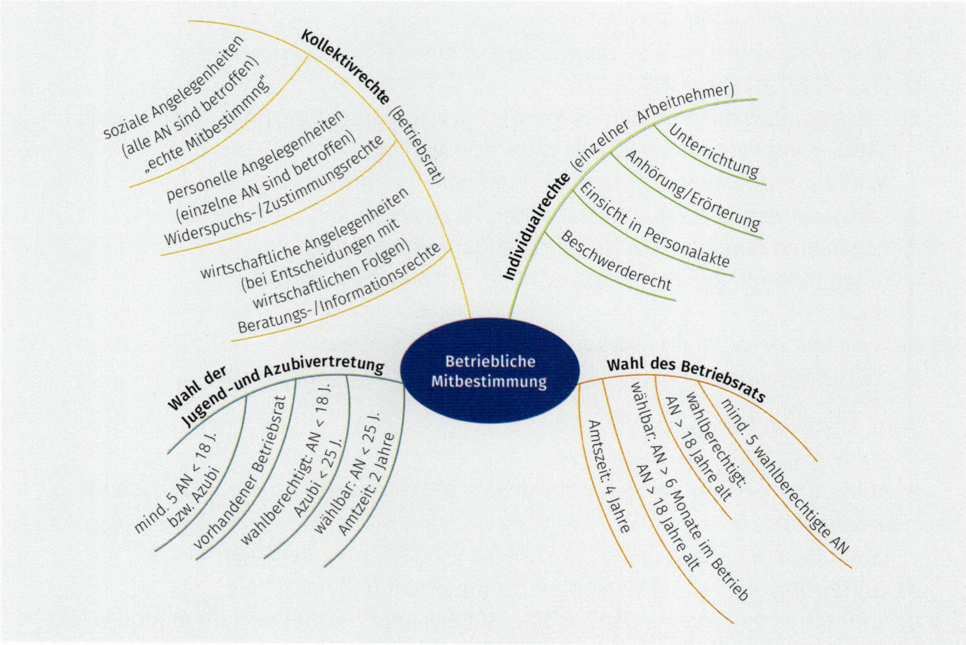

AUFGABEN

1 Bilden Sie mehrere Arbeitsgruppen. Schreiben Sie die Fragen a) bis j) auf Kärtchen (eine Frage pro Kärtchen). Beantworten Sie in den Gruppen die Fragen und schreiben Sie die Lösungen auf das jeweilige Kärtchen. Veranstalten Sie in Ihrer Gruppe ein Frage-Antwort-Spiel (wer die meisten Kärtchen gewinnt, ist Gruppensieger). Die Gruppensieger können anschließend den Klassensieger des **Gruppenturniers** unter sich ausspielen.

Fragen:

a) Unterscheiden Sie die drei Ebenen der Mitbestimmung.
b) In welchen Betrieben kann ein Betriebsrat gewählt werden?
c) Welche Arbeitnehmer besitzen das aktive bzw. passive Wahlrecht bei der Betriebsratswahl?
d) Unter welchen Voraussetzungen kann eine Jugend- und Auszubildendenvertretung (JAV) gewählt werden?
e) Welcher Personenkreis besitzt für die JAV das aktive bzw. passive Wahlrecht?
f) Erläutern Sie einige Aufgaben des Betriebsrats und der JAV.
g) Unterscheiden Sie zwischen sozialen, personellen und wirtschaftlichen Angelegenheiten.
h) Erläutern Sie die abgestuften Rechte des Betriebsrats. Unterscheiden Sie dabei zwischen Mitbestimmung (im engeren Sinne) und Mitwirkung.
i) Unter welchen Voraussetzungen muss ein Europäischer Betriebsrat gewählt werden?
j) Welche Rechte hat der Europäische Betriebsrat?

2 In der Maschinengroßhandlung Unterland AG, Heilbronn, hat der Betriebsrat zur Betriebsversammlung eingeladen.

a) Welchen Zweck hat diese Betriebsversammlung?
b) Wie oft findet sie statt?
c) Betriebsratswahlen stehen bevor. Wer ist wahlberechtigt? Begründen Sie, ob aktives und eventuell passives Wahlrecht vorliegt.

1. Monteur Fritz Haußer, 21 Jahre, vier Monate im Betrieb,
2. Schlosser Achmed Yglür, Gastarbeiter, 19 Jahre, ein Jahr im Betrieb,
3. Angestellte Claudia Herb, 36 Jahre, elf Jahre im Betrieb,
4. Auszubildende Renate Schuster, 17 Jahre, 16 Monate im Betrieb.

3 Bei welchen der Vorfälle a) bis n) hat der Betriebsrat ein
(1) Mitbestimmungsrecht (im engeren Sinne), (2) Mitwirkungsrecht?

Tipp: Schlagen Sie im BetrVG nach.

a) Änderung der Pausenzeiten,
b) Beschaffung neuer Schreibtische zur Verbesserung der Arbeit an Bildschirmarbeitsplätzen,
c) Kauf eines Nachbargrundstücks zwecks Vergrößerung der Lagerfläche,
d) Einführung von Arbeitszeitkonten für die gesamte Belegschaft,
e) Anordnung eines verkaufsoffenen Sonntags anlässlich eines Firmenjubiläums,
f) Einstellung eines neuen Mitarbeiters,

g) Entlassung eines Mitarbeiters wegen häufiger Fehlzeiten,
h) Anordnung von Überstunden wegen Inventurarbeiten,
i) Verhängung eines Rauchverbots am Arbeitsplatz,
j) Auflösung des zentralen Schreibbüros und Entlassung der betroffenen Mitarbeiter,
k) Einführung des Prämienlohns für alle Mitarbeiter in der Werkstatt,
l) Gründung eines Zweigbetriebs,
m) Aufstellung des Personalbedarfsplans für das nächste Jahr,
n) Einführung eines betrieblichen Vorschlagswesens.

4 Welche/r der o.g. Vorfälle (siehe Aufgabe 3) könnte/n zum Gegenstand einer Betriebsvereinbarung gemacht werden?

5 Stellen Sie eine Betriebsvereinbarung (das kann auch die Betriebsordnung sein) aus Ihrem Ausbildungsbetrieb vor. Vergleichen Sie ggf. verschiedene Betriebsvereinbarungen zum gleichen Problembereich (z.B. Nichtraucherschutz, Arbeitszeitflexibilisierung) und diskutieren Sie über die Unterschiede.

6 a) Inwiefern ist die Einrichtung des Europäischen Betriebsrats ein „zweischneidiges Schwert"?
b) Vergleichen Sie die Rechte des Eurobetriebsrats mit den Rechten eines Betriebsrats nach dem BetrVG. Worin sehen Sie die Gründe für diese Abweichungen?

7 a) Weshalb nutzt die Mitbestimmung sowohl den Arbeitgebern als auch den Arbeitnehmern?
b) Welcher Personenkreis zählt nach BetrVG § 5 zu den Arbeitnehmern?

4 Tarifvertrag – Garant des sozialen Friedens

PROBLEM

Michael Müller (Lagerleiter) und Katja Müller (Auszubildende zur Kauffrau im Großhandel) sitzen im Pausenraum der TRIAL GmbH. Michael Müller liest in der Tageszeitung. Er wendet sich Katja Müller zu.

Michael Müller: *„Weißt du es schon? Es gibt wieder Tarifverhandlungen. Bald bekommen wir wieder eine Gehaltserhöhung. Die Gewerkschaften fordern 5 % mehr Lohn. Das wären ... Moment mal ... rund 100,00 € mehr im Monat, das sind glatte 1 200,00 € im Jahr – das reicht für zwei Wochen Mallorca mit allem drum und dran."*

Katja Müller: *„Das werden doch höchstens 2 %. Das ist doch jedes Jahr dasselbe Theater. Warum können Arbeitgeber und Gewerkschaften nicht einfach gleich 2 % Lohnerhöhung vereinbaren – und der Kuchen ist gegessen. Nein, da muss alle Jahre wieder das große Säbelrasseln stattfinden."*

Michael Müller: *„Hoffentlich kommt es zu keinem Streik. Ich bin doch nicht in der Gewerkschaft."*

Katja Müller: *„Aha, Trittbrettfahrer! Du solltest gar nichts bekommen. Ich zahle jeden Monat meine Gewerkschaftsbeiträge — und du sahnst einfach auf meine Kosten ab."*

Michael Müller: *„Gewerkschaft? Bleib mir vom Hals mit dem Sozi-Quatsch von vorgestern. Gewerkschaften sind doch ein Überbleibsel aus der Steinzeit. Hast du nicht gelesen, dass denen die Mitglieder scharenweise davonlaufen? Den Arbeitgeberverbänden geht es nicht viel besser."*

Katja Müller: *„Du blickst es wieder mal nicht. Willst du deine jährlichen Lohnerhöhungen selbst aushandeln? Deine Angst vor dem Streik ist berechtigt. Ich glaube, dass deine Ersparnisse nicht weit reichen würden. Auch für unseren Betrieb kann es teuer werden, denk doch mal an die verärgerten Kunden, wenn wir den Laden dicht machen."*

Drei Wochen später, Michael Müller und Katja Müller sitzen wieder im Frühstücksraum.

Michael Müller: *„Hast du auch dieses Schreiben von der Geschäftsleitung bekommen?"*

Katja Müller: *„Welches Schreiben?"*

Michael Müller: *„Ja, richtig! Für euch Auszubildende gilt das alles nicht. Ich lese mal vor: Die Gewerkschaft führt einen Streik im Tarifgebiet Ostwürttemberg-Ulm. Zur Abwehr dieses Streiks hat unser Arbeitgeberverband die Aussperrung gegen alle Lohn- und Gehaltsempfänger ab 3. März beschlossen. Wir erklären hiermit die Abwehraussperrung ab 15. März 0:00 Uhr. Von dieser Aussperrung ausgenommen sind alle Auszubildenden, Praktikanten und diejenigen Arbeitnehmer, die durch besondere Mitteilung für den Notdienst bestimmt wurden. Wir bedauern sehr bla bla bla. Da haben wir den Salat!"*

Arbeitsaufträge

1 *Beschreiben Sie die Interessen der Arbeitgeber und Arbeitnehmer im Tarifkonflikt.*

2 *Wie kommen die Vertreter der Arbeitgeber- und Arbeitnehmerseite zu einer Einigung?*

3 *Weshalb ist Michael Müller gegen einen Streik? Warum gefällt ihm die Aussperrung nicht?*

4.1 Tarifvertragspartner – Arbeitgeberverband und Gewerkschaft

MERKE:

Im Gegensatz zum Arbeitsvertrag, der mit einem einzelnen Arbeitnehmer abgeschlossen wird (Individualarbeitsvertrag), gilt der **Tarifvertrag** für eine ganze Gruppe von Arbeitnehmern (Kollektivarbeitsvertrag). Er bedarf der Schriftform und muss im Betrieb ausgelegt werden.

Im Tarifvertrag vereinbaren die Tarifvertragsparteien (Sozialpartner) ihre Rechte und Pflichten sowie Vorschriften über den Inhalt, den Abschluss und die Beendigung von Arbeitsverhältnissen und über betriebliche und betriebsverfassungsrechtliche Fragen (TVG § 1).

Tarifvertragsparteien sind auf der Arbeitgeberseite entweder ein einzelner Arbeitgeber oder ein Arbeitgeberverband, auf der Beschäftigtenseite ausschließlich die für den Betrieb bzw. für die Branche zuständige Gewerkschaft. Die Tarifvertragsparteien handeln Tarifverträge in eigener Verantwortung ohne Einmischung des Staates aus (**Tarifautonomie**). Die Tarifautonomie ist durch das Grundrecht der Vereinigungsfreiheit garantiert (GG Art. 9).

Tariffähig sind nicht die Dachorganisationen der Arbeitgeber (Bundesvereinigung der Deutschen Arbeitgeberverbände – BDA) bzw. der Gewerkschaften (Deutscher Gewerkschaftsbund – DGB), sondern die regionalen Fachverbände bzw. Einzelgewerkschaften. In Baden-Württemberg sind für den Großhandel auf der **Arbeitgeberseite** der Landesverband für Groß-/Außenhandel und Dienstleistungen, auf der Arbeitnehmerseite der Fachbereich Großhandel Baden-Württemberg der Gewerkschaft ver.di[1] zuständig. Gelten in einem Betrieb nach § 3 TVG mehrere inhaltsverschiedene Tarifverträge unterschiedlicher Gewerkschaften (**Tarifkollision**), dann ist in diesem Betrieb der Tarifvertrag derjenigen Gewerkschaft anwendbar, die zum Zeitpunkt des zuletzt abgeschlossenen kollidierenden Tarifvertrags im Betrieb die meisten in einem Arbeitsverhältnis stehenden Mitglieder hat (**Tarifeinheit** nach § 4a TVG).

Tarifgebunden sind nur die Mitglieder der Tarifvertragsparteien (z.B. Mitglieder der entsprechenden Gewerkschaft bzw. des Arbeitgeberverbandes). Für sie gilt der Tarifvertrag unmittelbar und zwingend [Grundsatz der **Unabdingbarkeit**, (TVG § 3)]. Abweichende Abmachungen (in Arbeitsverträgen oder Betriebsvereinbarungen) sind nur zulässig, wenn sie durch den Tarifvertrag gestattet sind (Tarifvertrag mit **Öffnungsklausel**) oder wenn sie Regelungen zugunsten der Arbeitnehmer enthalten [**Günstigkeitsprinzip**, TVG § 4, BetrVG § 77 (3)]. Die Tarifgebundenheit bleibt bestehen, bis der Tarifvertrag endet. Nach Ablauf des Tarifvertrags gelten seine Vereinbarungen weiter, bis sie durch eine andere Abmachung ersetzt werden (**Nachwirkung**).

Auf Antrag einer Tarifvertragspartei kann der Bundesminister für Arbeit und Soziales einen Tarifvertrag oder einzelne Bestimmungen für allgemein verbindlich erklären. Mit der **Allgemeinverbindlicherklärung** gilt der Tarifvertrag auch für die nicht tarifgebundenen Arbeitgeber und Arbeitnehmer. Nur rund 2% aller Tarifverträge sind allgemein verbindlich.

4.2 Arten und Funktionen des Tarifvertrags

Tarifverträge können nach den beteiligten Tarifvertragsparteien, nach ihrem Inhalt und nach dem Tarifgebiet unterschieden werden.

[1] Vereinte Dienstleistungsgewerkschaft mit etwa 2,1 Mio. Mitgliedern

Merkmal	Tarifvertragsarten
Tarifvertragsparteien	**Firmen- oder Haustarifvertrag:** Tarifvertrag zwischen einer Einzelgewerkschaft und einem einzelnen Arbeitgeber **Verbandstarifvertrag:** Tarifvertrag zwischen einer Einzelgewerkschaft und einem Arbeitgeber-Fachverband **Berufsgruppenbezogene Tarifverträge:** Tarifvertrag zwischen einer Spartengewerkschaft und einem einzelnen Arbeitgeber, z. B. Tarifvertrag für Lokomotivführer, Piloten, Fluglotsen, Ärzte
Vertragsinhalt	**Vergütungstarifvertrag:** regelt die Höhe der Löhne und Gehälter und der Ausbildungsvergütungen (Laufzeit: etwa ein Jahr). **Mantel- und Rahmentarifvertrag:** regelt allgemeine Arbeitsbedingungen wie Wochenarbeitszeit, Urlaubsdauer und Urlaubsgeld, Einteilung der Lohn- und Gehaltsgruppen, Kündigungsfristen usw. (Laufzeit: meist mehrere Jahre)
Tarifgebiet	**Bundestarifvertrag:** gilt für das gesamte Bundesgebiet **Landestarifvertrag:** gilt für ein bestimmtes Bundesland **Bezirkstarifvertrag:** gilt für einen bestimmten Tarifbezirk (z. B. Nordhessen, Ostwürttemberg-Ulm)

Der einheitliche Tarifvertrag für ganze Branchen und Regionen (**Flächentarifvertrag**) gerät in letzter Zeit zunehmend unter Druck. Die Arbeitgeberverbände fordern die „Flexibilisierung des Flächentarifs" und wollen den Betrieben bzw. den Betriebsräten mehr Gestaltungsrechte bei den tariflichen Kernfragen, wie Bezahlung und Arbeitszeit, einräumen. Die Gewerkschaften verweisen darauf, dass mit der Abschaffung der Unabdingbarkeit des Tarifvertrags ein Häuserkampf von Betrieb zu Betrieb die Folge wäre und die gesellschaftlichen Funktionen des Flächentarifvertrags infrage gestellt würden.
Soziale Funktionen des Flächentarifvertrags

Friedensfunktion	Arbeitskämpfe sind während der Laufzeit eines Tarifvertrags ausgeschlossen (Wahrung des sozialen Friedens).
Ordnungsfunktion	Die Arbeitsverhältnisse sind für ganze Branchen einheitlich geregelt. Dadurch haben die Arbeitgeber in der gleichen Branche in etwa gleiche Kalkulationsgrundlagen für ihre Lohnkosten.
Schutzfunktion	Die Arbeitnehmer sind durch tarifliche Mindestarbeitsbedingungen gegen einseitige Festlegungen durch die Arbeitgeber geschützt. Weibliche und männliche Arbeitnehmer sind gleichgestellt.

4.3 Tarifvertragsverhandlungen – immer das gleiche Ritual

Tarifverhandlungen laufen immer nach dem gleichen Ritual ab: Die Gewerkschaften fordern mehr, als sie durchsetzen können; die Arbeitgeber bieten weniger an, als sie am Ende zugestehen müssen.

Argumente der Arbeitnehmer und Arbeitgeber

Die Arbeitnehmer sagen	Die Arbeitgeber sagen
▪ Die Lebenshaltungskosten sind gestiegen. Wir brauchen mehr Geld. ▪ Die Unternehmen haben gut verdient. Wir wollen unseren Anteil, denn wir haben das durch unsere Arbeit erst möglich gemacht. ▪ Die Anforderungen am Arbeitsplatz steigen dauernd und die Belastungen nehmen zu. Da muss ein Ausgleich her.	▪ Wir müssen wettbewerbsfähig bleiben. Zu hohe Löhne führen zu Preisen, mit denen wir nicht mehr wettbewerbsfähig sind. ▪ Vielen Unternehmen geht es sehr schlecht. Sie können keine Lohnerhöhung verkraften, ohne dass weitere Arbeitsplätze gefährdet werden. ▪ Mehr Lohn heißt weniger Gewinn. Weniger Gewinn heißt weniger Investitionen für Arbeitsplätze.

Sind die Verhandlungen festgefahren, haben die Tarifpartner zwei Möglichkeiten: Sie erklären das Scheitern der Verhandlungen und streben eine friedliche Einigung (Schlichtung) an oder sie organisieren Arbeitskampfmaßnahmen.

Für die **Schlichtung** richten die Tarifpartner eine Schlichtungsstelle ein, in der beide Tarifpartner vertreten sind. Meistens kommt eine bekannte „neutrale Person" dazu. Der kleine Verhandlungskreis sprengt festgefahrene Positionen. Zudem können beide Tarifpartner einen unangenehmen Schlichterspruch des „Neutralen" wesentlich leichter mittragen, ohne ihr Gesicht zu verlieren. Lehnt einer der Tarifpartner den Einigungsvorschlag der Schlichtungsstelle ab, dann endet die **Friedenspflicht**. Als letztes Mittel, einen neuen Tarifvertrag zu erzwingen, bleibt nur noch der Arbeitskampf.

Das wichtigste Arbeitskampfmittel der Gewerkschaften ist der **Streik**, bei dem die betroffenen, gewerkschaftlich organisierten Arbeitnehmer die Arbeit gemeinschaftlich niederlegen.

Voraussetzungen eines rechtmäßigen Streiks

Urabstimmung	**Mehrheitsbeschluss** (meistens 75 %) der betroffenen gewerkschaftlich organisierten Arbeitnehmer oder **Beschluss des Bundesvorstands** der Gewerkschaft. Damit mobilisieren die Gewerkschaften die Arbeitnehmer und zeigen dem Tarifgegner ihre Kampfbereitschaft („Säbelrasseln“).
gewerkschaftlich organisiert	Ein Streik muss gegen die gegnerische Tarifvertragspartei geführt werden und gewerkschaftlich organisiert sein. Deshalb ist der **„wilde Streik“** rechtswidrig, ein kurzfristiger **Warnstreik** aber erlaubt.
tariflich regelbares Ziel	Der Streik muss ein Ziel verfolgen, das der Tarifgegner erfüllen kann. Deshalb sind Streiks zur Durchsetzung politischer Ziele und **Generalstreiks** (hier legen Arbeitnehmer aller Branchen gleichzeitig die Arbeit nieder) und längere **Sympathiestreiks** (Arbeitnehmer anderer Branchen solidarisieren sich) rechtswidrig.

Der Streik wird meist mit der Annahme eines Verhandlungsergebnisses (z. B. Schlichtungsspruch der Schlichtungsstelle) durch eine Urabstimmung beendet, bei der mindestens 25 % der betroffenen gewerkschaftlich organisierten Arbeitnehmer für den Streikabbruch stimmen müssen. Ein Streik kann auch durch den Beschluss des Bundesvorstands der Gewerkschaft beendet werden.

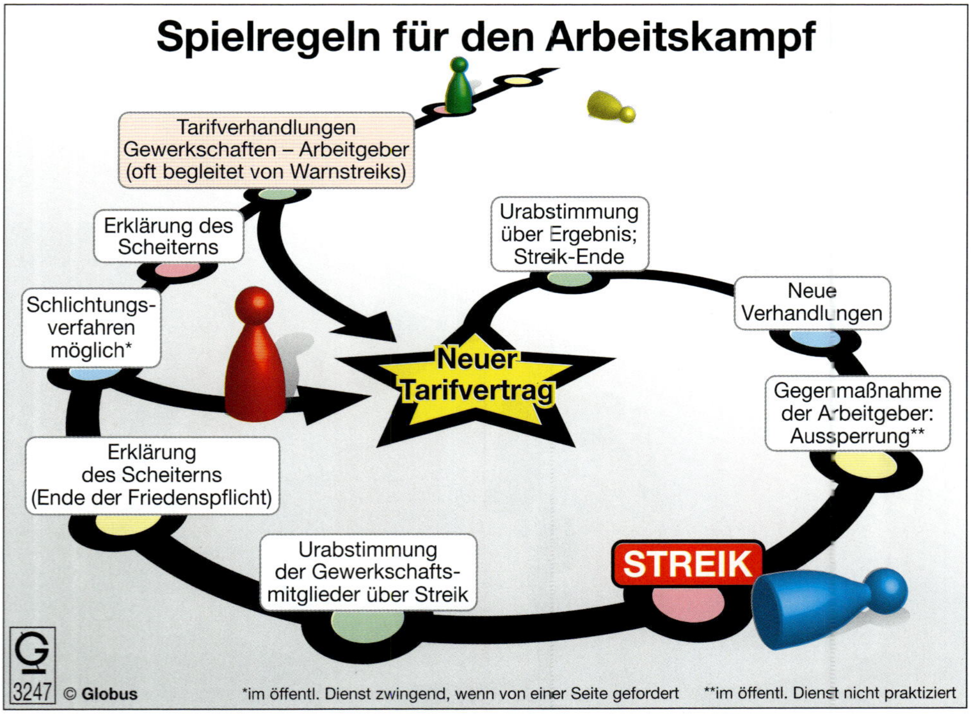

Zur Abwehr eines Streiks haben die Arbeitgeber das Kampfmittel der **Aussperrung**. Dabei verweigern die Arbeitgeber sowohl streikenden als auch arbeitswilligen Arbeitnehmern den Zutritt in ihren Betrieb. Sämtliche Arbeitsverhältnisse sind auf bestimmte Zeit ausgesetzt (**suspendiert**). Das bedeutet, dass die Lohnzahlungspflicht des Arbeitgebers während der Aussperrung entfällt. Nach Beendigung der Aussperrung werden die suspendierten Arbeitsverhältnisse fortgesetzt, die gelösten Arbeitsverträge müssen jedoch neu geschlossen werden, wenn der Tarifvertrag keine **Wiedereinstellungsklausel** enthält. Die Aussperrung verschärft zwar den Arbeitskampf, beschleunigt aber den Abschluss eines neuen Tarifvertrags.

Für Streik und Aussperrung gilt das **Prinzip der Verhältnismäßigkeit**. Keine Tarifpartei darf den Arbeitskampf so führen, dass die Gegenseite und die Volkswirtschaft über Gebühr geschwächt werden.

Bestreikte oder aussperrende Betriebe erhalten aus der Solidaritätskasse ihres Arbeitgeberverbandes eine finanzielle Unterstützung. Streikende oder ausgesperrte Gewerkschaftsmitglieder erhalten aus der Streikkasse ihrer Gewerkschaft **Streikgeld**, dessen Höhe sich nach Einkommen und Dauer der Mitgliedschaft richtet.

BEISPIEL:

Michael Müller verdient monatlich 2 500,00 €. Er ist seit sechs Jahren Gewerkschaftsmitglied und zahlt monatlich 1 % seines Entgelts Gewerkschaftsbeitrag, also 25,00 €. Seine Gewerkschaft zahlt das 14-Fache seines Monatsbeitrags als Streikgeld pro Woche aus. Damit erhält er $14 \cdot 25 = 350{,}00$ € Streikgeld pro Streikwoche.

ZUSAMMENFASSUNG

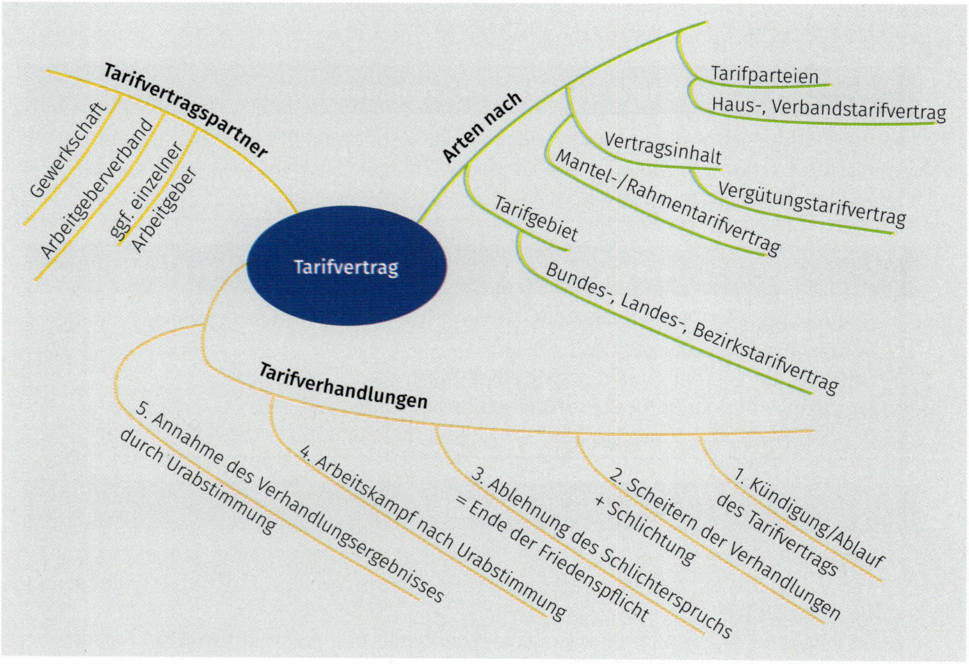

AUFGABEN

1 Schreiben Sie jeden der folgenden Begriffe auf die Kopfzeile eines DIN-A6-Kärtchens:

Tarifvertrag (Begriff), Tarifautonomie, Tariffähigkeit, Tarifkollision, Tarifeinheit, Allgemeinverbindlicherklärung, Tarifvertragsarten (nach den Tarifparteien), Tarifvertragsarten (nach dem Inhalt), Tarifvertragsarten (nach dem Geltungsbereich/Tarifgebiet), Schlichtung, Friedenspflicht, Streik (Begriff, Voraussetzungen), Aussperrung.

Sortieren Sie die Begriffskärtchen nach den Kriterien „weiß ich" oder „weiß ich nicht". Bilden Sie Kleingruppen mit höchstens drei Mitgliedern. Erklären Sie sich gegenseitig die „Weiß-ich-nicht"-Kärtchen. Schlagen Sie dabei die ungeklärten Begriffe im Schulbuch nach oder nehmen Sie Kontakt zu einer anderen Kleingruppe auf. Schreiben Sie die Begriffserklärungen auf die Rückseite Ihrer Kärtchen und ordnen Sie die Kärtchen unter der Leitkarte „Tarifvertag" alphabetisch in Ihren Lernkartei-Behälter ein.

2 Schildern Sie den Ablauf von
a) friedlichen Tarifverhandlungen,
b) Tarifverhandlungen mit Kampfmaßnahmen.
Tipp: Präsentieren Sie Ihre Ergebnisse mithilfe einer Plakatwand.

3 Diskutieren Sie über Vor- und Nachteile des Flächentarifvertrags.

4 Führen Sie eine Tarifverhandlung als Rollenspiel durch.
Vorschläge für Rollenkarten:

Mitglied der Gewerkschaftsdelegation

1. Begründen Sie Ihre Forderungen nach Gehaltserhöhung und Arbeitsplatzgarantie.
2. Weisen Sie Gegenargumente und Gegenvorschläge der Arbeitgeberseite zurück.
3. Weisen Sie den Kompromissvorschlag des Schlichters zurück.

Mitglied der Arbeitgeberdelegation

1. Stellen Sie die Wirtschaftslage aus Sicht der Unternehmer dar und weisen Sie die Forderungen der Gewerkschaft zurück.
2. Unterbreiten Sie der Gewerkschaft einen Gegenvorschlag.
3. Lehnen Sie den Kompromissvorschlag des Schlichters ab.
4. Argumentieren Sie (innerhalb der Arbeitgeberdelegation) für die Aussperrung.

Schlichter

1. Wägen Sie die Argumente der Gewerkschaft und der Arbeitgeber gegeneinander ab.
2. Versuchen Sie, bei den Verhandlungspartnern mehr Verständnis für die Gegenseite herbeizuführen.
3. Schlagen Sie einen Kompromiss vor, der zwischen den Vorstellungen von Gewerkschaft und Arbeitgeberseite liegt.

Gewerkschaftsmitglieder (Klassenverband)
1. Begründen Sie Ihre Forderung nach Gehaltserhöhung und Arbeitsplatzgarantie. 2. Verfolgen Sie aufmerksam die Verhandlungen. 3. Stimmen Sie bei der Urabstimmung für den Streik.

Beobachter
1. Verfolgen Sie aufmerksam die Verhandlungen der Delegationen. 2. Notieren Sie die Argumente beider Seiten. 3. Beurteilen Sie, wie die Klassenkameraden ihre Rollen gespielt haben. 4. Sagen Sie dazu Ihre Meinung in der Diskussion.

a) Beurteilen Sie den Verlauf der Verhandlungen.
b) Beurteilen Sie das Verhalten Ihrer Mitschüler während des Rollenspiels.

5

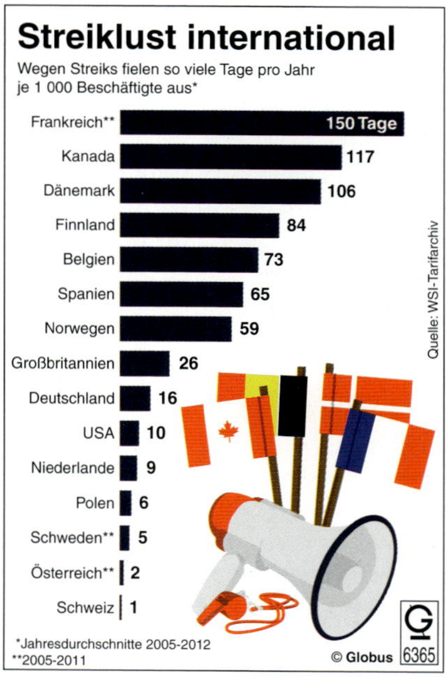

Erläutern Sie mögliche Folgen eines Arbeitskampfes für
a) die Arbeitnehmer,
b) die Arbeitgeber,
c) die Volkswirtschaft.

5 Sozialversicherung – Fehler im System?

PROBLEM

Es geschah auf dem Weg zum Ausbildungsbetrieb. Eigentlich könnte Katja Müller mit diesem Mittwoch zufrieden sein: Bestes Wetter, das bevorstehende Wochenende fiel diesmal um zwei Tage länger aus, weil der Donnerstag ein Feiertag war und sie am Freitag einen Urlaubstag bekommen hat. Zudem hat Gulio, ihr Freund, auch Urlaub bekommen. Vergnügt tritt Katja in die Pedale ihres neu erworbenen Mountainbikes. Noch 50 Meter – dann links in die Industriestraße abbiegen. Ihr Ausbildungsbetrieb liegt auf der anderen Straßenseite. Endlich wieder Urlaub. Vier Tage Paris, Euro-Disneyland. Hoffentlich bekommt Gulio das Auto seiner Eltern. Da – ein kreischender Ton reißt sie aus ihren Gedanken. Bremsen quietschen. Beinahe wie im Traum, als sei sie gar nicht beteiligt, bemerkt Katja den Lastwagen unmittelbar vor ihr. Deutlich kann sie hinter der Windschutzscheibe das entsetzte Gesicht des Fahrers erkennen. Dann wird ihr schwarz vor Augen. Sie wacht erst wieder auf der Unfallstation auf. Ein Bein und einen Arm kann sie nicht bewegen; beide Körperteile sind komplett eingegipst.

Alle möglichen Fragen schießen Katja durch den Kopf.

Wer kommt für die Krankenhausbehandlung auf? Wie lange wird meine Ausbildungsvergütung weiterbezahlt? Was passiert mit meinem Ausbildungsplatz? Was geschieht, wenn ich für den Rest meines Lebens gehbehindert bin? Wer kommt für eine mögliche Umschulung auf?

Arbeitsauftrag

Helfen Sie Katja Müller bei der Beantwortung dieser Fragen.

SACHDARSTELLUNG

5.1 Geschichte der Sozialversicherung

Die deutsche Sozialversicherung blickt auf eine bewegte Geschichte zurück. Reichskanzler Otto von Bismarck hat sich Ende des 19. Jahrhunderts der sozialen Frage angenommen, um den innerstaatlichen Frieden zu retten. Bismarck hatte den politischen Zündstoff, der in der mangelnden sozialen Sicherung weiter Bevölkerungskreise lag, erkannt. Am 17. November 1881 verkündete er vor dem Reichstag die „Kaiserliche Botschaft“ von Kaiser Wilhelm I: *„Geben Sie dem Arbeiter das Recht auf Arbeit, solange er gesund ist, sichern Sie ihm Pflege, wenn er krank ist, sichern Sie ihm Versorgung, wenn er alt ist.“*

Gründungsjahr	Versicherungszweig	Versicherungsträger
1883	Gesetzliche Krankenversicherung	Allgemeine Ortskrankenkasse (AOK), Innungs-, Betriebskrankenkassen, Ersatzkassen (DAK-Gesundheit, KKH-Allianz, Barmer GEK usw.)
1884	Gesetzliche Unfallversicherung	Berufsgenossenschaften einzelner Branchen, Eigenunfallversicherungen (Bund, Länder, Gemeinden)
1889 bzw. 1911	Gesetzliche Rentenversicherung der Arbeiter bzw. Angestellten	Deutsche Rentenversicherung Bund (DRV) in Berlin mit Regionalträgern (z. B. DRV Schwaben, DRV Nordbayern, DRV Rheinland)
1927	Gesetzliche Arbeitslosenversicherung	Bundesagentur für Arbeit in Nürnberg mit Regionaldirektionen und örtlichen Agenturen für Arbeit
1995	Gesetzliche und private Pflegeversicherung	Pflegekassen der gesetzlichen Krankenkassen bzw. der privaten Krankenkassen

5.2 Wesentliche Leistungen der Sozialversicherung

Versicherungszweig	Versicherungspflicht	Beiträge[1]	Wesentliche Leistungen
▪ **Gesetzliche Krankenversicherung** (SGB I § 21, V)	Arbeitnehmer bis zur Versicherungspflichtgrenze, Rentner, Auszubildende	14,6 % des Bruttoentgelts, Arbeitnehmer 7,3 % + Zusatzbeitrag bzw. -Bonus[1], Arbeitgeber 7,3 % (festgeschrieben)	Maßnahmen zur Früherkennung von Krankheiten, Krankenhilfe (ärztliche Behandlung durch Vertragsärzte, Arznei-, Verbands-, Heil-, Hilfsmittel, Zahn- und Krankenhausbehandlung), Krankengeld ab der 6. Krankheitswoche, kostenlose Familienhilfe für Angehörige des Versicherten ohne eigenes Einkommen usw.
▪ **Gesetzliche Unfallversicherung** (SGB I § 22, VII)	Arbeitgeber muss seine Arbeitnehmer versichern lassen, ebenso unentgeltlich Hilfeleistende	Je nach Gefahrenklasse des Betriebs, Arbeitgeber bringt Beiträge alleine auf (ca. 1 % der Entgeltsumme)	Maßnahmen zur Unfallverhütung, Heilbehandlung nach Arbeitsunfall (auch Wegeunfall auf Arbeitsweg) oder bei Berufskrankheiten, Rehabilitationsmaßnahmen (Kur, Umschulung usw.), Verletzten-, Übergangsgeld, Unfallrente

[1] Siehe hierzu www.gkv-zusatzbeitraege.de

Versicherungszweig	Versicherungspflicht	Beiträge[1]	Wesentliche Leistungen
■ **Gesetzliche Rentenversicherung** (SGB I § 23, VI)	Arbeitnehmer, Auszubildende, unentgeltlich tätige häusliche Pflegekräfte	18,7 % des Bruttoentgelts, Arbeitnehmer und Arbeitgeber je zur Hälfte, Bundeszuschuss	Regelaltersrente[2] ab dem 67. Lebensjahr, Erwerbsminderungsrente bei eingeschränkter Arbeitskraft (Leistungsvermögen pro Tag weniger als 3 Stunden: volle Rente, weniger als 6 Stunden: halbe Rente) zunächst für maximal 3 Jahre, Rehabilitationsmaßnahmen
■ **Gesetzliche und private Pflegeversicherung** (SGB I § 21a, XI)	Gesetzlich und privat Krankenversicherte	2,35 % (2,55 % ab 2017) des Bruttoentgelts Arbeitnehmer und Arbeitgeber[3] je zur Hälfte	bei **häuslicher Pflege:** Pflegegeld (von Pflegegrad 2 mit 316,00 bis Pflegegrad 5 mit 901,00 €/Monat), Pflegesachleistungen (von Pflegegrad 2 mit 689,00 bis Pflegegrad 5 mit 1 995,00 €/Monat); bei **stationärer Pflege:** pflegebedingte Aufwendungen (von Pflegegrad 2 mit 770,00 bis Pflegegrad 5 mit 2 005,00 €/Monat)[4]
■ **Gesetzliche Arbeitslosenversicherung** (SGB I § 19, II, III)	Arbeitnehmer, Auszubildende	3,0 % des Bruttoentgelts, Arbeitnehmer und Arbeitgeber je zur Hälfte Arbeitslosengeld II wird aus Steuermitteln finanziert	Arbeitsvermittlung, Berufsberatung, Förderung der beruflichen Weiterbildung, Arbeitslosengeld je nach Beschäftigungsdauer und Lebensalter längstens für 24 Monate (ohne Kind: 60 %, mit Kind: 67 % des Nettoentgelts[5]), danach Arbeitslosengeld II (Regelsatz: 404,00 €), Insolvenzgeld (rückständiges Nettoentgelt der letzten drei Monate)

[1] Ab der **Beitragsbemessungsgrenze (BBG)** bleibt der Beitrag in € unverändert (Höchstbeitrag). 2016 beträgt die monatliche BBG in der gesetzlichen **Renten- und Arbeitslosenversicherung** 6 200,00 € (alte Bundesländer) bzw. 5 400,00 € (neue Bundesländer), in der **gesetzlichen Kranken- und Pflegeversicherung** 4 237,50 € (alte und neue Bundesländer). Aus der gesetzlichen Kranken- und Pflegeversicherung kann der Arbeitnehmer austreten, wenn sein Bruttoentgelt die **Versicherungspflichtgrenze** (alte und neue Bundesländer 4 687,50 €) übersteigt.

[2] Das Standardrentenniveau von etwa 70 % des Ø-Nettoentgelts erreichen Arbeitnehmer, wenn sie 45 Jahre lang Rentenbeiträge eingezahlt haben **(„Eckrentner")**. Wer früher in Rente geht, muss Rentenabschläge von 0,3 % pro Monat des früheren Rentenbeginns in Kauf nehmen. Bis 2030 wird das allgemeine Rentenniveau auf rund 67 % abgesenkt. Das Renteneintrittsalter wird bis 2029 schrittweise auf 67 Jahre erhöht.

[3] Wer keine Kinder hat und mindestens 23 Jahre alt ist, zahlt statt 1,175 % (Arbeitnehmeranteil) 1,425 % (Ausnahme Sachsen: 1,675 % bzw. 1,925 %). In Sachsen zahlen die Arbeitnehmer den vollen Beitrag für die ersten 1 %, an den restlichen 1,35 % beteiligen sich die Arbeitgeber zur Hälfte (dafür wurde kein Feiertag abgeschafft).

[4] Das Pflegestärkungsgesetz II (ab 2017 in Kraft) definiert die Pflegebedürftigkeit anhand von 6 Beeinträchtigungen der Selbstständigkeit (z. B. Mobilität, geistige und kommunikative Fähigkeiten) und unterscheidet die Leistungen nach 5 Pflegegraden (Pflegegrad 1 mit geringer Beeinträchtigung bis Pflegegrad 5 mit schwerster Beeinträchtigung). Pflegegrad 1 beinhaltet lediglich beratende Leistungen.

[5] Anspruch auf Arbeitslosengeld haben Arbeitnehmer, die die Regelaltersrente noch nicht erreicht haben, die arbeitslos sind, sich bei der Agentur für Arbeit arbeitslos gemeldet haben und die Anwartschaftszeit erfüllt haben. Die Anwartschaft hat erfüllt, wer in den letzten zwei Jahren (Rahmenfrist) mindestens zwölf Monate versicherungspflichtig beschäftigt war. Die Dauer des Anspruchs richtet sich nach der Dauer der versicherungspflichtigen Arbeitsverhältnisse und nach dem Lebensalter des Arbeitslosen (SGB III §§ 136 bis 147).

5.3 Grundprinzipien der Sozialversicherung

Nach Artikel 20 Grundgesetz ist die Bundesrepublik Deutschland ein demokratischer und sozialer Bundesstaat. Ein wesentlicher Baustein des vom Staat geknüpften sozialen Netzes ist die Sozialversicherung. Für jeden Beschäftigten besteht grundsätzliche **Versicherungspflicht**.

Als **Beschäftigung** gelten nach SGB IV § 7

- die nichtselbstständige Arbeit, insbesondere in einem Arbeitsverhältnis. Anhaltspunkte für eine Beschäftigung sind eine Tätigkeit nach Weisungen und eine Eingliederung in die Arbeitsorganisation des Weisungsgebers;
- der Erwerb beruflicher Kenntnisse, Fertigkeiten oder Erfahrungen im Rahmen betrieblicher Berufsbildung;
- der Bezug von Krankengeld, Verletztengeld, Versorgungskrankengeld, Übergangsgeld oder Mutterschaftsgeld oder nach gesetzlichen Vorschriften Erziehungsgeld oder die Inanspruchnahme der Elternzeit oder die Leistung des Bundesfreiwilligendienstes während des Bestands eines Arbeitsverhältnisses.

Beiträge und Leistungen der Sozialversicherung sind auf dem Prinzip der **Solidargemeinschaft** („Einer für alle – alle für einen") aufgebaut. Der Bruttoverdienst jedes Arbeitnehmers wird bis zur Beitragsbemessungsgrenze mit dem gleichen prozentualen Beitragssatz belastet; d. h., dass die besser Verdienenden einen höheren Eurobetrag aufbringen. Auf der anderen Seite erhalten jedoch alle Versicherten die gleichen Leistungen.

Ein weiterer Grundsatz der Rentenversicherung ist der **Generationenvertrag**. Die Generation der Erwerbstätigen finanziert mit ihren Beiträgen die Renten der nicht mehr erwerbstätigen Generation. Dadurch erwerben die Jüngeren ihrerseits das Recht, im Alter von der nachfolgenden Generation versorgt zu werden (**Umlageverfahren**). Sozialer Friede und soziale Gerechtigkeit sind maßgeblich mit der Einhaltung dieses Generationenvertrags, der nirgendwo schriftlich festgehalten ist, verknüpft. Mit jährlichen Rentenanpassungen sollen die Rentner an der allgemeinen Erhöhung der Nettolöhne teilhaben (**Rentendynamisierung**). Die Rentenanpassung enthält jedoch einen **Nachhaltigkeitsfaktor**, der das Verhältnis zwischen Beitragszahlern und Rentnern berücksichtigt.

Sinkt dieses Verhältnis z. B. um 0,7 % und erhöhen sich die Nettolöhne um 1,2 %, dann erhöhen sich die Renten nur um 0,5 %. Negative Rentenanpassungen sind ausgeschlossen. (**Schutzklausel**, SGB VI § 255e).

Die künftige Rentenpolitik muss sich immer mehr an den Grundsätzen der **Demografiebeständigkeit**, der **Generationengerechtigkeit** und der **Chancen der Teilhabe auf dem Arbeitsmarkt** orientieren.

5.4 Probleme der Sozialversicherung

Die gesetzliche Sozialversicherung, einst als Maßnahme zur Sicherung des sozialen Friedens eingeführt, wird zunehmend selbst zur Gefahr für den sozialen Frieden. Die **Überalterung** der Bevölkerung (Demografie-Problem) bei gleichzeitig anhaltend **hoher Arbeitslosigkeit** hat die gesetzliche Sozialversicherung in **Finanzierungsnöte** gebracht. Da die lohnabhängigen Beiträge bereits die Schmerzgrenze erreicht haben, blieb nichts anderes übrig, als durch **Reformen** die Leistungen zu kürzen. Der Generationenvertrag gerät in eine Schieflage, wenn immer weniger Beitragszahlern immer mehr Leistungsempfänger (z. B. Rentner, Arbeitslose) gegenüberstehen. Entscheidend für die nachhaltige Finanzierung der gesetzlichen Rentenversicherung ist der Abbau der Arbeitslosigkeit, wirtschaftliches Wachstum, der Aufbau neuer sozialversicherungspflichtiger Beschäftigung und die Förderung der privaten Eigenvorsorge und Eigenverantwortung.

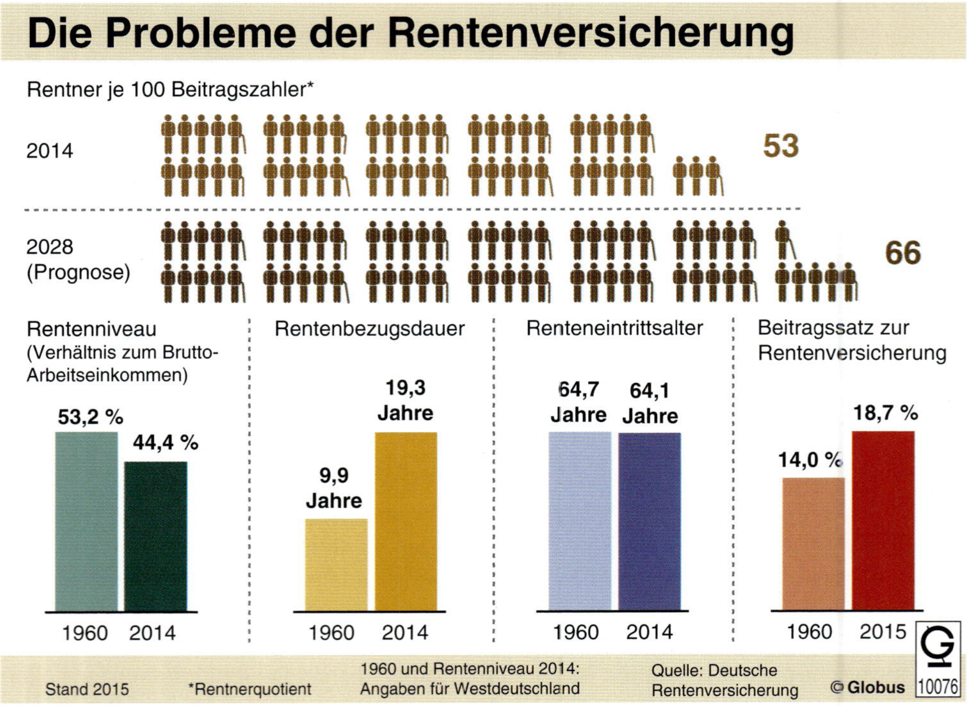

In Zeiten des globalen Wettbewerbs beeinträchtigen die hohen **Lohnnebenkosten** (vor allem durch die gesetzlich vorgeschriebenen Sozialleistungen, z. B. Arbeitgeberanteile zur gesetzlichen Sozialversicherung) die Wettbewerbsfähigkeit der deutschen Wirtschaft. Experten sehen in der **Abkoppelung der Sozialversicherungsbeiträge** von den Löhnen (z. B. Kopfpauschalen bei der Krankenversicherung) bzw. durch eine **Verbreiterung der Bemessungsgrundlage** (z. B. Krankenkassenbeiträge auch auf Zins- und Mieteinkünfte) eine Entlastungsmöglichkeit für die Arbeitgeber.

5.5 Private Vorsorge – Versorgungslücke schließen

Die gesetzliche Rente allein wird in Zukunft keine ausreichende Versorgung mehr im Alter gewährleisten können. Je mehr ein Arbeitnehmer verdient, desto größer wird bei einer Berufsunfähigkeit oder im Alter seine **Versorgungslücke** (Unterschied zwischen dem letzten Nettoeinkommen und der Höhe der gesetzlichen Rente) und damit die Gefahr des sozialen Abstiegs. Zukünftig wird die gesetzliche Rente eines „Standardrentners" nur noch rund 50 % seines letzten Nettoeinkommens betragen.

Um ihren Lebensstandard im Alter halten zu können, müssen Erwerbstätige dreifach vorsorgen (**Dreischichten-Modell**). Die **Basisversorgung** durch die gesetzliche Rente und die private Basisrente (1. Schicht) muss ergänzt werden durch eine **Zusatzversorgung** mit der Betriebs- und der Riesterrente (2. Schicht) und einer zusätzlichen **ergänzenden privaten Vorsorge** durch Versicherungen und andere Kapitalanlagen (3. Schicht).

Basisversorgung durch gesetzliche Rente und private Basisrente

Der Arbeitnehmer ergänzt seine Grundabsicherung durch die gesetzliche Rentenversicherung, indem er Beiträge an eine **private Rentenversicherung** zahlt. Die Beiträge sind steuerfrei, wenn die private Rentenversicherung dem Versicherten eine monatliche lebenslange **Leibrente** garantiert (**Rürup-Rente**[1]). Die Leistungen dürfen erst nach dem 62. Lebensjahr des Versicherten ausgezahlt werden. Ansprüche aus der Basisrente sind nur an engste Hinterbliebene (Ehepartner, Kinder) vererbbar. Sie sind nicht übertragbar, beleihbar, veräußerbar oder kapitalisierbar (d.h. in einem Betrag auszahlbar).

Zusatzversorgung – betriebliche Altersvorsorge und Riester-Rente

Verspricht der Arbeitgeber seinen Beschäftigten bei Erreichen des Renteneintrittsalters eine **Betriebsrente**, dann liegt eine betriebliche Altersvorsorge vor.

Durchführungswege der betrieblichen Altersvorsorge:

interne Anlageformen	**Betriebliche Direktzusage:** Der Arbeitgeber leistet keine laufenden Einzahlungen und zahlt die Betriebsrenten aus den laufenden Erträgen des Unternehmens. **Betriebliche Unterstützungskasse:** Der Arbeitgeber zahlt in eine betriebseigene Pensionskasse ein und bringt die Betriebsrenten aus dieser Pensionskasse und laufenden Erträgen auf.
externe Anlageformen	**Betriebliche Direktversicherung:** Der Arbeitgeber zahlt für seine Beschäftigten Beiträge an eine private Lebens- bzw. Rentenversicherung (Direktversicherung). **Betriebliche Pensionskasse:** Der Arbeitgeber zahlt für seine Beschäftigten Beiträge an ein berufsständisches Versorgungswerk (Pensionskasse). **Betriebliche Pensionsfonds:** Der Arbeitgeber legt Kapitalbeträge für seine Beschäftigten bei einer Kapitalanlagegesellschaft an (Pensionsfonds).

Nur bei den externen Anlageformen kann der Arbeitnehmer beim Wechsel des Arbeitgebers sein Vorsorgeguthaben zum neuen Arbeitgeber mitnehmen. Daher werden nur diese steuerlich gefördert.

Um sich die sogenannte **Riester-Rente**[2] zu sichern, zahlt der Arbeitnehmer 4 % seines Nettoentgelts (maximal förderfähige Anlage) in einen **zertifizierten Altersvorsorgevertrag** ein. Dafür erhält er eine staatliche Zulage, die die Finanzämter nachträglich gutschreiben. Nach dem Altersvermögensgesetz (AVmG) gibt es die **Altersvorsorgezulage** (Grund- und Kinderzulage) nur dann in voller Höhe, wenn der Anleger den Mindesteigenbeitrag (4 % des Nettoentgelts abzüglich Zulagen) aufbringt. Es werden nur Anlagen gefördert, die bis zu

---

[1] Bert Rürup war bis 2009 Mitglied des Sachverständigenrats.
[2] Walter Riester war von 1998 bis 2002 Bundesminister für Arbeit und Sozialordnung.

Vollendung des 62. Lebensjahres des Anlegers gebunden sind. Bei Renteneintritt dürfen 30 % des Vorsorgekapitals sofort ausgezahlt werden.

Ein Durchschnittsverdiener mit monatlich rund 3 000,00 € Bruttoentgelt kann mithilfe dieser Riesterförderung nach 30 Beitragsjahren mit einer zusätzlichen monatlichen Rente in Höhe von 160,00 € rechnen.

BEISPIEL:

Riesterförderung an drei Beispielen[1]

geförderte Person	Single	berufstätige Alleinerziehende mit 1 Kind	berufstätiges Ehepaar mit 2 Kindern
Bruttoeinkommen des Vorjahres	30 000,00 €	30 000,00 €	50 000,00 €
maximale förderfähige Anlage höchstens 2 100,00 € pro Jahr	**4 % p.a.** **1 200,00 €**	**4 % p.a.** **1 200,00 €**	**4 % p.a.** **2 000,00 €**
– maximale Grundzulage pro Jahr – maximale Kinderzulage pro Jahr[2]	– 154,00 € –	– 154,00 € – 300,00 €	– 308,00 € – 600,00 €
= rechnerischer Mindesteigenbeitrag (mindestens 60,00 €)	**1 046,00 €**	**746,00 €**	**1 092,00 €**
Zulagen in % vom Mindesteigenbeitrag	**14,72 %**	**60,85 %**	**83,15 %**

Ergänzende private Vorsorge – Versicherungen und Geldanlagen

Mit **Personenversicherungen** kann der Versicherungsnehmer seinen gesetzlichen Versicherungsschutz ergänzen und verbessern. Der Versicherungsschutz beginnt grundsätzlich mit der Zahlung des Beitrags.

Wichtige Personenversicherungen

Risikolebensversicherung	Sie dient dem Hinterbliebenenschutz (Ehepartner, Kinder) im **Todesfall**. Der Beitrag richtet sich nach der abgeschlossenen Versicherungssumme, dem Gesundheitszustand des Versicherten, dem Alter be Versicherungsbeginn und der Vertragslaufzeit.
Kapitallebensversicherung	Hier wird die Versicherungssumme nach Ablauf der Versicherungsdauer (meist 12 Jahre und mehr) oder Erreichen eines bestimmten Lebensalters fällig. Im **Erlebensfall** bekommt der Versicherte selbst die Versicherungssumme (Garantiesumme plus Überschussanteile) ausgezahlt. Stirbt der Versicherte während der Vertragslaufzeit, dann sind seine Hinterbliebenen bis zur Höhe der Versicherungssumme abgesichert.

[1] Für die vor dem 01.01.2008 geborenen Kinder: 185,00 € jährlich.

Berufsunfähigkeitsversicherung[1]	Nach der **Pauschalregel** bekommen die Versicherten eine vereinbarte Rente erst ab einer Berufsunfähigkeit von mindestens 50 %. Nach der **Staffelregel** zahlen die Versicherer bereits ab einem Berufsunfähigkeitsgrad von 25 %, dann aber auch nur 25 % der vereinbarten Rente. Die Rentenhöhe wächst gleichmäßig mit dem Grad der Berufsunfähigkeit. Erst ab einer 75-prozentigen Berufsunfähigkeit wird die volle vereinbarte Rente ausgezahlt.
private Rentenversicherung mit Kapitalwahlrecht	Das Altersvorsorgekapital kann bei Renteneintritt auf einmal ausgezahlt oder in Form einer lebenslangen Monatsrente ausgezahlt werden. Wird der Auszahlungszeitraum begrenzt, dann ist die monatliche Rente höher („abgekürzte Leibrente"). Als **Einmalbeitragsversicherung** bezahlt der Versicherungsnehmer bei Vertragsabschluss die Versicherungssumme voll ein und erhält bei Eintritt in den Ruhestand eine „Sofortrente" ausbezahlt.

Bei allen nach 2005 abgeschlossenen Rentenversicherungen mit Kapitalwahlrecht und Kapitallebensversicherungen ist die Hälfte der Kapitalauszahlung steuerpflichtig.

ZUSAMMENFASSUNG

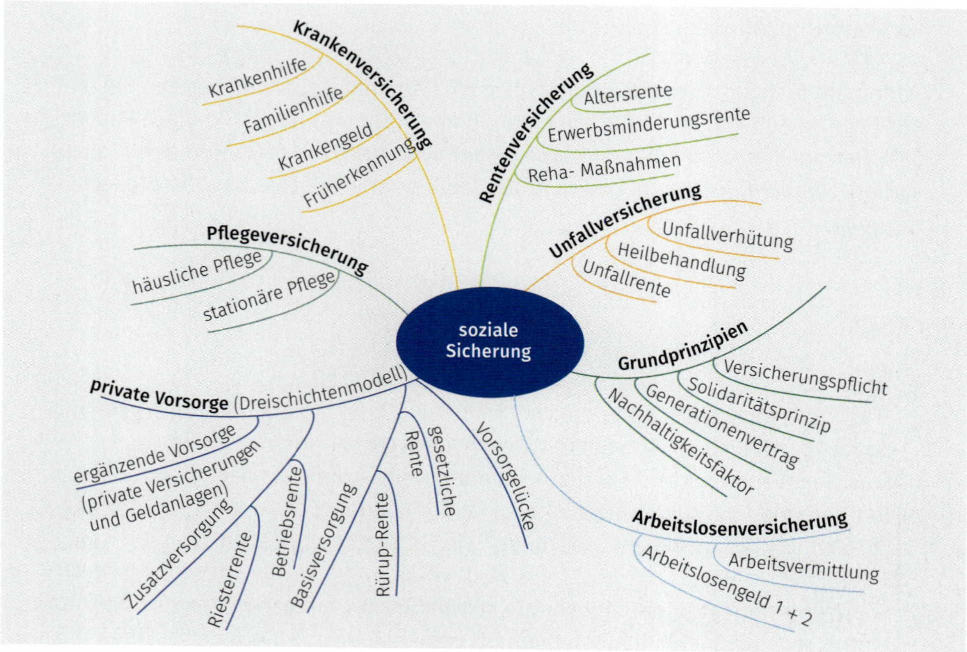

[1] **Berufsunfähigkeit** liegt vor, wenn eine Person ihren *erlernten Beruf* wegen Krankheit oder Behinderung nicht mehr ausüben kann. Dabei muss die Erwerbsfähigkeit gegenüber einer gesunden Person, die den gleichen Beruf ausübt, um mindestens 50 % geschmälert sein.

AUFGABEN

1 Schreiben Sie jeden der folgenden Begriffe auf die Kopfzeile eines DIN-A6-Kärtchens:

Sozialversicherungszweige und -träger, Sozialversicherung (Personenkreis), Sozialversicherung (Beiträge), Sozialversicherung (Grundprinzipien), Krankenversicherung (Leistungen), Rentenversicherung (Leistungen), Pflegeversicherung (Leistungen), Unfallversicherung (Leistungen), Arbeitslosenversicherung (Leistungen), Beitragsbemessungsgrenze, Versicherungspflichtgrenze, Eckrentner, Generationenvertrag, Nachhaltigkeitsfaktor, Beschäftigung (SGB IV § 7), Versorgungslücke, Dreischichten-Modell, Riester-Rente, zertifizierter Altersvorsorgevertrag, Rürup-Rente, Berufsunfähigkeit, Erwerbsunfähigkeit, Berufsunfähigkeitsversicherung, Arbeitslosigkeit (SGB III § 137 f.).

Sortieren Sie die Begriffskärtchen nach den Kriterien „weiß ich" oder „weiß ich nicht" Bilden Sie Kleingruppen mit höchstens drei Mitgliedern. Erklären Sie sich gegenseitig die „Weiß-ich-nicht"-Kärtchen. Schlagen Sie dabei die ungeklärten Begriffe im Schulbuch nach oder nehmen Sie Kontakt zu einer anderen Kleingruppe auf. Schreiben Sie die Begriffserklärungen auf die Rückseite Ihrer Kärtchen und ordnen Sie die Kärtchen unter der Leitkarte „Soziale Sicherung" alphabetisch in Ihren Lernkartei-Behälter ein.

2 Bilden Sie Teams mit jeweils drei Mitgliedern (Stammgruppen). Schreiben Sie jeden der Begriffe aus Aufgabe 1 auf ein extra Stück Papier und fügen Sie diese Papierkärtchen zu einer sinnvollen Struktur zusammen. Die Struktur kann durch Pfeile, Farben, Symbole, Texte (z. B. Überschriften), Bilder oder weitere Begriffe ergänzt werden.

3 Welcher Sozialversicherungszweig ist zuständig? Welche Leistungen kommen infrage?

a) Eva Kunz bringt ihr Kind zur Vorsorgeuntersuchung (U4).
b) Bernd Kast will etwas gegen seine Drogenabhängigkeit tun.
c) Fritz Birke verunglückt auf dem Weg zu seinem Arbeitsplatz und zieht sich ein Halswirbeltrauma zu. Er ist acht Wochen krankgeschrieben.
d) Frau Bader heiratet und kündigt kurz darauf ihre Arbeitsstelle.
e) Der leitende Angestellte Alex Fröhlich ist der Meinung, dass er nicht mehr der Sozialversicherungspflicht unterliegt. Sein Bruttogehalt beträgt monatlich 7 000,00 €.
f) Frau Winter pflegt unentgeltlich ihre schwer kranke hilflose Mutter. Sie hilft ihrer Mutter regelmäßig beim Aufstehen und begleitet sie auf die Toilette. Eines Tages rutscht Frau Winter aus, als sie ihrer Mutter aus dem Bett helfen will, und bricht sich dabei die Hand.
g) Ernst Kögel erleidet einen Skiunfall und ist acht Wochen arbeitsunfähig.
h) Wegen schlechter Auftragslage seines Betriebs erhält der Ausfahrer Martin Zeeb die Kündigung.

4 Vorschläge zur Senkung des Krankenkassenbeitrags:

Behandlungsstopp für Alte

... Es ist gerecht, bestimmte teure medizinische Leistungen ab einer bestimmten Altersgrenze nicht mehr vorzusehen, sondern sich dann auf eine Behandlung akuter Schmerzen zu beschränken. So sollten 85-Jährigen keine künstlichen Hüftgelenke mehr eingepflanzt werden. Gesundheitsökonomen fordern einen Operationsstopp für Menschen über 75 Jahre. ...

Ehepartner im Visier

... Die beitragsfreie Mitversicherung von Ehepartnern, die weder Kinder aufziehen noch Angehörige pflegen, sollte abgeschafft werden ...

Wer gesund lebt, muss belohnt werden

... Wer selten zum Arzt geht, sich körperlich und geistig fit hält oder sparsam mit Medikamenten umgeht, sollte mit Beitragsrückerstattungen belohnt werden. ...

Freizeitunfälle aus dem Leistungskatalog streichen

... Versicherte sollten verpflichtet werden, sich gegen Unfälle im Haushalt, Verkehr und Sport privat zu versichern. ...

a) Welche Vorschläge zur Kostensenkung im Gesundheitswesen werden gemacht?
b) Diskutieren Sie darüber.
c) Weshalb sind Einsparungen im Gesundheitswesen ein „zweischneidiges Schwert"?

5 Je höher das Einkommen, desto größer ist die Versorgungslücke

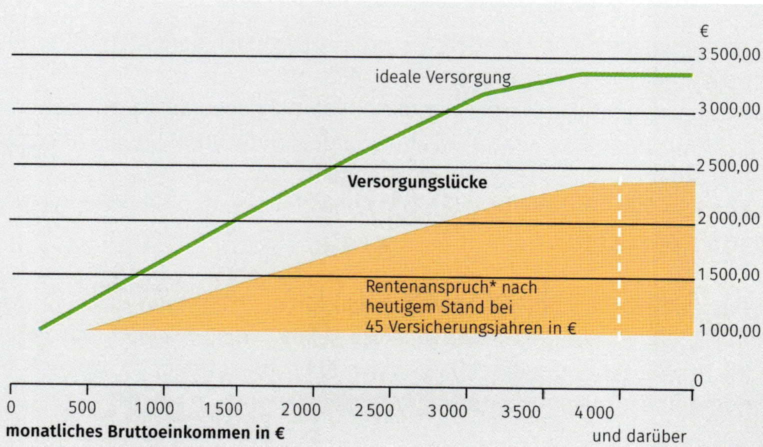

* Rentennäherungswert nach heutigem Stand bei 45 Versicherungsjahren (Beitragszeit)

Die Riester-Rente kann nur die beschlossene Rentensenkung von 70 % auf 67 % bei einem „Eckrentner“, den es nur in der Theorie gibt, ausgleichen. Der größere Teil der Versorgungslücke, nämlich die Absenkung des Niveaus von 70 % auf vielfach unter 50 %, kann mit der Riester-Rente nicht gedeckt werden.

Die Versorgungslücke wird größer

	Lücke vor Riester	Lücke nach Riester	tatsächliche Lücke
100 %	nach 45 Beitragsjahren **70 %**	**67 %**	**40 %**
monatliches Netto-einkommen	maximale Rente vor Reform	maximale Rente nach Reform	durchschnittliche Rente

Im besten Falle bekommt ein Rentner nach 2 000,00 € Nettoverdienst etwa 1 340,00 € Rente, realistisch eher nur um die 800,00 €.

a) Erläutern Sie den Begriff Versorgungslücke.
b) Stellen Sie die Höhe der Versorgungslücke anhand der Abbildung auf Seite 59 oder mithilfe eines Versorgungslückenrechners (z. B. www.biallo.de/versorgungs-luecke-berechnen/) für verschiedene monatliche Nettoeinkommen fest (in % und in €).
c) Weshalb steigt die Versorgungslücke (in €) mit steigendem Einkommen?
d) Erklären Sie die Begriffe „Eckrentner“ und „Riester-Rente“.
e) Weshalb kann die Riester-Rente allein die Versorgungslücke nicht schließen?
f) Interpretieren Sie das obige Schaubild und nehmen Sie dazu Stellung.
g) Machen Sie Vorschläge, wie Sie Ihre Versorgungslücke schließen könnten.

6 a) Erläutern Sie die Grafik auf Seite 54.
b) Wodurch gerät der Generationenvertrag zunehmend in Gefahr? Welche Lösungsvorschläge werden diskutiert?
c) Sammeln Sie aktuelle Zeitungsartikel zum Thema „Rentenproblem“, und stellen Sie Lösungsvorschläge zusammen.

7 a) Welche Bedingungen muss ein Altersvorsorgevertrag nach dem AltZertG erfüllen, wenn er die staatliche Förderung erhalten soll?
b) Erläutern Sie die staatliche Förderung der privaten Eigenvorsorge. Vollziehen Sie hierzu das Berechnungsschema auf Seite 56 nach. Berechnen Sie die maximale staatliche Förderung für Ihr eigenes Einkommen.
c) Beschreiben Sie die (1) förderungsfähigen Anlageformen und (2) Förderwege der betrieblichen Altersvorsorge.

8 *Holger Schneider, 26 Jahre alt, hatte einen guten Job als Kaufmann im Groß- und Außenhandel. 2 900,00 € brutto verdiente er im Monat – bis zu seinem schweren Skiunfall. Bleibende Gesundheitsschäden machen es ihm unmöglich, seinen bisherigen Beruf oder eine gleichwertige Tätigkeit weiter auszuüben.*

a) Unterscheiden Sie zwischen Berufs- und Erwerbsunfähigkeit. Welche Art der Erwerbsminderung liegt im dargestellten Fall vor?

b) Erläutern Sie die Absicherung durch die gesetzliche Rentenversicherung im Falle der privat verschuldeten (1) Berufsunfähigkeit bzw. (2) Erwerbsunfähigkeit.
c) Wie ist die Absicherung im Falle einer beruflich verursachten Berufs- bzw. Erwerbsunfähigkeit? Erkundigen Sie sich bei der Berufsgenossenschaft am Ort.
d) Wie hoch ist die Versorgungslücke im Falle der (1) Berufs- bzw. (2) Erwerbsunfähigkeit?
e) Nennen Sie einige Ursachen für eine dauerhafte Erwerbsminderung.
f) Wie sollte sich eine junge berufstätige Person gegen Berufsunfähigkeit absichern?
g) Unterscheiden Sie zwischen Pauschal- und Staffelregel bei einer privaten Berufsunfähigkeitsversicherung.
h) Besorgen Sie Prospekte bei örtlichen Versicherungsgesellschaften bzw. -agenturen über Berufsunfähigkeitsversicherungen, vergleichen Sie die Bedingungen und Leistungen und nehmen Sie zu den Ergebnissen Stellung.
i) Erstellen Sie eine Checkliste für den Abschluss einer Berufsunfähigkeitsversicherung.

9

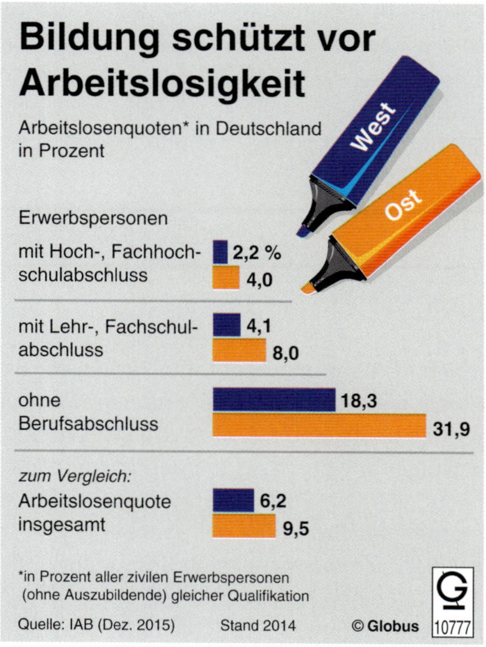

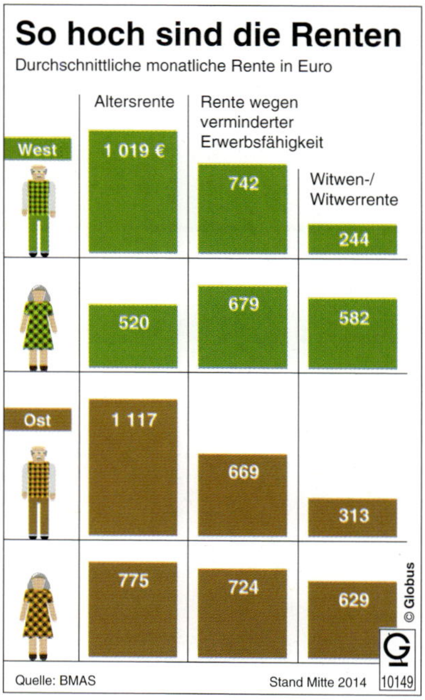

Erläutern Sie den Aussagegehalt der beiden Schaubilder.

LERNSITUATION

BETRIEBSVERLAGERUNG INS AUSLAND

UNTERNEHMENSPROFIL

Sie sind bei der Ergonom Wind KG beschäftigt und werden Ihre Ausbildung in etwa zwei Monaten beenden. Die Ergonom Wind KG ist ein mittelständisches Unternehmen, das Rotoren für Windkraftanlagen entwickelt und herstellt. In der Region hat das Unternehmen eine beachtliche Zahl von Arbeitsplätzen geschaffen. In Ihrem letzten Ausbildungsabschnitt sind Sie dem Assistenten der Geschäftsleitung, Herrn Acker, zugeordnet.

Die Auftragslage des Unternehmens hat sich aufgrund politischer Unsicherheiten im Zusammenhang mit der Energiewende (z.B. Haftungsfragen für die aufzubauenden Stromnetze) dramatisch verschlechtert. Aus diesem Grunde findet in einer Woche eine Sitzung des Wirtschaftsausschusses statt. Auf der Agenda steht u.a. die Verlagerung von Teilen der Produktion nach China.

Folgende Personen nehmen an der Sitzung teil: Frau Dr. Becker (Geschäftsleitung), Frau Demir (Betriebsratsvorsitzende) und Herr Breuer (Bürgermeister). Die Sitzung wird von der Geschäftsleitung geführt und soll von Herrn Acker vorbereitet und moderiert werden.

ARBEITSAUFTRÄGE

1 Heute Morgen kommt Frau Demir zu Ihnen ins Büro und trägt ihren Zweifel vor, dass sich die Produktionsverlagerung nicht mit dem Leitbild der Ergonom Wind KG vereinbaren lässt. Sie versprechen, Ihr noch heute eine E-Mail zu schicken, in der Sie belegen, dass sich die Produktionsverlagerung durchaus mit den Ansprüchen aus dem Leitbild vereinbaren lässt.
2 Bei Ihren Recherchen finden Sie im Internet eine Broschüre mit dem Bericht „Unternehmen kehren zurück“. Sie schreiben sich die wichtigsten Gründe für und gegen eine (Teil-)Auslagerung ins Ausland auf einen Notizzettel.
3 Um seine Vorgesetzte, Frau Dr. Becker, für die Sitzung zu wappnen, bittet Sie Herr Acker, drei Handzettel mit jeweils vier möglichen Argumenten aus der jeweiligen Sicht der drei Sitzungsteilnehmer zu erstellen.

MATERIALIEN

Auszug aus dem Leitbild der Ergonom Wind KG

- Wir sind ein mittelständisches Unternehmen und fühlen uns für unsere Mitarbeiter an allen Standorten verantwortlich.

- Insbesondere bekennen wir uns zum Standort Deutschland, weil wir nur so unsere Qualitätsansprüche verwirklichen können.
- Oberste Maxime unseres Wirtschaftens ist die Nachhaltigkeit. Dazu gehört umweltgerechtes Handeln ebenso wie soziales und regionales Engagement.
- Für unsere Kunden bieten wir jederzeit ein optimales Preis-Leistungsverhältnis.
- Um auf den Märkten zu bestehen und um unsere Existenz langfristig zu sichern, erschließen wir laufend neue Absatzmärkte auch im Ausland.

Auszug aus dem Bericht „Unternehmen kehren zurück“

Unternehmen kehren zurück

Deutsche Unternehmen, die Produktionsstätten ins Ausland verlagern, um dort kostengünstiger zu produzieren, sind ein geläufiges Bild der Globalisierung. Diese Internationalisierung der Wertschöpfungskette wird allerdings oftmals kritisch gesehen, da aufgrund des hohen Lohnniveaus in Deutschland ein massenhafter Exodus deutscher Industrieunternehmen befürchtet wird. Übersehen wird dabei allerdings, dass die (Teil-)Auslagerung der Produktion häufig der Erschließung neuer Märkte geschuldet ist und auch dazu dient, die Wettbewerbsfähigkeit des in Deutschland verbleibenden Unternehmensteils zu sichern. Und was mitunter ebenfalls aus dem Blick gerät: Der deutsche Wirtschaftsstandort ist trotz hoher Lohnkosten von großer Attraktivität für die Unternehmen. Dies wird gegenwärtig auch daran deutlich, dass die Zahl derjenigen Industriebetriebe, die Teile ihrer Produktion ins Ausland verlegen, gesunken ist, während zugleich die Zahl der Unternehmen zugenommen hat, die in die Heimat zurückkehren. [...] Inzwischen kommt auf ein verlagerndes Unternehmen ein Rückkehrer. Hauptmotiv für die Rückkehr in die Heimat sind Qualitätsmängel der im Ausland hergestellten Produkte, die auch ein Ergebnis der meist niedrigeren Qualifikation des Personals an den Produktionsstandorten sind. Lieferprobleme der ausländischen Fabriken, hohe Transportkosten sowie steigende Löhne mindern zusätzlich die Attraktivität so mancher ausländischer Standorte und machen in vielen Fällen eine Rückkehr nach Deutschland lohnenswert.

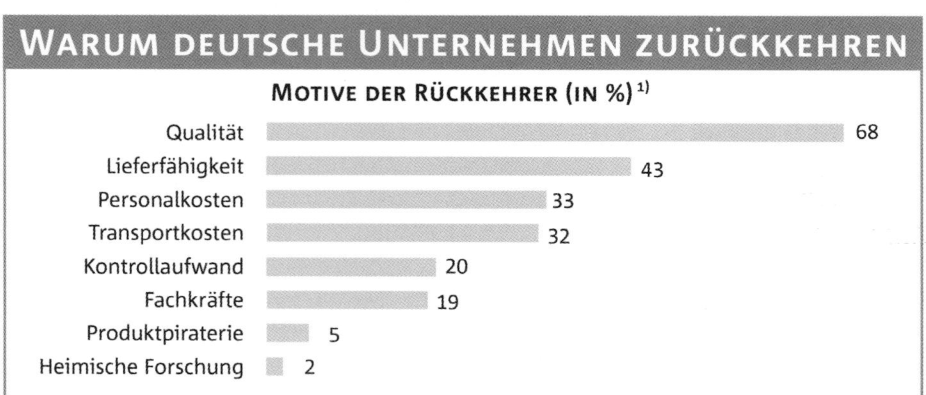

1) Mehrfachnennungen; Quelle: Frauenhofer-Institut für System- und Innovationsforschung (ISI).

(Quelle: www.handwerksblatt.de/betrieb/16-unternehmensfuehrung/5405-deutsche-unternehmen-kehren-zurueck.html, Abruf am 19.04.2016)

Drei Handzettel mit Argumenten

Mögliche Sichtweise der Geschäftsleitung:

-
-
-
-

Mögliche Sichtweise des Betriebsrates:

-
-
-
-

Mögliche Sichtweise des örtlichen Bürgermeisters:

-
-
-
-

Kompetenzbereich II

Wirtschaftliches Handeln in der sozialen Marktwirtschaft analysieren

1 Wirtschaftskreislauf – alles im Fluss

PROBLEM

Die Auszubildende Katja Müller und Michael Müller (Lagerarbeiter) unterhalten sich im Pausenraum der TRIAL GmbH.

Herr Müller: *„Nun erzählen Sie doch mal, was Sie in der Berufsschule so machen."*

Katja: *„Gestern haben wir besprochen, wie die Wirtschaft funktioniert."*

Herr Müller: *„Hört, hört!"*

Katja: *„Das ist ganz einfach. Von den Unternehmen bekommen wir die Konsumgüter, dafür müssen wir den ganzen Tag arbeiten. Einen Teil des Einkommens sparen wir bei den Banken. Diese geben das Geld als Kredite an die Unternehmen weiter. Vom Staat bekommen wir später die Rente und vielleicht Arbeitslosengeld, dafür müssen wir Steuern und Sozialversicherungsbeiträge zahlen. Vom Ausland kaufen wir Rohstoffe und Coke, die wir gegen unsere Autos und Maschinen eintauschen."*

Herr Müller: *„Das sollten Sie unserer Regierung mal erzählen. Die wollen schon wieder die Steuern und Beiträge erhöhen."*

Katja: *„Die sollten sich das noch mal überlegen. Denn das hat ziemlich ungünstige Auswirkungen auf die Wirtschaft."*

Arbeitsaufträge

1 *Skizzieren Sie anhand des dargestellten Kreislaufmodells die Zusammenhänge, die Katja Müller in diesem Gespräch angesprochen hat.*

Kreislaufmodell der Wirtschaft

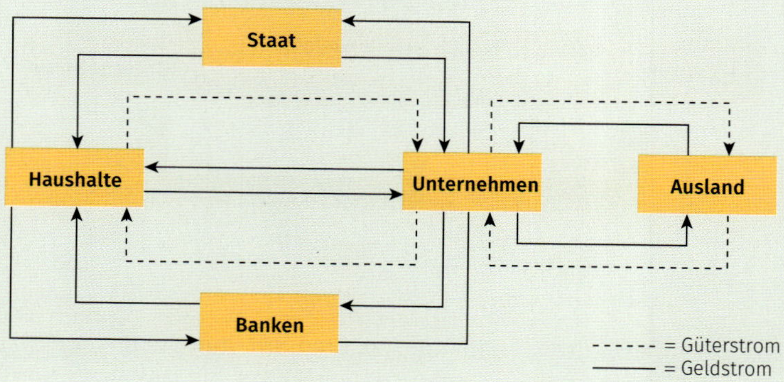

2 *Ergänzen Sie den Kreislauf, indem Sie alle Beziehungen benennen.*
3 *Wie wirken sich Steuererhöhungen auf den Wirtschaftskreislauf aus?*

SACHDARSTELLUNG

1.1 Wirtschaftssubjekte

Jeder Betrieb ist ein Teil der Gesamtwirtschaft (auch Volkswirtschaft genannt). Aus der Sicht der Gesamtwirtschaft bildet die Gesamtheit aller Betriebe das Wirtschaftssubjekt **Unternehmen**. Das Wirtschaftssubjekt Unternehmen hat Beziehungen zu anderen Wirtschaftssubjekten. Das können die Gesamtheit aller Verbraucher **(= private Haushalte)**, der **Staat** oder das Ausland sein. Das Wirtschaftssubjekt **Ausland** umfasst alle Betriebe, die ihren Sitz im Ausland haben. Die Gesamtheit der **Banken (Vermögensänderung)** bildet aufgrund ihrer besonderen Bedeutung als Drehscheibe für das Geld einer Volkswirtschaft (Kapitalsammelstelle) ein eigenes Wirtschaftssubjekt.

1.2 Einfacher Wirtschaftskreislauf – Unternehmen und Haushalte

Im einfachen Wirtschaftskreislauf werden die Beziehungen der **Wirtschaftssubjekte** Unternehmen und private Haushalte modellhaft dargestellt.

Die privaten Haushalte stellen den Unternehmen die **Produktionsfaktoren** zur Verfügung. Das sind im Wesentlichen die **Arbeitskraft**, die **Natur** (in Form von Grund und Boden) und das Kapital (in Form von Kapitaleinlagen). Mit diesen Produktionsfaktoren stellen die Unternehmen **Konsumgüter** her, die sie an die privaten Haushalte verkaufen. In der Gesamtwirtschaft werden also Produktionsfaktoren gegen Konsumgüter eingetauscht (**Güterkreislauf**).

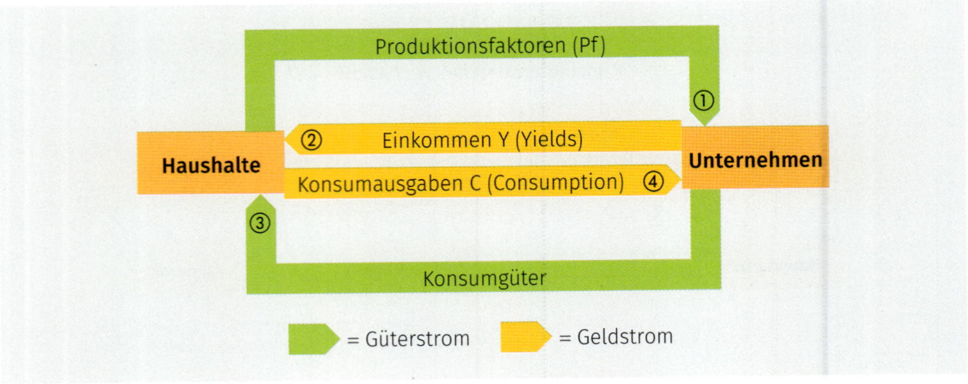

Für die zur Verfügung gestellten Produktionsfaktoren erhalten die privaten Haushalte von den Unternehmen **Einkommen** (in Form von Arbeitsentgelten, Mieten, Zinsen und Gewinnen). Dieses Einkommen geben die Haushalte für Konsumgüter aus. Aus der Sicht der Unternehmen führen die Einkommen der Haushalte zu Ausgaben. Die **Konsumausgaben** der Haushalte stellen für die Unternehmen Einnahmen dar. Dem Güterstrom fließt also immer ein Geldstrom entgegen (**Geldkreislauf**).

Ausgaben und Einnahmen aus der Sicht der privaten Haushalte

Ausgaben	=	Einnahmen
Konsumausgaben	=	**Einkommen**

Ausgaben und Einnahmen aus der Sicht der Unternehmen

Ausgaben	=	Einnahmen
Einkommen	=	**Konsumausgaben**
(Entgelt für Produktionsfaktoren)	=	(Verkaufserlöse)

1.3 Erweiterter Wirtschaftskreislauf – mit Banken, Staat und Ausland

Im erweiterten Wirtschaftskreislauf werden die Wirtschaftssubjekte private Haushalte und Unternehmen um die Wirtschaftssubjekte **Banken, Staat und Ausland** ergänzt. So entsteht ein wirklichkeitsnäheres Abbild der wirtschaftlichen Zusammenhänge.

Die privaten Haushalte geben nicht ihr gesamtes Einkommen für Konsumgüter aus, sondern legen einen Teil davon als **Ersparnisse** bei den **Banken** an. Die Banken geben diese Gelder in Form von Krediten an die Unternehmen weiter. Die Unternehmen verwenden diese Kredite für **Investitionen** (z. B. Kauf neuer Maschinen). Die Ersparnisse der Haushalte, also ihr Konsumverzicht, sind also die Voraussetzung für Investitionen und damit für eine wachsende Wirtschaft.

Ausgaben und Einnahmen mit Banken aus der Sicht der privaten Haushalte

Ausgaben	=	Einnahmen
Konsumausgaben + Ersparnisse	=	**Einkommen**

Ausgaben und Einnahmen mit Banken aus der Sicht der Unternehmen

Ausgaben	=	Einnahmen
Einkommen	=	**Konsumausgaben + Investitionen**
(Entgelt für Produktionsfaktoren)	=	(Verkaufserlöse + Kreditauszahlung)

Unternehmen und private Haushalte müssen einen Teil ihrer Einnahmen als **Abgaben** (Steuern, Sozialversicherungsbeiträge) an den **Staat** abführen. Mit diesen Geldmitteln finanziert der Staat **Subventionen**[1] für sozial benachteiligte Haushalte und zur Förderung von Unternehmen in Form von Finanzhilfen (z. B. Arbeitslosen-, Kinder-, Elterngeld, Zuschüsse für den Absatz erneuerbarer Energien) und Steuervergünstigungen (Abschreibungsmöglichkeiten, geringere Ökosteuer für energieintensive Unternehmen)

In einer offenen Volkswirtschaft (Freihandel) beziehen Unternehmen viele Güter und Dienstleistungen aus dem Ausland (Importgüter, vor allem Rohstoffe). Dies führt zu **Importausgaben** an ausländische Unternehmen. Umgekehrt führen die Unternehmen einen Teil ihrer produzierten Güter und Dienstleistungen ins Ausland aus (Exportgüter, z. B. Automobile, Maschinen). Daraus erzielen sie **Exporteinnahmen**.

Erweiterter Wirtschaftskreislauf

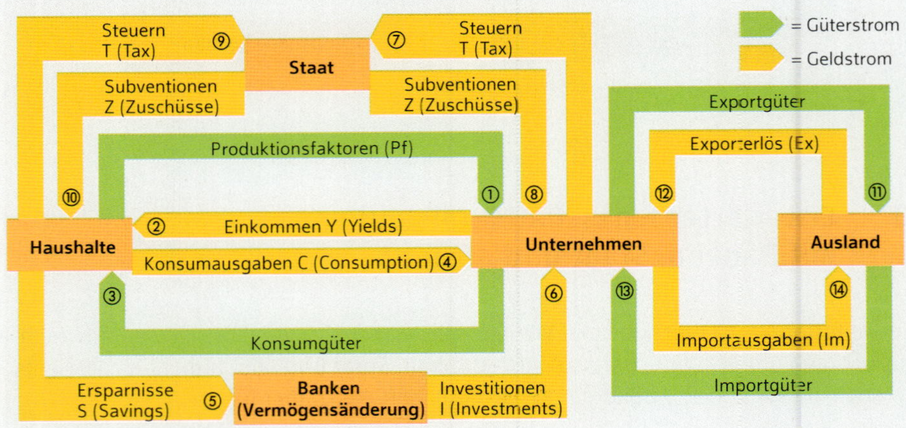

Ausgaben und Einnahmen mit Staat aus der **Sicht der privaten Haushalte:**

Ausgaben	=	Einnahmen
Konsumausgaben + Ersparnisse + Abgaben	=	**Einkommen + Subventionen**

Ausgaben und Einnahmen mit Staat und Ausland aus der **Sicht der Unternehmen:**

Ausgaben	=	Einnahmen
Einkommen + Abgaben + Importausgaben	=	**Konsumausgaben + Investitionen + Subventionen + Exporteinnahmen**

1 subvenire (lat.) = zu Hilfe kommen

ZUSAMMENFASSUNG

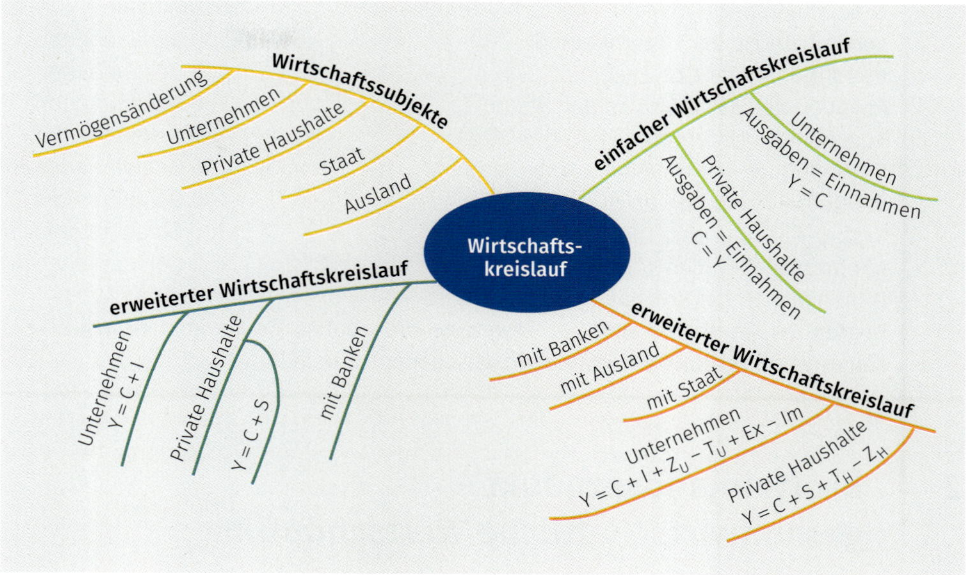

AUFGABEN

1 Beschreiben Sie die Güter- und Geldströme im
   a) einfachen Wirtschaftskreislauf,
   b) einfachen Wirtschaftskreislauf mit Sparen und Investieren,
   c) erweiterten Wirtschaftskreislauf.

2 a) Skizzieren Sie einen einfachen Wirtschaftskreislauf. Nehmen Sie an, dass die privaten Haushalte keine Ersparnisse bilden und für Konsumgüter 1 000 Geldeinheiten ausgeben.
   b) Nehmen Sie an, dass die Haushalte 25 % ihres Einkommens sparen. Ergänzen Sie den oben skizzierten Geldkreislauf.

3 In einer Volkswirtschaft sind folgende Geldströme entstanden:

Konsumausgaben der Haushalte:	5 000 Geldeinheiten
Exporterlöse der Unternehmen:	2 000 Geldeinheiten
Staatliche Subventionen an die Haushalte:	1 000 Geldeinheiten
Importausgaben der Unternehmen:	1 000 Geldeinheiten
Einkommen der Haushalte:	8 000 Geldeinheiten
Abgaben (Steuern) der Haushalte:	2 000 Geldeinheiten

Berechnen Sie die fehlenden Größen.

4 a) Zeichnen Sie einen Wirtschaftskreislauf mit allen Wirtschaftssubjekten und verwenden Sie dabei folgende Angaben (ermitteln Sie die fehlende Größe):

Einkommen der Haushalte (Wertschöpfung):	? Geldeinheiten
Verkaufserlöse der Unternehmen:	1 500 Geldeinheiten
Investitionen der Unternehmen:	300 Geldeinheiten
Abgaben der Haushalte an den Staat:	300 Geldeinheiten
Abgaben der Unternehmen an den Staat:	100 Geldeinheiten
Subventionen der Haushalte vom Staat:	100 Geldeinheiten
Staatliche Zuschüsse an die Unternehmen:	100 Geldeinheiten
Exporterlöse der Unternehmen:	300 Geldeinheiten
Importausgaben der Unternehmen:	100 Geldeinheiten

b) Prüfen Sie, ob der Kreislauf geschlossen ist.

c) Begründen Sie, warum auch der erweiterte Wirtschaftskreislauf immer noch eine starke Vereinfachung des Wirtschaftsgeschehens darstellt.

2 Bruttoinlandsprodukt – gesamtwirtschaftliche Wertschöpfung

PROBLEM

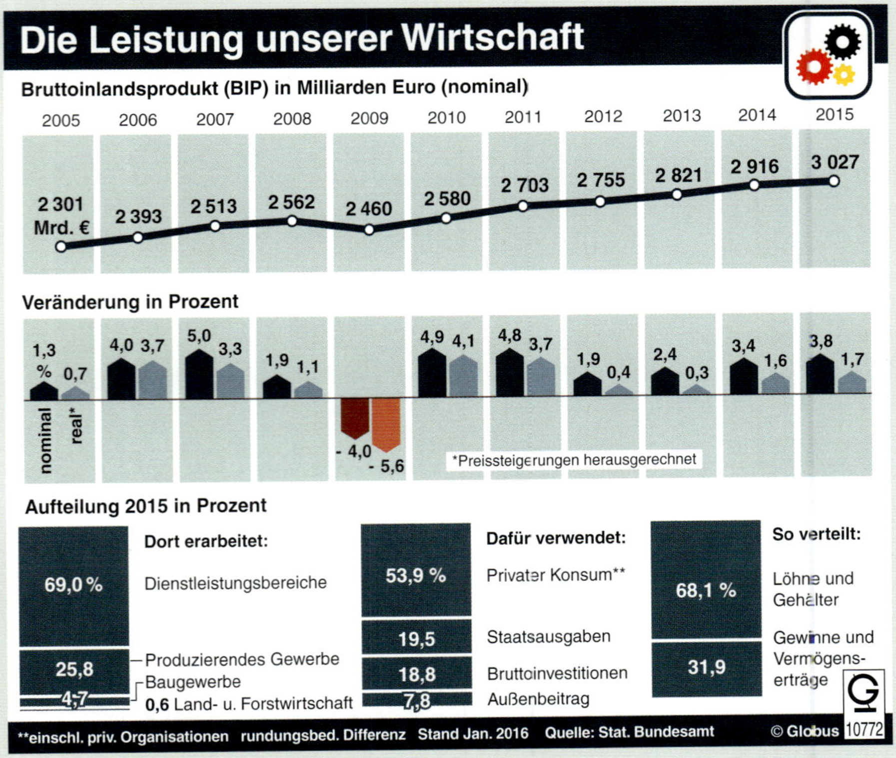

Schattenwirtschaft	
Individuelle Aktivitäten	Heimwerken, Nachbarschaftshilfe, ehrenamtliche Tätigkeiten, Hausarbeit, Schwarzarbeit, Schmuggel
Organisierte Aktivitäten	Flohmärkte, Tauschbörsen, Vereinsarbeit, Organisiertes Verbrechen (z. B. Waffen-, Drogenhandel, Schutzgelderpressung)

Arbeitsaufträge

1 *Interpretieren Sie die obige Grafik.*

2 *Wo wurde das Bruttoinlandsprodukt erarbeitet, wie wurde es verwendet und verteilt?*

3 *Weshalb geht die Leistung der Schattenwirtschaft nicht in das Bruttoinlandsprodukt ein?*

4 *Inwiefern ist die Aussagekraft des Bruttoinlandsprodukts als Maßstab für den Wohlstand beschränkt?*

SACHDARSTELLUNG

Die statistische Erfassung aller wesentlichen Geldströme einer Volkswirtschaft bezogen auf eine bestimmte Periode bezeichnet man als **Volkswirtschaftliche Gesamtrechnung** (VGR). Die VGR wird im Zuge der EU-Harmonisierung nach dem **Europäischen System Volkswirtschaftlicher Gesamtrechnungen (ESVG)** dargestellt.

2.1 Entstehung, Verwendung und Verteilung des Inlandsprodukts

Das **Inlandsprodukt** (Sozialprodukt) gibt die wirtschaftliche Gesamtleistung einer Nation an. In Deutschland fasst das Statistische Bundesamt den Wert aller innerhalb eines **Kalenderjahres** produzierten Waren und geleisteten Dienste (abzüglich fremdbezogene Vorleistungen) zusammen.

BEISPIEL:

Gesamtleistung einer Volkswirtschaft

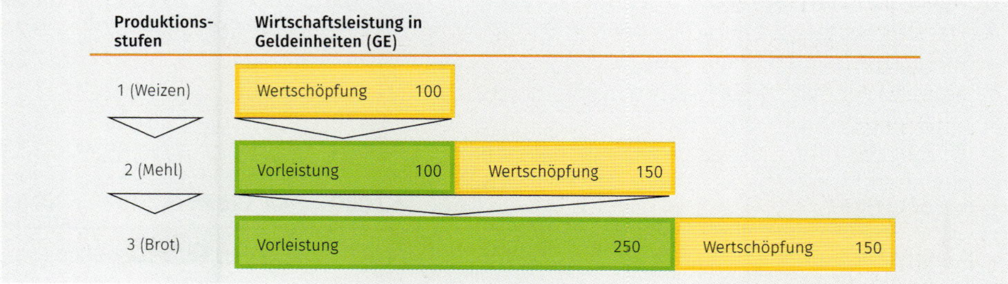

Bruttoproduktionswert =	100	(Stufe 1) + 250 (Stufe 2) + 400 (Stufe 3)	= 750 GE
– Vorleistungen	0	(Stufe 1) + 100 (Stufe 2) + 250 (Stufe 3)	= 350 GE
Bruttowertschöpfung		Summe der Wertschöpfungen (Stufe 1–3)	= 400 GE

Entstehung des Inlandsprodukts

Nach dem *Europäischen System Volkswirtschaftlicher Gesamtrechnungen* (ESVG 1995) entsteht das Inlandsprodukt in *sieben Wirtschaftszweigen*. In den Werten sind die Kosten für die Produktionsfaktoren (Arbeitnehmerentgelte sowie Unternehmens- und Vermögenseinkommen), die Kostensteuern (z. B. Gewerbesteuer verrechnet mit den Kostensubventionen, z. B. Lohnsubventionen) und die Abschreibungen enthalten.

Entstehungsrechnung (in jeweiligen Preisen, Angaben in Mrd. €)

Wirtschaftsbereiche Jahr	2012	2013	2014	2015
▪ Land- und Forstwirtschaft	21,6	20,0	17,9	15,2
▪ produzierendes Gewerbe	645,9	655,5	674,8	702,1
▪ Baugewerbe	112,0	113,3	120,7	127,5
▪ Handel, Gastgewerbe, Verkehr	390,0	396,3	407,2	421,9
▪ Information und Kommunikation	117,2	122,9	127,5	133,4
▪ Finanzierung, Vermietung und Unternehmensdienstleister	640,4	664,7	689,6	716,8
▪ öffentliche und sonstige Dienstleister	543,1	564,1	585,4	608,1
Bruttowertschöpfung (BWS)	**2 470,2**	**2 536,8**	**2 623,1**	**2 725,0**
+ Gütersteuern - Gütersubventionen	279,7	284,0	292,6	301,6
Bruttoinlandsprodukt (nominal)	**2 749,9**	**2 820,8**	**2 915,7**	**3 026,6**
Prozentuale Veränderung	1,9	2,6	3,4	3,8

(Quelle: Statistisches Bundesamt; https://www.destatis.de/DE/ZahlenFakten/GesamtwirtschaftUmwelt/VGR/Inlandsprodukt/Tabellen/Gesamtwirtschaft.html, Abruf am 01.02.2016)

Rechnet man den Preisanstieg heraus, dann ergibt sich das reale Inlandsprodukt.

Erwerbstätige nach Wirtschaftsbereichen (Inlandskonzept in 1 000 Personen)

Wirtschaftsbereich Jahr	2012	2013	2014	2015
Land- und Forstwirtschaft; Fischerei	**666**	**641**	**651**	**635**
Produzierendes Gewerbe (ohne Baugewerbe)	**7 993**	**8 025**	**8 064**	**8 080**
Baugewerbe	**2 412**	**2 428**	**2 443**	**2 431**
Übrige Wirtschaftsbereiche (Dienstleistungen)	**30 989**	**31 234**	**31 545**	**31 886**
▪ Handel, Gastgewerbe und Verkehr	9 710	9 756	9 827	9 906
▪ Information und Kommunikation	1 203	1 218	1 227	1 209
▪ Finanz-, Versicherungs-, Wohnungsdienstleister	1 668	1 662	1 663	1 667
▪ Unternehmensdienstleister	5 470	5 535	5 629	5 774
▪ Öffentliche und sonstige private Dienstleister	12 938	13 063	13 199	13 330
Erwerbstätige	**42 060**	**42 328**	**42 703**	**43 032**

(Quelle: Statistisches Bundesamt; www.destatis.de/DE/ZahlenFakten/GesamtwirtschaftUmwelt/Arbeitsmarkt/Erwerbstaetigkeit/TabellenErwerbstaetigenrechnung/ArbeitnehmerWirtschaftsbereiche.html, Abruf am 01.02.2016)

Bedeutung des Großhandels (ohne Kraftfahrzeughandel)			
Branche	Merkmal	2012	2013
Handelsvermittlungen	Umsatz Beschäftigte	9,3 Mrd. € 101 Tsd.	9,3 Mrd. € 97 Tsd.
Großhandel mit landwirtschaftlichen Grundstoffen und lebenden Tieren	Umsatz Beschäftigte	67,6 Mrd. € 64 Tsd.	68,8 Mrd. € 62 Tsd.
Großhandel mit Nahrungsmitteln, Getränken und Tabakwaren	Umsatz Beschäftigte	187,9 Mrd. € 270 Tsd.	185,2 Mrd. € 245 Tsd.
Großhandel mit Gebrauchs- und Verbrauchsgütern	Umsatz Beschäftigte	234,3 Mrd. € 486 Tsd.	232,3 Mrd. € 486 Tsd.
GH mit Geräten der Informations- und Kommunikationstechnik	Umsatz Beschäftigte	85,8 Mrd. € 119 Tsd.	81,5 Mrd. € 119 Tsd.
Großhandel mit sonstigen Maschinen, Ausrüstungen und Zubehör	Umsatz Beschäftigte	102,7 Mrd. € 267 Tsd.	103,1 Mrd. € 267 Tsd.
Sonstiger Großhandel	Umsatz Beschäftigte	418,3 Mrd. € 491 Tsd.	402,9 Mrd. € 455 Tsd.
Großhandel ohne ausgeprägten Schwerpunkt	Umsatz Beschäftigte	71,9 Mrd. € 107 Tsd.	71,0 Mrd. € 105 Tsd.
Großhandel insgesamt	**Umsatz** **Beschäftigte**	**1 177,8 Mrd. €** **1 905 Tsd.**	**1 153,1 Mrd. €** **1 836 Tsd.**

(Quelle: Statistisches Bundesamt; www-genesis.destatis.de/genesis/online;jsessionid=D9E7C0F5CB4AFCBCA50E24BDC91BED18.tomcat_GO_1_3?operation=previous&levelindex=2&levelid=1454243085589&step=2, Abruf am 01.02.2016)

Verwendung des Inlandsprodukts

Die *Verwendungsrechnung* zeigt für welche Zwecke das Sozialprodukt erarbeitet wurde. Das ESVG unterscheidet sieben Verwendungsmöglichkeiten.

Verwendungsrechnung (in jeweiligen Preisen, Angaben in Mrd. €)				
Verwendungszwecke	2012	2013	2014	2015
Konsumausgaben	**2 060,8**	**2 104,6**	**2 156,2**	**2 221,9**
▪ davon private Konsumausgaben	1 539,5	1 562,7	1 592,2	1 632,7
▪ davon Konsumausgaben des Staates	521,3	541,9	564,0	589,2
Bruttoinvestitionen	**527,4**	**546,8**	**563,1**	**567,8**
▪ davon Bruttoanlageinvestitionen	551,2	557,3	585,1	602,9
▪ davon Vorratsveränderungen	−23,9	−10,5	−22,0	−35,2
Inländische Verwendung von Gütern	2 588,2	2 651,4	2 719,3	2 789,7
Außenbeitrag (Exporte - Importe)	**161,7**	**169,4**	**196,4**	**236,9**
▪ davon Exporte	1 262,9	1 283,1	1 333,2	1 419,0
▪ davon Importe	1 101,1	1 113,7	1 136,8	1 182,0
Bruttoinlandsprodukt (nominal)	**2 749,9**	**2 820,8**	**2 915,7**	**3 026,6**
Prozentuale Veränderung	1,9	2,6	3,4	3,8

(Quelle: Statistisches Bundesamt; www.destatis.de/DE/ZahlenFakten/GesamtwirtschaftUmwelt/VGR/Inlandsprodukt/Tabellen/Gesamtwirtschaft.html Abruf am 01.02.2016)

Konsumausgaben der privaten Haushalte im Inland (in Mrd. €)				
Verwendungszwecke	2012	2013	2014	2015
Nahrungsmittel, Getränke, Tabakwaren	196,7	198,0	202,2	208,1
Bekleidung und Schuhe	73,0	72,0	73,4	75,3
Wohnung, Wasser, Strom, Gas und andere Brennstoffe	357,1	365,3	365,5	369,8
Einrichtungsgegenstände, Geräte für den Haushalt	99,3	98,5	100,2	103,6
Verkehr und Nachrichtenübermittlung	247,7	249,9	254,0	258,8
Freizeit, Unterhaltung und Kultur	141,5	139,8	142,5	146,6
Beherbergungs- und Gaststättendienstleistungen	76,8	75,4	79,4	84,1
Übrige Verwendungszwecke	268,0	276,7	284,9	293,1
Konsumausgaben der privaten Haushalte im Inland insgesamt	**1 460,0**	**1 475,5**	**1 502,2**	**1 539,5**

(Quelle: Statistisches Bundesamt; www.destatis.de/DE/ZahlenFakten/GesamtwirtschaftUmwelt/VGR/Inlandsprodukt/Tabellen/KonsumausgabenVerwendung.html, Abruf am 01.02.2016)

Die **privaten Konsumausgaben** enthalten den Wert aller Güter und Dienstleistungen, die von den Sektoren private Haushalte und private Organisationen ohne Erwerbszweck (z. B. Kirchen, Gewerkschaften, Parteien) *für private Zwecke* gekauft bzw. beansprucht werden. Die **staatlichen Konsumausgaben (Staatsverbrauch)** beinhalten alle Aufwendungen des Staates, die nicht Investitionszwecken dienen wie Sozialausgaben, Entgeltzahlungen an Beamte und sonstige Beschäftigte, Mietzahlungen, Energie-, Erhaltungsaufwendungen usw.

Der Begriff **Bruttoinvestitionen** umfasst alle Ausgaben, die in das Anlage- und Umlaufvermögen der Unternehmen und des Staates fließen. Dazu gehören die Anlageinvestitionen, die der Erweiterung, dem Ersatz und der Rationalisierung von *Ausrüstungen* (z. B. Maschinen, Vorrichtungen, Fuhrpark), *Bauten* und *sonstigen Anlagen* (z. B. immaterielle Vermögensgegenstände wie Software, Urheberrechte) dienen, und *die Vorratsveränderungen* (z. B. Erhöhung und Verringerung von Vorräten bei Roh-, Hilfs- und Betriebsstoffen, unfertigen und Fertigerzeugnissen).

Investitionen (in jeweiligen Preisen, Angaben in Mrd. €)				
Zusammensetzung der Investitionen (in Mrd. €)	2012	2013	2014	2015
Anlageinvestitionen (Bauten, Ausrüstungen, sonstige)	551,2	557,3	585,1	602,9
+ Vorratsinvestitionen (Veränderungen der Vorräte)	–23,9	–10,5	–22,0	–35,2
= Bruttoinvestitionen (im Bruttoinlandsprodukt enthalten)	**527,4**	**546,8**	**563,1**	**567,8**
– Ersatzinvestitionen (Abschreibungen)	490,8	505,1	517,8	531,1
= Nettoinvestitionen	**36,6**	**41,7**	**45,3**	**36,7**

(Quelle: Statistisches Bundesamt; www.destatis.de/DE/ZahlenFakten/GesamtwirtschaftUmwelt/VGR/Inlandsprodukt/Tabellen/Einkommensverteilung.html, Abruf am 01.02.2016)

Verteilung des Inlandsprodukts

Die *Verteilungsrechnung* zeigt, welchen sozialen Gruppen das Sozialprodukt (hier gemessen am Volkseinkommen) zugeflossen ist. Dabei werden Arbeitnehmerentgelt und Unternehmens-/Vermögenseinkommen unterschieden. Das *Arbeitnehmerentgelt* enthält die Bruttoverdienste einschließlich Sonderzahlungen und gesetzliche Arbeitgeberbeiträge zur Sozialversicherung.

Verteilungsrechnung (in jeweiligen Preisen, Angaben in Mrd. €)				
Empfängergruppen	2012	2013	2014	2015
Arbeitnehmerentgelte (1)	1389,7	1430,8	1485,3	1542,8
+ Unternehmens- und Vermögenseinkommen (2)	665,7	665,8	690,9	722,3
= Volkseinkommen (3)	2055,3	2096,6	2176,2	2265,1
Lohnquote in % [(1) · 100 / (3)]	67,6	68,2	68,3	68,1
Gewinnquote in % [(2) · 100 / (3)]	32,4	31,8	31,7	31,9

(Quelle: Statistisches Bundesamt; www.destatis.de/DE/ZahlenFakten/GesamtwirtschaftUmwelt/VGR/Inlandsprodukt/Tabellen/Gesamtwirtschaft.html, Abruf am 01.02.2016)

$$\textbf{\textit{Lohnquote}} = \frac{\text{Arbeitnehmerentgelte} \cdot 100}{\text{Volkseinkommen}}$$

$$\textbf{\textit{Gewinnquote}} = \frac{\text{Unternehmens- und Vermögenseinkommen} \cdot 100}{\text{Volkseinkommen}}$$

Bei der Interpretation der Begriffe **Lohnquote** und **Gewinnquote** ist Vorsicht geboten. Beide Einkommensquellen sagen nichts über die Personen aus, die diese Einkommen erzielen. Denn auch Arbeitnehmerhaushalte beziehen beträchtliche Vermögenseinkommen wie Mieten, Dividenden und Zinsen. So zählen Zinseinkünfte eines Rentners genauso zum Unternehmens- und Vermögenseinkommen wie die Dividenden der immer zahlreicher werdenden Aktionäre oder die Mieteinnahmen einer Rentnerin. Über die Hälfte aller Arbeitnehmerhaushalte besitzen heute Immobilien, deren Erträge den Unternehmen zugerechnet werden. Steigt die Zahl der Unternehmensgründungen, dann steigt automatisch die Gewinnquote, sinkt jedoch aufgrund der Arbeitslosigkeit die Zahl der Beschäftigten, dann sinkt die Lohnquote.

2.2 Messgrößen des Inlandsprodukts – Inlands- und Sozialprodukt

Beim **Inlandskonzept** (Inlandsprodukt) wird die Gesamtleistung gemessen, die innerhalb der Grenzen eines Landes erwirtschaftet wurde (gleichgültig, ob Inländer oder Ausländer zur Leistung beigetragen haben). Beim **Inländerkonzept** (Inländerprodukt) wird die Leistung gemessen, die von Inländern geschaffen wurde (hierzu zählen auch Einkommen, die Inländern aus dem Ausland zufließen).

Grober Zusammenhang zwischen Inlands- und Inländerprodukt

Bruttoinlandsprodukt (im Inland von Inländern oder Ausländern erwirtschaftete Einkommen)	vom Ausland zugeflossene Einkommen
ins Ausland abgeflossene Einkommen	**Bruttosozialprodukt (nur von Inländern im Inland und im Ausland erwirtschaftete Einkommen = Inländerprodukt)**

Volkswirtschaftliche Gesamtrechnung nach dem Inländerkonzept

Inländerkonzept (in Mrd. €)	2012	2013	2014	2015
Bruttoinlandsprodukt (nominal)	**2 749,9**	**2 820,8**	**2 915,7**	**3 026,6**
+ Saldo der Primäreinkommen aus der übrigen Welt	72,3	61,2	66,8	67,2
= Bruttonationaleinkommen = Bruttosozialprodukt	2 822,2	2 882,0	2 982,4	3 093,8
– Abschreibungen	490,8	505,1	517,8	531,1
= Nettonationaleinkommen = Primäreinkommen	**2 331,5**	**2 377,0**	**2 464,7**	**2 562,7**
+ von übriger Welt empfangene Leistungen	51,5	58,4	60,0	61,4
– an übrige Welt geleistete Transfers	–87,0	–101,1	–97,0	–98,8
= Verfügbares Einkommen	**2 295,9**	**2 334,2**	**2 427,7**	**2 525,4**

(Quelle: Statistisches Bundesamt; www.destatis.de/DE/ZahlenFakten/GesamtwirtschaftUmwelt/VGR/Inlandsprodukt/Tabellen/Einkommensverteilung.html, Abruf am 01.02.2016)

Die Berechnung realer Größen wurde im Rahmen der Revision von der Festpreisbasis auf die Vorjahrespreisbasis mit anschließender Verkettung umgestellt. Dabei werden die Mengen mit den Durchschnittspreisen des Vorjahres bewertet und die jeweiligen Veränderungen verkettet (**Kettenindex** mit Referenzjahr 2010 = 100 %). Die einzelnen Größen der VGR lassen sich daher nicht mehr einfach addieren.

Volkswirtschaftliche Gesamtrechnung nach dem Inlandskonzept

Inlandskonzept (in Mrd. €)	2012	2013	2014	2015
Arbeitnehmerentgelte	1 389,7	1 430,8	1 485,3	1 542,8
+ Unternehmens- und Vermögenseinkommen	665,7	665,8	690,9	722,3
= Nettoinlandsprodukt zu Faktorkosten (Volkseinkommen)	**2 055,3**	**2 096,6**	**2 176,2**	**2 265,1**
+ Produktions- und Importabgaben – Subventionen	276,1	280,3	288,5	297,6
= Nettoinlandsprodukt zu Marktpreisen	**2 331,5**	**2 377,0**	**2 464,7**	**2 562,7**
+ Abschreibungen	490,8	505,1	517,8	531,1
= Bruttonationaleinkommen = Bruttosozialprodukt	**2 822,2**	**2 882,0**	**2 982,4**	**3 093,8**
– Saldo der Primäreinkommen aus der übrigen Welt	72,3	61,2	66,8	67,2
= Bruttoinlandsprodukt zu Marktpreisen	**2 749,9**	**2 820,8**	**2 915,7**	**3 026,6**

(Quelle: Statistisches Bundesamt; www.destatis.de/DE/ZahlenFakten/GesamtwirtschaftUmwelt/VGR/Inlandsprodukt/Tabellen/Einkommensverteilung.html, Abruf am 01.02.2016)

Das Inlandsprodukt lässt sich in Kontoform darstellen (**Nationales Produktionskonto**), wenn man einige Größen saldiert ausweist. So werden die Steuern der Unternehmen an den Staat (T) mit den staatlichen Zuschüssen saldiert ausgewiesen (T – Z). Ebenso werden die Exporteinnahmen mit den Importausgaben saldiert (Ex – Im = *Außenbeitrag*). Die Wertminderung der Produktionsmittel und die Ersatzinvestitionen werden als Abschreibungen (Ab) auf der Ausgabenseite erfasst, dafür werden auf der Einnahmenseite die Investitionen als *Bruttoinvestitionen* (I) ausgewiesen. Im Geldstrom des Wirtschaftskreislaufs sind nur die *Nettoinvestitionen* berücksichtigt (I – Ab), da die Abschreibungen zu keinen Geldabflüssen führen.

Ausgänge		Nationales Produktionskonto	Eingänge
Einkommen an übrige Welt	−67	Bruttoinvestitionen	568
Abschreibungen	531		
Steuern – Subventionen	298	Konsumausgaben	
		· Privat	1 633
		· Staat	589
Arbeitnehmerentgelt	1 543		
Unternehmens- und Vermögenseinkommen	722	Außenbeitrag (Exporte > Importe)	237
BIP	3 027	BIP	3 027

2.3 Kritik am Aussagegehalt des Bruttoinlandsprodukts

Kritiker der Sozialproduktsberechnung weisen auf die eingeschränkte Aussagefähigkeit des Bruttoinlandsprodukts hin. Sie führen folgende Mängel auf:

- Die **Eigenleistungen** der privaten Haushalte, vor allem der gesamte Do-it-yourself-Bereich und die Leistungen der Hausfrauen, werden nicht mit einbezogen, weil sie keine marktmäßig bewerteten Dienstleistungen sind. Sie mehren aber das Sozialprodukt und damit den Wohlstand. Längerfristige und internationale Wohlstandsvergleiche mithilfe der ESVG sind deshalb nicht unproblematisch.
- „**Externe Kosten**", die durch den Gebrauch von Gütern und durch deren Produktion entstehen, nicht aber dem Verursacher (Produzent oder Konsument) in Rechnung gestellt, sondern Dritten oder der Gesellschaft angelastet werden, bleiben unberücksichtigt. Dazu gehören die gesamten Umweltschäden, die Verschmutzung des Wassers oder der Luft. Andererseits lassen sich aber auch viele **„externe Erträge"**, wie etwa die Vorteile der Mobilität durch den Besitz eines Autos, nicht quantifizieren, sodass sie aus der Sozialproduktberechnung herausfallen. Zumindest ist umstritten, ob sich diese Vorteile vollständig in den Marktpreisen beispielsweise für die Autonutzung niederschlagen.

- Unberücksichtigt in der Sozialproduktberechnung bleibt auch die verbesserte Aufteilung der dem Einzelnen zur Verfügung stehenden Zeit in Arbeitszeit und Freizeit. Es steht außer Frage, dass mehr **Freizeit** als Wohlstandsgewinn zu werten ist, der sich im traditionellen Sozialprodukt nicht niederschlägt.
- Weil Wohlstand sich nicht nur in der Summe der Einkommen und Güter, sondern auch in der Verteilung dieser Größen auf die einzelnen Wirtschaftssubjekte widerspiegelt, ist jede ungleiche **Einkommensverteilung** wohlstandspolitisch negativ zu werten, ohne dass dies in die Berechnung des Sozialprodukts einbezogen werden könnte.
- **Schattenwirtschaftliche Aktivitäten** sind im Sozialprodukt nicht enthalten, sodass es regelmäßig zu niedrig ausgewiesen wird.

	Schattenwirtschaft	
	Erlaubter (legaler) Bereich	**Unerlaubter (illegaler) Bereich**
Individuelle Aktivitäten	Arbeit im privaten Haushalt (z. B. Garten- oder Putzarbeit, Waschen), abgabenfreie Tätigkeiten außerhalb des Haushalts (z. B. Nachbarschaftshilfe)	Schwarzarbeit (legale Tätigkeiten werden nicht oder falsch angegeben, um Abgaben zu hinterziehen), Kriminalität mit wirtschaftlicher Zielsetzung (Diebstahl, Schmuggel, Hehlerei)
Organisierte Aktivitäten	Teilnahme an abgabefreien Märkten (z. B. Flohmärkten, Tauschbörsen), unentgeltliche Tätigkeit in Institutionen und Vereinen (z. B. Ehrenämter, gemeinsamer Bau eines Vereinsheims)	Unternehmenskriminalität (z. B. Subventionsbetrug, Schmiergelder, Preis- oder Gebietsabsprachen), Organisiertes Verbrechen (z. B. illegaler Waffen-, Drogenhandel, Schutzgelderpressung)

- Auch die **staatlichen Leistungen** fließen unter Wohlstandsgesichtspunkten nur unzulänglich in die Sozialproduktsberechnung mit ein. Da staatliche Dienstleistungen den Bürgern in der Regel ohne unmittelbare Gegenleistung zur Verfügung stehen, werden sie mit ihren Herstellungskosten bewertet und in der Sozialproduktberechnung aufgenommen. Diese Bewertung ist aber unzulänglich. So würde zum Beispiel eine Aufbesserung der Löhne in der städtischen Müllabfuhr gleichgesetzt mit einer Verbesserung der Abfallentsorgung, was nicht unbedingt zutrifft.
- Besonders wichtig sind schließlich die Aufwendungen zur **Beseitigung von Umweltschäden**, die nach der Systematik der Sozialproduktberechnung einen positiven Beitrag zum Sozialprodukt leisten. Bezieht man aber das „natürliche Kapital" in die Betrachtung mit ein und erweitert damit den Kapitalbegriff, so handelt es sich um Aufwendungen zur Erhaltung der natürlichen Lebensgrundlagen, die als Ersatzinvestitionen bei der Sozialproduktberechnung abgezogen werden müssten. Dies geschieht aber nicht.
- Die Sozialproduktberechnung erfasst nicht den Substanzverlust des Naturvermögens und damit die **Verminderung der Lebensqualität** künftiger Generationen.

2.4 Alternative Wohlstandsmessung – zehn Leitindikatoren

Künftig soll der Wohlstand anhand der drei Dimensionen materieller Wohlstand, Soziales und Teilhabe sowie Ökologie mit insgesamt zehn Leitindikatoren gemessen werden.[1]

Dimensionen und Leitindikatoren des Wohlstands

Materieller Wohlstand	▪ **Bruttoinlandsprodukt (BIP pro Kopf):** Damit ist ein direkter Vergleich mit anderen Nationen möglich (zz. rund 37 000,00 €; siehe Seite 139). **Veränderungsrate des BIP pro Kopf:** Damit werden Auf- und Abwärtsbewegungen sichtbar gemacht. Während beispielsweise die Wachstumsrate in China ein Vielfaches jener in Deutschland beträgt, umfasst das BIP pro Kopf lediglich einen Bruchteil davon (zz. rund 7 000,00 €). ▪ **Einkommensverteilung (80/20-Relation):** Verhältnis zwischen dem Gesamteinkommen der Einkommensstärksten (oberes Fünftel) zu den Einkommensschwächsten (unteres Fünftel). Der deutsche Wert von 4,5 (USA: 8,5) bedeutet, dass das oberste Fünftel der Einkommensbezieher ein um den Faktor 4,5 höheres Einkommen erzielte als das unterste Fünftel. Ziel muss es sein, diesen Quotienten zu senken. ▪ **Staatsschuldenquote (Tragfähigkeitslücke):** Ab einem Schwellenwert von 60 % des BIP (zz. rund 80 %) wird der Handlungsspielraum eines Staates aufgrund des Zins- und Tilgungsdienstes vermindert. Die Tragfähigkeitslücke liegt bei 1,4 Prozentpunkten, d. h., die Rücklagenbildung der öffentlichen Hand müsste 1,4 % des jährlichen BIP betragen, um bei gleichbleibender Abgaben- und Steuerlast das derzeitige Leistungsniveau auch für die Zukunft finanzieren zu können.
Soziales und Teilhabe	▪ **Beschäftigung (Beschäftigungsquote):** Entsprechend der Europa-2020-Strategie der EU soll diese Kennzahl auf die Altersgruppe der 20- bis 64-Jährigen umgestellt werden, die Kennzahl beträgt zz. über 75 %. **Unterbeschäftigt** sind alle erwerbstätigen Personen (ab einer Stunde Arbeit pro Woche), die – egal ob in Voll- oder Teilzeit arbeitend – mehr Stunden pro Woche für ein entsprechend höheres Entgelt arbeiten wollen und dem Arbeitsmarkt innerhalb von zwei Wochen zur Verfügung stehen. Die Unterbeschäftigungsquote beträgt zz. rund 12 % der Erwerbstätigen. ▪ **Sekundarabschluss-II-Quote:** Sie misst den Anteil derjenigen der 20- bis 24-Jährigen, die mindestens einen Abschluss im Sekundarbereich II erworben haben (zz. rund 75 %). Dazu zählen ein berufsqualifizierender Abschluss, die Fachhochschulreife, die fachgebundene Hochschulreife oder die allgemeine Hochschulreife. Ein solcher Abschluss wird als Mindestqualifikation für die sich fortentwickelnde Wissensgesellschaft angesehen. ▪ **Gesundheit, Lebenserwartung:** Die durchschnittliche Lebenserwartung wird anhand von Sterbetafeln berechnet. Ein im Jahre 2010 in Deutschland geborener Mensch kann im Durchschnitt mit einer Lebenserwartung von knapp 80,5 Jahren rechnen. Eine immer höhere Lebenserwartung ist wenig aussagekräftig, wenn zugleich die Zahl der gesund verbrachten Lebensjahre (zz. 58 Jahre) stagniert oder gar sinkt.

[1] Enquete-Kommission „Wachstum, Wohlstand, Lebensqualität“ des Bundestages, Kommissionsdrucksache 17 (26) 123, Gesamtbericht, Stand: 08.04.2013

Soziales und Teilhabe	▪ **Freiheit, Weltbank-Indikator „Mitsprache und Verantwortlichkeit":** Hier wird erfasst, wie Bürger eines Landes ihre Teilhabe an der Auswahl ihrer Regierung wahrnehmen und in welchem Maß die Meinungs-, Koalitions- und Pressefreiheit verwirklicht ist. Deutschland zählt innerhalb der letzten zehn Jahre zu den 10 % der freiheitlichsten Staaten auf der Welt.
Ökologie (ökologischer Fußabdruck[1])	▪ **Treibhausgase-Emissionen:** Hier orientiert sich die Messzahl an den sechs im Kyoto-Protokoll genannten klimaschädlichen Treibhausgasen. Zur besseren Vergleichbarkeit werden die Emissionen dieser sechs Treibhausgase anhand einer einzigen Kennziffer ausgedrückt, und zwar in Millionen Tonnen CO_2-äquivalenter Treibhausgasemissionen (zz. 937 Mio. t CO_2). ▪ **Stickstoffeintrag:** Der Eintrag zu hoher Stickstoffmengen in Böden oder in Gewässern bringt nachhaltige Schäden mit sich. Der deutsche Zielwert liegt bei 80 kg pro Hektar landwirtschaftlich genutzter Fläche (zz. 95 kg). ▪ **Artenvielfalt anhand des Vogelindex:** Ein hohes Maß an Artenvielfalt (Biodiversität) zeigt ein intaktes Ökosystem an. Der Vogelindex erfasst nur die Feldvogelarten und ähnelt damit dem europäischen Vogelindex, der auf 37 Vogelarten der Kategorie „gemeiner Feldvogel" basiert (zz. 66 %).

ZUSAMMENFASSUNG

- In der volkswirtschaftlichen Gesamtrechnung werden alle wesentlichen Geldströme einer Volkswirtschaft bezogen auf eine bestimmte Periode erfasst.
- Ermittlung des Volkseinkommens:

Bruttoproduktionswert – Vorleistungen	Umsatzerlöse über alle Produktionsstufen hinweg fremdbezogene Materialien und Leistungen
Bruttoinlandsprodukt – Abschreibungen	Bruttoinvestitionen + Konsum + Außenbeitrag Ersatzinvestitionen
Nettoinlandsprodukt zu Marktpreisen – Produktions- und Gütersteuern + Subventionen	 Gewerbesteuer, Umsatzsteuer, Verbrauchsteuer Staatszuschüsse (z. B. Finanzhilfen, Steuervergünstigung)
Nettoinlandsprodukt zu Faktorkosten	Volkseinkommen (Y)

[1] Der **ökologische Fußabdruck** ist ein Nachhaltigkeitsmaß, das zeigt, wie viel biologisch produktive Land- und Wasserflächen eine Bevölkerung pro Jahr benötigt, um die von ihr konsumierten Güter und Dienstleistungen zu produzieren bzw. die dabei anfallenden Reststoffe (Abfälle, Treibhausgasemissionen usw.) aufzunehmen. Nach den Berechnungen des Global Footprint-Network kann jeder Erdenbürger gegenwärtig 1,8 globale Hektar (gha) Erdoberfläche nutzen, ohne dass die Natur und Umwelt Schaden nehmen. Der tatsächliche globale Flächenverbrauch liegt allerdings bei 2,7 gha und ist damit um 50 % höher als die regenerierbare Biokapazität (Wahl, Stefanie/ Schulte, Martin/Butzmann, Elias, 2010, Das Wohlstandsquartett: 26)

- Ermittlung des BIP

	Bruttosozialprodukt (Inländerprodukt)
–	Einkommen von Inländern aus Erwerbstätigkeit und Vermögen im Ausland
+	Einkommen von Ausländern aus Erwerbstätigkeit und Vermögen im Inland
	Bruttoinlandsprodukt

- Entstehung, Verwendung des Inlandsprodukts und Verteilung des Volkseinkommens

Entstehungsrechnung	Verwendungsrechnung	Verteilungsrechnung
Von welchen Wirtschaftsbereichen wurde das Inlandsprodukt erwirtschaftet?	Für welche Zwecke wurde das Inlandsprodukt verwendet?	Welchen sozialen Gruppen ist das Inlandsprodukt zugeflossen?

Künftig soll der Wohlstand anhand der drei Dimensionen materieller Wohlstand, Soziales und Teilhabe sowie Ökologie mit insgesamt zehn Leitindikatoren gemessen werden.

AUFGABEN

1 In einer Volkswirtschaft entstanden folgende Zahlungsströme:

	1. Produktionsstufe (Forstwirtschaft)	2. Produktionsstufe (Möbelfabriken)	3. Produktionsstufe (Möbelhandel)
Vorleistungen	0	110	300
Bruttoinvestitionen	10	40	20
Abschreibungen	5	20	10
T_U-Z_U (Steuern – Subventionen)	10	50	20
Gewinn	20	50	20
Löhne, Gehälter	85	130	40
Umsatzerlöse	110	300	?
Außenbeitrag	0	20	30

a) Ergänzen Sie die Tabelle.
b) Berechnen Sie folgende Größen für diese Volkswirtschaft:
   1. Bruttoproduktionswert
   2. Bruttoinlandsprodukt
   3. Nettoinlandsprodukt zu Marktpreisen
   4. Volkseinkommen (Inländerkonzept)
   5. Nettoinvestitionen
c) Wie werden die Vorleistungen bei der Berechnung des Sozialprodukts behandelt?
   Begründen Sie Ihre Feststellung.
d) Erstellen Sie das Nationale Produktionskonto für diese Volkswirtschaft.

2 Es liegt folgendes Nationales Produktionskonto vor:

Soll		Nationales Produktionskonto	Haben
Vorleistungen	2 000 GE	Verkaufserlöse	
Abschreibungen (Ab)	1 000 GE	(einschließlich Vorleistungen)	3 000 GE
T_U-Z_U (Steuern – Subventionen)	600 GE	Bruttoinvestitionen (I_{brutto})	1 400 GE
Faktorkosten (Löhne ...)	1 400 GE	Exporte – Importe (Ex-Im)	600 GE

a) Berechnen Sie:
- » *den Bruttoproduktionswert*
- » *das Bruttoinlandsprodukt zu Marktpreisen*
- » *das Nettoinlandsprodukt zu Marktpreisen*
- » *das Volkseinkommen (Wertschöpfung)*
- » *die Nettoinvestitionen*

b) Erklären Sie den Begriff Außenbeitrag.

c) Unterscheiden Sie zwischen Inländer- und Inlandsprodukt.

3 a) Erläutern Sie kurz die Entstehungsrechnung, Verwendungsrechnung, Verteilungsrechnung des Sozialprodukts.

b) Ermitteln Sie anhand der Statistiken auf Seite 72 die Anteile des Wirtschaftsbereichs Handel, Gastgewerbe und Verkehr an der Bruttowertschöpfung und an der Erwerbstätigenzahl für das Jahr 2015.

c) Vergleichen Sie anhand der Statistik auf Seite 75 die Entwicklung der Arbeitnehmerentgelte und der Unternehmens-/Vermögenseinkommen.

d) Gehen Sie auf die Zusammensetzung dieser Größen ein.

e) Nennen und erläutern Sie mindestens drei Kritikpunkte der Sozialproduktberechnung.

f) Mit Tabak und Tabakutensilien wird in Deutschland ein Umsatz von rund 18 Mrd. € erzielt. Die Gesundheitsrisiken, die allein durch das Rauchen entstehen, belaufen sich auf rund 45 Mrd. €.
Wie gehen diese Werte in die Sozialproduktberechnung ein?

g) Weshalb lässt sich der Wohlstand einer Bevölkerung nur sehr schwierig wertmäßig erfassen? Beschreiben Sie die Dimensionen und die Leitindikatoren des Wohlstands.

3 Markt und Preisbildung – Markt oder Macht?

PROBLEM

Faire Marktpreise

Unter Ökonomen ist es weitgehend unstrittig, dass die marktwirtschaftliche Form der Preisbildung ein effizientes System ist. Doch werden die Preise, die sich nach Angebot und Nachfrage bilden, in der Bevölkerung auch als „fair“ empfunden? Eine Untersuchung der beiden Wirtschaftswissenschaftler Bruno S. Frey und Werner W. Pommerehne kommt zu einigen aufschlussreichen Ergebnissen.
Nur eine Minderheit der Bevölkerung hält nämlich die Regeln der Preisbildung in der Marktwirtschaft für fair, hat die im Hamburger Jahrbuch für Wirtschafts- und Gesellschaftspolitik veröffentlichte Umfrage unter 1750 Personen in Berlin und im Schweizer Kanton Zürich ergeben. Die Frage lautete: „Auf einem nur zu Fuß erreichbaren Aussichtspunkt wurde eine Wasserquelle erschlossen. Das in Flaschen gefüllte Wasser wird an einem Stand an durstige Wanderer verkauft. Der Preis beträgt 1 CHF pro Flasche. Die tägliche Produktion und damit der Tagesvorrat besteht aus 100 Flaschen. An einem besonders heißen Tag möchten 200 Wanderer eine Flasche erwerben. Daraufhin erhöht der Stand den Preis auf 2 CHF pro Flasche. Wie finden Sie diese Preiserhöhung?“
Diese Frage beantworteten 452 Personen, von denen 5 % die Preiserhöhung als „völlig fair“ und 17 % als „akzeptabel“ einstuften. Die restlichen 78 % hielten die Anhebung für „unfair“ oder „sehr unfair“. Das Ergebnis stehe im Gegensatz zur vorherrschenden Auffassung in der traditionellen Nationalökonomie, derzufolge dem Markt vorwiegend positive Eigenschaften zugeschrieben werden, konstatieren die beiden Autoren. Interessant ist, dass die Befragten zur Lösung einer Übernachfragesituation das Prinzip „Wer zuerst kommt, mahlt zuerst“ bei weitem am häufigsten akzeptieren. Diese Einstufung sei nicht unbedingt selbstverständlich, denn warum sollte es unbedingt fair sein, wenn die zuletzt am Aussichtspunkt ankommenden Wanderer kein Wasser mehr erhalten, meinen die Autoren. An zweiter Stelle hinsichtlich der Fairness folgt die Zuweisung durch die Gemeinde oder den Staat „nach deren eigenem Ermessen“. Als dritt-fairste von insgesamt vier Alternativen wird die Preiserhöhung eingestuft ...
Die Ergebnisse zeigen deutliche Vorbehalte der Bevölkerung gegenüber den Ergebnissen des Marktes. Dies müsste eine Aufforderung sein, Funktionsweise und Leistungsfähigkeit einer Marktwirtschaft in der Öffentlichkeit stärker hervorzuheben.

(Quelle: hek: Faire Marktpreise, in: Handelsblatt, 11.01.1989, Seite 2)

Arbeitsaufträge

1 *Beschreiben Sie anhand des Zeitungsartikels den Preisbildungsprozess in einer Marktwirtschaft.*

2 *Weshalb berücksichtigen Marktpreise keine moralischen Gesichtspunkte?*

3 *Nehmen Sie zu den Lösungsvorschlägen (bei einer Übernachfrage) der Befragten Stellung.*

3.1 Markt und Marktfunktionen

Der **Markt** ist der Ort, wo sich Nachfrager und Anbieter treffen. Die Anbieter wollen möglichst viele Güter zu möglichst hohen Preisen verkaufen. Die angebotene Menge wird im Wesentlichen von den Produktionskosten und den Gewinnerwartungen bestimmt. Die Nachfrager möchten möglichst viele Güter zu möglichst günstigen Preisen erwerben, um ihren Bedarf zu decken. Die nachgefragte Menge wird im Wesentlichen vom verfügbaren Einkommen und den Zukunftserwartungen bestimmt.

Die unterschiedlichen Interessen der Marktteilnehmer werden am Markt über den Preis zum Ausgleich gebracht (**Ausgleichsfunktion** des Marktpreises).

Hohe Preise

- signalisieren den Marktteilnehmern, dass das Gut relativ knapp ist (**Signalfunktion**);
- reizen die Anbieter an, dieses Gut vermehrt zu produzieren; sie lenken ihre Produktionsfaktoren auf diese lukrativen Märkte (**Lenkungsfunktion**);
- erzwingen den sparsamen Umgang mit diesen knappen Gütern (**Erziehungsfunktion**).

3.2 Modell des vollkommenen Marktes

Modelle haben die Aufgabe, komplizierte Zusammenhänge der Wirklichkeit vereinfacht nachzubilden. Sie sind vereinfachte Ausschnitte der Realität. So ist z. B. der vom Architekten gezeichnete Grundriss eines Gebäudes nur ein vereinfachtes Abbild des tatsächlich vorhandenen Gebäudes.

Das Modell des vollkommenen Marktes geht von folgenden **Annahmen** aus:

Gleichartige (homogene) Güter	Gleiche (einheitliche) Aufmachung und Qualität der Güter; z. B. gleiches Modell einer Automarke, Bücher einer bestimmten Auflage, Kaffee einer bestimmten Marke und Herkunft
Keine Bevorzugungen (keine Präferenzen)	Keine Präferenzen räumlicher Art (z. B. In- und Ausland, Standortunterschiede), zeitlicher Art (z. B. Haupt- und Nebensaison), persönlicher Art (z. B. Sympathie und Antipathie) oder sachlicher Art (z. B. Mengenrabatte, Serviceunterschiede)
Vollkommene Marktübersicht (Markttransparenz)	Marktteilnehmer kennen ihre Preis- und Mengenvorstellungen; sie sind zur gleichen Zeit am gleichen Ort (zentraler bzw. Punktmarkt) und können daher sehr schnell auf Preisänderungen reagieren.

Nur wenn die genannten Bedingungen des **vollkommenen Marktes** erfüllt sind, kann sich ein *einheitlicher Marktpreis* für ein bestimmtes Gut (Einheitsgut) bilden. In der Realität kommen alle zentral organisierten Märkte (z. B. Waren-, Wertpapierbörse, Messen) diesem Marktmodell am nächsten. Aber auch hier lassen sich Präferenzen aufgrund unzureichender Informationen der Marktteilnehmer nicht ausschließen.

Sobald eine der Modellannahmen des vollkommenen Marktes fehlt, spricht man von einem **unvollkommenen Markt**. Diese Unvollkommenheit hat zur Folge, dass das gleiche Gut zu *unterschiedlichen Preisen* angeboten bzw. nachgefragt wird.

Nach der Zahl der Anbieter werden folgende Marktformen unterschieden:

Anbieter / Nachfrager	einer	wenige	viele
viele	Angebotsmonopol	Angebotsoligopol	Polypol
Beispiele	Gas-, Wasserwerke	Mineralöl-, Automarkt, Fluggesellschaften, Zigarettenmarkt	Waren-, Wertpapierbörsen, Bäckereien

3.3 Preisbildung beim Polypol

Polypol auf einem vollkommenen Markt

Beim *Polypol*[1] steht einer sehr großen Anzahl von Nachfragern eine **sehr große Zahl von Anbietern** gegenüber.

Die nachgefragte Menge hängt vom Preis ab und ist umso größer, je niedriger der Preis ist. Umgekehrt wird das Angebot um so größer sein, je höher der erzielbare Preis ist. Ein niedriger Preis regt den Konsum, ein hoher Preis die Produktion an.

BEISPIEL: Preisbildung beim Polypol auf einem vollkommenen Markt

An einer Warenbörse liegen dem Makler folgende Aufträge vor:

Nachfrage			Angebot		
Käufer	**Höchstpreis je kg in €**	**nachgefragte Menge in kg**	**Verkäufer**	**Mindestpreis je kg in €**	**angebotene Menge in kg**
A	8,50	500	E	7,90	750
B	8,30	500	F	8,10	1 000
C	8,10	750	G	8,30	500
D	7,90	1 000	H	8,50	250

1 polýs (griech.) = viel; Pólis (griech.) Stadt, Markt

Der Makler erstellt aus den Kauf- und Verkaufsaufträgen die folgende Übersicht:

Preis	Nachfrage in kg					Angebot in kg				
	A	B	C	D	insgesamt	E	F	G	H	insgesamt
7,90	500	500	750	1 000	2 750	750	–	–	–	750
8,10	500	500	750	–	1 750	750	1 000	–	–	1 750
8,30	500	500	–	–	1 000	750	1 000	500	–	2 250
8,50	500	–	–	–	500	750	1 000	500	250	2 500

Daraus ermittelt der Makler folgende Notierung (= Einheitspreis)!

Preis €/kg	Nachfrage (N) kg	Angebot (A) kg	Verhältnis zwischen A und N	Preistendenz	verkaufte Menge kg
7,90	2 750	750	N > A	steigend	750
8,10	**1 750**	**1 750**	**N = A**	**konstant**	**1 750**
8,30	1 000	2 250	N < A	fallend	1 000
8,50	500	2 500	N < A	fallend	500

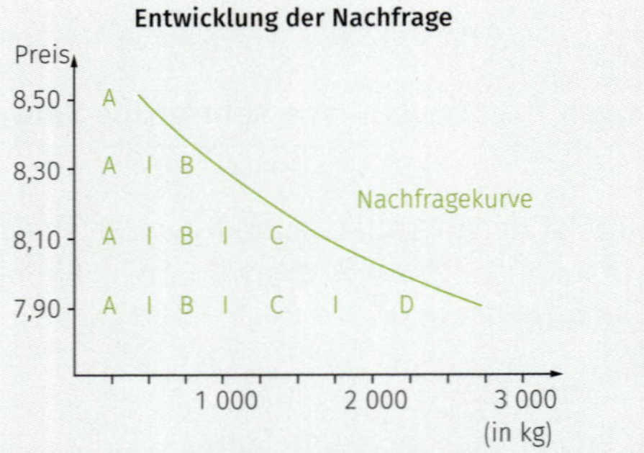

Wenn der Preis **steigt**, dann **sinkt** die nachgefragte Menge.
Wenn der Preis **sinkt**, dann **steigt** die nachgefragte Menge.

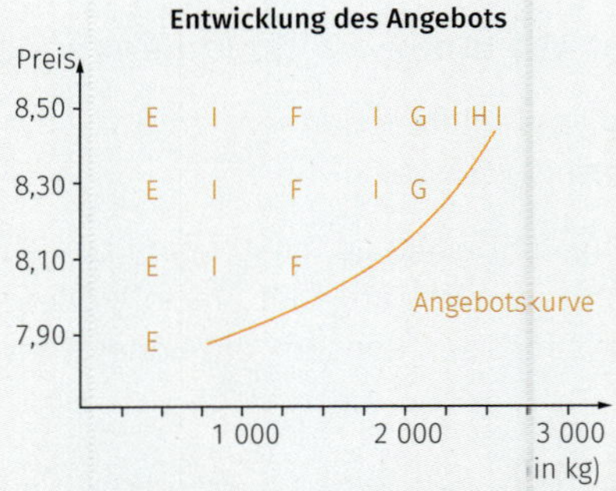

Wenn der Preis **steigt**, dann **steigt** die angebotene Menge.
Wenn der Preis **sinkt**, dann **sinkt** die angebotene Menge.

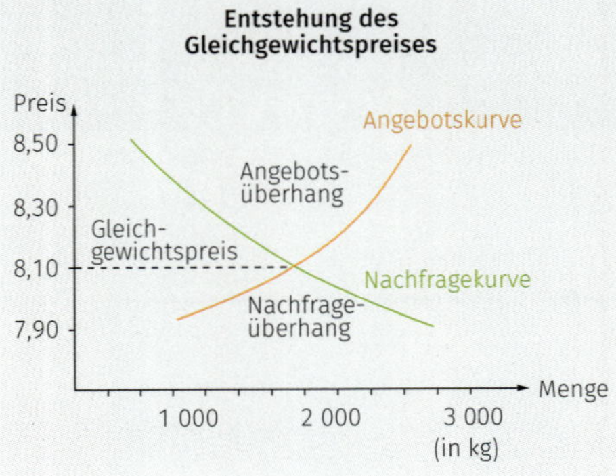

Beim Gleichgewichtspreis sind die geplanten Angebots- und Nachfragemengen gleich.

Es gelten folgende Bedingungen:

(1) angebotene = nachgefragte Mengen
(2) verkaufte Menge ist maximal

Alle Kaufaufträge, die mit 8,10 € und darüber limitiert sind, werden ausgeführt (die Nachfrager A, B, C kommen zum Zug) und alle Verkaufsaufträge, die mit 8,10 € und darunter limitiert sind (Anbieter E, F). Außerdem werden alle „billigst" und „bestens" erteilten Aufträge ausgeführt (solche Aufträge lagen in diesem Beispiel nicht vor).

Unterhalb des Gleichgewichtspreises besteht ein **Nachfrageüberhang (Angebotslücke),** da lediglich der Anbieter E bereit gewesen wäre, die Ware auch unter 8,10 € abzugeben, während alle Nachfrager zu diesem Preis gekauft hätten. Oberhalb des Gleichgewichtspreises liegt ein **Angebotsüberhang (Nachfragelücke)** vor, da hier auch die Anbieter G und H konkurrenzfähig wären, jedoch nur die Nachfrager A, B bereit gewesen wären, diesen höheren Preis zu zahlen. Alle Nachfrager, die bereit gewesen wären, einen höheren Preis zu zahlen als den Gleichgewichtspreis, haben eine **Konsumentenrente** (hier: A mit 8,50–8,10 = 0,40 €/kg und B mit 8,30–8,10 = 0,20 €/kg). Entsprechend haben alle Anbieter, die einen niedrigeren Preis gefordert hätten, eine **Produzentenrente** (hier: E mit 8,10–7,90 = 0,20 €/kg).

Der Preis, bei dem Angebots- und Nachfragemengen gleich sind und die umgesetzte Menge am größten (maximal) ist, wird als **Gleichgewichtspreis** bezeichnet. Der Gleichgewichtspreis räumt daher den Markt. Im Beispiel würden sich beim Preis von 8,10 € Nachfrage und Angebot mit je 1 750 kg entsprechen. Die verkaufte Menge ist hier am höchsten (1 750 kg).

Auf einem vollkommenen Markt bildet sich für das entsprechende Gut ein einheitlicher Preis, den weder ein einzelner Anbieter noch ein einzelner Nachfrager beeinflussen kann, da deren Marktanteile (Marktmacht) aufgrund der großen Zahl der Marktteilnehmer zu gering sind. Der Gleichgewichtspreis ist für alle Marktteilnehmer daher ein Datum (feste Größe). Sie können lediglich ihre Angebots- bzw. Nachfragemenge anpassen.

Setzt z. B. ein Anbieter seinen Preis herauf (über den Gleichgewichtspreis), dann verliert er alle seine Kunden. Sein Gesamtgewinn geht gegen null. Setzt ein Anbieter seinen Preis herab (unter den Gleichgewichtspreis), dann wird er seine relativ kleine Menge reißend los, macht aber weniger Gesamtgewinn. Der Anbieter kann seinen Gewinn daher nur erhöhen, wenn er seine Angebotsmenge erhöht; er ist *Mengenanpasser*.

Preismechanismus

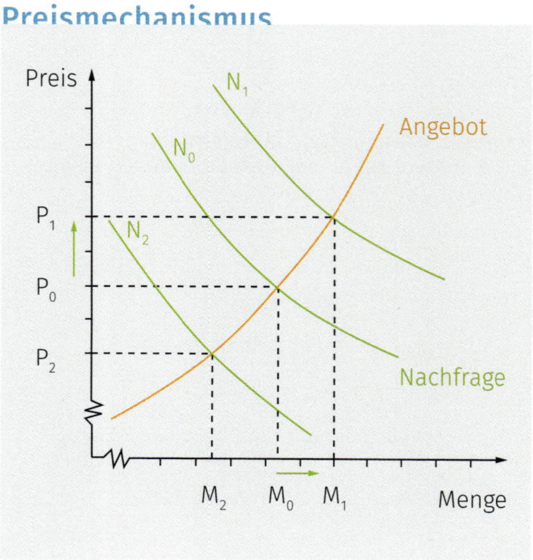

Änderung der Nachfragesituation

Steigt das Niveau der Nachfrage (z. B. wegen steigender Einkommen oder steigender Zahl der Nachfrager) bei unverändertem Angebot, dann verschiebt sich die Nachfragekurve nach rechts (N_1); der Gleichgewichtspreis steigt (p_1).

Sinkt das Niveau der Nachfrage (z. B. wegen rückläufiger Nettoeinkommen oder sinkender Zahl der Nachfrager) bei unverändertem Angebot, dann verschiebt sich die Nachfragekurve nach links (N_2); der Gleichgewichtspreis sinkt (p_2).

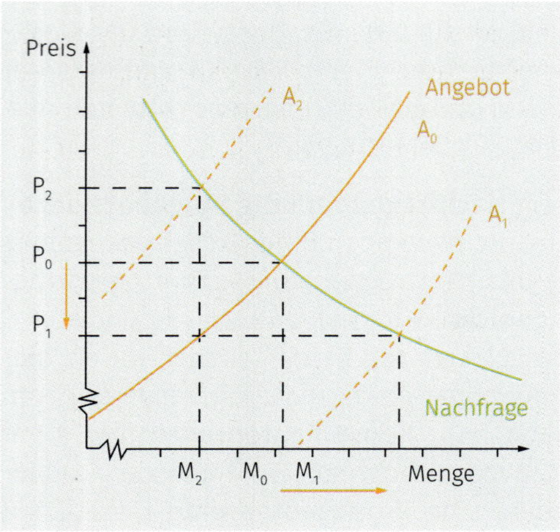

Änderung der Angebotssituation

Steigt das Niveau des Angebots (z. B. wegen guter Auftragslage und steigender Zahl der Anbieter) bei unveränderter Nachfrage, dann verschiebt sich die Angebotskurve nach rechts (A_1); der Gleichgewichtspreis sinkt (p_1).

Sinkt das Niveau des Angebots (z. B. wegen negativer Gewinnerwartungen und sinkender Zahl der Anbieter) bei unveränderter Nachfrage, dann verschiebt sich die Angebotskurve nach links (A_2); der Gleichgewichtspreis steigt (p_2).

Es ergeben sich folgende **„Preisgesetze“**:

Bei gleichbleibendem Angebot führt eine *Nachfragesteigerung* zu steigenden Preisen, ein Nachfragerückgang zu sinkenden Preisen.

Bei gleichbleibender Nachfrage führt eine *Angebotserhöhung* zu sinkenden Preisen, ein Angebotsrückgang zu steigenden Preisen.

Polypol auf einem unvollkommenen Markt

Auf unvollkommenen Märkten gibt es für ein bestimmtes Gut unterschiedliche Preise. Die Gründe für die Unvollkommenheit der Märkte sind *Präferenzen* der Nachfrager (z. B. Bequemlichkeit, Markentreue) oder Anbieter (z. B. Geschäftslage, Kundendienst), verschiedene *Aufmachungen* und *Qualitäten* der Ware oder *fehlende Marktübersicht* der Nachfrager.

Die unvollkommene Markttransparenz erlaubt den Anbietern, innerhalb einer bestimmten **Bandbreite** die Preise zu verändern, ohne dass sie dabei alle Kunden verlieren bzw. gewinnen. Auf der anderen Seite haben auch die Nachfrager oft keine eindeutige Vorstellung über den Preis einer Ware. Ein Nachfrager ist z. B. bereit, für eine Tafel Schokolade etwa 0,40 € bis 0,70 € auszugeben.

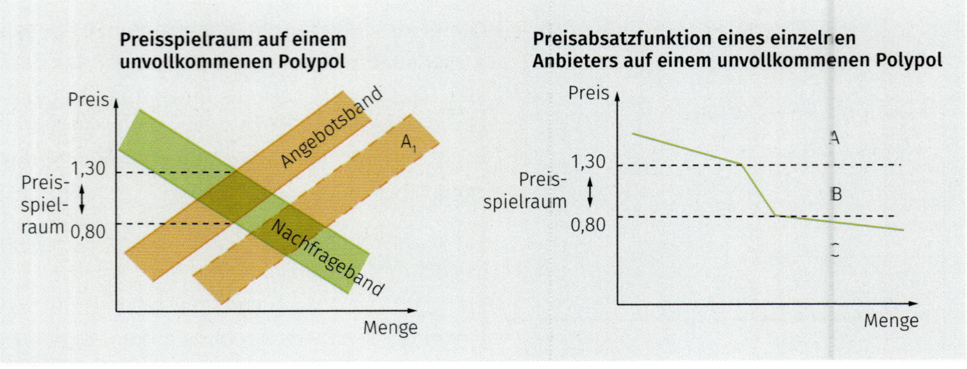

Auf unvollkommenen polypolistischen Märkten sind die Preisgesetze jedoch nicht vollkommen außer Kraft gesetzt. Überschreitet ein Anbieter seinen **Preisspielraum** (Bereich B), dann verliert er schlagartig seine Kunden an die Konkurrenz (Bereich A). Unterschreitet er seinen Preisspielraum, dann verzeichnet er zwar starke Kundenzuläufe, aber er kann seine Kosten nicht mehr decken (Bereich C).

Auf dem *Gesamtmarkt* führt eine starke Angebotserhöhung (A_1) zu einem Angebotsüberhang mit der Tendenz zu Preissenkungen. Umgekehrt führt ein Nachfrageüberhang auch auf unvollkommenen polypolistischen Märkten zu einem steigenden Preisniveau.

3.4 Preisbildung beim Angebotsoligopol

Beim *Angebotsoligopol* beherrschen **wenige Anbieter** den Markt. Ihnen stehen viele Nachfrager gegenüber.

Im Unterschied zum Polypol müssen die Oligopolisten bei ihrer Preisbildung nicht nur
- die *Reaktion der Nachfrager*, sondern auch
- die *Reaktion der Konkurrenten* berücksichtigen.

Oligopol auf dem vollkommenen Markt

Beim **vollkommenen Oligopol** verkaufen alle Anbieter gleichartige (homogene) Güter. Würde ein Oligopolist den Preis senken, dann würden ihm alle Kunden zuströmen, falls seine Konkurrenten nicht reagieren. Zum einen könnte er aufgrund seiner begrenzten Kapazitäten diesen Nachfragezuwachs gar nicht bewältigen, zum anderen müsste er mit Gegenmaßnahmen (Preissenkungen) der Konkurrenz rechnen. Am Ende hätten alle Anbieter weniger Gewinn, da die Gesamtnachfrage sich nur unwesentlich erhöhen würde. Würde ein Oligopolist den Preis erhöhen, dann würde er alle seine Kunden an die Konkurrenz verlieren.

Dies erklärt, dass auf vollkommenen Oligopol-Märkten **Preisstarrheit** herrscht (*„Schlafmützenwettbewerb"*). Da preispolitische Maßnahmen für alle Oligopolisten nur Nachteile bringen, versuchen sie den Markt unvollkommen zu machen.

Oligopol auf einem unvollkommenen Markt

Auf dem **unvollkommenen Markt** können aufgrund von Präferenzen und der fehlenden Markttransparenz für dasselbe Gut unterschiedliche Preise verlangt werden.

Die Oligopolisten sind bestrebt, ihre Güter in den Augen der Kunden von denen der Konkurrenz zu unterscheiden. Dies erreichen sie durch intensive Werbung, Beratung, Serviceleistungen, Imagepflege, Öffentlichkeitsarbeit, Sponsoring, Markenpolitik usw.

Überblick über mögliche Verhaltensweisen der Oligopolisten

Aggressive Strategie (unkooperatives Verhalten)

Preiskampf („Preiskrieg") bzw. Verdrängungswettbewerb	Weisen die Oligopolisten unterschiedliche Produktions- und Kostenstrukturen auf, könnte sich für den kostengünstiger arbeitenden Oligopolisten ein Preiskrieg lohnen, wenn er dadurch seine Konkurrenten vom Markt verdrängen und deren Marktanteile übernehmen könnte. Er muss jedoch beachten, dass seine Konkurrenten ebenfalls mit Preissenkungen reagieren könnten und ein Preisunterbietungswettbewerb einsetzt, der für alle ruinös enden kann. Zudem werden staatliche Marktüberwachungsbehörden (z. B. Kartellamt) auf den Plan gerufen, die den Machtmissbrauch verhindern und das „Fairplay" auf den Märkten sicherstellen sollen. Beispiele: Lebensmittel-, Smartphone-Markt

Friedliche Strategien (kooperatives, „abgestimmtes" Verhalten)

Preisstarrheit	Da preispolitische Maßnahmen mit erheblichen Risiken einhergehen, verändern sich auf den meisten oligopolistischen Märkten die Preise kaum („Schlafmützenwettbewerb"). Senkt ein Anbieter seinen Preis, dann macht er weniger Gewinn bzw. dann senken die anderen Anbieter den Preis ebenfalls – sodass am Ende alle Anbieter Gewinneinbußen haben („ruinöser Wettbewerb"). Erhöht ein Anbieter den Preis, dann verliert er Marktanteile, wenn die anderen Anbieter nichts tun.
Preisführerschaft	Ein Anbieter erhöht den Preis zuerst („Preisführer") und gibt damit den übrigen Anbietern das Signal, ebenfalls die Preise zu erhöhen. Bei jeder Preisrunde kann derjenige Anbieter wechseln, der mit der Preisänderung beginnt, da dieser aufgrund der Reaktion der Nachfrager Marktanteile verliert, bis seine Konkurrenten nachgezogen haben. Beispiele: Auto-, Tankstellenmarkt
Preisabsprache	Um den Wettbewerb zu begrenzen bzw. auszuschalten, stimmen sich die Oligopolisten in ihrer Preispolitik ab. Dabei werden Preise, Geschäftsbedingungen und/oder Mengen entweder vertraglich oder ohne vertragliche Vereinbarung („Frühstückskartell") gemeinsam festgelegt. Preisabsprachen sind nach § 1 GWB verboten.

3.5 Preisbildung beim Angebotsmonopol

Stehen einem einzigen Anbieter viele Nachfrager gegenüber, dann liegt ein Angebotsmonopol vor. Der Monopolist ist daher in der **Preisfestsetzung frei**. Allerdings wird die nachgefragte Menge um so geringer, je höher der Preis steigt. Bei maßlosen Preisforderungen kann unter Umständen die Nachfrage sogar ganz ausbleiben.

Die Nachfrager können nur darüber entscheiden, ob sie das Gut zum gegebenen Preis kaufen, ob sie sich einschränken oder – wenn möglich – auf Substitutionsgüter (Ersatzgüter) ausweichen, z. B. von Heizöl auf Gas, Kohle, Solarenergie.

Andererseits kann der Monopolist auch die **Absatzmenge festlegen**, z. B. Fördermengen beim Erdöl. Er wird so viel verkaufen, dass sein *Gewinn am größten* ist. Dies ist dann gegeben, wenn der Unterschied zwischen dem Umsatzerlös (Produkt aus Menge und Preis) und den dabei anfallenden Gesamtkosten am größten ist. Hier liegt eine Begründung dafür, dass bei sehr großen Ernten oft ein Teil vernichtet wird, damit die Preise nicht zu sehr absinken, z.B. bei Kaffee, Aprikosen, Tomaten.

BEISPIEL:

Die Computer GmbH hat ein neues Computerspiel „Telestar" entwickelt.
Die Produktionsplanung geht von folgender Kostensituation aus:

Fixkosten[1]**:** 15,00 Mill. € (15 000 T€) **Variable Kosten:** 50,00 € pro Stück

Die Preis-Absatz-Funktion (Nachfrageverhältnis) ist das Ergebnis einer Marktanalyse. Aus diesen Daten errechnet die Geschäftsleitung folgende Gewinnprognose:

Preis in €	Menge in Tsd. Stück	Umsatz in T€	Kosten in T€	Gewinn in T€
350,00	0	0	15 000	–15 000
300,00	50	15 000	17 500	–2 500
250,00	100	25 000	20 000	5 000
200,00	150	30 000	22 500	7 500
150,00	200	30 000	25 000	5 000
100,00	250	25 000	27 500	–2 500
50,00	300	15 000	30 000	–15 000

Ergebnis: Der optimale Monopolpreis für das neue Computerspiel „Telestar" liegt bei 200,00 €. Dieser Preis garantiert der Computer GmbH den höchstmöglichen Gewinn.

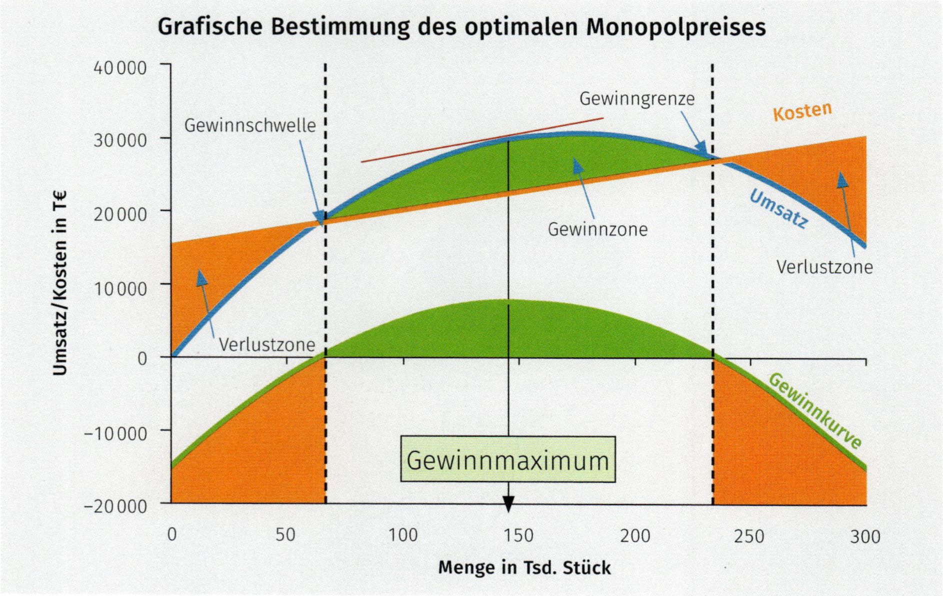

[1] **Fixkosten** entstehen unabhängig von der Produktions- bzw. Verkaufsmenge (z.B. Miete, Abschreibungen, Gehälter).

Im Gewinnmaximum ist der Unterschied zwischen der Umsatzerlöskurve und der Gesamtkostenkurve am größten. Hier sind die Steigungen beider Kurven gleich (siehe rote Tangente an der Umsatzerlöskurve). Es fällt auf, dass das Gewinnmaximum bei einer geringeren Stückzahl erreicht wird als das Umsatzmaximum. Das liegt daran, dass nach dem Gewinnmaximum der zusätzliche Umsatz, der durch eine weitere Stückzahlerhöhung entsteht, geringer ist als die zusätzlich anfallenden Gesamtkosten. Die Gewinnkurve sinkt also, bevor das Umsatzmaximum erreicht ist.

Der Monopolist muss beachten, dass sich unter dem Schutzmantel hoher Preise neue Anbieter formieren, die ähnliche Güter (Ersatz-, bzw. Substitutionsgüter) herstellen. Überhöhte Monopolpreise können daher dem Monopolisten gefährlich werden.

Angebotsmonopole können sein:

- **natürliche Monopole**, z. B. aufgrund von Bodenschätzen wie Erdöl, Uran, Gold;
- **staatliche Monopole**, wenn der Staat es ausschließlich übernimmt, bestimmte Versorgungsleistungen sicherzustellen, z. B. Versorgung mit Gas, Wasser;
- **gesetzliche Monopole**, durch Patent- und Gebrauchsmusterschutz können – zumindest auf bestimmte Zeit – Monopole entstehen. Allerdings regen Patente oft zur Erfindung von Konkurrenzprodukten an;
- **vertragliche Monopole**, wenn Wettbewerber zusammenarbeiten.

ZUSAMMENFASSUNG

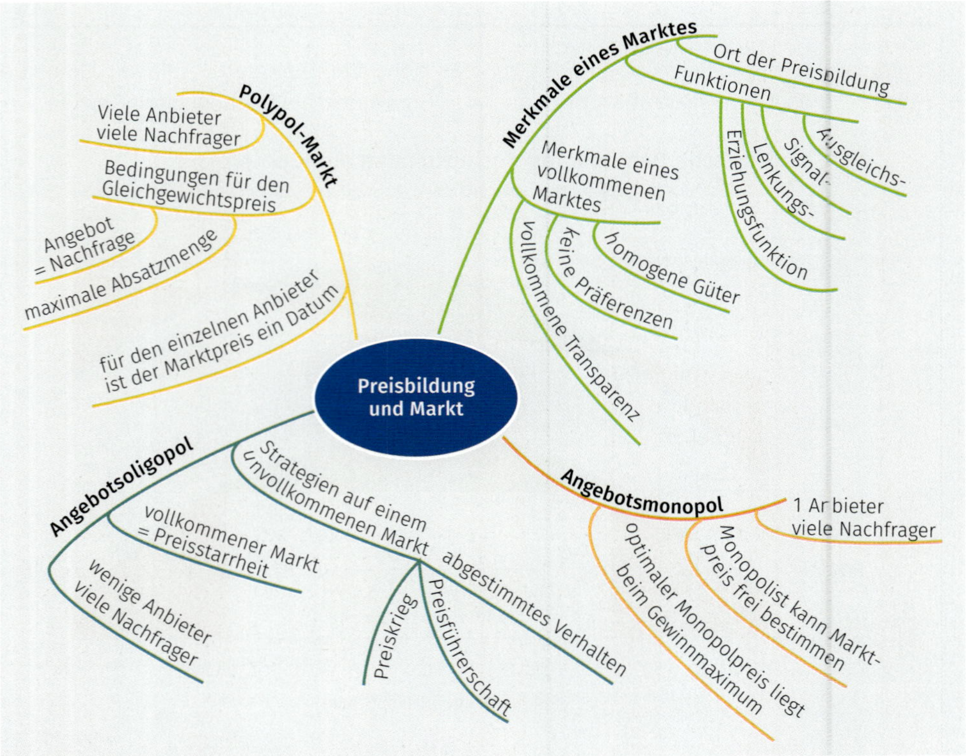

AUFGABEN

1 Bilden Sie drei **Expertengruppen** A, B und C mit je sechs Mitgliedern. Die Gruppe A befasst sich mit den Fragen a) bis d), die Gruppe B mit e) bis h), die Gruppe C mit i) bis l). Tauschen Sie anschließend Ihre Informationen in sechs **Puzzle-Gruppen** aus. Die Puzzle-Gruppen bestehen aus je einem Mitglied jeder Expertengruppe A, B und C; dieses berichtet jeweils über die Ergebnisse seiner Expertengruppe. Anschließend beantworten zwei Puzzle-Gruppen im Wechsel die Fragen vor der Klasse und stellen sich der Kritik.

Fragen:

a) Erklären Sie den Begriff Markt.
b) Erläutern Sie die Funktionen des Marktes.
c) Beschreiben Sie die Modellannahmen des vollkommenen Marktes.
d) Unterscheiden Sie Marktformen nach der Zahl der Anbieter.
e) Welcher Zusammenhang besteht zwischen dem Preis eines Gutes und seiner Nachfragemenge?
f) Welcher Zusammenhang besteht zwischen dem Preis eines Gutes und seiner Angebotsmenge?
g) Erklären Sie die Begriffe Nachfrageüberhang und Angebotsüberhang.
h) Was versteht man unter dem Gleichgewichtspreis?
i) Von welchen Einflussgrößen hängt die Nachfrage ab?
j) Nennen Sie einige Bestimmungsgründe des Angebots.
k) Beschreiben Sie die Preisgrenze beim vollkommenen Polypol.
l) Begründen Sie die Aussage „Polypolisten auf einem vollkommenen Markt sind Mengenanpasser; der Preis ist für sie ein Datum!“

2 a) Welche Folgen hat (1) die Erhöhung der Nachfrage, (2) die Erhöhung des Angebots für den Gleichgewichtspreis?
b) Weisen Sie die Veränderungen anhand einer Grafik nach.
c) Wie wirken sich folgende Zeitungsmeldungen auf den Gleichgewichtspreis auf den entsprechenden Märkten aus?
   1. Missernte bei Kaffee erwartet: Unwetter in Brasilien
   2. Verbraucherschützer warnen vor Energiegetränken: Kraftbrausen sind teuer und ungesund.
   3. Japanische Stereoanlagen überschwemmen den deutschen Markt
   4. Skihersteller setzen auf Snowboards: hohe Gewinne zu erwarten

3 Einem Makler an der einzigen Warenbörse einer Volkswirtschaft liegen von verschiedenen Auftraggebern folgende Kauf- und Verkaufsaufträge für ein Produkt vor:

Kaufaufträge			Verkaufsaufträge		
Käufer	Mengen in Tonnen (t)	höchstens zu €/t	Verkäufer	Mengen in t	mindestens zu €/t
A	50 t	80,00 €	W	30 t	80,00 €
B	20 t	96,00 €	X	45 t	96,00 €
C	30 t	108,00 €	Y	30 t	108,00 €
D	25 t	120,00 €	Z	50 t	120,00 €

a) Berechnen Sie bei den oben genannten Preisen die Angebotsmenge, die Nachfragemengen und die jeweils maximal erzielbaren Umsätze unter Verwendung des folgenden Lösungsschemas:

Preise €/t	Nachfrage t	Angebot t	Umsätze €

b) Begründen Sie, welchen Preis der Makler festlegen wird.
c) Welche Aufträge können bei dem vom Makler festgesetzten Preis berücksichtigt werden?
d) Wie viel € beträgt die Konsumentenrente des Käufers D insgesamt?
e) Welche Anbieter erhalten im Allgemeinen eine Produzentenrente?
f) Bei welchen Preisen liegt ein Angebotsüberhang vor?
g) Bei welchen Preisen besteht ein Nachfrageüberhang?

4

Der deutsche Betriebwirt Eugen Schmalenbach schildert in seinem Buch „Der freien Wirtschaft zum Gedächtnis“[1] die Situation des Verbrauchers auf einem unvollkommenen Markt: „Ich brauchte seinerzeit einen neuen Regenschirm. Es war zu überlegen, wie ich in meiner Rolle als Abnehmer die in der freien Marktwirtschaft mir obliegende Pflicht am besten treffen könnte. In Köln gibt es, so nahm ich an, etwa 50 Läden, in denen man einen Regenschirm kaufen kann. Diese müsste ich pflichtgemäß alle aufsuchen ... Dann gibt es schätzungsweise 200 Sorten Regenschirme für Herren. Da es ein schwarzer Regenschirm mit gebogener Krücke sein sollte, mag sich die Sortenzahl auf 100 ermäßigen. Nun aber geht es mir um einen möglichst dauerhaften Regenschirm, dessen Stoff, Stock und Mechanik lange halten und auch bei starkem Wind brauchbar bleiben. Ich fand bald heraus, dass, allein um die Güte der Regenschirmstoffe auf Haltbarkeit und Wasserdurchlässigkeit zu prüfen, ein Kursus nötig sei, den ein Freund auf vier Wochen Dauer schätzte ... Auch die Mechanik sei, so meinte er, in ihrer Qualität verschieden, und man müsse schon etwas davon verstehen, wenn man eine sachkundige Auswahl treffen wolle. Diese Überlegungen führten dahin, dass ich, um mich und meine Familie mit dem nötigen Hausrat und der nötigen Bekleidung zu versehen, meinen Beruf aufgeben und dazu noch einen Assistenten anstellen müsse. Dieses bedenkend, verzichtete ich auf jede Konkurrenzprüfung, ging in den nächsten Laden und kaufte unter zehn vorgelegten Schirmen einen ohne lange Prüfung und zahlte dafür, was gefordert wurde.“

a) Machen Sie Vorschläge, wie die Verbraucher ihre Stellung auf dem Markt verbessern könnten.
b) Überlegen Sie, ob auch der Anbieter eine schwache Position auf dem Markt haben kann.
c) Wodurch können sich Anbieter auf einem unvollkommenen Polypol Preisspielräume schaffen?
d) Beweisen Sie, dass auch auf unvollkommenen polypolistischen Märkten die Preisgesetze gelten.

5

„Da kann ich nichts machen. Das ist keine unzulässige Absprache; das ist ihre Art zu grüßen."
(Abb.: Jupp Wolter (Künstler), Haus der Geschichte, Bonn)

a) Welche oligopolistische Verhaltensweise ist in der Karikatur dargestellt?
b) Beschreiben Sie weitere Verhaltensweisen von Oligopolisten gegenüber Konkurrenten.
c) Begründen Sie, warum auf oligopolistischen Märkten ein „Schlafmützenwettbewerb" herrscht.
d) Welche Folgen kann ein Preiskrieg zwischen den Oligopolisten für Verbraucher und Konkurrenten haben?
e) Weshalb schreitet der Staat bei Preiskämpfen unter Oligopolisten meistens ein?

6 Die Theaterleitung möchte den Eintrittspreis für eine Uraufführung bestimmen. Sie verfügt über folgendes Zahlenmaterial:

Fixkosten	30 000,00 € pro Jahr
Variable Kosten	20,00 € pro Besucher

Ergebnisse der Marktforschung

Preis (€)	75,00	60,00	45,00	30,00	15,00
Besucherzahl	0	1 000	2 000	3 000	4 000

a) Wie geht die Theaterleitung bei der Preisbildung vor?
(Nennen Sie vier Schritte.)
b) Bestimmen Sie den optimalen Monopolpreis tabellarisch und grafisch. Übernehmen Sie dazu den folgenden Tabellenkopf in Ihr Kalkulationsprogramm.

Preis in €	Besucherzahl	Umsatz in €	Kosten in €	Gewinn in €

[1] Eugen Schmalenbach, Der freien Wirtschaft zum Gedächtnis, Westdeutscher Verlag Köln/Opladen 1958, Seite 58.

c) Wie viele Karten bleiben bei diesem Preis unverkauft?
d) Welche Folgen nimmt der Monopolist in Kauf, wenn er seinen Preis zu hoch festsetzt?

Tipp: Verwenden Sie ein Tabellenkalkulationsprogramm.

7 Aufgrund eigener Marktuntersuchungen stellt Spielehersteller Klos fest, dass die Käufer des soeben „patentierten" Brettspiels „GO-HAH" auf Preisänderungen wie folgt reagieren:

Preis in € je Stück	32,00	30,00	28,00	26,00	24,00	22,00	20,00	18,00
absetzbare Menge in Stück	0	500	1 000	1 500	2 000	2 500	3 000	3 500

Unternehmensinterne Ermittlungen ergaben folgende Kosten:
Variable Kosten je Spiel 15,00 €, fixe Kosten 10 000,00 €
Alle Zahlen gelten für ein Geschäftsjahr.

a) Bestimmen Sie den optimalen Monopolpreis tabellarisch und grafisch. Übernehmen Sie dazu den folgenden Tabellenkopf in Ihr Kalkulationsprogramm.

Preis in €/Stück	**Menge in Stück**	**Umsatz in €**	**Kosten in €**	**Gewinn in €**
bis 14,00 €	bis 4 000			

b) Zu welchem Preis sollte Klos das Spiel verkaufen, wenn folgende Zielsetzungen verfolgt werden (Begründen Sie Ihre Entscheidungen):
1. Gewinnmaximierung,
2. Umsatzmaximierung,
3. maximaler Absatz bei kostendeckendem Preis.

c) Begründen Sie, welcher Zielsetzung Sie aufgrund der gegebenen Zahlen den Vorzug geben würden.

4 Soziale Marktwirtschaft – Staatseingriffe notwendig

PROBLEM

Im Pausenraum der TRIAL GmbH unterhalten sich Katja Müller (Auszubildende) und Anna Lurka (Verkaufsleiterin) über folgende Zeitungsmeldung:

Insolvenz/32 Mitarbeiter bangen

Sanitärgroßhandel Becker e. K. ist zahlungsunfähig

Die Rettungsbemühungen von Klaus Becker waren vergebens: Er musste für seinen Sanitärgroßhandelsbetrieb Insolvenz anmelden. 32 Mitarbeiter bangen um ihre Zukunft.
„Im Frühjahr hätten wir noch irgendwo unterkommen können. Aber jetzt, vor dem Winter, stellt uns keiner mehr ein“, sagt ein Mitarbeiter. Die Insolvenzverwalterin Julia Erdle: „Ich sehe kaum Aussichten, den Betrieb zu retten. Der Sanitärbereich hängt am Nabel der Baubranche. Wenn weniger gebaut wird, sind weniger Wasserleitungen und Badewannen gefragt. Das ist Marktwirtschaft.“ 20 Mitarbeiter sind von der Arbeit freigestellt worden. Zwölf Mitarbeiter sind mit der Erfüllung der laufenden Aufträge beschäftigt. „Gekündigt wurde noch niemand“, betont Julia Erdle. „Die Gehälter zahlt jetzt die Arbeitsagentur. Mit Eröffnung des Insolvenzverfahrens haben die Mitarbeiter Anspruch auf Insolvenzgeld in Höhe ihres vollen Gehalts.“ Die Insolvenzverwalterin erklärt die Situation bei Becker so: „Bei sinkenden Aufträgen fallen die Erträge und wenn die Kosten nicht in gleichem Maße gesenkt werden können, dann führt das über kurz oder lang zur Zahlungsunfähigkeit. Hinzu kommt der gnadenlose Konkurrenzkampf um die wenigen Aufträge.“

Katja: *„Mensch, der Vater meiner besten Freundin Ayse Alan arbeitet doch bei Sanitär Becker. Sie hat doch eben erst ihr BWL-Studium angefangen. Sie weiß vielleicht noch gar nichts davon.“*

Anna: *„Alles halb so wild. Die Becker-Mitarbeiter bekommen doch Insolvenzgeld vom Staat. Wenn er tatsächlich gekündigt wird, gibt es erstmal ein Jahr lang Arbeitslosengeld.“*

Katja: *„Gut, dass wir in einer sozialen Marktwirtschaft leben und nicht jeder auf sich allein gestellt ist.“*

Arbeitsaufträge

1 *Sammeln Sie Vorkommnisse (eigene Erlebnisse oder die von Bekannten, Zeitungsmeldungen), in denen der Staat helfend eingegriffen hat. Verfassen Sie kurze Berichte und erstellen Sie daraus eine Wandzeitung mit der Überschrift „Vorteile von Staatseingriffen“.*

2 *Sammeln Sie Vorkommnisse, in denen der Staat unsere Freiheiten einengt. Verfassen Sie kurze Berichte und erstellen Sie daraus eine Wandzeitung mit der Überschrift „Nachteile von Staatseingriffen“.*

3 *Teilen Sie sich in Befürworter und Gegner von Staatseingriffen auf und führen Sie eine Diskussion durch. Erstellen Sie vorab einige Diskussionsregeln.*

SACHDARSTELLUNG

4.1 Merkmale der sozialen Marktwirtschaft

Begriff der sozialen Marktwirtschaft

Der Wirtschaftswissenschaftler Alfred Müller-Armack (1901–1978) prägte 1946 den Begriff soziale Marktwirtschaft. Er verstand darunter eine Wirtschaft, die nicht sich selbst überlassen, sondern bewusst sozial gesteuert wird. Der politische Vater der sozialen Marktwirtschaft war **Ludwig Erhard** (1897–1977). Er war federführend an der Währungsreform 1948 beteiligt und setzte die Wirtschaftsordnung der sozialen Marktwirtschaft gegen erhebliche politische Widerstände durch. Ludwig Erhard wurde 1949 Bundeswirtschaftsminister, war von 1963 bis 1966 Bundeskanzler und gilt als der „Vater des Wirtschaftswunders" in den 1950er- und 1960er-Jahren. 1957 erschien sein Buch „Wohlstand für alle".

MERKE:
Die **soziale Marktwirtschaft** ist eine Wirtschaftsordnung, die das freie Spiel des Wettbewerbs auf den Märkten mit den Ansprüchen persönlicher Freiheit und sozialer Gerechtigkeit verbindet.

Ludwig Erhard betonte, dass soziale Leistungen nur aus einer Quelle schöpfen: Das ist die Arbeit des Volkes in einer freien Wirtschaft und Gesellschaft. Die wirtschaftliche Leistung allein sichert den sozialen Fortschritt. Sozialpolitik kann gegenüber der Wirtschaftspolitik daher niemals vorrangig sein.

Freiheitliche Rahmenbedingungen der sozialen Marktwirtschaft

Das Grundgesetz sichert die persönlichen Freiheitsrechte durch Einschränkung staatlicher Eingriffe.

Freiheitliche Ordnungsvorstellungen des Grundgesetzes
Artikel 2 (1): Jeder hat das Recht auf die freie Entfaltung seiner Persönlichkeit …
Artikel 9 (3): Das Recht zur Wahrnehmung und Förderung der Arbeits- und Wirtschaftsbedingungen Vereinigungen zu bilden, ist für jedermann und für alle Berufe gewährleistet …
Artikel 12 (1): Alle Deutschen haben das Recht, Beruf, Arbeitsplatz und Ausbildungsstätten frei zu wählen …
Artikel 14 (1): Das Eigentum und das Erbrecht werden gewährleistet …

Sozialstaatsprinzip – Solidarität und Subsidiarität

Das Grundgesetz geht von einem verantwortungsvollen Gebrauch der Freiheitsrechte und von einem solidarischen Verhalten aller mit den sozial Benachteiligten der Gesellschaft aus.

Soziale Ordnungsvorstellungen des Grundgesetzes
Artikel 14 (2): Eigentum verpflichtet. Sein Gebrauch soll zugleich dem Wohle der Allgemeinheit dienen.
Artikel 15: Grund und Boden, Naturschätze und Produktionsmittel können zum Zwecke der Vergesellschaftung durch ein Gesetz, das Art und Ausmaß der Entschädigung regelt, in Gemeineigentum ... überführt werden.
Artikel 20 (1): Die Bundesrepublik Deutschland ist ein demokratischer und sozialer Bundesstaat.
Artikel 28 (1): Die verfassungsmäßige Ordnung in den Ländern muss den Grundsätzen des ... sozialen Rechtsstaates im Sinne dieses Grundgesetzes entsprechen.

Aufgaben des Sozialstaats im Überblick	
Soziale Sicherheit und sozialer Schutz	Der Staat schützt seine Bürger vor Armut und ermöglicht ihnen ein menschenwürdiges Dasein. Sozial Schwächere (Alte, Kranke, Arbeitnehmer, Mieter, Konsumenten usw.) nimmt der Staat in Schutz (z. B. Sozialversicherung, Mieter-, Verbraucher- und Arbeitsschutzvorschriften).
Soziale Gerechtigkeit (sozialer Ausgleich)	Der Staat nimmt von den Leistungsstarken höhere Steuern und Sozialversicherungsbeiträge und verteilt diese auf weniger leistungsstarke Bevölkerungsgruppen. Er sorgt dafür, dass auch sozial Benachteiligte am allgemeinen Wohlstand teilhaben.
Soziale Gleichheit	Der Staat sorgt dafür, dass alle Bürger, unabhängig von ihrer Zugehörigkeit zu einer bestimmten gesellschaftlichen Schicht, gleiche Lebens-, Berufs- und Bildungschancen haben.
Sozialer Frieden	Der Staat verhindert tiefgreifende gesellschaftliche Konflikte zwischen Arm und Reich, Inländern und Ausländern usw. durch Eingliederung von Minderheiten (z. B. Ausländer, Behinderte).

Hinter dem **Sozialstaatsprinzip** steckt der Grundgedanke der solidarischen Verbundenheit des Einzelnen mit der Gemeinschaft.

Solidarität meint sowohl die Hilfe des Einzelnen durch die Solidargemeinschaft als auch die Unterstützung der Gemeinschaft durch den Einzelnen. Eine Solidargemeinschaft kann ihre Mitglieder nur so weit unterstützen, wie sie von diesen dazu in die Lage versetzt wird.

BEISPIEL:

Die gesetzliche Krankenversicherung zahlt die Behandlungskosten, wenn ein Beitragszahler erkrankt ist. Andererseits zahlt der Beitragszahler in die gesetzliche Krankenversicherung ein.

Um Staatseingriffe zu begrenzen, gilt das **Subsidiaritätsprinzip**, wonach die Gemeinschaft nur die Aufgaben übernimmt, die der Einzelne oder bestimmte Gruppen nicht selbst in Eigenverantwortung übernehmen können.

BEISPIEL:

Wenn der Verdienst eines Arbeitnehmers die Versicherungspflichtgrenze übersteigt, dann kann er aus der gesetzlichen Krankenversicherung austreten und seine Krankheitskosten selbst bezahlen.

Lösung der Grundfragen in der sozialen Marktwirtschaft

Grundfragen	Lösungsansatz in der sozialen Marktwirtschaft
Wer plant das Wirtschaftsgeschehen?	Produzenten **entscheiden selbst**, was sie herstellen (Angebot) und Konsumenten bestimmen selbst, was sie kaufen (Nachfrage), ohne dass sich der Staat einmischt. Auch die Löhne werden von den Tarifpartnern (Gewerkschaften und Arbeitgeberverbände) **ohne Einmischung des Staates** ausgehandelt. Der Staat setzt lediglich die Rahmenbedingungen (z. B. Garantie der Freiheitsrechte, Schutzrechte). Er kann auch selbst Leistungen anbieten (z. B. öffentlicher Nahverkehr) oder nachfragen (Auftraggeber für öffentliche Bauten).
Wer steuert und kontrolliert das Wirtschaftsgeschehen?	Anbieter und Nachfrager kommen auf dem Markt zusammen. Hier entscheidet der Preis, wer seine Pläne durchsetzen kann. Ein steigender Marktpreis zeigt an, dass das betreffende Gut knapp ist. Steigende Preise versprechen Gewinnchancen. Das lockt weitere Anbieter an, sodass sich das Angebot erhöht und die Marktlücke (Angebotslücke) ausgeglichen wird. Der Marktpreis sinkt (Lenkungsfunktion des Preises). Damit dieser **Preismechanismus** und der **freie Wettbewerb** erhalten bleiben, verhindert der Staat Machtballungen auf der Angebots- oder Nachfrageseite (Wettbewerbspolitik).
Wem gehören die Produktionsmittel?	Produktionsmittel sind Maschinen, Gebäude und Rohstoffe, die für den Leistungsprozess verwendet werden. Sie befinden sich vorwiegend in privater Hand. Der Staat garantiert das **Privateigentum**, da es zur Leistung motiviert und Produzenten und Konsumenten zum sparsamen Verbrauch knapper Güter (Ressourcen) anregt. Um die Grundversorgung im Bereich der Infrastruktur zu sichern und die öffentliche Sicherheit aufrechtzuerhalten, gibt es auch Staatseigentum (z. B. Straßen, Schulen, Abwasserkanäle, Polizei, Bundeswehr).
Welches Ziel hat das Wirtschaften?	Die Produzenten wollen auf lange Sicht **Gewinn erwirtschaften**, die privaten Haushalte streben nach möglichst hohem Wohlstand. Dieser **Eigennutz der Einzelnen** sorgt dafür, dass sich das Wirtschaften zum Nutzen aller (Gemeinnutz, Gesamtwohl) auswirkt. Wenn es jedem Einzelnen gut geht, dann geht es allen gut. Der Staat sorgt dafür, dass soziale und ökologische Belange nicht zu kurz kommen.

4.2 Staatseingriffe in der sozialen Marktwirtschaft

Aufgaben des Staates in der sozialen Marktwirtschaft

Zu den Hauptaufgaben des Staates in der sozialen Marktwirtschaft gehören die

- Gewährleistung der **freiheitlichen Grundordnung** (Garantie der Eigentums-, Gewerbe-, Vertragsfreiheit),
- Sicherung der **Grundausrüstung** der Wirtschaft (Rechtsordnung, Geldwesen, Infrastruktur usw.),
- Sicherung des **Sozialstaatsprinzips** (soziale Sicherung, sozialer Ausgleich usw.) gemäß den Grundsätzen der Solidarität und Subsidiarität,
- Aufrechterhaltung eines **funktionierenden Wettbewerbs** (Garantie des freien Marktzugangs, Verhinderung von Machtzusammenballungen),
- Sicherung der **natürlichen Lebensgrundlagen** (Umweltschutz)
- Korrektur **wirtschaftlicher Fehlentwicklungen** durch wirtschaftspolitische Eingriffe (z. B. Steuerpolitik, Gesundheits-, Arbeits-, Verbraucherschutz, Struktur-, Außenwirtschafts- und Wettbewerbspolitik) und Aufsichtsorgane (Bundesämter für Umweltschutz, Finanzdienstleistungsaufsicht, Gesundheit, Kartellbehörden).

Marktkonforme und marktkonträre Staatseingriffe

In einer sozialen Marktwirtschaft muss der Staat in das Marktgeschehen korrigierend eingreifen, wenn das Sozialstaatsprinzip gefährdet ist.

Staatliche Markteingriffe sind geboten, wenn z. B.

- die Ausgleichs-, Signal-, Lenkungs- oder Erziehungsfunktion des Marktpreises aufgrund von **Machtballungen** auf der Angebots- oder Nachfrageseite außer Kraft gesetzt werden und größere gesellschaftliche Gruppen (Wettbewerber, Arbeitnehmer, Verbraucher) sozial benachteiligt bzw. ausgebeutet werden,
- **Anreize** für Anbieter oder Nachfrager gegeben werden sollen, damit sie ein sozial gewünschtes Verhalten zeigen (z. B. Verteuerung von Alcopops, Umsatzsteuerbefreiung von Exportgütern) oder der technische Fortschritt beschleunigt werden soll (z. B. Förderung erneuerbarer Energien),
- die wirtschaftlichen und sozialen Härten des **Strukturwandels** abgefedert werden sollen (z. B. Subventionen für Agrarprodukte),
- sich die internationalen Rahmenbedingungen abrupt ändern (z. B. den Wettbewerb verzerrende Subventionen im Ausland) und die heimische **Wirtschaft geschützt** werden muss (z. B. Importzölle auf Schuhe aus China), um soziale Härten zu vermeiden.

Durch **marktkonforme Staatseingriffe** bleibt der Prozess der freien Marktpreisbildung (Preismechanismus) in Kraft. Man spricht auch von *indirekter Marktlenkung*. Hier beeinflusst der Staat die Preisbildung, indem er dafür sorgt, dass die Marktnachfrage bzw. das Marktangebot ansteigt bzw. abnimmt.

Marktkonträre Staatseingriffe setzen den Preismechanismus außer Kraft. Hier legt der Staat selbst die Angebots- bzw. Nachfragemengen per Gesetz fest oder er schreibt den Marktpreis vor. Solche *direkten Markteingriffe* widersprechen dem Wesen einer Marktwirtschaft.

marktkonforme Staatseingriffe	marktkonträre Staatseingriffe
▪ **Erhöhung der Nachfrage** (z. B. Bau-, Forschungsaufträge des Staates, Verbesserung der Abschreibungsmöglichkeiten, Steuersenkungen usw.) ▪ **Senkung der Nachfrage** (z. B. Steuererhöhungen, Zollerhöhungen usw.) ▪ **Erhöhung des Angebots** (z. B. Subventionen wie Investitionszuschüsse, Senkung von Importzöllen usw.) ▪ **Senkung des Angebots** (z. B. Kürzung von Subventionen, Erhöhung von Importzöllen usw.)	▪ **Festsetzung der Angebotsmengen** (z. B. Milchquoten der EU) ▪ **Festsetzung der Nachfragemengen** (z. B. Rationierung von Lebensmitteln) ▪ **Festsetzung von Höchstpreisen** unterhalb des Gleichgewichtspreises zum Schutz der Verbraucher (z. B. Höchstmieten bei Sozialwohnungen) ▪ **Festsetzung von Mindestpreisen** über dem Gleichgewichtspreis zum Schutz der Produzenten (z. B. Mindestpreise für Getreide in der EU)

Marktkonträre Staatseingriffe durch Höchst- bzw. Mindestpreis

Höchstpreis

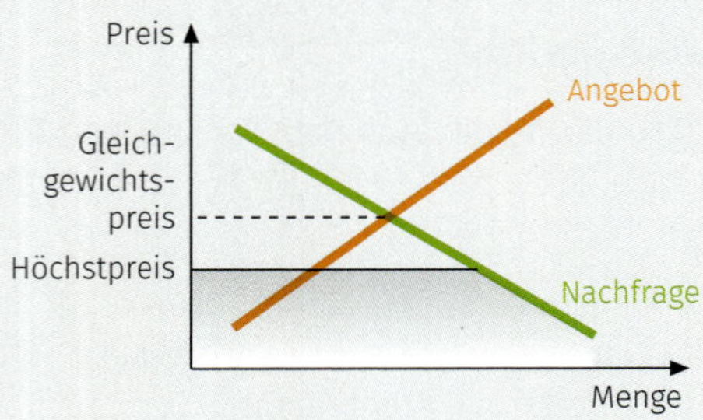

Preis kann nicht mehr steigen.
Folge: Nachfrageüberhang, Staat muss rationieren, Entstehung eines *„schwarzen Marktes"* (Nachfrager überbieten den Höchstpreis heimlich).

Mindestpreis

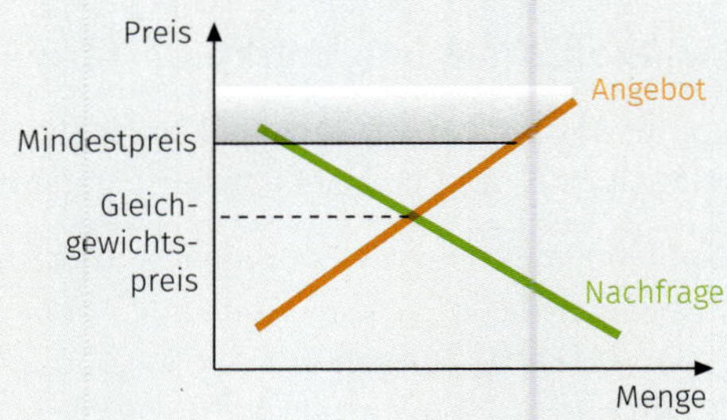

Preis kann nicht mehr sinken.
Folge: Angebotsüberhang, Staat muss Überschuss aufkaufen, Entstehung eines *„grauen Marktes"* (Anbieter unterbieten den Mindestpreis heimlich).

4.3 Mängel des staatlichen Sozialsystems

Um den Sozialstaat und damit den sozialen Frieden zu retten, muss an den **Mängeln des Sozialsystems** angesetzt werden.

Mängel des staatlichen Sozialsystems	
Unübersichtlichkeit und zu wenig Kontrolle	Zu viele auszahlende und verwaltende Stellen (Behörden und Versicherungsträger) erschweren die Erfolgskontrolle und begünstigen den Missbrauch von Sozialleistungen.

Mängel des staatlichen Sozialsystems	
Zu wenig Wettbewerb der zuständigen Stellen	Unter den zuständigen Leistungsanbietern (z. B. staatliche Krankenhäuser, Kassenärzte) und unter den Kostenträgern (z. B. Arbeitsagenturen, Krankenkassen) gibt es so gut wie keinen Leistungs- bzw. Kostenwettbewerb.
Zu wenig Eigenverantwortung und Eigenvorsorge	Angesichts des dicht gewobenen sozialen Netzes halten viele Bürger die Eigenvorsorge für überflüssig. Andererseits wird der finanzielle Spielraum für die Eigenvorsorge immer geringer, wenn der Staat dem Bürger immer tiefer in die Tasche greift. Die Abhängigkeit des Bürgers vom Staat ist umso bedenklicher, da der Staat die Sozialleistungen aus laufenden Einnahmen finanziert und ebenfalls keine nennenswerten Rücklagen bildet.
Enge Kopplung an den Arbeitsvertrag	Die Beitragssätze der Sozialversicherungszweige beziehen sich auf das Bruttoentgelt der Arbeitnehmer. Dies verteuert die Arbeitskraft, vermindert die Lohnkaufkraft und verschlechtert die Wettbewerbsfähigkeit arbeitsintensiver Unternehmen. Andere Einkommensarten (z. B. Zins-, Miet-, Spekulationseinkommen) werden nicht mit Sozialabgaben belastet.

ZUSAMMENFASSUNG

Funktionsweise der sozialen Marktwirtschaft

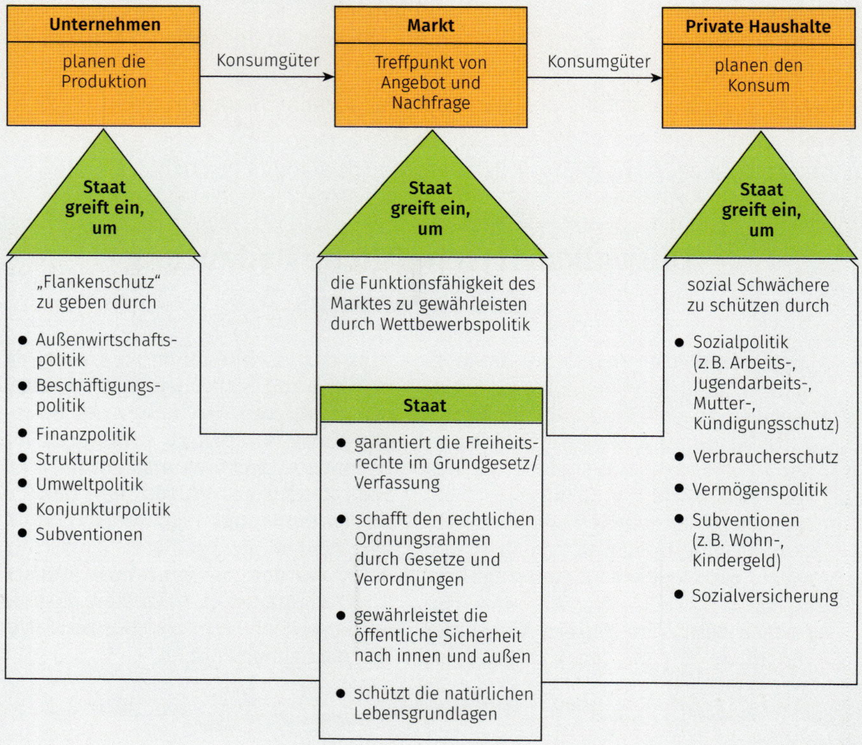

Markteingriffe des Staates

- marktkonform → Preismechanismus bleibt intakt, z. B. Staatsanreize zur Erhöhung des Angebots
- marktkonträr → Preismechanismus ist außer Kraft, z. B. Festlegung von Höchst-/Mindestpreisen

AUFGABEN

1 Bilden Sie **Expertengruppen**. Jede Gruppe befasst sich mit einem Teil der Fragen (z. B. Gruppe A mit den Fragen a) bis b) usw.) Tauschen Sie anschließend Ihre Informationen in Puzzle-Gruppen aus. Die Puzzle-Gruppen bestehen aus je einem Mitglied jeder Expertengruppe, das jeweils über die Ergebnisse seiner Expertengruppe berichtet. Anschließend beantworten zwei **Puzzle-Gruppen** im Wechsel die Fragen vor der Klasse und stellen sich der Kritik.

a) Erklären Sie den Begriff soziale Marktwirtschaft.
b) Beschreiben Sie wichtige freiheitliche und soziale Ordnungsvorstellungen des Grundgesetzes.
c) Erläutern Sie einige Aufgaben des Sozialstaats.
d) Erklären Sie die Begriffe Solidarität und Subsidiarität.
e) Erläutern Sie, wie die wirtschaftlichen Grundfragen in der sozialen Marktwirtschaft gelöst werden.
f) Beschreiben Sie die Rolle des Staates in der sozialen Marktwirtschaft.
g) Erläutern Sie einige Mängel des Sozialsystems.
h) Welche Vorschläge werden zur Rettung des Sozialstaats gemacht?

2

Die volkswirtschaftliche Bedeutung des Eigentums

„Eigentumsrechte und damit die Möglichkeit, andere vom Gebrauch einer Sache auszuschließen, sind eine Bedingung für die rationelle Nutzung knapper Ressourcen. Man nehme als Beispiel den Fischfang: Solange es nicht möglich ist, eindeutige Eigentumsrechte an Fischbeständen zu vergeben, und alle in den gleichen Gebieten fischen, so lange besteht für den einzelnen Fischer kaum ein Anreiz, bei seiner Fangquote auf die langfristige Sicherung der Fischbestände zu achten, da er nicht mit Sicherheit davon ausgehen kann, von den langfristig positiven Auswirkungen zu profitieren. Es kommt zur Überfischung zum Nachteil aller Beteiligten. Würde man den Fischern eindeutige Eigentumsrechte in bestimmten Fanggebieten zuweisen, dann würden die einzelnen Fischer ihre Fangquoten so einrichten, dass sie auf lange Sicht erfolgreich ihrer Tätigkeit nachgehen können."

(Quelle: Hans Kaminski: Wenn Fischer zu viele Fische fangen, in: Handelsblatt – Ökonomie und Bildung, 2. Juli 2004, Seite 3)

Belegen Sie anhand des Beispiels von den Fischern, dass der Schutz des Privateigentums eine tragende Säule der sozialen Marktwirtschaft ist.

3

Trotz des steigenden Wohlstands hat der Staat das soziale Netz Jahr für Jahr weiter ausgebaut. Die staatlichen Sozialleistungen betragen mit über 750 Mrd. € inzwischen über 30 % der gesamten Wirtschaftsleistung. Obwohl der Lebensstandard 1950 erheblich niedriger war, betrugen damals die Sozialleistungen nicht einmal 20 Mrd. € und die Sozialleistungsquote lag bei 15 %. Weite Kreise der Bevölkerung sind heute auf staatliche Unterstützung (z.B. Arbeitslosengeld II, Wohngeld, Sozial-, Kindergeld, Ausbildungsförderung) angewiesen bzw. haben sich im sozialen Netz eingerichtet.

Diskutieren Sie über Für und Wider staatlicher Sozialleistungen.

4 a) Nennen Sie Gründe für Staatseingriffe in die Wirtschaft.
b) Diskutieren Sie über staatliche Eingriffe in die Wirtschaft aus der Sicht
- der Verbraucher,
- der Arbeitnehmer,
- der Arbeitgeber.

5 Der Anteil der Sozialleistungen am Bruttoinlandsprodukt liegt bei über 30 %. Damit ist der Sozialstaat für viele Unternehmen zu einem Standortproblem geworden. Diskutieren Sie darüber.

6 Das freie Spiel der Marktkräfte muss nicht immer zu zufriedenstellenden Ergebnissen in der Wohnungsversorgung führen. Deshalb gehört es zu den Aufgaben des Staates, die Voraussetzungen für eine angemessene Versorgung der Bürger mit Wohnraum zu schaffen.
a) Durch marktkonforme Maßnahmen kann der Staat zur Verbesserung der Versorgung der Bürger mit Wohnungen beitragen.
- Nennen Sie je eine solche Maßnahme auf der Seite des Mieters und des Vermieters, und erläutern Sie die jeweilige Auswirkung.
- Warum werden diese staatlichen Eingriffe als marktkonform bezeichnet?

b) Weshalb gelingt es nicht, durch marktkonträre Maßnahmen, z.B. durch Mietpreisbegrenzung, die Wohnungssituation zu verbessern?
c) Beschreiben Sie an Beispielen, warum die Funktionen des Preises durch eine Mietpreisbegrenzung ausgeschaltet werden können.

7 Für ein landwirtschaftliches Produkt liegt folgende Marktsituation vor:
Zur Unterstützung der Landwirtschaft hat die Regierung die Einführung eines Mindestpreises beschlossen, der eine Geldeinheit (GE) über dem Marktpreis liegen soll.

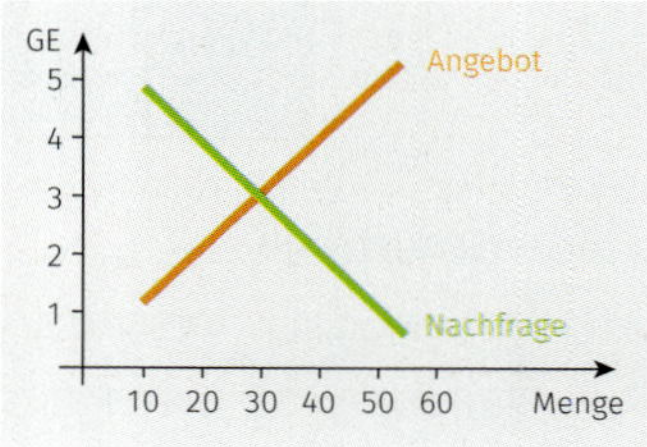

a) Begründen Sie, weshalb es nicht sinnvoll wäre, den Mindestpreis unterhalb des Marktpreises festzusetzen.
b) Der Staat kauft die entstehenden Überschüsse auf.
   » Ermitteln Sie anhand der obigen Skizze, in welcher Höhe dafür Haushaltsmittel bereitgestellt werden müssen.
   » Welche weiteren Folgen können sich aus dem Aufkauf der Überschüsse ergeben?
   » Berechnen Sie die Erlöse der Landwirte vor Festsetzung des Mindestpreises und die Erlöse, die sie erzielen würden, wenn der Staat bei dem oben genannten Mindestpreis die Überschüsse nicht aufkaufen würde.
   » Zum Abbau der Überschüsse werden von der Regierung Anbaubeschränkungen beschlossen. Danach dürfen die Anbieter nicht mehr als 30 Mio. t zu dem Mindestpreis anbieten. Wie wirkt sich diese Maßnahme finanziell für den Staat und die Anbieter aus?
c) Das angestrebte Ziel der Einkommenserhöhung in der Landwirtschaft könnte z. B. auch durch Subventionspolitik erreicht werden.
   » Wie ist diese Art des Markteingriffs gegenüber einer Mindestpreisfestsetzung ordnungspolitisch zu beurteilen?
   » Vergleichen Sie die Subventionspolitik mit der Mindestpreisfestsetzung hinsichtlich des Umfangs der Aufrechterhaltung der verschiedenen Preisfunktionen.

5 Gefahren für den Wettbewerb – Wettbewerbspolitik notwendig

PROBLEM

Arbeitsaufträge

1 *Nehmen Sie zu obigen Karikaturen Stellung.*

2 *Begründen Sie, weshalb staatliche Eingriffe in den Wettbewerb notwendig sind.*

SACHDARSTELLUNG

5.1 Formen und Ziele der Kooperation und Konzentration

Zusammenschlüsse von Unternehmen entstehen entweder auf der Grundlage von *Verträgen* (**Kooperation**) oder aufgrund von *Kapitalbeteiligungen* (**Konzentration**), wie Konzern und Trust.

Kooperationsformen – vertragliche Grundlage

Die Zusammenarbeit mehrerer Unternehmen *auf vertraglicher Basis* heißt Kooperation. Die beteiligten Unternehmen bleiben dabei *rechtlich und wirtschaftlich selbstständig*, d.h., sie behalten ihre Firma und ihre unumschränkte Geschäftsführungs- und Vertretungsbefugnis. Siehe auch Lernfeld 2, Kap. 1.5 Kooperation des Großhandels im Einkauf.

Kartell – vertragliche Absprachen

Unternehmen, die den Wettbewerb untereinander durch vertragliche Absprachen über Preise, Geschäftsbedingungen, Rabattregelungen usw. zu beschränken versuchen, bilden ein **Kartell**. Da sich die beteiligten Unternehmen auf der gleichen Wirtschaftsstufe befinden, sind Kartelle eine Form der *horizontalen Kooperation*.

Kartellarten im Überblick	
Preiskartelle	Kartellmitglieder legen einheitliche Verkaufspreise fest.
Gebietskartelle	Kartellmitglieder teilen das Absatzgebiet untereinander auf, sodass jedes Mitglied in seinem Gebiet eine monopolartige Stellung hat.
Quotenkartelle	Das Verkaufsvolumen des Marktes wird nach einem vereinbarten Schlüssel auf die Kartellmitglieder verteilt.
Rabattkartelle	Kartellmitglieder verabreden, gegenüber ihren Abnehmern gleiche Rabatte zu gewähren.
Ausfuhrkartelle	Exporteure regeln das gemeinsame Vorgehen auf den Auslandsmärkten bezüglich Preisen und sonstigen Bedingungen, um ihre Verhandlungsmacht gegenüber den ausländischen Abnehmern zu stärken.
Einfuhrkartelle	Importeure legen gleichartige Preise oder Bedingungen für den Import fest, um ihre Verhandlungsmacht gegenüber den ausländischen Lieferanten zu stärken.
Normen- bzw. Typenkartelle	Vereinbarungen und Beschlüsse, die die einheitliche Anwendung von Normen oder Typen zum Gegenstand haben. Die Normung hat die Vereinheitlichung von Einzelteilen eines Produkts zum Gegenstand in Bezug auf Abmessungen, Materialeigenschaften usw., um die Vielfalt von Kleinteilen zu reduzieren. Bei der Typung geht es um die Vereinheitlichung ganzer Produkte, um Massenproduktionseffekte zu nutzen.

Kartellarten im Überblick	
Spezialisierungskartelle	Vereinbarungen und Beschlüsse, die die Rationalisierung wirtschaftlicher Vorgänge durch Spezialisierung zum Gegenstand haben. Spezialisierung ist die Beschränkung der Angebotsvielfalt auf einige wenige Produkttypen oder auf ein einziges Erzeugnis. Durch Spezialisierung werden Wirtschaftlichkeit und Leistungsfähigkeit technischer, wirtschaftlicher oder organisatorischer Abläufe verbessert.
Mittelstandskartelle	Sie dienen zur Verbesserung der Wettbewerbsfähigkeit kleiner oder mittlerer Unternehmen, z. B. Vereinbarungen und Beschlüsse über den gemeinsamen Einkauf von Waren.
Rationalisierungskartelle	Sie sollen die Leistungsfähigkeit oder Wirtschaftlichkeit der beteiligten Unternehmen in technischer, betriebswirtschaftlicher oder organisatorischer Beziehung wesentlich heben und dadurch die Befriedigung des Bedarfs verbessern. Der Rationalisierungserfolg muss in einem angemessenen Verhältnis zu der damit verbundenen Wettbewerbsbeschränkung stehen. Dabei sind Preisabreden oder gemeinsame Vertriebs- oder Beschaffungseinrichtungen zulässig, wenn der Rationalisierungszweck auf andere Weise nicht erreicht werden kann.
Strukturkrisenkartelle	Sie werden für Hersteller, be- und verarbeitende Unternehmen erlaubt, wenn sie einen Absatzrückgang ausgleichen wollen, der von einer nachhaltigen Veränderung der Nachfrage herrührt. Die Kartellmitglieder müssen eine planmäßige Anpassung der Kapazität an den Bedarf herbeiführen. Die Wettbewerbsbedingungen in den betroffenen Wirtschaftszweigen müssen bei den Vereinbarungen berücksichtigt werden.

Kartelle, die den Wettbewerb aufheben, einschränken oder verfälschen, sind verboten.

Eine besondere Form des Rationalisierungskartells ist das **Syndikat**. Dabei handelt es sich um eine gemeinsame zentrale Einkaufs- oder Verkaufsorganisation für die angeschlossenen Unternehmen. Die Syndikatsmitglieder können sich auf die Herstellung ihrer Produkte konzentrieren, während sich das Syndikat um die Beschaffung der dazu notwendigen Rohstoffe bzw. Handelswaren oder, im Falle des Verkaufssyndikats, um den Vertrieb der Fertigprodukte bzw. Handelswaren kümmert.

Weitere Kooperationsformen

Weitere verbreitete Kooperationsformen sind

- **Einkaufsverbände** und **Einkaufsgenossenschaften**. Mit dem Beitritt in einen Einkaufsverband nutzen mehrere kleinere Unternehmen Einkaufsvorteile, indem sie gemeinsam bei einem Hersteller bzw. Großhändler einkaufen.
- **Arbeitsgemeinschaften**, **Generalunternehmerschaft** und **Konsortium**. Hier führen mehrere Unternehmen ein Großprojekt gemeinsam durch. Die Zusammenarbeit ist zeitlich begrenzt.
- **Interessengemeinschaften**. Mehrere Unternehmen nutzen z. B. gemeinsam eine Forschungseinrichtung, um ein Patent auszuwerten, finanzieren gemeinsam eine Werbeanzeige (Werbegemeinschaft) oder beteiligen sich an einem unternehmensübergreifenden Recycling- und Entsorgungssystem.

Die Zusammenarbeit kann von einem losen Erfahrungsaustausch über Verhaltensabsprachen bis hin zu einer gemeinsam gegründeten und geführten Gemeinschaftsunternehmung (**Joint Venture**) gehen. Arbeiten mehrere *multinationale Großunternehmen* auf bestimmten Gebieten zusammen, dann spricht man von **strategischen Allianzen**. Ein Beispiel ist die Übernahme des Nokia-Kartendienstes Here durch die Autobauer Audi, BMW und Daimler, die diese in die Lage versetzen, mit hochpräzisen Daten auch selbstfahrende Fahrzeuge zu navigieren.

BEISPIEL: Strategische Allianz

Große Pläne mit Kartendienst Here

Audi, BMW und Daimler haben große Pläne für den erworbenen Kartendienst Here von Nokia. Es geht um ortsbasierte Dienste für viele Branchen.

Berlin. Der zugekaufte Nokia-Kartendienst Here soll die Autobauer Audi, BMW und Daimler in die Lage versetzen, mit hochpräzisen Daten auch selbstfahrende Fahrzeuge zu navigieren. Diese Kooperation zwischen Rivalen sei beispiellos, betonte Audi-Chef Rupert Stadler in Berlin. Er betonte, dass die Plattform auch weiteren Autoherstellern und anderen Unternehmen offenstehe. Herkömmliche Navigationskarten für Autos sind bis auf wenige Meter genau, Hochpräzisionskarten für autonome Fahrzeuge stellen die Umgebung dagegen zentimetergenau dar.

Here soll ein führender Anbieter ortsbasierter Dienste über die Grenzen der Autoindustrie hinweg werden. Ein Service, „der weiß, was wo im konkreten Augenblick passiert“, sagte Stadler. Die Here-Karten sollen genug Umgebungs-Informationen enthalten, damit ein Auto seine exakte Position auch ohne GPS-Satellitensignal feststellen kann.

Diese Qualität hätten bereits einige Karten, mit denen selbstfahrende Fahrzeuge in den USA, Deutschland, Frankreich und Japan getestet würden, sagte Stadler.

Die drei Autobauer sicherten sich damit mehr Unabhängigkeit von den wenigen anderen großen Anbietern wie Google oder Tomtom. Das ist besonders wichtig, da Google seit Jahren ein führender Entwickler selbstfahrender Autos ist. Digitale Karten gelten als ein Schlüsselelement für das autonome Fahren. Nokias Here war eine seltene Gelegenheit, einen weltweit agierenden Kartendienst zu kaufen. Der Preis für das Unternehmen mit über 6000 Mitarbeitern erreichte in einer Auktion 2,8 Mrd. EUR. Die Autobauer halten jeweils ein Drittel der Anteile und wollen klar zwischen ihren Rollen als Investoren und Here-Kunden trennen.

Die drei Hersteller erwägen, die Sensor-Daten aus ihren Fahrzeugen für Here zu öffnen. Bei ihren vernetzten Autos ginge es um eine Größenordnung von bereits 2 Mio. Fahrzeugen. Mit den anonymisierten Daten können in den Karten zum Beispiel die aktuelle Verkehrslage oder der Zustand der Straßen berücksichtigt werden.

(Quelle: dpa, Südwestpresse, 08.12.2015, S. 9)

In manchen Ländern wie der Volksrepublik China sind Joint Ventures mit einheimischen Firmen oft die einzige Möglichkeit für ausländische Firmen, auf dem jeweiligen Markt Fuß zu fassen.

Eine neue Form der Kooperation ist das **virtuelle Unternehmen**. Dabei arbeiten Teile verschiedener Unternehmen (z.B. Forschungsabteilung der Unternehmung A mit Forschungsabteilung der Unternehmung B), verbunden durch Computernetzwerke, auf der Basis gemeinsam vereinbarter Regeln („Plattform") auf genau bestimmten Gebieten zeitlich begrenzt zusammen. Bei veränderter Zielsetzung formiert sich das Netzwerk neu, d.h., es scheiden einige Unternehmen aus oder es kommen neue hinzu.

Konzentrationsformen – kapitalmäßige Verflechtung

Die *kapitalmäßige Verflechtung* mehrerer Unternehmen zu größeren Unternehmensgebilden heißt **Konzentration**. Zumindest eines der beteiligten Unternehmen *verliert die wirtschaftliche Selbstständigkeit*, indem es sich einer einheitlichen Leitung unterstellt. Je nach Ausprägungsgrad der Kapitalverflechtung kann auch die rechtliche Selbstständigkeit verloren gehen.

Konzern – Unternehmen bleiben rechtlich selbstständig

Schließen sich **rechtlich selbstständig bleibende** Unternehmen unter einer **einheitlichen Leitung** zusammen, dann entsteht ein Konzern.

Die beteiligten Unternehmen können sich auf
- der gleichen Wirtschaftsstufe einer Branche befinden (**Horizontalkonzern**), z.B. Lebensmittelgroßhändler A schließt sich mit Lebensmittelgroßhändler B zusammen,
- verschiedenen Wirtschaftsstufen einer Branche befinden (**Vertikalkonzern**), z.B. Lebensmittelgroßhändler schließt sich mit Nahrungsmittelhersteller zusammen,
- gleichen oder verschiedenen Wirtschaftsstufen verschiedener Branchen befinden (**Diagonalkonzern oder anorganischer Konzern**), z.B. Lebensmittelgroßhändler schließt sich mit Elektrogerätehersteller zusammen.

Nach der Abhängigkeit zwischen den beteiligten Unternehmen werden Unter- und Gleichordnungskonzerne unterschieden.

Handelt es sich um eine *einseitige Beherrschung* verschiedener Tochtergesellschaften durch eine Muttergesellschaft, dann liegt ein Unterordnungskonzern vor. Die Beherrschung kann auf einem Beherrschungs- oder einem Gewinnabführungsvertrag (*Vertragskonzern* nach § 18 i.V.m. § 291 AktG) beruhen. Liegt kein Vertrag vor, dann kann die Beherrschung vermutet werden, wenn die Kapitalbeteiligung der Mutter an ihrer Tochter mehr als 50 Prozent beträgt oder wenn die Führung beider Gesellschaften in einer Hand liegt (*faktischer Konzern* nach § 17 AktG).

BEISPIEL: Unterordnungskonzern

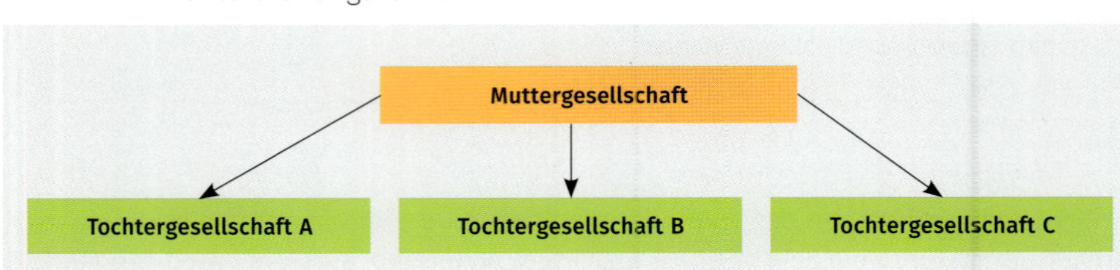

Beteiligen sich Unternehmen gegenseitig am Kapital des anderen Unternehmens (Kapitalverflechtung durch Austausch der Kapitalanteile) und besteht keine gegenseitige Abhängigkeit zwischen den beteiligten Unternehmen, dann liegt ein **Gleichordnungskonzern**

vor. Die einheitliche Leitung der Schwestergesellschaften erfolgt durch eine von den beteiligten Unternehmen getragene Gesellschaft (Dach- oder Holdinggesellschaft).

BEISPIEL: Gleichordnungskonzern

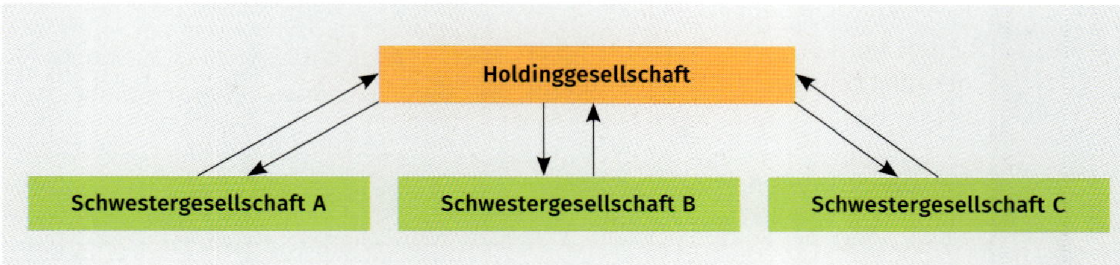

BEISPIEL: VW-Konzern

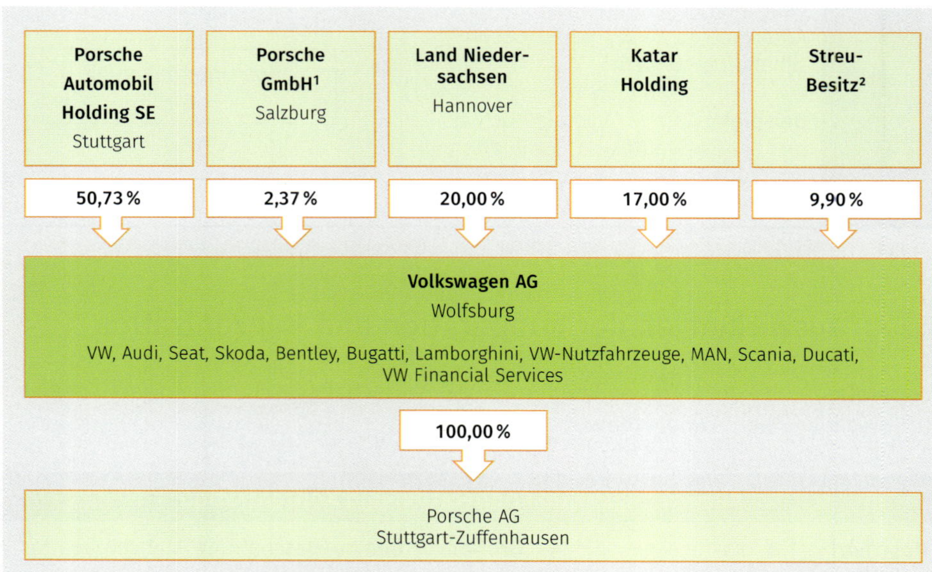

Trust – Aufnahme oder Neubildung

Schließen sich mehrere Unternehmen *zu einem Unternehmen mit einheitlicher Leitung zusammen* (Verschmelzung bzw. Fusion), dann entsteht ein **Trust**. Mindestens eines der beteiligten Unternehmen *gibt seine rechtliche und wirtschaftliche Selbstständigkeit auf.*

1 Familien Porsche und Piech, Belegschaftsstiftung der VW-Mitarbeiter
2 VW-Aktionäre

Arten der Fusion

Fusion durch Aufnahme	Eine *bereits bestehende Unternehmung* übernimmt das Vermögen der aufgenommenen Gesellschaft als Ganzes. Die Gesellschafter der untergegangenen (aufgenommenen) Gesellschaft werden durch Anteilsrechte an der übernehmenden Gesellschaft abgefunden. **Beispiel:** Horten und Kaufhof fusionierten im Jahr 1994 zu Kaufhof.	Unternehmung **A** + Unternehmung **B** gehen auf in bisherige Unternehmung **A**
Fusion durch Neubildung	Eine *neu gegründete Unternehmung* übernimmt das Vermögen der zu verschmelzenden Gesellschaften als Ganzes. Die Gesellschafter der untergegangenen Gesellschaft werden durch Anteilsrechte an der neuen Gesellschaft abgefunden. **Beispiele:** Aventis (vormals Höchst) und Sanofi-Synthélabo fusionierten im Jahr 2004 zu Sanofi-Aventis, Veba und Viag fusionierten im Jahr 2000 zu E.ON.	Unternehmung **A** + Unternehmung **B** bilden eine neue Unternehmung **C**

5.2 Auswirkungen der Kooperation und Konzentration

Kooperation und Konzentration können für das Wirtschaftsgeschehen sowohl positive als auch negative Auswirkungen haben.

Auswirkungen von Kooperation und Konzentration	
Positive Auswirkungen	▪ Kostensenkung durch **Größenvorteile** bei Beschaffung (Mengenrabatte, günstige Zahlungs- und Lieferungsbedingungen), Produktion (Automatisierung lohnt sich aufgrund der höheren Stückzahlen), Finanzierung (günstige Konditionen durch hohe Kreditwürdigkeit), Absatz (Kosteneinsparung durch gemeinsame Verkaufseinrichtungen, Kundendienstnetze, gemeinsame Werbung), Verwaltung (gemeinsame Buchhaltung und Computernetzwerke, leichtere Beschaffung qualifizierter Arbeits- und Führungskräfte) und dadurch höhere **Konkurrenzfähigkeit** im nationalen und globalen Wettbewerb. ▪ Teure **Forschungs- und Entwicklungsprojekte** können leichter finanziert werden oder sind überhaupt erst finanzierbar. Produktionsverfahren und Produkte können ständig weiterentwickelt und verbessert werden. Markt- und Haftungsrisiken bei der Einführung neuer Produktionsverfahren bzw. Produkte werden aufgrund der **Risikoverteilung** auf mehrere bzw. größere Unternehmen vermindert.

Positive Auswirkungen	■ Durch Kooperation können kleine und mittelständische Unternehmen (KMU) auf der Nachfrageseite ihre **Verhandlungsposition** gegenüber Anbietern mit großer Angebotsmacht („Branchenriesen") **verbessern**. Den Herausforderungen auf globalen Märkten (hoher Ressourcen- und Finanzbedarf, hohe Anforderungen an die fachliche und unternehmerische Kompetenz) mit internationaler Konkurrenz sind kooperierende Unternehmen und große Konzerne besser gewachsen, da sie Know-how und **Ressourcen bündeln**, ihre Stärken verstärken bzw. Schwächen kompensieren können. Mit den richtigen Partnern können auch die KMU ihre **Schnelligkeit und Flexibilität ausspielen** und dem wachsenden Konkurrenz- und Kostendruck durch multinationale Großkonzerne im globalen Wettbewerb begegnen.
Negative Auswirkungen	■ Kostenvorteile werden nicht an die Nachfrager weitergegeben (z. B. durch niedrigere Preise), da diese aufgrund der geringeren Zahl von Anbietern **weniger Ausweichmöglichkeiten** (Alternativen) haben. Zudem besteht für große Unternehmenseinheiten mangels Konkurrenz **kein Zwang zur Kostensenkung**. ■ Der Wettbewerbsvorsprung durch Entwicklung neuer Produktionsverfahren und Produkte wird zur Ausschaltung der Wettbewerber missbraucht. Neue Produkte werden mangels Konkurrenz zu **überhöhten Preisen** verkauft. Zudem besteht für große Unternehmenseinheiten mangels Konkurrenz kaum Veranlassung, sich um Innovationen zu bemühen. ■ Durch Kooperationen und Bildung von Konzernen entsteht eine starke **wirtschaftliche Machtstellung** der beteiligten Unternehmen. Die Gefahr einer missbräuchlichen Ausnutzung dieser Machtballung ist naheliegend. Der Wettbewerb kann sowohl auf der Angebotsseite als auch auf der Nachfrageseite beschränkt oder ganz ausgeschaltet werden. Noch vorhandene Konkurrenten werden, z. B. mittels Preiskrieg, Abwerbung qualifizierten Personals oder Übernahme, gezielt aus dem Markt gedrängt. Die Größenvorteile werden nicht mehr an die Verbraucher weitergegeben, überhöhte Preise erlauben es, auch **unwirtschaftlich arbeitende Betriebe aufrechtzuerhalten**. Hinzu kommt u. U. eine einseitige Begünstigung der Großunternehmen bei politischen und wirtschaftspolitischen Entscheidungen, da sie **Druck auf Politiker** ausüben können.

ZUSAMMENFASSUNG

- Schließen sich Unternehmen auf *vertraglicher* Basis zusammen, dann liegt eine Kooperation vor (z. B. Kartell). Zusammenschlüsse aufgrund von *Kapitalbeteiligung* werden als Konzentration bezeichnet (z. B. Konzern, Trust).

Vergleich der Kooperations- und Konzentrationsformen		
Art der Zusammenarbeit bzw. des Zusammenschlusses	**Selbstständigkeit der beteiligten Unternehmen**	
	in wirtschaftlicher Hinsicht	**in rechtlicher Hinsicht**
Kartell	wenig eingeschränkt	erhalten (vertragliche Bindung)
Konzern (z. B. Metro AG)	aufgegeben	erhalten (kapitalmäßige Bindung)
Trust (z. B. E.ON)	aufgegeben	aufgegeben (kapitalmäßige Bindung)

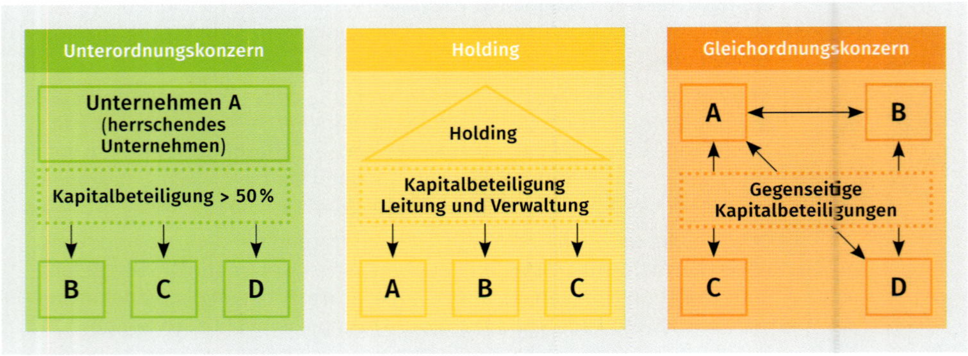

5.3 Notwendigkeit staatlicher Wettbewerbspolitik

Wirtschaftlicher **Wettbewerb** findet statt, wenn viele voneinander unabhängige Anbieter auf einem Markt versuchen, durch ein besseres Leistungsangebot das Interesse möglichst vieler Nachfrager auf sich zu lenken.

In der sozialen Marktwirtschaft nimmt der Wettbewerb bei der Steuerung und Koordination des Marktgeschehens eine zentrale Rolle ein. Nur der Wettbewerb stellt sicher, dass die Preisfunktionen (Signal-, Lenkungs-, Ausgleichs- und Erziehungsfunktion) zum Zuge kommen, also der Markt funktioniert.

Wichtige Funktionen des Wettbewerbs	
Wohlstandsfunktion	Der Wettbewerb sorgt für ein reichhaltiges Güterangebot auf allen Märkten.
Steuerungsfunktion	Der Wettbewerb zwingt die Unternehmen dazu, immer bessere Produkte und Produktionsverfahren zu entwickeln, die den Wünschen der Verbraucher möglichst nahe kommen.

Wichtige Funktionen des Wettbewerbs	
Fortschrittsfunktion	Jene Unternehmen, die grundlegende Neuerungen bei ihren Produktionsverfahren oder Produkten zuerst einführen, erhalten Pioniergewinne durch ihren Wettbewerbsvorsprung. Dies veranlasst die Konkurrenten ebenso in die Forschung und Entwicklung zu investieren, um selbst die Nase vorn zu haben oder zumindest gegen die Gefahr eines plötzlichen Wettbewerbsvorsprungs des Konkurrenten gewappnet zu sein.
Kostenkontrollfunktion	Der Wettbewerb zwingt im unternehmerischen Einzelinteresse zum sparsamen Einsatz knapper Ressourcen. Das Unternehmen, das billiger anbietet, ist am Markt erfolgreich. Gleichzeitig bleibt dem Konkurrenten keine andere Wahl als auch seinen Betrieb zu rationalisieren. Dadurch kommt es insgesamt zu einer optimalen Kombination der Produktionsfaktoren und zu Kostensenkungen, die wiederum in Preissenkungen durchschlagen.
Entmachtungsfunktion	Die Entmachtungsfunktion des Wettbewerbs sorgt dafür, dass ein Wettbewerbsvorsprung nicht ewig andauert. Früher oder später werden die Wettbewerber ihrerseits mit Neuerungen nachziehen. Aufgrund der Gewinnchancen werden neue Anbieter auf diese lukrativen Märkte gelockt, sodass sich die Anbietermacht allmählich auflöst und die Nachfrager wieder Auswahlmöglichkeiten vorfinden.

Aufgabe des Staates ist es, den **freien Marktzutritt**, also den freien Wettbewerb, sicherzustellen, indem er den Missbrauch der wirtschaftlichen Freiheit auf der Angebots- und Nachfrageseite verhindert. Dadurch schützt der Staat Wettbewerber und Verbraucher und stellt die uneingeschränkte Güterversorgung der Bürger sicher.

Damit der Wettbewerb nicht ausartet, bedarf es der **Zügelung des Wettbewerbs** durch wettbewerbsrechtliche Vorschriften, die das „Fairplay“ sicherstellen. Beschränkungen des Wettbewerbs beschneiden nicht nur die wirtschaftlichen Freiheitsrechte, sondern gefährden das Sozialstaatlichkeitsprinzip und die Marktwirtschaft als Ganzes. Deshalb ist der Staat aufgefordert, für Wettbewerbsregeln und deren Einhaltung zu sorgen. Direkte staatliche Markteingriffe sind in einer Marktwirtschaft grundsätzlich nur vorübergehend zur Behebung von Not- oder Missständen zulässig.

5.4 Beispiele staatlicher Wettbewerbspolitik

Gesetz gegen Wettbewerbsbeschränkungen (GWB)

Wesentliche Regelungen des GWB im Überblick

Kartellverbot (GWB § 1, AEUV Art. 101 Absatz 1)	Alle Vereinbarungen zwischen Unternehmen, Beschlüsse von Unternehmensvereinigungen und aufeinander abgestimmte Verhaltensweisen, die eine Verhinderung, Einschränkung oder Verfälschung des Wettbewerbs bezwecken oder bewirken, sind verboten. Wettbewerbsbeschränkende Vereinbarungen sind nicht verboten, wenn sie unter angemessener Beteiligung der Verbraucher an dem entstehenden Gewinn zur *Verbesserung der Warenerzeugung oder -verteilung* oder zur *Förderung des technischen oder wirtschaftlichen Fortschritts* beitragen (**Legalausnahme** nach GWB § 2 und AEUV Art. 101 Absatz 3).

Missbrauchsaufsicht (GWB § 19, AEUV Art. 102)	Die missbräuchliche Ausnutzung einer marktbeherrschenden Stellung durch ein oder mehrere Unternehmen ist verboten. Wenn ein Unternehmen als Anbieter oder Nachfrager einer bestimmten Art von Waren oder gewerblichen Leistungen keinen wesentlichen Wettbewerber hat oder gegenüber seinen Wettbewerbern eine überragende Marktstellung besitzt, dann liegt **Marktbeherrschung** vor. Bei einem Marktanteil von mindestens einem Drittel wird vermutet, dass Marktbeherrschung vorliegt (GWB § 19 Absätze 2, 3).
Zusammenschlusskontrolle	Die Kartellbehörden kontrollieren Unternehmenszusammenschlüsse, wenn die beteiligten Unternehmen im letzten Geschäftsjahr vor dem Zusammenschluss zusammen weltweit mehr als 500 Mio. € Umsatz haben oder mindestens ein beteiligtes Unternehmen im Inland mehr als 25 Mio. € Umsatz hat (**Aufgreifkriterien** nach GWB § 35). Zusammenschlüsse sind beim Bundeskartellamt anzumelden, das innerhalb von vier Monaten über die Freigabe entscheidet (GWB §§ 39, 40).

Zuständig sind die Kartellbehörden. Das sind das Bundeskartellamt, das Bundesministerium für Wirtschaft und Energie (BMWi) und die zuständigen obersten Landesbehörden (§ 48 GWB). Ein vom Bundeskartellamt untersagter Zusammenschluss kann vom BMWi auf Antrag erlaubt werden (**Ministererlaubnis** nach § 42 GWB), wenn die gesamtwirtschaftlichen Vorteile überwiegen oder ein überragendes Interesse der Allgemeinheit vorliegt.

Gesetz gegen den unlauteren Wettbewerb (UWG)

Unlautere geschäftliche Handlungen sind unzulässig, wenn sie geeignet sind, die Interessen von Mitbewerbern, Verbrauchern oder sonstigen Marktteilnehmern spürbar zu beeinträchtigen (**Generalklausel**, UWG § 3).

Wesentliche Regelungen des UWG im Überblick

Verbot unlauterer geschäftlicher Handlungen (UWG § 3)	Beispiele: Beeinträchtigung der Entscheidungsfreiheit der Verbraucher durch *Ausübung von Druck, Ausnutzung der geschäftlichen Unerfahrenheit* und Leichtgläubigkeit insbesondere von Kindern oder Jugendlichen. *Angabe unklarer Bedingungen* für die Inanspruchnahme von Preisnachlässen, Zugaben, Geschenken, Preisausschreiben oder Gewinnspielen. Erwerb einer Ware oder die Inanspruchnahme einer Dienstleistung von der Teilnahme an einem Preisausschreiben oder Gewinnspiel abhängig machen. *Verunglimpfung* von Kennzeichen, Waren, Dienstleistungen, Tätigkeiten oder persönlichen oder geschäftlichen Verhältnissen eines Mitbewerbers. *Behauptung und Verbreitung unwahrer Tatsachen* über die Waren, Dienstleistungen des Unternehmens eines Mitbewerbers oder über den Unternehmer. *Nachahmung* von Waren oder Dienstleistungen eines Mitbewerbers, wenn die dazu notwendigen Kenntnisse oder Unterlagen unredlich erlangt wurden usw.
Verbot irreführender geschäftlicher Handlungen (UWG § 5)	Eine geschäftliche Handlung ist **irreführend**, wenn sie unwahre Angaben oder sonstige zur Täuschung geeignete Angaben enthält über die Merkmale der Waren oder Dienstleistungen (z. B. Verfügbarkeit, Art, Zusammensetzung, Herstellung, Zwecktauglichkeit, Menge, Herkunft, Testergebnisse); den Anlass des Verkaufs, den Preis oder die Art der Preisberechnung und die Lieferungs- und Geschäftsbedingungen; die geschäftlichen Verhältnisse (z. B. Identität des Werbenden, seine

Verbot irreführender geschäftlicher Handlungen (UWG § 5)	Eigentumsrechte, seine Befähigung oder seine Auszeichnungen oder Ehrungen). Mit der *Herabsetzung eines Preises* zu werben ist irreführend, wenn der Preis nur für eine unangemessen kurze Zeit gefordert worden ist. Es ist irreführend, für eine Ware bzw. Dienstleistung zu werben, die nicht in *angemessener Menge* bzw. Kapazität zur Befriedigung der zu erwartenden Nachfrage vorgehalten ist. Angemessen ist im Regelfall ein *Vorrat für zwei Tage*.
Verbot unzumutbarer Belästigungen (UWG § 7)	Eine **unzumutbare Belästigung** ist anzunehmen, wenn erkennbar ist, dass der Empfänger diese Werbung nicht wünscht; wenn bei einer Werbung mit Telefonanrufen gegenüber Verbrauchern deren Einwilligung nicht vorliegt; wenn bei einer Werbung mit elektronischen Nachrichten die Identität des Absenders, in dessen Auftrag die Nachricht übermittelt wird, verschleiert oder verheimlicht wird oder keine gültige Adresse vorhanden ist, an die der Empfänger eine Aufforderung zur Einstellung solcher Nachrichten richten kann.

ZUSAMMENFASSUNG

Vergleich der Kooperations- und Konzentrationsformen

Art der Unternehmungs-zusammenschlusses	Selbstständigkeit der beteiligten Unternehmen	
	in wirtschaftlicher Hinsicht	in rechtlicher Hinsicht
Kartell	wenig eingeschränkt	erhalten (vertragliche Bindung)
Konzern (z. B. Metro AG)	aufgegeben	erhalten (kapitalmäßige Bindung)
Trust (z. B. E.ON)	aufgegeben	aufgegeben (kapitalmäßige Bindung)

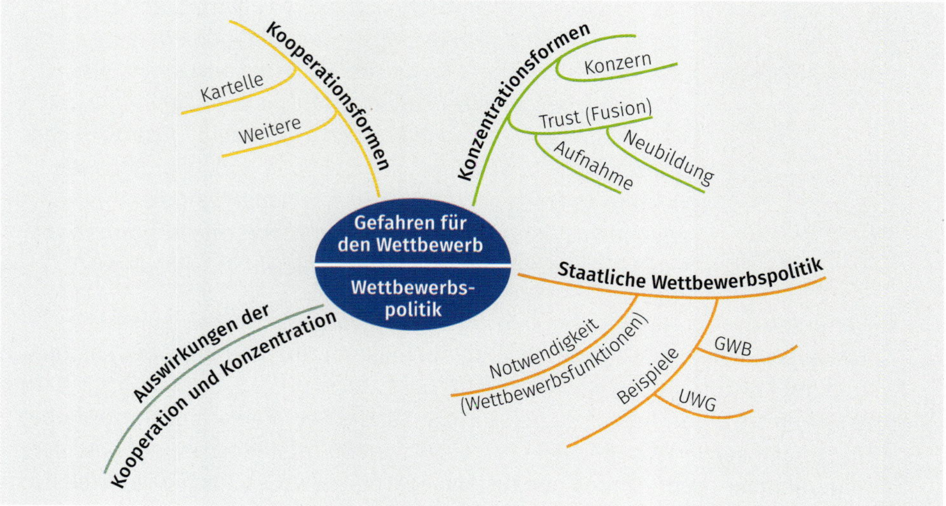

AUFGABEN

1 Schreiben Sie jeden der folgenden Begriffe auf die Kopfzeile eines DIN-A-6-Kärtchens:

Kooperation (Begriff), Kooperationsformen (Beispiele), Kartell, Mittelstandskartell, Rationalisierungskartell, Syndikat, Joint Venture, Konzentration (Begriff), Konzentration (Beispiele), Horizontalkonzern, Vertikalkonzern, Diagonalkonzern, Unterordnungskonzern, Gleichordnungskonzern, Trust (Begriff), Trust (Arten). Wettbewerb (Funktionen), Kartellverbot, Legalausnahme, Missbrauchsaufsicht, Marktbeherrschung, Zusammenschlusskontrolle (Aufgreifkriterien, Verfahren), Ministererlaubnis, unlautere geschäftliche Handlungen (Beispiele), irreführende geschäftliche Handlungen (Beispiele), unzumutbare Belästigung (Beispiele)

a) Sortieren Sie die Begriffskärtchen nach den Kriterien „weiß ich" oder „weiß ich nicht".
b) Bilden Sie mit Ihren Mitschülern Kleingruppen und erklären Sie sich gegenseitig die „Weiß-ich-nicht"-Kärtchen. Schlagen Sie die ungeklärten Begriffe im Schulbuch nach.
c) Fügen Sie die DIN-A-6-Kärtchen mit der Vorderseite zu einer sinnvollen Struktur zusammen. Die Struktur kann durch Pfeile, Farben, Symbole, Texte (z. B. Überschriften), Bilder oder weitere Begriffe ergänzt werden.

2 Jürgen Merkle (Einkaufssachbearbeiter) und die Auszubildende Katja Müller treffen sich im Pausenraum der Trial GmbH.

Jürgen Merkle: *„In der Baustoffbranche tut sich einiges. Da haben sich die zwei Einkaufsgemeinschaften Interbaustoff und Interpares zur I+M Interbaustoff Handelsgesellschaft zusammengeschlossen. Unter dem Dach der I+M bündeln über 530 Baustoffhändler ihre Einkaufsmacht. Sie erzielen 50 % des gesamten Umsatzes im Baustoffhandel."*

Katja Müller: *„Wenn das in der Fahrradbranche auch passiert, dann gute Nacht. Dann sind wir die längste Zeit unabhängig gewesen."*

Jürgen Merkle: *„Ich meine, es könnte uns nichts Besseres passieren. In so einer Einkaufsgemeinschaft könnten wir auf Augenhöhe mit den bekannten Markenlieferanten verhandeln. Unsere Arbeitsplätze wären sicherer, da wir im Verkauf günstiger anbieten und die Konkurrenz aus dem Feld schlagen könnten."*

Katja Müller: *„Du meinst, so eine Einkaufsgemeinschaft täte uns ganz gut? Unsere Konkurrenten sehen das vielleicht ganz anders."*

a) Verfassen Sie ein Handout mit den wichtigsten Vor- und Nachteilen einer Einkaufsgemeinschaft aus der Sicht der beteiligten Unternehmen, der Kunden und der Konkurrenten.
b) Erstellen Sie eine Vergleichstabelle, in der Sie die Begriffe Kartell, Konzern und Trust nach der wirtschaftlichen und rechtlichen Selbstständigkeit der beteiligten Unternehmen, der Richtung der Zusammenarbeit bzw. des Zusammenschlusses und der angestrebten Marktstellung unterscheiden.

c) Suchen Sie in der Wirtschaftspresse nach Beispielen für die Zusammenarbeit bzw. den Zusammenschluss von Unternehmen. Welche Gründe bzw. positiven Folgen für die beteiligten Betriebe und die Volkswirtschaft werden angeführt? Verfassen Sie dazu Kurzberichte und präsentieren Sie diese im Klassenverband.
d) Welche negativen Folgen kann eine zu starke Machtzusammenballung von Unternehmen bringen und weshalb sollte der Staat eingreifen? Verfassen Sie dazu ein Kurzreferat.

3 Welche Kartellart bietet sich in folgenden Fällen an? Begründen Sie jeweils Ihre Ansicht und beurteilen Sie diese aus wettbewerbsrechtlicher Sicht.
a) Die Porzellanhersteller der Bundesrepublik Deutschland wollen künftig ihre Erzeugnisse nur gegen 2 % Skonto innerhalb von 10 Tagen oder gegen 30 Tage Ziel absetzen.
b) Die Hersteller von Fahrrädern vereinbaren, für Herrenräder nur noch 28-Zoll-Räder, für Damenräder nur noch 26-Zoll-Räder zu erstellen.
c) Die Hersteller von Teppichböden beschließen, künftig die Preise gegenseitig anzupassen und jeweils nur in für jedes Unternehmen festgelegte Regionen zu liefern.

4 Beurteilen Sie die folgenden Fälle anhand des UWG und begründen Sie jeweils Ihre Entscheidung, ob unlauterer Wettbewerb vorliegt (mit Angabe des entsprechenden Paragrafen):
a) Auf dem Briefbogen der Mechanikerwerkstatt Maier KG ist ein großer Fabrikkomplex abgebildet.
b) Großhändler Munding erzählt dem Fabrikanten Scholz, die Metallwarenfabrik Groß KG sei pleite. Er habe heute seine Forderungen beim Insolvenzverwalter angemeldet.
c) Handelsvertreter Huber schenkt der Chefsekretärin Lohnse von der Lackfabrik AG eine Krokodillederhandtasche und bittet sie, ein gutes Wort für ihn einzulegen.
d) Kaufmann Rommel sagt seinem Auszubildenden Hartmann, er solle doch über seinen Klassenkameraden Färber in der Berufsschule versuchen, die Lieferanten und die Einkaufspreise von dessen Ausbildungsbetrieb zu erfahren.
e) Ein Hersteller lässt in Italien Geräte herstellen, auf welche er „Made in Germany" aufkleben lässt.
f) Ziegelei Motzer KG inseriert: „Größter Dachziegelhersteller Süddeutschlands".
g) Autozubehörhandlung Gruber KG schreibt: „Wechseln Sie jetzt das Motoröl! Fragen Sie nach Gruber-Super-Öl; es gibt kein besseres!"
h) Herr Braun erzählt seiner Stammtischrunde, sein neuer Pkw sei wegen verschiedener Fabrikationsmängel in den ersten 14 Tagen fünfmal zur Reparatur gewesen.
i) Großhandlung Meyer GmbH wirbt in der Eisenwarenfachzeitschrift: „Unsere Waren sind billiger und schöner als die Waren unserer Konkurrenzfirma Schuber KG."
j) Anzeige in einer Tageszeitung: „Wir haben die schönsten Biergläser! Vergleichen Sie!"
k) Aus einem Werbebrief: „Wir haben 20 Mio. € Umsatz im Jahr! Diese Tatsache zeigt, dass unsere Kunden Vertrauen zu unseren Waren haben." Der tatsächliche Umsatz beträgt jedoch nur 2 Mio. €.

5 Verfassen Sie eine kurze Stellungnahme zur Pressemeldung und zu den geheimgehaltenen Empfehlungen eines großen Einzelhandelskonzerns für die Zusammenarbeit mit seinen Lieferanten.

Pressemeldung:

Lücken im Regal: Real hat Ärger mit Lieferanten

Düsseldorf (dpa) – Kunden der Supermarktkette Real müssen zurzeit damit rechnen, nach einigen ihrer Lieblingsprodukte von der Fertigpizza bis zum Joghurt vergeblich zu suchen.

Denn mehrere wichtige Markenhersteller wie Dr. Oetker haben die Belieferung der Metro-Tochter eingestellt. Der Grund für den Lieferstopp: Streit um von Real gewünschte Änderungen an den Lieferkonditionen. Auch bei den Metro-Großmärkten sind einige Artikel derzeit nicht verfügbar, wie eine Unternehmenssprecherin bestätigte.

Erste Lücken im Angebot sind für jeden, der mit offenen Augen durch eine Real-Filiale geht, inzwischen nicht mehr zu übersehen. Real bemüht sich dennoch, die Aufregung zu dämpfen. Es seien schließlich nur elf von 5000 Lieferanten, mit denen bislang keine Einigung erzielt worden sei. „Daher haben diese Lieferanten leider beschlossen, uns aktuell nicht zu beliefern“, räumt ein Unternehmenssprecher ein.

Das Problem dabei: Nach Informationen des Branchenblattes „Lebensmittel Zeitung“ sind darunter neben Dr. Oetker auch weitere profilierte Marken wie Nestlé (Maggi, Nescafé, Wagner Pizza) oder anfangs auch Müller Milch. Oetker bestätigte den Lieferstopp auf Anfrage von dpa. Auch Müller Milch räumte Lieferunterbrechungen ein. Nestlé wollte sich zu Kundenbeziehungen nicht äußern.

Commerzbank-Analyst Jürgen Elfers bezeichnete die Situation als „Alptraum“ für jeden SB-Warenhausbetreiber, erwarte der Kunde doch in den Hypermärkten, die mit einer Auswahl von bis zu 80000 Produkten werben, wirklich alle Einkäufe auf einen Schlag erledigen zu können. Real selbst wirbt mit dem Slogan „Einmal hin. Alles drin.“

Doch ist der Fall an sich gar nicht so ungewöhnlich. Denn wenn es ums Geld geht, wird im Handel öfter mit harten Bandagen gekämpft. So machte etwa Lidl im Januar vergangenen Jahres Schlagzeilen, als der Discounter Coca-Cola für gut zwei Monate aus den Regalen schmiss. Die Begründung damals: „Streit um ein Vermarktungskonzept“. Und auch bei anderen Ketten fehlen immer wieder mal bekannte Marken, wenn sich Hersteller und Händler gerade nicht über die Konditionen einigen können. „Das gehört zum normalen Geschäft“, heißt es in der Branche.

Auffällig ist bei Real allerdings die aktuelle Häufung der Fälle. Auslöser ist die Tatsache, dass Real und die Metro-Großmärkte kürzlich die Verrechnung des gesamten Warengeschäfts in Deutschland an den Dienstleister Markant übergeben haben. Die Metro-Töchter wollen damit ihre Wettbewerbsfähigkeit steigern. Doch einige der betroffenen Markenhersteller haben das Gefühl, bei der Neuordnung der Lieferbeziehung unangemessen zur Kasse gebeten zu werden und wehren sich.

Doch es ist wohl nur eine Frage der Zeit, bis sich die Regale bei Real wieder füllen. Oetker-Sprecher Jörg Schillinger jedenfalls ist zuversichtlich: „Es wird, wie immer bei derartigen Verhandlungen, über kurz oder lang eine Lösung geben.“ Bei Müller Milch ist die Einigung sogar schon gefunden, wie das Unternehmen am Freitagnachmittag mitteilte. Man arbeite inzwischen „mit Hochdruck“ daran, dass die Produkte des Unternehmens so schnell wie möglich wieder in den Real-Kühlregalen zu finden seien, betonte das Molkereiunternehmen.

(Quelle: dpa, 17.07.2015, DIE ZEIT: www.zeit.de/news/2015-07/17/handel-luecken-im-regalreal-hat-aerger-mit-lieferanten-17140033, Abruf am 31.01.2016)

Auszug aus den Empfehlungen für die Zusammenarbeit mit Lieferanten [...]

Eintrittsgelder: Die Lieferanten müssen die Aufnahme ihrer Waren in das Sortiment bezahlen mit der Gratislieferung der Erstausstattung und/oder mit Pauschalen.

Regalmieten: Die Lieferanten müssen Mieten für die Auslage ihrer Produkte zahlen, z. B. für 60 Flaschen 120,00 € plus Mehrwertsteuer oder für Regalkopfplätze 5 000,00 € jährlich.

Werbekosten- und Investitionszuschüsse: Der Lieferant hat Zuschüsse für die Werbung zu leisten, für Kataloge, Anzeigen und sonstige Werbeträger bzw. für Neu- und Erweiterungsinvestitionen. Kostenbeteiligungen der Lieferanten an der Geschäftseinrichtung und zinsgünstige Darlehen sind anzustreben.

Sonderleistungen bei Neueröffnungen: Lieferanten sollten Umstellungsrabatte, besonders lange Zahlungsziele, Sonderangebote, Werbekostenbeteiligungen, Einführungsrabatte u. ä. Sonderkonditionen einräumen.

Regalpflege: Die Lieferanten haben die Regale nicht nur aufzubauen, sondern die Ware auch regelmäßig einzuräumen, die Preise mit den hauseigenen Geräten auszuzeichnen, alte Ware umzustapeln und auszuräumen sowie die Regale sauberzuhalten.

Inventurhilfen: Der Lieferant hat Arbeitskräfte für die Inventur nach Bedarf zu stellen. [...]

LERNSITUATION

WIRTSCHAFTSORDNUNG

SITUATION

Katja Müller ist Auszubildende zur Kauffrau im Groß- und Außenhandel im ersten Ausbildungsjahr bei der TRIAL GmbH. Im Pausenraum ihres Ausbildungsbetriebs hört sie dem folgenden Gespräch zu:

Mario: *„Ich war gestern beim Tanken. Das Benzin ist schon wieder teurer geworden. Bald kann ich mir kein Auto mehr leisten!"*

Sabine: *„Die Konzerne sind halt schneller als du. Deine paar Euro Lohnerhöhung nehmen sie dir auf diese Weise gleich wieder aus der Tasche. Aber du wählst ja immer die Liberalen."*

Mario: *„Ich glaube , das liegt eher an den Sozis und Grünen. Ich hab gelesen, dass rund 70 % des Benzinpreises reine Steuern sind – Mineralölsteuer, Ökosteuer, Umsatzsteuer. Die Sozis und Grünen würden am liebsten alles verstaatlichen. Wenn sie mit den vielen Benzinsteuern Straßen bauen würden – das würde wenigstens Arbeitsplätze schaffen."*

Sabine: *„Ich weiß es genau. Von 1,70 € pro Liter Super gehen 0,75 € an die Mineralölkonzerne und 0,95 an den Staat. In Amerika zahlen sie nur umgerechnet rund 75 Euro-Cent für einen Liter Super."*

Mario: *„Dann profitiert der Staat ja am meisten von der Preistreiberei. Der Staat sollte mit dem Geld die Elektroautos billiger machen – dann würde ich sofort umsteigen."*

Sabine: *„Ich auch – aber Elektroautos fahren bekanntlich mit Strom und die Strompreise steigen genauso stark, weil die ganze erneuerbare Energie damit bezahlt wird. Ich sage nur Energiewende."*

Mario: *„Ich finde, der Staat sollte sich aus der Wirtschaft ganz heraushalten. Dann wäre vieles einfacher und billiger – so wie in Amerika. Die ganzen Subventionen funktionieren doch alle nach dem Prinzip „linke Tasche – rechte Tasche". Außer höheren Steuern kommt nichts raus."*

Sabine: *„Was willst du eigentlich? Im Vergleich zu Spanien und Italien stehen wir noch ganz gut da. Trotz Finanzkrise und Schuldenkrise haben wir die niedrigste Arbeitslosenquote in Europa."*

Mario: *„Da blickt doch keiner mehr durch. Wir sollten uns mal genauer mit den Vor- und Nachteilen des Kapitalismus und Sozialismus beschäftigen. Mich würde auch mal interessieren, worin sich unsere Parteien in Sachen Wirtschaft unterscheiden."*

Sabine (sie wendet sich an Sie): *„Ihr habt doch mit diesen Themen im Unterricht zu tun. Bitte erklärt mir mal mit einfachen Worten die wichtigsten Unterschiede zwischen dem Kapitalismus und dem Sozialismus."*

Sie antworten: *„Das ist ganz einfach. Jedes Wirtschaftssystem beantwortet die vier Grundfragen einer Wirtschaft auf unterschiedliche Weise. Diese Grundfragen lauten:*

Wer plant das Wirtschaftsgeschehen?
Wer steuert und kontrolliert das Wirtschaftsgeschehen?
Wem gehören die Produktionsmittel?
Welches Ziel hat das Wirtschaften?"

ARBEITSAUFTRÄGE

1 Unsere heutige Wirtschaftsordnung, die soziale Marktwirtschaft, kann als Kompromiss aus den beiden gegensätzlichen Grundmodellen freie Marktwirtschaft („Kapitalismus") und Zentralverwaltungswirtschaft (Sozialismus) verstanden werden. Sie haben die Merkmale dieser in der Realität weitgehend gescheiterten historischen Vorbilder unserer sozialen Marktwirtschaft aus verschiedenen Quellen zusammengetragen und wollen diese vergleichen.

Sie erstellen hierzu zwei Vergleichstabellen, in denen Sie
- » deren Lösungsansätze für die wirtschaftlichen Grundfragen einer Volkswirtschaft und
- » deren Chancen und Probleme einander gegenüberstellen.

2 Sie erstellen zwei Tabellen, in denen Sie für unsere soziale Marktwirtschaft
- » die Lösungsansätze für die wirtschaftlichen Grundfragen und
- » deren Chancen und Probleme übersichtlich darstellen.

3 Sie besorgen sich die Parteiprogramme der zurzeit im Bundestag bzw. in Ihrem Bundesland vertretenen Parteien, vergleichen deren wirtschaftsordnungspolitische Vorstellungen und stellen Ihre Ergebnisse auf Plakaten dar.
Sie schätzen ein, welche Parteien sich eher den Idealen der freien Marktwirtschaft und welche sich eher der Zentralverwaltungswirtschaft verschrieben haben.

MATERIALIEN

Merkmale der freien Marktwirtschaft

Der politische Liberalismus stellt den einzelnen Bürger in den Mittelpunkt von Staat und Gesellschaft. Der Staat ist kein Selbstzweck, sondern soll die Freiheit des Einzelnen organisieren und garantieren. Aus dem Gedankengut des politischen Liberalismus erwuchs der ökonomische Liberalismus, denn ohne wirtschaftliche Freiheit ist politische Freiheit undenkbar. Im Zentrum von Wirtschaft und Gesellschaft steht im Liberalismus der einzelne Bürger, der seine Fähigkeiten einbringen und nutzen kann. Von der Leistung des Einzelnen profitieren dann letztendlich alle. Der Liberalismus setzt voraus, dass der Einzelne bereit ist, volle Verantwortung für sich und auch für diejenigen zu übernehmen, die sich am Wettbewerb der Fähigkeiten und Meinungen nicht oder nur unzureichend beteiligen können. Alle Formen staatlicher Einmischung in das Wirtschaftsgeschehen erregen das Misstrauen der Liberalen, denn staatliche Einmischung bedeutet Gefahr für die individuelle Freiheit und Verantwortung. Staatliche Zuwendungen schaffen Abhängigkeiten, fördern Bequemlichkeit und staatliche Bevormundung, sind nachteilig für den Wettbewerb und gefährden damit die Freiheit des Einzelnen.

Adam Smith in: Wohlstand der Nationen, 1776:
Jeder Einzelne wird sich darum bemühen, sein Kapital so anzulegen, dass es den höchsten Nutzen bringt. Im Allgemeinen wird er weder darauf aus sein, das öffentliche Wohl zu fördern, noch wird er wissen, inwieweit er es fördert. Er interessiert sich nur für sein eigenes Wohlergehen. Dabei wird er von einer unsichtbaren Hand (invisible hand) geleitet, einen Zweck zu fördern, den er keineswegs beabsichtigte. Indem er seine eigenen Interessen verfolgt, fördert er zugleich das Wohl der Allgemeinheit, und dies oft wirksamer als es ein Staatsmann oder Gesetzgeber tun könnte.

Die freie Marktwirtschaft löst die vier Grundfragen der Wirtschaft wie folgt:
Unternehmen (Anbieter) und private Haushalte (Nachfrager) erstellen dezentral und autonom (d. h. ohne Einmischung des Staates) ihre Produktionspläne (Angebot) bzw. Konsumpläne (Nachfrage). Auch die Löhne werden zwischen einzelnem Arbeitnehmer und einzelnem Arbeitgeber autonom ausgehandelt (Tarifautonomie). Der Staat hält sich aus dem Wirtschaftsgeschehen heraus und garantiert lediglich die wirtschaft-

lichen (Gewerbe-, Vertragsfreiheit) und politischen Freiheitsrechte der Bürger (Nachtwächterstaat). Die Produktionsmittel (zur Leistungserstellung verwendete Güter) sind ausschließlich Privateigentum der Unternehmen. Es gibt kein Kollektiveigentum des Staates. Der Staat garantiert das Privateigentum, da es die Wirtschaftssubjekte motiviert, den ökonomischen Umgang mit den knappen Ressourcen und die persönliche Verantwortung fördert. Die Unternehmen streben nach Gewinnmaximierung, die privaten Haushalte nach Nutzenmaximierung. Das Streben der Menschen nach Eigennutz und der Wettbewerb sorgen dafür, dass sich das ökonomische Handeln der Wirtschaftssubjekte zum Nutzen aller (Gemeinnutz, Gesamtwohl) auswirkt. Die unsichtbare Hand (Preismechanismus) sorgt für eine optimale Bedürfnisbefriedigung (optimale Produktion und Verteilung). Ein funktionierender Leistungswettbewerb dient damit zugleich den Interessen des Einzelnen und der Gesellschaft (Eigennutz führt zu Gemeinnutz).

In die Zeit des realen Wirtschaftsliberalismus des 19. und des beginnenden 20. Jahrhunderts (z. B. Manchesterliberalismus in England) fallen die meisten bahnbrechenden technischen Erfindungen und die Gründungsdaten vieler namhafter Industriebetriebe. Die Freiheit des Einzelnen setzte immense wirtschaftliche Kräfte frei – man spricht von der industriellen Revolution. Damit sind die **rasanten Steigerungsraten des Produktionssektors** (vor allem der Textilindustrie) in jener Zeit gemeint. Das Privateigentum an den Produktionsmitteln sicherte den Unternehmern die Einheit von Risiko, Kontrolle und Gewinn. Dies bewirkte eine starke **erwerbswirtschaftliche Motivation** der Unternehmer. Hinzu kam, dass reiche Industrielle (Bürgertum) in die Oberschicht der Gesellschaft aufsteigen konnten. Beeinflusst vom tiefen Harmonieglauben seiner Zeit ging Adam Smith davon aus, dass sich das System der freien Marktwirtschaft selbst reguliert und dass Fehlentwicklungen selbsttätig über den Preismechanismus des Marktes korrigiert würden. Dies setzt jedoch eine machtfreie Sphäre voraus, in der die Vielzahl von Individuen ihre Beziehungen frei und unabhängig voneinander gestalten können. Hier fielen Theorie und Wirklichkeit aber weit auseinander. Die Dampfmaschine war Symbol und Motor der industriellen Revolution. Sie war jedoch sehr groß und teuer. Für den Einsatz der Dampfmaschine zur Energieerzeugung mussten hohe Kapitalbeträge aufgebracht werden. Es entstanden große Fabriken (Industriebetriebe) in der Rechtsform der Aktiengesellschaft, in denen sich große Kapitalien und eine große Zahl von Arbeitskräften zusammenballten. Die **Konzentration von Kapital in wenigen Händen** begünstigte vertragliche Absprachen zwischen den Konkurrenten (Kooperation). Kleinere Industrieunternehmen wurden von größeren geschluckt oder schlossen sich gezwungenermaßen zusammen (Konzentration). Der Staat trat diesen **Kooperations- und Konzentrationstendenzen** nicht entgegen, da er sich aus dem Wirtschaftsgeschehen fernhielt. Dieses „Laissez-faire" (lasst sie machen) führte zur Selbstzerstörung der freien Marktwirtschaft in jener Epoche. Da die Wirtschaft keine machtfreie Sphäre mehr war, konnte der Preismechanismus des Marktes (eine grundlegende Voraussetzung der Marktwirtschaft) nicht mehr wirken.

Die sich wandelnden Volkswirtschaften wurden in jener Zeit von **Konjunktur- und Strukturkrisen** bisher nicht bekannten Ausmaßes erschüttert (z. B. galoppierende Inflation 1923, Weltwirtschaftskrise 1929/30). Die daraus folgende Massenarbeitslosigkeit führte dazu, dass weite Teile der Bevölkerung den Glauben an die Selbstregulierung der Wirtschaft und den Vollbeschäftigungsautomatismus verloren. Der Ruf nach dem Staat wurde immer lauter. Hinzu kam, dass nur wenige Menschen in den Genuss der Wohlstandssteigerung kamen, die die Marktwirtschaft hervorbrachte. Folge der **ungerechten Einkommens- und Vermögensverteilung** waren **soziale Missstände**. So lebten weite Teile der Arbeiterschaft am Existenzminimum („Proletariat"). Den Fabrikeigentümern wurde ihre Machtposition schnell bewusst. Vollständig abhängig vom Fabrikherrn mussten die Arbeiter bei guter Auftragslage zwölf bis 14 Stunden täglich arbeiten. Blieben die Aufträge aus, dann konnten sie von einem Tag auf den anderen entlassen werden. Schlechte Arbeitsbedingungen und dadurch geschädigte Gesundheit der Arbeiter, unzureichende Entlohnung, lange Arbeitszeiten, fehlende Absicherung bei Krankheit, Arbeitslosigkeit im Alter, Wohnungsnot und Kinderarbeit waren die Schattenseiten des Wirtschaftsliberalismus.

Diese ökonomischen und sozialen Fehlentwicklungen in der Epoche des klassischen Wirtschaftsliberalismus brachten das System der (reinen) freien Marktwirtschaft zum Scheitern.

Merkmale der Zentralverwaltungswirtschaft

Karl Marx (1818–1883) sah, dass im Kapitalismus die Konzentration des Reichtums der Kapitalisten und das Elend der Arbeiterklasse zunahmen (die Reichen wurden immer reicher, die Armen immer ärmer). Daraus folgerte er, dass es zu Spannungen zwischen den beiden Klassen kommen werde, die schließlich zur Revolution und zum Sieg der Arbeiterklasse (Proletariat) führen. Das Proletariat werde sich dann zur herrschenden Klasse (Diktatur des Proletariats) erheben. Marx bezeichnete die Diktatur des Proletariats als eine Übergangsperiode, in der sich das kapitalistische Eigentum in gesellschaftliches Eigentum verwandelt (**Sozialismus** – erste Phase der kommunistischen Gesellschaft). Er zog den Schluss, dass es nach der Phase des Sozialismus (Marx verwendete diesen Begriff nicht) eine klassenlose Gesellschaft geben werde. Die Herrschaft von Menschen über Menschen habe dann keinen Platz mehr, an deren Stelle trete das Miteinander freier Menschen in einer sich selbst ordnenden Gesellschaft (historischer Endzustand – der **Kommunismus**).

Karl Marx und Friedrich Engels in ihrem Kommunistischen Manifest, 1848:
„Was den Kommunismus auszeichnet, ist nicht die Abschaffung des Eigentums überhaupt, sondern die Abschaffung des bürgerlichen Eigentums ... Das Proletariat wird seine politische Herrschaft dazu benutzen, der Bourgeoisie nach und nach alles Kapital zu entreißen, alle Produktionsmittel in den Händen des Staates, d. h. des als herrschende Klasse organisierten Proletariats, zu zentralisieren und die Masse der Produktionskräfte möglichst rasch zu vermehren."

Die Zentralverwaltungswirtschaft ist ein Denkmodell, das, angesichts der Fehlentwicklungen des Wirtschaftsliberalismus Ende des 19. und zu Beginn des 20. Jahrhunderts, als Gegenmodell zur freien Marktwirtschaft maßgeblich von dem russischen Revolutionär Wladimir Iljitsch Lenin (1870–1924) entwickelt wurde. Lenin setzte die Lehre von Karl Marx (1818–1883) in die Praxis um (Marxismus-Leninismus) und führte in Russland nach der Revolution von 1917 die sozialistische Planwirtschaft ein. Für Marx und Lenin war das Privateigentum an Produktionsmitteln die Wurzel der ökonomischen Ungleichheit und damit die tiefere Ursache für die Fehlentwicklungen der freien

Marktwirtschaft. Nach den Reformen in Russland und den früheren Ostblock-Staaten DDR, CSSR, Polen usw. kommen heute die sozialistischen Planwirtschaften in Nordkorea, China und Kuba dem Modell der Zentralverwaltungswirtschaft am nächsten.

Zentralverwaltungswirtschaft bietet für die vier wirtschaftlichen Grundfragen folgende Lösungsansätze:
Der Staat bzw. eine zentrale **staatliche Plankommission** erstellt in mehreren Abstimmungsschritten einen Mehrjahresplan, in dem festgehalten wird, was und wie viel produziert wird und wie die Güter innerhalb der Gesellschaft verteilt werden. Die einzelnen Betriebe (z. B. volkseigene Betriebe – VEB) machen Planangebote – sie sind also am Abstimmungsprozess beteiligt (siehe Beispiel). Die privaten Haushalte können nur das konsumieren, was im Produktionsplan für sie vorgesehen ist (Fremdbestimmung). Die Planauflagen (Sollplanung) des zentralen Gesamtplans müssen von den Staatsbetrieben zwingend erfüllt werden. Es gibt keinen Preismechanismus, da die Preise staatlich festgesetzt werden und nur als Rechnungseinheiten dienen. Die Produktionsfaktoren und das Produktionsergebnis werden den Betrieben bzw. den Konsumenten laut Gesamtplan zugeteilt (**Zuteilungssystem**). Die staatliche Planrevision überprüft die Einhaltung der Produktionspläne. Die Nichterfüllung der Pläne wird bestraft (z. B. Lohnkürzung, öffentliche Anprangerung des Betriebes bzw. seiner Arbeitskräfte). Die Produktionsmittel sind entsprechend der Ideologie des Sozialismus ausschließlich Staatseigentum (Gemeineigentum). Es gibt daher ausschließlich Staatsbetriebe. In den sozialistischen Planwirtschaften sind in beschränktem Maße Privatbetriebe zugelassen (meistens Dienstleistungs- und Handwerksbetriebe). Das Ziel der Staatsbetriebe ist die **Planerfüllung** bzw. Übererfüllung der Planvorgaben. Im Falle der Übererfüllung erhalten die Betriebe als Ganzes oder die Arbeitskräfte Prämien oder Auszeichnungen (z. B. öffentliches Lob wie „Betrieb des Monats“, „Held der Arbeit“).

Chancen und Probleme der real existierenden Zentralverwaltungswirtschaft werden im Folgenden am Beispiel der ehemaligen sozialistischen Planwirtschaft der DDR (1946–1989) aufgezeigt. Vorab muss jedoch darauf hingewiesen werden, dass Vorzüge und Nachteile unterschiedlich bewertet werden, je nachdem ob man Anhänger oder Gegner des zugrundeliegenden Gedankenguts (Ideologie) ist.

Tatsächlich konnte die sozialistische Planwirtschaft der ehemaligen DDR einige Fehlentwicklungen des Wirtschaftsliberalismus (mangelnde soziale Absicherung, Arbeitslosigkeit, Konjunktur- und Strukturkrisen) beseitigen. Die Versorgung mit Gütern und Dienstleistungen des Grundbedarfs (z. B. Grundnahrungsmittel, Wohnraum, Kindertagesstätten) war sichergestellt. Jeder Bürger hatte ein Recht auf Arbeit – dem entspricht nach sozialistischem Verständnis die Pflicht zur Arbeit. Damit war das Arbeitsplatzrisiko überwunden und die Vollbeschäftigung politisch garantiert. Die staatliche Lohnfestsetzung führte zu einer relativ gleichmäßigen Einkommens- und Vermögensverteilung in der Bevölkerung. Der Preis dafür war, dass wesentliche **Freiheitsrechte stark eingeschränkt** (z. B. freie Berufswahl, Gewerbe-, Vertragsfreiheit, Garantie des Privateigentums an Produktionsmitteln) waren. Die Planbehörden entschieden in den Bedarfsplänen über Art und Menge des Konsumgüterangebots. Dem einzelnen Verbraucher blieb nur die Entscheidung, ob er das produzierte Konsumgut kauft oder nicht. Bestimmte Konsumwünsche, vor allem nach sogenannten Luxusgütern (z. B. Südfrüchte, Kaffee, Schokolade, modische Kleidung), wollten die Planbehörden nicht erfüllen, weil sie nicht mit den „wahren Bedürfnissen“ des sozialistischen Menschen vereinbar waren (**Bedürfnislenkung durch den Staat**). So betrug die Wartezeit für ein Auto (Trabant oder Wartburg) bis zu 15 Jahre. Dafür wurden die Preise für Güter des Grundbedarfs (z. B. Strom-, Straßenbahn-, Kartoffel-, Brotpreise, Wohnungsmieten) ohne Rücksicht auf deren Produktionskosten aus sozialen Gründen niedrig gehalten. Diese sozialen Preise (Zuwendungen an die Bevölkerung genannt) zehrten bis zu 40 % des Staatshaushalts in der ehemaligen DDR auf, wurden letztendlich also teuer bezahlt. Die Konsumgüterversorgung wurde als zweitrangige Aufgabe angesehen. Vorrangig war die Herstellung von Produktionsgütern (Maschinen, Rohstoffe), da nur so das wirtschaftliche Wachstum gesichert und damit der zukünftige Lebensstandard verbessert werden konnte. Der Grundsatz der Planerfüllung macht die bedingungslose Unterordnung aller Wirtschaftenden unter den Staat notwendig. Eigeninitiative und Gewinnstreben waren nicht erwünscht. Die Staatsbetriebe hatten deshalb auch kein Interesse, Rationalisierungsmaßnahmen zu ergreifen oder nach neuen Produktionsverfahren und Produkten zu forschen. Schlechte Produktqualität, hohe Ausschussproduktion, **geringe Produktivität und Flexibilität** waren die Folge.

Mangels Konkurrenz auf den Märkten konnten die Verbraucher nicht auf andere Produkte ausweichen. Zudem erschwerten die Bürokratie und die langfristige Ausrichtung der Pläne kurzfristige Anpassungen an sich ändernde Rahmenbedingungen (z. B. neue Techniken, neue Verbraucherwünsche). Alle wichtigen Entscheidungen wurden fern vom Marktgeschehen getroffen. **Fehlplanungen** waren an der Tagesordnung. Fehlmengen wurden durch Importe oder Reduzierung der Bedarfspläne ausgeglichen. Das Warten in langen Menschenschlangen vor den Läden war Alltag. Zwangsläufige Folge dieser Misswirtschaft waren deutliche Produktivitäts- und Einkommensunterschiede gegenüber den Marktwirtschaften der westlichen Länder. Alle Planwirtschaften kämpfen bzw. kämpften mit den Problemen einer **ausufernden Verwaltung**, der fehlerhaften Bearbeitung und Weitergabe von Planvorgaben und einem Filz von indirekten Beziehungen bis hin zur **Korruption**. Zusammen mit dem immer offensichtlicher werdenden **Entwicklungsrückstand** der DDR-Wirtschaft gegenüber den Marktwirtschaften der westlichen Länder führte dies zur Unzufriedenheit weiter Teile der Bevölkerung in der DDR und zum Zusammenbruch des politischen und wirtschaftlichen Systems.

Das sozialistische China versucht seit 1978 mit wirtschaftspolitischen Reformen das planwirtschaftliche System zukunftsfähig zu machen. Die Preisbildung soll nach und nach aus der staatlichen Regie entlassen und dem Marktpreismechanismus überlassen werden (**sozialistische Marktwirtschaft**). Mieten und staatliche Dienstleistungen werden nur noch in vermindertem Umfang subventioniert. Kleine und mittlere Unternehmen sollen an private Investoren verpachtet oder verkauft werden können. Damit werden die Staatsbetriebe zu effizientem Wirtschaften und marktgerechtem Verhalten gezwungen. Die wachsende Eigendynamik und Eigenverantwortung der Menschen in Wirtschaft und Gesellschaft wird auf lange Sicht nicht nur ökonomische, sondern auch politische Zugeständnisse erforderlich machen. Die ökonomische Freiheit verlangt auf Dauer auch die politische Freiheit.

Chancen und Probleme der sozialen Marktwirtschaft

Die soziale Marktwirtschaft hat in der Bundesrepublik Deutschland zu einem bisher nicht bekannten Wohlstand weiter Bevölkerungsschichten geführt. Während sich die Lebenshaltungskosten seit 1960 bis heute etwa verdreifachten, ist der durchschnittliche Nettoverdienst auf mehr als das Achtfache gestiegen. Das Ergebnis ist ein **erheblicher Zuwachs der Lohnkaufkraft**. Für eine Waschmaschine musste ein Durchschnittsarbeitnehmer 1960 noch 224 Stunden arbeiten, heute ist sie – technisch verbessert – schon in knapp 50 Stunden verdient. Gleichzeitig wurde der **Verbraucherschutz**, der **Umweltschutz** und der **soziale Schutz** der Arbeitnehmer immer weiter verbessert.

Der Staat hat trotz des gestiegenen Wohlstands seine sozialpolitischen Aktivitäten nach und nach ausgeweitet. Die Sozialquote (Anteil der Sozialausgaben am BIP) hat sich von 17 % im Jahre 1950 auf über 30 % heute fast verdoppelt. Dabei wurde der Zusammenhang von Beitragszahlung und Leistungsanspruch immer mehr aufgegeben. Weite Kreise der Bevölkerung entwickelten eine häufig beklagte **Anspruchsmentalität** gegenüber dem Sozialstaat („Welche Sozialleistungen stehen mir zu?") oder sind von staatlicher Unterstützung abhängig. Die Folge war eine **hohe Staatsverschuldung** (zz. über 80 % des BIP), die die Handlungsfähigkeit des Staates stark einschränkt. Gleichzeitig ist die **Belastungsgrenze der Bürger** mit Steuern und Sozialabgaben in Höhe von über 40 % des Einkommens erreicht. Die **Finanzierungskrise des Sozialsystems** zeigt sich vor allem in der gesetzlichen Sozialversicherung. Der Generationsvertrag der Rentenversicherung gerät durch fortschreitende **Überalterung der Bevölkerung** zunehmend in Schieflage. Die Zahl der Empfänger von Sozialleistungen und damit die Kosten des Sozialsystems steigen unaufhaltsam. Gleichzeitig sinkt aufgrund anhaltend hoher Arbeitslosigkeit, Frühverrentung, überlangen Ausbildungszeiten und zunehmenden prekären Arbeitsverhältnissen (z. B. Leih-, Zeitarbeit, Minijobs) das Beitrags- und Steueraufkommen. Die **Leistungs- und Wettbewerbsfähigkeit der Wirtschaft** wird durch hohe Sozial- und Umweltstandards, ausufernde staatliche Bürokratie (**Überregulierung**), steigende Sozial- und Energiekosten (Energiewende) **beeinträchtigt**. Ein Teufelskreis tut sich auf: Steigende Sozialkosten zwingen die Unternehmen zu Entlassungen oder Frühverrentungen, Arbeitslose und Frührentner zahlen jedoch nur geringe Steuern und Sozialversicherungsbeiträge, dies macht weitere Beitragserhöhungen nötig, die die Sozialkosten weiter ansteigen lassen.

Der Anstieg der Sozialkosten ist zu einem Großteil hausgemacht und auf **Mängel des staatlichen Sozialsystems** zurückzuführen, die bewusstes und unbewusstes Fehlverhalten bei Bürgern und Politikern begünstigen. Fünf zentrale Mängel sind festzustellen:

Unübersichtlichkeit und mangelnde Kontrolle	Die Verwaltung durch zahlreiche Behörden und Versicherungsträger erschwert die Erfolgskontrolle und begünstigt den Missbrauch von Sozialleistungen.
Großer Einfluss staatlicher Institutionen	Die Zuteilung der Sozialleistungen durch den Staat begünstigt die versicherungsfremde Verwendung der Mittel. Hinzu kommt der mangelnde Wettbewerb zwischen den gesetzlichen Versicherungsträgern und den Leistungsanbietern (z. B. staatliche Krankenhäuser, Kassenärzte).

Zu viel Umverteilung	Die Sozialleistungen werden von der Solidargemeinschaft aus Arbeitnehmern und Arbeitgebern bezahlt, wobei Leistung und Finanzierungsbeitrag (Gegenleistung) auseinanderklaffen. Die hohe Abgabenbelastung führt zu einer Abgaben-Anspruchs-Spirale, die sich immer schneller dreht (wer mehr zahlt, möchte auch mehr Sozialleistungen mitnehmen).
Mangel an Eigenvorsorge	Angesichts des sozialen Netzes erscheint dem Bürger die Eigenvorsorge als überflüssig. Zum anderen wird sein finanzieller Spielraum für die Eigenvorsorge immer geringer, wenn der Staat ihm immer tiefer in die Tasche greift. Die Abhängigkeit des Bürgers vom Staat ist umso bedenklicher, da der Staat die Sozialleistungen aus laufenden Einnahmen finanziert und ebenfalls keine nennenswerten Rücklagen bildet.
Enge Kopplung an den Arbeitsvertrag	Die Kosten der sozialen Sicherung werden überwiegend vom Produktionsfaktor Arbeit aufgebracht. Dies führte zu sinkenden Nettolöhnen der Arbeitnehmer und aufgrund der Arbeitgeberanteile an der Sozialversicherung zu hohen Lohnnebenkosten der Arbeitgeber. Kaufkraft und internationale Wettbewerbsfähigkeit leiden darunter.

Das staatliche Sozialversicherungssystem, von Otto von Bismarck Ende des 19. Jahrhunderts als Maßnahme zur Sicherung des sozialen Friedens eingeführt, wird zunehmend selbst zur Gefahr für den sozialen Frieden.

Kompetenzbereich III

Wirtschaftspolitische Einflüsse auf den Ausbildungsbetrieb, das Lebensumfeld und die Volkswirtschaft einschätzen

1 Wirtschaftspolitische Ziele des Staates

PROBLEM

Erinnerungen von Zeitgenossen der Weimarer Republik:

Geldvernichtung 1923					
Preis für 1 kg Brot in Mark					
Dez.	1921	4	Juni	1923	1 428
Dez.	1922	163	Juli	1923	3 465
Jan	1923	250	Aug.	1923	69 000
Febr.	1923	389	Sept.	1923	1 512 000
März	1923	463	Okt.	1923	174 300 000
April	1923	474	Nov.	1923	201 000 000 000
Mai	1923	482			

„... Ich will nicht verschweigen, dass wir zunächst Nutznießer der fürchterlichen Geldvernichtung waren. Meine Großeltern hatten sich 1922 kurzfristig entschlossen, ein fast fertiggestelltes Haus in der Melberger Kronprinzenstraße, auf der Westseite von Bad Oeynhausen, zu kaufen. Kostenpunkt: 800 000 Mark. Als wir am 1. April 1923 einzogen, war das ein Betrag, der selbst sensible Gemüter nicht mehr zu beunruhigen vermochte. Ein Griff in die Westentasche genügte, um alle Verbindlichkeiten aus der Welt zu schaffen. Leider war das Haus erst halb fertig. Inzwischen arbeiteten die Handwerker nur noch gegen Naturalien. Damit konnten wir natürlich nicht dienen, und das Geld, das Großvater ausbezahlt bekam, zuletzt zweimal täglich, reichte gerade für das nackte Leben. Was die Ablösung der kaputten Reichsmark durch die Rentenmark im November 1923 bedeutete, lässt sich heute nicht mehr ermessen. Es war, als wenn ein Ertrinkender, in einer Springflut von Papiergeld fast schon versunken, plötzlich Boden unter den Füßen verspürte ...“

Arbeitsaufträge

1. *Welche Folgen hatte die Geldvernichtung im Jahr 1923 für die Menschen? Wer waren die Gewinner, wer waren die Verlierer?*
2. *Interpretieren Sie die Karikatur.*
3. *Weshalb kann dem Staat die wirtschaftliche Entwicklung nicht gleichgültig sein?*

SACHDARSTELLUNG

1.1 Ziele des Stabilitätsgesetzes – magisches Viereck

Das **Oberziel** der staatlichen Wirtschaftspolitik ist im Gesetz zur Förderung der Stabilität und des Wachstums der Wirtschaft (StabG § 1) formuliert: Bund und Länder haben bei ihren wirtschafts- und finanzpolitischen Maßnahmen die Erfordernisse des gesamtwirtschaftlichen Gleichgewichts zu beachten. Das **gesamtwirtschaftliche Gleichgewicht** ist erreicht, wenn alle verfügbaren Produktionsfaktoren (Natur, Arbeit, Kapital) eingesetzt sind und die Märkte (z. B. Arbeits-, Kredit-, Gütermärkte) weder einen Nachfrage- noch einen Angebotsüberhang aufweisen, also ausgeglichen sind.

Die Maßnahmen sind so zu treffen, dass sie gleichzeitig zur Stabilität des Preisniveaus, zu einem hohen Beschäftigungsstand und außenwirtschaftlichem Gleichgewicht bei stetigem und angemessenem Wirtschaftswachstum beitragen. Diese vier wirtschaftspolitischen Hauptziele werden als **magisches Viereck** bezeichnet, weil wirtschaftspolitische Zauberei (Magie) notwendig wäre, um diese Ziele tatsächlich immer gleichzeitig zu erreichen.

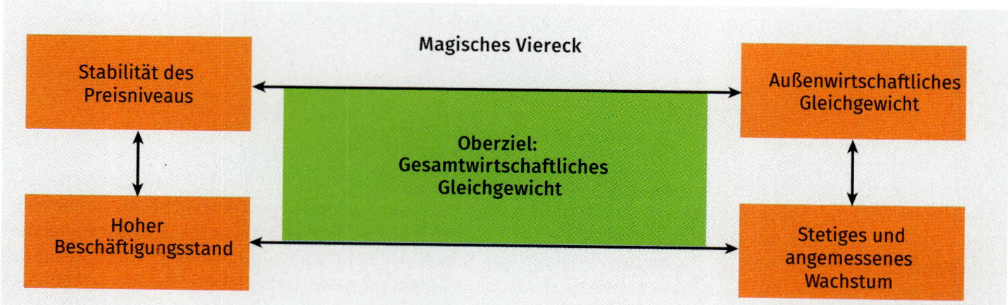

Nach Ansicht des **Sachverständigenrats**[1] sind die wirtschaftspolitischen Hauptziele gleichrangig. Es soll aber immer jenes Ziel vorrangig verfolgt werden, das in der jeweiligen wirtschaftlichen Lage am stärksten gefährdet ist. Das ist zurzeit zweifelsohne das Ziel eines hohen Beschäftigungsstands.

Der Markt allein kann die Erreichung dieser Hauptziele der Wirtschaftspolitik nicht sicherstellen. In einer sozialen Marktwirtschaft muss der Staat deshalb globale Rahmenbedingungen für die Wirtschaft setzen **(Globalsteuerung)**. Dabei darf er nicht direkt in die marktwirtschaftliche Ordnung (also in die Entscheidungen der einzelnen Unternehmen und privaten Haushalte) eingreifen.

Stabilität des Preisniveaus – knapp unter 2 %

Das Preisniveau drückt den Durchschnitt aller Preise für Güter und Dienstleistungen aus. **Absolute Preisstabilität** liegt vor, wenn sich das Preisniveau nicht verändert. Dabei können sich jedoch die Preise einzelner Güter durchaus verändern, wenn sich eine Preiserhöhung bei einem Gut A durch Preissenkungen bei anderen Gütern ausgleicht.

Die absolute Preisstabilität ist unerreichbar. Deshalb streben Wirtschaftspolitiker und die Europäische Zentralbank eine **relative Preisstabilität** an.

MERKE:

Preisstabilität ist erreicht, wenn die allgemeine Preissteigerungsrate unter, aber **nahe 2** % gegenüber dem Verbraucherpreisindex des Vorjahresmonats liegt.

Steigt das Preisniveau anhaltend mit Raten von 2 % und mehr, dann liegt eine **Inflation** vor. Ein anhaltender Rückgang des Preisniveaus wird als **Deflation** bezeichnet.

Preisveränderungen werden mithilfe des **Verbraucherpreisindexes (VPI)** vom Statistischen Bundesamt (Destatis), Wiesbaden, monatlich gemessen.

Vorgehensweise zur Berechnung des Verbraucherpreisindex (VPI)	
Indexhaushalt	Dem Preisindex liegt ein **durchschnittlicher Haushalt** zugrunde.
Gewichteter Warenkorb (Wägungsschema)	Das Statistische Bundesamt (Wiesbaden) stellt das von den Indexhaushalten gekaufte **typische Gütersortiment** (700 Güterarten) zu einem Warenkorb zusammen. In diesem Warenkorb sind alle Waren entsprechend ihrem Verbrauchsanteil enthalten **(Wägungsschema)**. So haben z. B. die Mieten und Mietnebenkosten einen Anteil von rund 31,7 %, Verkehr 13,5 %, Freizeit, Unterhaltung und Kultur 11,5 % und Nahrungsmittel und alkoholfreie Getränke 10,3 %.

[1] Der Sachverständigenrat (die **„Fünf Weisen"**) wird vom Bundespräsidenten auf Vorschlag der Bundesregierung für fünf Jahre ernannt. Seine Mitglieder dürfen weder Bundes- oder Landesregierungen noch Arbeitgeber- oder Arbeitnehmerorganisationen angehören. Die „Fünf Weisen" erstellen jährlich das sogenannte **Sachverständigengutachten**, das sie bis zum 15. November des jeweiligen Jahres der Bundesregierung vorlegen. Dort stellen sie dar, inwieweit die wirtschaftspolitischen Ziele erreicht sind. In ihrem **Jahreswirtschaftsbericht** muss die Bundesregierung zu diesem Gutachten Stellung nehmen.

Basisjahr	Der Gesamtwert des Warenkorbs des **Basisjahres** (zurzeit 2010) **wird gleich 100 gesetzt**. Alle fünf Jahre wird der Warenkorb neu zusammengestellt, sodass Änderungen der Verbrauchsgewohnheiten berücksichtigt werden können. Dazu zeichnen 60 000 Indexhaushalte ihre Ausgaben für einige Monate freiwillig auf.
Messung der Preisveränderungen	Der Gesamtpreis für den Warenkorb wird monatlich gemessen. Dazu erfragen 600 Preiserheber in 188 Berichtsgemeinden jeweils in denselben Geschäften die Preise für die Produkte des Warenkorbs. Preissteigerungen (dabei können durchaus die Preise einzelner Güter gefallen sein) verteuern den Warenkorb und führen zu einem höheren **Preisindex**.

Die **Kaufkraft des Geldes (Geldwert)** drückt aus, welche Menge an Gütern (Warenkorb) mit einem bestimmten Geldbetrag gekauft werden kann. Erhöht sich der Preisindex, bedeutet dies gleichzeitig eine niedrigere Kaufkraft des Geldes. Steigt der Preisindex z. B. um 25 %, dann vermindert sich die Kaufkraft um 20 %. Übersteigen die Lohnerhöhungen (Steigerung der Nominaleinkommen) die Preiserhöhungen, dann steigen die Realeinkommen. Das Realeinkommen bzw. der Reallohn drückt die **Kaufkraft des Lohns** aus, da es angibt, welche Gütermenge mit dem vorhandenen Einkommen (Nominaleinkommen) gekauft werden kann.

Die **Inflationsrate** (Veränderung des Preisniveaus) errechnet sich als prozentualer Unterschied des Preisindex im Berichtsmonat zum Preisindex des gleichen Monats im Vorjahr. Die Kaufkraftveränderung des Geldes errechnet sich als prozentualer Unterschied des Preisindex im gleichen Vorjahresmonat zum Preisindex des Berichtsmonats.

$$\textbf{\textit{Inflationsrate (in \%)}} = \frac{\text{Index (Berichtsmonat)} - \text{Index (Vorjahresmonat)}}{\text{Index (Vorjahresmonat)}} \cdot 100$$

$$\textbf{\textit{Kaufkraftveränderung des Geldes (in \%)}} = \frac{\text{Index (Vorjahresmonat)} - \text{Index (Berichtsmonat)}}{\text{Index (Berichtsmonat)}} \cdot 100$$

Kaufkraftveränderung des Lohns (in %) = Lohnerhöhungen (%) – Inflationsrate (%)

Entwicklung des VPI, der Inflationsrate, der Kaufkraft und des Reallohns

Entwicklung des VPI, der Inflationsrate, der Kaufkraft und des Reallohns					
Jahr (Basisjahr: 2010)	**2011**	**2012**	**2013**	**2014**	**2015**
Verbraucherpreisindex	102,1	104,1	105,7	106,6	106,9
Inflationsrate (in %)	2,1	2,0	1,5	0,9	0,3
Kaufkraft des Geldes (in %)	−2,1	−1,9	−1,5	−0,8	−0,3
Lohnindex (Arbeitnehmer)	103,4	106,2	108,4	111,4	114,6
Erhöhung der Nominallöhne (in %)	3,4	2,7	2,1	2,8	2,9
Kaufkraft des Lohns (in %)	1,3	0,7	0,5	1,9	2,6

(Quelle: Deutsche Bundesbank, Monatsbericht April 2016, Statistischer Teil, S. 70 f.)

Die Kaufkraft des Lohns kann auch mit der *aufgewendeten Arbeitszeit für den Kauf eines bestimmten Gutes* oder eines bestimmten Warenkorbs ausgedrückt werden. Je weniger Arbeitszeit aufgewandt werden muss, um eine bestimmte Gütermenge zu kaufen, desto höher ist die Lohnkaufkraft.

Die Europäische Zentralbank verwendet den Verbraucherpreisindex für die Europäische Währungsunion (VPI-EWU) als Maßstab für die Preisstabilität des €. Der VPI-EWU wird aus den nationalen **harmonisierten Verbraucherpreisindizes (HVPI)** der Mitglieder der Europäischen Währungsunion berechnet. Für diese Zwecke berechnet das **Statistische Bundesamt** zusätzlich zum Verbraucherpreisindex für Deutschland (VPI) auch den HVPI für Deutschland. So sind z.B. im Warenkorb des deutschen VPI unterstellte Mieten für Wohneigentum enthalten, im deutschen HVPI jedoch nicht.

Wenn Gütermenge (Angebot) und Geldmenge (Nachfrage) in einer Volkswirtschaft über längere Zeit hinweg aus dem Gleichgewicht geraten, entstehen Inflation oder Deflation.

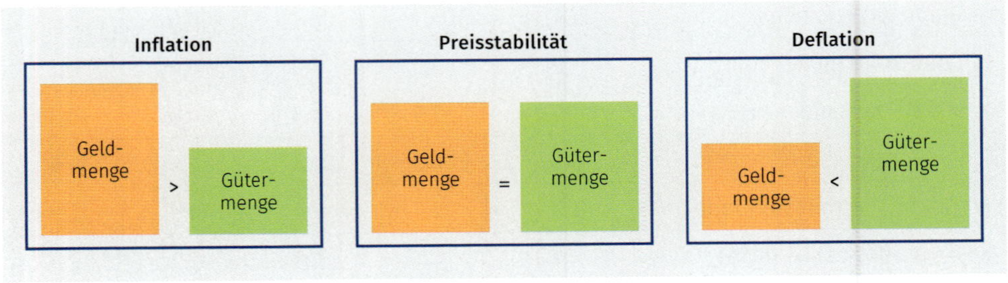

Ursachen der Inflation	
Inlandsnachfrage	Die Nachfrage nach Gütern übersteigt das Angebot, weil z. B. die Einkommen stärker ansteigen als die Preise oder die Nachfrager steigende Preise erwarten.
Auslandsnachfrage	Die Auslandsnachfrage (Exporte) steigt aufgrund von Wettbewerbsvorteilen des Inlands, wenn z. B. die Preise im Ausland stärker steigen als im Inland **(importierte Inflation)**.
Angebot	Das Güterangebot liegt unter der Güternachfrage, weil die Unternehmen z. B. aufgrund mangelnder Rohstoffe oder Einkaufspreise ihre Produktion zurückfahren.
Marktmacht	Die Anbieter arbeiten zusammen (Kooperation) oder schließen sich zusammen (Konzentration) und erlangen dadurch genügend Marktmacht, um Preissteigerungen durchzusetzen.

Inflation und Deflation haben für die Wirtschaftssubjekte jeweils unterschiedliche Auswirkungen. Die Verlierer bei einer Inflation (Verbraucher, Sparer, Gläubiger) sind die Gewinner bei einer Deflation. Umgekehrt sind die Gewinner bei einer Inflation (Schuldner) die Verlierer bei einer Deflation.

Wirtschaftliche Folgen von Inflation und Deflation:

Auswirkungen	einer Inflation	einer Deflation
auf die Gesamtwirtschaft	Anhaltende Preissteigerungen bedeuten zunächst steigende Gewinne, wenn die Kosten nicht in gleicher Höhe steigen. Dies führt im ungünstigsten Fall zu überhöhten Lohnnachschlägen (**Lohn-Preis-Spirale**), die auf globalen Märkten nicht voll auf die Preise übergewälzt werden können. Die Wettbewerbsnachteile führen zu sinkenden Absätzen und steigender Arbeitslosigkeit.	Anhaltende Preisrückgänge führen zu sinkenden Gewinnen, wenn die Kosten nicht entsprechend gesenkt werden können. Dies führt zu Unternehmenspleiten, rückläufiger Investitionsbereitschaft und damit zu steigender Arbeitslosigkeit.
auf Verbraucher und Arbeitnehmer	Die Kaufkraft des Geldes und der Löhne bzw. der Wohlstand sinkt, wenn die Inflationsrate höher ist als die prozentuale Steigerung der Löhne und Gehälter (sinkende Reallöhne); im ungünstigsten Fall kommt es zu **„Hamsterkäufen“** aus Furcht vor weiteren Preissteigerungen (galoppierende Inflation).	Die Kaufkraft des Geldes und der Löhne bzw. der Wohlstand steigt, wenn die Preissenkungen höher sind als die Lohnkürzungen (steigende Reallöhne); im ungünstigsten Fall kommt es zu Nachfrageverzögerungen in Erwartung weiterer Preissenkungen.

Auswirkungen	einer Inflation	einer Deflation
auf Sparer und Gläubiger	Der Wert der Ersparnisse sinkt, wenn die Inflationsrate höher ist als die effektiven Zinssätze für Kapitalanlagen; im ungünstigsten Fall kommt es zu einer **Flucht in Sachwerte** (z. B. Gold, Immobilien), da deren Wert parallel zur Preisentwicklung steigt, was die Inflation jedoch weiter anheizt. Die Gläubiger geben heute Geld mit hoher Kaufkraft („gutes Geld") und erhalten später Geld mit niedrigerer Kaufkraft („schlechtes Geld") zurück.	Der Wert der Ersparnisse steigt, wenn die Preissenkungen bei den Sachwerten höher sind als die Zinssenkungen bei Kapitalanlagen; im ungünstigsten Fall kommt es zu einer Flucht in Finanzanlagen (z. B. Wertpapiere), was die Deflation weiter verschärft. Die Gläubiger geben heute Geld mit niedriger Kaufkraft („schlechtes Geld") und erhalten später Geld mit höherer Kaufkraft („gutes Geld") zurück.
auf Schuldner	Der Wert der Schulden (und damit der Rückzahlungen) sinkt. Die Schuldner erhalten heute Geld mit hoher Kaufkraft („gutes Geld") und zahlen später Geld mit niedrigerer Kaufkraft („schlechtes Geld") zurück.	Der Wert der Schulden (und damit der Rückzahlungen) steigt. Die Schuldner erhalten heute Geld mit niedriger Kaufkraft („schlechtes Geld") und zahlen später Geld mit höherer Kaufkraft („gutes Geld") zurück.
auf den Staat	Die Steuereinnahmen des Staates steigen mit steigenden Gewinnen, Löhnen und Preisen. Auf der anderen Seite führen die Preissteigerungen auch zu steigenden Staatsausgaben. Als Schuldner steht der Staat jedoch auf der Gewinnerseite.	Die Steuereinnahmen des Staates sinken mit sinkenden Gewinnen, Löhnen und Preisen. Auf der anderen Seite führen die Preissenkungen auch zu sinkenden Staatsausgaben. Als Schuldner steht der Staat jedoch auf der Verliererseite.

Weit schwerwiegender als die wirtschaftlichen Folgen einer Inflation bzw. Deflation können die **sozialen Folgen** sein. Durch die radikale Umverteilung des Vermögens während Inflations- bzw. Deflationszeiten zwischen Gläubigern und Schuldnern entstehen zwangsläufig **soziale Spannungen** zwischen Gewinnern und Verlierern. Insbesondere neigen die Verlierer dazu, für ihre Wohlstandseinbußen den Staat verantwortlich zu machen. Sie suchen Sündenböcke und laufen den links- und rechtsradikalen Parteien zu, die meist schnelle Besserung versprechen. Nicht zuletzt ist die Weimarer Republik (1919 bis 1933) an den sozialen Spannungen in den Zeiten der galoppierenden Inflation 1923 und der Deflation 1929 bis 1933 gescheitert.

Hoher Beschäftigungsstand – nicht mehr als 3 % Arbeitslose

Wenn alle zur Verfügung stehenden Arbeitskräfte und Produktionsmittel (z. B. Maschinen, Gebäude) in Arbeit bzw. zu 100 % ausgelastet sind, dann ist die Wirtschaft vollbeschäftigt. Da man den Ausnutzungsgrad einer Wirtschaft nicht feststellen kann, beurteilt man die Beschäftigungslage anhand der Arbeitslosenquote und der Zahl der offenen Stellen.

MERKE:

Wenn die Arbeitslosenquote nicht mehr als 3 % beträgt, spricht man von **Vollbeschäftigung**, im anderen Fall von **Unterbeschäftigung**. Im Falle der **Überbeschäftigung** übersteigt die Zahl der offenen Stellen die Arbeitslosenzahl.

Nach SGB III §§ 136–138 gilt als arbeitslos, wer weniger als 15 Wochenstunden arbeitet, sich bei der Agentur für Arbeit arbeitslos gemeldet hat und wer den Vermittlungsbemühungen der Agentur für Arbeit zur Verfügung steht.

$$\textbf{\textit{Arbeitslosenquote}} = \frac{\text{registrierte Arbeitslose} \cdot 100}{\text{zivile Erwerbspersonen}}$$

Zu den zivilen Erwerbspersonen gehören alle Arbeitslosen und Beschäftigten einschließlich Beamte und Selbstständige, nicht die Soldaten.

Die Arbeitslosenstatistik der Bundesagentur für Arbeit erfasst lediglich die gemeldeten Arbeitslosen **(offene Arbeitslosigkeit)**. Die folgenden Personenkreise zählen nicht zu diesen offenen Arbeitslosen: Bezieher von Vorruhestands-, Altersteilzeit-, Kurzarbeitergeld, Teilnehmer an beruflichen Weiterbildungsmaßnahmen. Man spricht in diesem Zusammenhang von der **verdeckten Arbeitslosigkeit**. Kurzarbeiter sind Erwerbstätige, die Anspruch auf Kurzarbeitergeld haben. Ein Anspruch besteht, wenn in einem Betrieb ein unvermeidbarer vorübergehender Arbeitsausfall eingetreten ist, der bei der Arbeitsagentur angezeigt wurde.

Entwicklung der Arbeitslosenzahl und -quote in Deutschland

Jahr	2011	2012	2013	2014	2015
Arbeitslosenzahl in Tsd.	2976	2897	2950	2898	2795
Empfänger Arbeitslosengeld I in Tsd.	893	902	970	933	859
Zivile Erwerbspersonen in Tsd.	41915	42603	42754	43254	43672
Arbeitslosenquote (%)	7,1	6,8	6,9	6,7	6,4

(Quelle: Deutsche Bundesbank, Monatsbericht März 2016, Statistischer Teil, S. 69)

Arten und Ursachen der Arbeitslosigkeit	
Kurzfristige Arbeitslosigkeit	**Friktionelle Arbeitslosigkeit** entsteht durch den sich ständig vollziehenden Arbeitsplatzwechsel aufgrund von Firmenwechsel, Karriereplanung, Umzug, Qualifizierungsmaßnahmen usw. **Saisonale Arbeitslosigkeit** ist jahreszeitlich bedingt, wenn bestimmte Arbeiten im Winter (z. B. Bauarbeiten) bzw. im Sommer (z. B. Skikurse) nicht ausgeübt werden können.
Mittelfristige Arbeitslosigkeit	**Konjunkturelle Arbeitslosigkeit** entsteht in der Abschwungsphase eines Konjunkturzyklus (siehe Seite 151 f.) infolge einer rückläufigen Nachfrage und damit sinkender Beschäftigungsmöglichkeiten. Im folgenden Aufschwung können die freigesetzten Arbeitskräfte wieder ihre Arbeitsplätze einnehmen, wenn diese nicht technologisch veraltet sind.

Langfristige Arbeitslosigkeit	**Strukturelle Arbeitslosigkeit** zeigt sich als ▪ *regionalspezifische Arbeitslosigkeit* aufgrund des ungleichmäßigen Wachstums in den einzelnen Wirtschaftsregionen, ▪ *branchenspezifische Arbeitslosigkeit* aufgrund des ungleichmäßigen Wachstums in den einzelnen Wirtschaftsbranchen durch technischen Fortschritt und Produktivitätssteigerungen, ▪ *berufs- bzw. qualifikationsspezifische Arbeitslosigkeit* wegen Missverhältnissen *bei den nachgefragten und angebotenen Qualifikationen (Mismatch)*, ▪ *geschlechts- und altersspezifische Arbeitslosigkeit*, z. B. erhöhte Arbeitslosigkeit bei Frauen, Jugendlichen und älteren Menschen, ▪ *globale Arbeitslosigkeit* durch Kostennachteile des deutschen Standortes gegenüber Ländern mit niedrigeren Bürokratie-, Umwelt- und Sozialstandards.

Die Arbeitslosigkeit hat menschliche und gesellschaftliche Probleme zur Folge.

Folgen der Arbeitslosigkeit	
Für den Einzelnen	**Materielle Sorgen** durch geringeres Einkommen (Arbeitslosengeld I bzw. II). Konsumwünsche müssen zurückgestellt werden, Kapitalrücklagen („Spargroschen") für die eigene Zukunftsvorsorge müssen aufgelöst werden. **Seelische Belastungen** durch Zukunftsängste, fehlende Lebensfreude, geringeres Ansehen, wegbrechende Kontakte zu Arbeitskollegen, Rückzug aus dem gesellschaftlichen Leben, fehlende berufliche Aufgabe („Sinn durch Arbeit").
Für die Gesellschaft	**Wohlstandsverlust** durch fehlende Produktivkräfte (geringere Wachstumsmöglichkeiten) und geringere Konsumnachfrage. **Belastung des Staatshaushalts** durch höhere Sozialleistungen (z. B. Entgeltersatzleistungen, Übernahme der Renten-, Kranken-, Pflegeversicherung), geringere Steuereinnahmen. **Beitragsausfall bei den sozialen Sicherungssystemen** durch niedrigere Sozialabgaben und zunehmende demografische Schieflage. **Soziale Spannungen** durch beschränkte Teilhabe der Arbeitslosen (vor allem der Langzeitarbeitslosen) am gesellschaftlichen Leben und die damit verbundene Lebensunzufriedenheit. Hinzu kommt der gesellschaftliche Erwartungsdruck („wer sich bemüht, der findet auch Arbeit").

Stetiges Wirtschaftswachstum – nicht unter 3 %

Das **Bruttoinlandsprodukt (BIP)** gibt die wirtschaftliche Gesamtleistung eines Landes an. Dazu fasst das Statistische Bundesamt den Wert aller innerhalb eines Kalenderjahres **im Inland** produzierten Waren und geleisteten Dienste zusammen. Vorleistungen (z. B. bezogene Reifen eines Autoherstellers) werden verrechnet, sodass nur die echte Wertschöpfung der Betriebe erfasst wird. Der Wert eines Autoreifens zählt also nicht doppelt – einmal beim Reifenhersteller und noch einmal beim Autohersteller.

Unter Wirtschaftswachstum ist das **Ansteigen des realen Bruttoinlandsprodukts** gegenüber dem Vorjahr zu verstehen. Das reale Bruttoinlandsprodukt (BIP) ergibt sich, indem man die Preissteigerungsrate aus dem nominellen Bruttoinlandsprodukt zu jeweiligen Preisen herausrechnet.

MERKE:
Das Wachstumsziel ist erreicht, wenn die Zunahme des realen Bruttoinlandsprodukts gegenüber dem Vorjahr **nicht weniger als 3 %** beträgt.

Entwicklung des Wirtschaftswachstums					
Jahr	**2011**	**2012**	**2013**	**2014**	**2015**
Bruttoinlandsprodukt in Mrd. € Nominelles Wachstum in %	2 699,1 4,8	2 749,9 1,9	2 820,8 2,6	2 915,7 3,4	3 026,6 3,8
BIP preisbereinigt (2005 = 100 %)	103,6	104,1	104,4	106,1	107,9
Reales Wirtschaftswachstum in %	**3,6**	**0,5**	**0,3**	**1,6**	**1,7**
Bevölkerung (Einwohner) in Mio.	80,3	80,5	80,8	81,2	81,5
BIP pro Kopf	33 613	34 160	34 911	35 907	37 136

(Quelle: Deutsche Bundesbank, Monatsbericht März 2016, Statistischer Teil, S. 65, bzw. https://www.destatis.de/DE/ZahlenFakten/GesellschaftStaat/Bevoelkerung/Bevoelkerung.html)

Bestimmungsgrößen des Wachstums	
Produktionsmöglichkeiten und Produktivität[1]	Die Produktionsmöglichkeiten (Produktionspotenzial) einer Volkswirtschaft werden von ihren Ressourcen (z. B. Rohstoffvorkommen, Kapitalausstattung, Qualifikation der Arbeitskräfte, Infrastruktur) bestimmt und davon, in welchem Maße es gelingt, diese Ressourcen auszunutzen (Produktivität).
Gewinnerwartungen und Investitionsbereitschaft	Gewinnerwartungen sind maßgeblich dafür, dass Unternehmen investieren. Nehmen sie Erweiterungsinvestitionen vor (z. B. Bau eines neuen Zweigwerks), dann erhöht sich das Produktionspotenzial. Rationalisierungsinvestitionen (z. B. das Ersetzen einer veralteten durch eine moderne Maschine) erhöhen die Produktivität.
Zinsniveau und Kapitalbildung	Niedrige Zinssätze fördern die Aufnahme von Krediten, um damit Investitionen oder Konsumgüter zu finanzieren. Ein niedriges Zinsniveau ist deshalb wachstumsfördernd. Voraussetzung für die Vergabe von Krediten sind jedoch private Ersparnisse (Kapitalbildung), also ein Konsumverzicht der Sparer.
Nachfragebereitschaft	Die Nachfrage der inländischen Verbraucher (Binnennachfrage) und des Auslandes (Exportnachfrage) hängt vor allem von tatsächlichen und erwarteten Einkommenssteigerungen ab.
Verlässliche Rahmendaten	Wichtige Voraussetzungen für das Wachstum sind verlässliche politische Rahmendaten (z. B. Bildungs-, Sozial-, Umweltpolitik, „sozialer Frieden"), funktionierende öffentliche Verwaltungen, funktionierende Kapitalmärkte und eine gut ausgebaute und intakte Infrastruktur.

[1] Die **Produktivität** ist ein Maß für die Ergiebigkeit eines Produktionsfaktors (z. B. Arbeit). Sie wird berechnet aus dem Verhältnis von Ausbringungsmenge (Output) zu Einsatzmenge (Input). Wenn z. B. fünf Mitarbeiter 100 Stück eines Produkts herstellen, dann beträgt die Arbeitsproduktivität 20 Stück pro Mitarbeiter.

Wirtschaftswachstum bedeutet zunächst **Wohlstandsmehrung**. Alle bekommen etwas mehr vom Kuchen, der Lebensstandard steigt, die Sozial- und Umweltstandards können weiter ausgebaut werden. Rein **quantitatives Wirtschaftswachstum** wird jedoch zunehmend kritisch gesehen, da die gesellschaftlichen Nachteile wie Umweltbelastungen und abnehmende Lebensqualität (Landschaftsverbrauch, Verkehrslärm, Staus, Waldsterben usw.) immer deutlicher werden.

Qualitatives Wachstum ist dadurch gekennzeichnet, dass das Bruttoinlandsprodukt ansteigt und zugleich der Flächen-, Rohstoff- und Energieverbrauch (durch sparsameren Einsatz) und die Umweltbelastungen zurückgehen. Dies gelingt durch den technischen Fortschritt (z. B. durch neue Produktideen, Kommunikations-, Transporttechniken, Herstellungsverfahren) und das umweltbewusste Verhalten von Unternehmen, privaten Haushalten und Staat.

Außenwirtschaftliches Gleichgewicht

MERKE:

Unter **Außenwirtschaft** versteht man die Gesamtheit der wirtschaftlichen Beziehungen zwischen verschiedenen Staaten. Dazu zählen vor allem der Warenverkehr (Außenhandel) und der Dienstleistungsverkehr (z. B. grenzüberschreitende Versicherungen, Forschung und Entwicklung, Lizenzvergaben, Reise- und Güterverkehr). Innerhalb des EU-Binnenmarktes spricht man von der **europäischen Binnenwirtschaft**.

Fließen inländische Güter (Waren, Dienstleistungen) ins Ausland ab (Werteabfluss), liegt ein **Export** (Ausfuhr) vor. Aus den Erlösen für die exportierten Güter entsteht ein Geldzufluss vom Ausland ins Inland (Wertezufluss). Fließen dem Inland Güter aus dem Ausland zu (Wertezufluss), dann liegt ein **Import** (Einfuhr) vor. Die importierten Güter müssen bezahlt werden – dadurch entsteht ein Geldabfluss vom Inland ins Ausland (Werteabfluss).

Wenn in einem Kalenderjahr der Wert der ins Ausland gelieferten Güter (Waren und Dienstleistungen) dem Wert der von dort bezogenen Güter entspricht, dann liegt ein **außenwirtschaftliches Gleichgewicht** vor. In diesem Fall können die Geldabflüsse (Importausgaben) ins Ausland mit den Geldzuflüssen (Exporteinnahmen) aus dem Ausland finanziert werden. Der Unterschied zwischen Exporteinnahmen und Importausgaben, der **Außenbeitrag**, sollte also null sein.

MERKE:

Das außenwirtschaftliche Gleichgewicht gilt als erreicht, wenn die **Außenbeitragsquote** den Zielwert von 1,5 % nicht übersteigt.[1]

$$\textbf{\textit{Außenbeitragsquote}} = \frac{(\text{Exporte} - \text{Importe}) \cdot 100}{\text{Bruttoinlandsprodukt}}$$

[1] Ein Außenhandelsüberschuss eines Mitgliedsstaates der Europäischen Union gegenüber den anderen EU-Staaten wird als stabilitätsgefährdend eingestuft. Als Obergrenze wurde von der EU **sechs Prozent des Bruttoinlandsprodukts im Durchschnitt der letzten drei Jahre** festgelegt oder drei Prozent, wenn der Staatshaushalt zugleich ein Defizit vorweist.

Entwicklung des Außenbeitrags und der Außenbeitragsquote					
Jahr	**2011**	**2012**	**2013**	**2014**	**2015**
Exporte in Mrd. €	1 209,4	1 262,9	1 283,1	1 333,2	1 419,0
– Importe in Mrd. €	1 078,9	1 101,1	1 113,7	1 136,8	1 182,0
Außenbeitrag in Mrd. €	**130,4**	**161,7**	**169,4**	**196,4**	**236,9**
Bruttoinlandsprodukt (BIP) in Mrd. €	2 699,1	2 749,9	2 820,8	2 915,7	3 026,6
Außenbeitragsquote in %	**4,8**	**5,9**	**6,0**	**6,7**	**7,8**
Exportquote in %	**44,8**	**45,9**	**45,5**	**45,7**	**46,9**
Importquote in %	**40,0**	**40,0**	**39,5**	**39,0**	**39,1**

(Quelle: Deutsche Bundesbank, Monatsbericht März 2016, Statistischer Teil, S. 65)

Exportüberschüsse bewirken Geldzuflüsse vom Ausland ins Inland. Dadurch steigt die Geldmenge im Inland. Die Folge ist ein steigendes Preisniveau im Inland, die sogenannte **importierte Inflation.** Weiter bewirken Exportüberschüsse Importüberschüsse in einem anderen Land (Land B). Das Land, das Exportüberschüsse verzeichnet, finanziert damit einen Teil des Lebensstandards des Landes B mit. Anders ausgedrückt verzichtet das Land A auf einen Teil seines Wohlstandes im Vertrauen darauf, dass in Zukunft mehr Güter wieder vom Land B zurückfließen. Eine Außenbeitragsquote von 100 % würde für das Land A den vollständigen **Verzicht auf Konsum** bedeuten, weil alle erstellten Güter ins Ausland abfließen würden. Aus wirtschaftlichen Abhängigkeiten werden schnell politische Abhängigkeiten.

Ursachen von Exportüberschüssen	
Schwache Inlandsnachfrage	Sie kann eine *geringere Auslastung* inländischer Betriebe zur Folge haben. Um Entlassungen zu vermeiden, erhöhen die Betriebe ihre Exportanstrengungen und produzieren mehr Güter, als sie im Inland absetzen können. So wird fast jedes zweite in Deutschland produzierte Auto im Ausland verkauft.
Wettbewerbs- und Standortvorteile	Die Ausnutzung von Faktoren wie Klima, Bodenschätze, verkehrsgeografische Lage, gute Infrastruktur, hohe Qualifikation der Bevölkerung, Know-how schlägt sich in einer höheren Produktivität, Spezialisierung und Innovationskraft inländischer Unternehmen und höherer Qualität der Produkte nieder.
Abwertung der inländischen Währung	Sinkt der Wechselkurs (z. B. von 1,30 USD für 1,00 EUR auf 1,10 USD für 1,00 EUR), dann muss der ausländische Käufer für ein Auto (Preis: 10 000,00 EUR) vor der Abwertung des Euro 13 000,00 USD bezahlen und danach nur noch 11 000,00 USD. Ausländische Käufer haben also Preisvorteile und kaufen mehr.

Umgekehrt können durch hohe Auslastung inländischer Betriebe, starker Inlandsnachfrage, Wettbewerbs- und Standortnachteile (z. B. mangelnde Rohstoffvorkommen) und durch eine anhaltende Aufwertung der inländischen Währung **Importüberschüsse** entstehen.

1.2 Weitere Ziele der Wirtschaftspolitik – magisches Sechseck

Im Laufe der Zeit wurden die vier Hauptziele des Stabilitätsgesetzes um umwelt- und sozialpolitische Ziele ergänzt. Hinzu kamen die Erhaltung einer lebenswerten Umwelt und die gerechte Einkommens- und Vermögensverteilung. Aus dem magischen Viereck entstand somit ein **magisches Sechseck.**

Erhaltung einer lebenswerten Umwelt – Nachhaltigkeit

MERKE:

Das **Umweltschutzziel** ist im GG Art. 20a festgeschrieben. Danach ist der Staat für den Schutz der natürlichen Lebensgrundlagen (Boden, Pflanzen, Tiere, Wasser, Luft) auch für die künftigen Generationen verantwortlich.

Eine dauerhaft umweltgerechte (nachhaltige) Entwicklung verlangt, dass ökologisch begründete Forderungen deren ökonomische und soziale Auswirkungen beachten. Ebenso müssen sich ökonomische Ziele an ihrer ökologischen und sozialen Verträglichkeit messen lassen.

Zieldreieck einer nachhaltigen Entwicklung (sustainable development)

Umwelt (Ökologie)

- geringe Abfallmengen
- niedrige Umweltverschmutzung
- Erhaltung der Ökosysteme und Artenvielfalt
- geringe Entnahme von nicht erneuerbaren Ressourcen
- Verbesserung des Umweltschutzes

Wirtschaft (Ökonomie)

- angemessener privater Verbrauch
- gleichmäßige Verteilung der Arbeit
- hoher regionaler Selbstversorgungsgrad
- ausgeglichene Wirtschaftsstruktur
- solide öffentliche Haushalte
- stabiles Preisniveau

Gesellschaft/Soziales

- gleichmäßige Einkommens- und Vermögensverteilung
- hohes Bildungsniveau
- ausgewogene Bevölkerungs- und Siedlungsstruktur
- sozial- und umweltverträgliche Mobilität
- hohes soziales Sicherheitsniveau
- hohes Gesundheitsniveau

Begründet wird das Nachhaltigkeitsziel aus der Erkenntnis heraus, dass der Mensch zunehmend an die Grenzen seines Lebensraumes stößt – sei es durch seine Lebensweise in den Industrieländern, sei es durch den Bevölkerungsdruck in den Entwicklungsländern. Wachsender Verbrauch begrenzt vorhandener Rohstoffe und zunehmende Umweltbelastungen durch wachsende Volkswirtschaften zwingen im Zeitalter der Globalisierung zu **international abgestimmtem Handeln**.

Das Wirtschaften soll die Befriedigung der Bedürfnisse der heutigen Generation auf der ganzen Erde ermöglichen, **ohne die Möglichkeiten künftiger Generationen zu gefährden**. Eine nachhaltige Entwicklung soll auch dazu beitragen, die großen Unterschiede zwischen armen und reichen Staaten zu verringern. Dabei darf der Wohlstand der industrialisierten Länder nicht zulasten der natürlichen Lebensgrundlagen und auf Kosten der Bevölkerung der Dritten Welt erwirtschaftet werden.

Strategien einer nachhaltigen Entwicklung	
Effizienzstrategie	„Mehr für weniger" ist die Devise. Ernst Ulrich von Weizsäcker drückte es wie folgt aus: „Beim **Faktor 4** geht es um eine Vervierfachung der Ressourceneffizienz. Aus einem Fass Öl oder einer Tonne Erdreich wollen wir viermal so viel Wohlstand herausholen als bisher. Dann können wir den Wohlstand verdoppeln und gleichzeitig den Ressourcenverbrauch halbieren." Auch **Langlebigkeit** der Produkte durch reparier- und demontierbare Bestandteile und austauschbare Module statt „Ex und hopp" erhöht die effiziente Ressourcennutzung.
Konsistenzstrategie	Die Nutzung der Umwelt soll ohne nachhaltige Beeinträchtigung der Ökosysteme geschehen. Natürliche Ressourcen sollen regenerationsfähig (erneuerbar) und verfügbar bleiben.
Suffizienzstrategie	Sie zielt auf das individuelle Verhalten und setzt auf Genügsamkeit und Bescheidenheit. Die Menschen sollen ihre nicht gerade umweltförderlichen Lebensstile überdenken. Das heißt nicht weniger Lebensqualität, sondern „lebe von deinen Zinsen, ohne das Kapital anzugreifen". Dadurch bleibt die Erde auch für nachfolgende Generationen bewohnbar und nutzbar.

Gerechte Einkommens- und Vermögensverteilung

Das **Einkommen** ist die Summe aus den **laufenden Einnahmen** (z. B. Arbeitsentgelte, Gewinne, Zins-, Mieteinnahmen), die den Bevölkerungsgruppen in einem Jahr zufließt.
Unter **Vermögen** ist das **Geldvermögen** (z. B. Bankguthaben) und **Sachvermögen** (z. B. Wohneigentum) der Bevölkerung zu verstehen. Vermögen wird durch Anlage des Einkommens gebildet, kann aber selbst wiederum eine Einkommensquelle sein (z. B. Zins-, Mieteinnahmen). Eine gerechte Verteilung des Einkommens und des Vermögens trägt zur Erhaltung des sozialen Friedens bei.

MERKE:

Das gesamte Einkommen bzw. Vermögen einer Volkswirtschaft wäre dann gerecht verteilt, wenn z. B. 50 % der Einkommensbezieher bzw. Vermögensbesitzer auch etwa 50 % des Gesamteinkommens zufließen bzw. 50 % des Gesamtvermögens besitzen würden.

Von einer gleichmäßigen Einkommens- und Vermögensverteilung ist Deutschland weit entfernt. Die **80/20-Relation** zählt zu den Leitindikatoren des Wohlstands und gibt das

Verhältnis zwischen dem Gesamteinkommen des einkommensstärksten Fünftels der Bevölkerung (oberes Fünftel) zum einkommensschwächsten Teil der Bevölkerung (unteres Fünftel) an. Das statistische Bundesamt gibt für Deutschland einen Wert von 5,1 (Stand: 2014) an. Das bedeutet, dass das oberste Fünftel der Einkommensbezieher ein um den Faktor 5,1 höheres Einkommen erzielte als das unterste Fünftel. Im Jahr 2012 betrug der Faktor noch 4,3, die USA haben einen Wert von 8,5. Ziel muss es sein, diesen Quotienten möglichst niedrig zu halten. Die unteren 50 % der Haushalte beziehen 22,6 % des gesamten Nettoeinkommens (Bruttoeinkommen abzüglich Steuern und Sozialabgaben), die oberen 10 % erhalten 36,8 % des Nettoeinkommens. Die restlichen 40,6 % beziehen die übrigen 40 % der Einkommensbezieher.

Bei der Vermögensverteilung sieht es nicht besser aus. Das private Geldvermögen beläuft sich auf rund 5 Billionen, das Sachvermögen auf rund 6 Billionen €. Davon sind 1,5 Billionen an Kreditschulden abzuziehen, sodass sich ein **Nettovermögen** von rund 9,5 Billionen € errechnet. Die unteren 50 % der Haushalte besitzen 2,5 % dieses Nettovermögens, den 10 % wohlhabendsten Haushalte gehören dagegen 59,8 %. Den Rest (37,7 %) teilen sich die übrigen 40 % der Haushalte.

Bei seiner **Verteilungspolitik** versucht der Staat eine Mischung aus Leistungs-, Bedarfs- und Gleichheitsprinzip zu verwirklichen.

Der Staat besteuert die Bezieher höherer Einkommen (also die Leistungsstarken) stärker als die Bezieher niedriger Einkommen (Leistungsschwache). So bringen die 10 % Besserverdiener rund 55 % der gesamten Einkommensteuer auf. Dadurch korrigiert der Staat die Einkommen, wie sie sich nach der Leistungsfähigkeit ergeben würden **(primäre Einkommensverteilung)**.

Mit diesen Geldmitteln unterstützt der Staat die leistungsschwächeren Bevölkerungsgruppen (z. B. Arbeitslose, kinderreiche Familien) durch z. B. Arbeitslosengeld II, Kindergeld, Wohngeld. Durch diese **sekundäre Einkommensverteilung** (Umverteilung) können die sozial Benachteiligten auch ihren Bedarf decken und am allgemeinen Wohlstand teilhaben. Dennoch lebt zurzeit jeder siebente Haushalt unterhalb der **Armutsgrenze**[1]. Ursachen dafür sind Arbeitslosigkeit, unzureichende Ausbildung, fehlender Bildungsabschluss, gesundheitliche Beeinträchtigungen und Behinderung.

Verteilung des Nettovermögens und des Nettoeinkommens der privaten Haushalte im Jahr 2014 in %

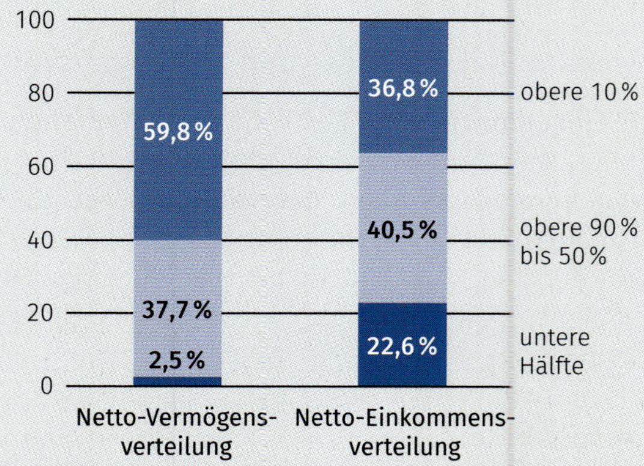

(Quelle: Deutsche Bundesbank, Monatsbericht März 2016, S. 67)

[1] **Armut** liegt vor, wenn ein Haushalt weniger als 60 % des durchschnittlichen Nettoeinkommens verdient. Zurzeit gilt ein Einpersonenhaushalt bei einem monatlichen Nettoeinkommen von 856,00 € (in Baden-Württemberg: rund 1 000,00 €) als armutsgefährdet.

1.3 Beziehungen zwischen den wirtschaftspolitischen Zielen

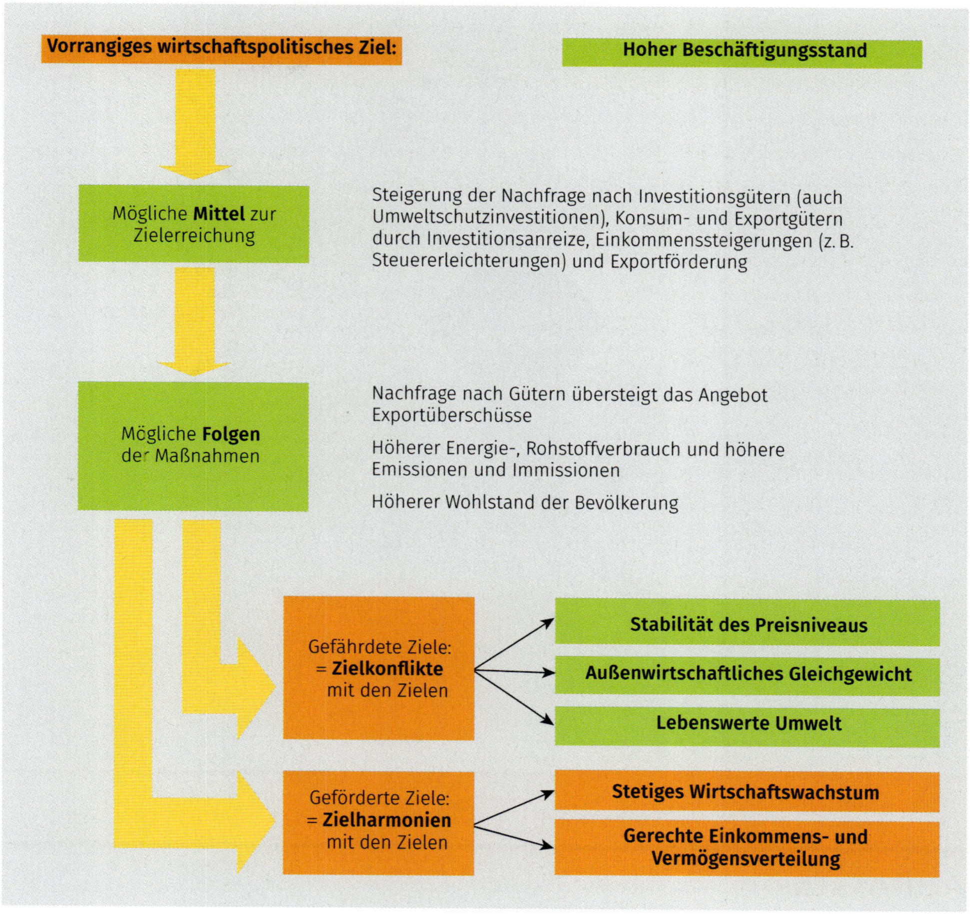

MERKE:

Wenn die Verfolgung eines wirtschaftspolitischen Ziels (z. B. stetiges Wirtschaftswachstum) das Erreichen eines anderen Ziels (z. B. Vollbeschäftigung) fördert, dann liegt eine **Zielharmonie** vor.

Gefährdet die Verfolgung eines Ziels (z. B. stetiges Wirtschaftswachstum) das Erreichen eines anderen Ziels (z. B. Preisstabilität), dann besteht zwischen diesen Zielen ein **Zielkonflikt**. Besteht zwischen den Zielen keine Beziehung, dann spricht man von **Zielneutralität** (z. B. außenwirtschaftliches Gleichgewicht und lebenswerte Umwelt).

ZUSAMMENFASSUNG

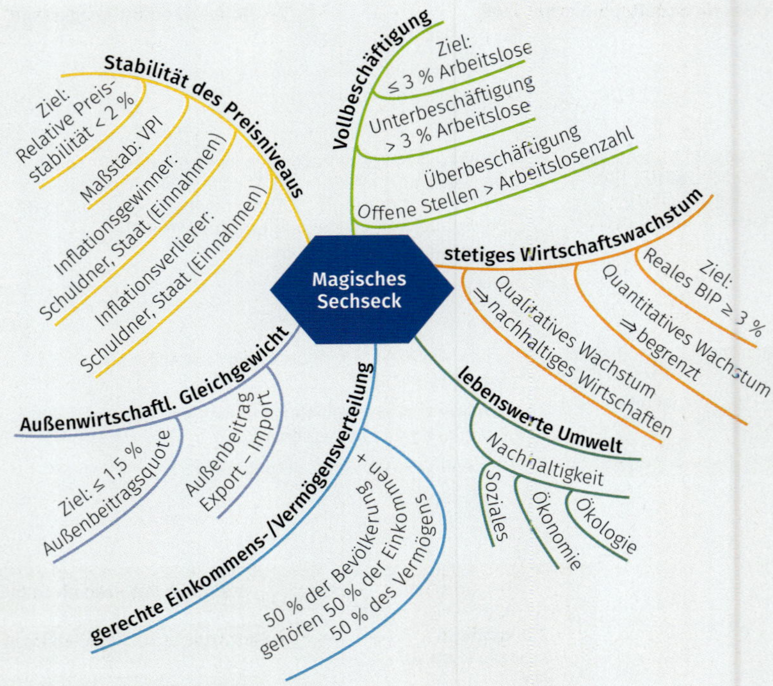

AUFGABEN

1 Schreiben Sie jeden der folgenden Begriffe auf die Kopfzeile eines DIN-A6-Kärtchens:

Gesamtwirtschaftliches Gleichgewicht, Magisches Viereck, Magisches Sechseck, Sachverständigenrat, Absolute Preisstabilität, Relative Preisstabilität, Inflation, Deflation, Verbraucherpreisindex (Ermittlung), Inflationsrate, Kaufkraft des Geldes, Kaufkraft des Lohnes, Realeinkommen, Inflationsursachen, Inflationsgewinner, Inflationsverlierer, Vollbeschäftigung, Unterbeschäftigung, Überbeschäftigung, Arbeitslosenquote, verdeckte Arbeitslosigkeit, Arbeitslosigkeit (Ursachen, Folgen), Bruttoinlandsprodukt, Wirtschaftswachstum (Maßstab), Wachstum (Bestimmungsgrößen), Wachstum (Grenzen), Qualitatives Wachstum, Außenwirtschaft, Außenwirtschaftliches Gleichgewicht, Außenbeitrag und Außenbeitragsquote, Exportüberschuss (Ursachen), Importierte Inflation, Exportüberschuss (Folgen), Umweltschutzziel (GG Art. 20 a), Nachhaltige Entwicklung (Begriff, Ziele, Strategien), Einkommensverteilung, Vermögensverteilung, Primäre und sekundäre Einkommensverteilung, Verteilungsprinzipien, Zielharmonie, Zielkonflikt.

a) Sortieren Sie die Begriffskärtchen nach den Kriterien „weiß ich“ und „weiß ich nicht“.
b) Bilden Sie Kleingruppen mit höchstens drei Mitgliedern. Erklären Sie sich gegenseitig die „Weiß-ich-nicht“-Kärtchen. Schlagen Sie dabei die ungeklärten Begriffe im Schulbuch nach oder nehmen Sie Kontakt zu einer anderen Kleingruppe auf.
c) Schreiben Sie die Begriffserklärungen auf die Rückseite Ihrer Kärtchen und ordnen Sie die Kärtchen unter der Leitkarte „Wirtschaftspolitische Ziele“ alphabetisch in Ihren Lernkartei-Behälter ein.

2 Bilden Sie Teams mit jeweils drei Mitgliedern (Stammgruppen). Schreiben Sie jeden der Begriffe aus Aufgabe 1 auf ein separates Stück Papier und fügen Sie diese Papierkärtchen zu einer sinnvollen Struktur zusammen. Die Struktur kann durch Pfeile, Farben, Symbole, Texte (z. B. Überschriften), Bilder oder weitere Begriffe ergänzt werden.

3 a) Welche Gesetze enthalten die wirtschaftspolitischen Zielvorstellungen und sind damit Richtschnur für die Konjunkturpolitik des Staates?
b) Erstellen Sie eine Übersicht mit den quantitativen und qualitativen Zielen der Wirtschaftspolitik und ihren Maßstäben zur Zielerreichung.
c) Nehmen Sie Stellung zu folgenden Behauptungen:
» „Wir haben viele Millionen Ausländer in Deutschland. Würde man sie nach Hause schicken, dann gäbe es kein Arbeitslosenproblem.“
» „Alle vorhandenen Arbeitsplätze sollten auf die Arbeitswilligen gerecht verteilt werden. Dazu muss die Arbeitszeit so verkürzt werden, dass die vorhandene Arbeit für alle Arbeitswilligen reicht.“
» „Am gerechtesten wäre es, wenn alle Erwerbspersonen das gleiche Einkommen erhalten würden. Dann würde der Sozialneid verschwinden.“

4 „Die Ziele der Wirtschaftspolitik gleichzeitig zu verwirklichen, gleicht dem Bemühen, einem vierbeinigen Tisch auf unebenem Boden das Wackeln abzugewöhnen. Als die Wirtschaft in der Vergangenheit expandierte und Vollbeschäftigung erreichte, stimmte es meist mit den Preisen nicht. Wenn eine Dämpfung des Preisanstiegs gelang, gab es oft zu viele Arbeitslose oder das Wachstum war nur gering. Was das außenwirtschaftliche Gleichgewicht betrifft, so war dieses nur deshalb lange Zeit keine dramatische Frage, weil permanente Überschüsse in der Zahlungsbilanz eher ein Problem für unsere Handelspartner waren als für uns.“
a) Prüfen Sie anhand der Zahlenangaben in den Abschnitten Stabilität des Preisniveaus bis Außenwirtschaftliches Gleichgewicht, ob diese wirtschaftspolitischen Ziele in letzter Zeit erreicht worden sind.
b) Welche Zielkonflikte sind in diesem Text angesprochen?
c) Beschreiben Sie die Zielkonflikte zwischen
1. Wachstum und lebenswerter Umwelt,
2. Vollbeschäftigung und Preisstabilität,
3. außenwirtschaftlichem Gleichgewicht und Preisstabilität.
d) Sind Ihrer Meinung nach die qualitativen Ziele lebenswerte Umwelt und gerechte Einkommens- und Vermögensverteilung erreicht?
Schlagen Sie Maßstäbe zur Messung dieser Ziele vor und diskutieren Sie darüber.

5 Interpretieren Sie die folgende Netzstruktur.

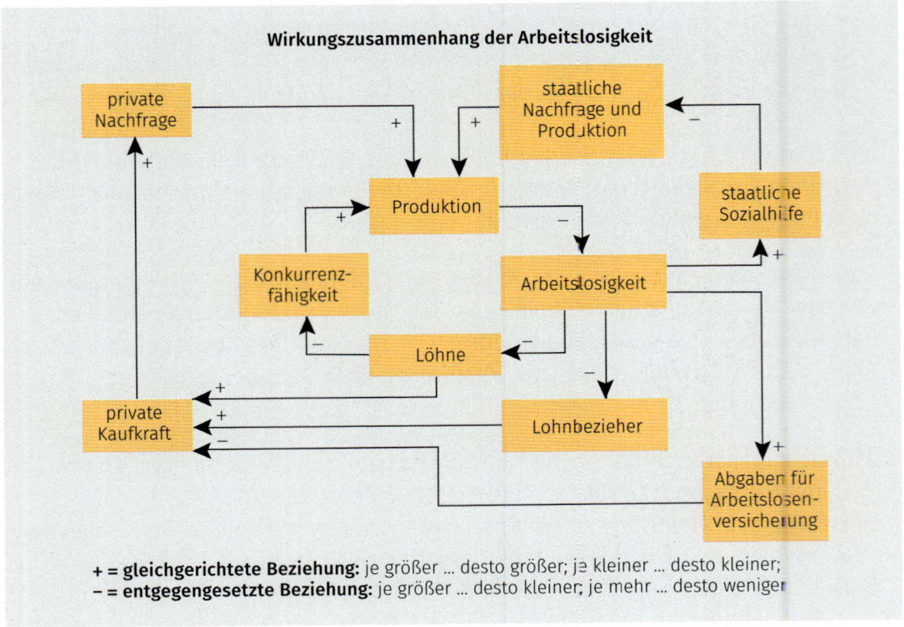

6

a) Welches Problem der Einkommens- und Vermögensverteilung ist in obigen Karikaturen ausgedrückt?
b) Nehmen Sie zum Lösungsvorschlag des Karikaturisten Stellung.
c) Welches Dilemma des Wachstums wird im letzten Bild gezeigt?

7 Berechnen Sie die Veränderungen des Preisniveaus und der Kaufkraft (von Jahr zu Jahr und insgesamt).

	Jahr 01	Jahr 02	Jahr 03	August Jahr 03	August Jahr 04
Preisindex	107,7	110,6	112,5	112,9	114,5

8 Die Problematik der Arbeitslosigkeit wird von den betroffenen Bevölkerungsgruppen unterschiedlich diskutiert. Zeigen Sie in einem Rollenspiel (z. B. als Podiumsgespräch) die unterschiedlichen Sichtweisen eines Arbeitslosen, einer Unternehmerin, eines Gewerkschafters und einer Wissenschaftlerin auf.
Bilden Sie hierzu für jede Rolle eine Gruppe und erarbeiten Sie die gängigen Positionen, Argumente und Lösungsvorschläge. Wählen Sie jeweils einen Rollenspieler, der die jeweilige Bevölkerungsgruppe vertritt.
Tipp: Regeln zum Rollenspiel siehe Anhang.

9

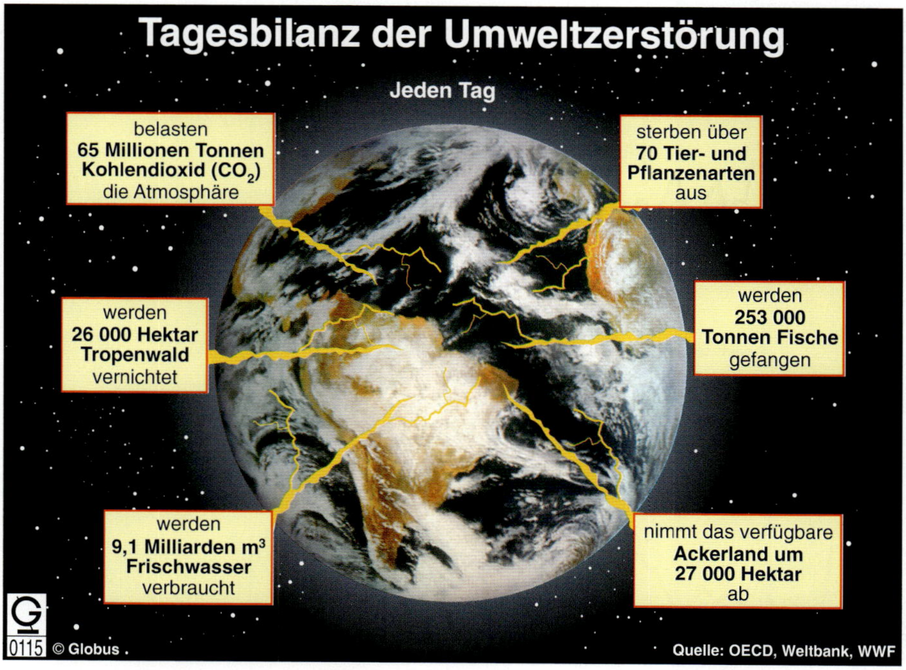

a) Äußern Sie sich zur obigen Grafik.
b) Erläutern Sie mögliche Ursachen der Umweltprobleme.
c) Machen Sie Vorschläge, wie jeder Einzelne, die Unternehmen und der Staat zum nachhaltigen Wirtschaften beitragen können.

2 Konjunktur und staatliche Konjunkturpolitik

PROBLEM

Im Pausenraum der TRIAL GmbH unterhalten sich Katja Müller (Auszubildende) und Anna Lurka (Verkaufsleiterin).

Anna Lurka: *„Ich weiß nicht, was in letzter Zeit los ist. Unsere besten Kunden halten sich schon seit Monaten mit Bestellungen zurück. Ich mach' mir langsam Sorgen um unsere Arbeitsplätze."*

Katja Müller: *„Sie machen mir Hoffnung. Ich möchte bald übernommen werden. Meinen Sie, dass die Geschäfte so schlecht laufen?"*

Anna Lurka: *„Wenn man nach unserer Regierung geht, müsste es bald wieder aufwärts gehen. Wir müssen die Durststrecke irgendwie überstehen."*

Katja Müller: *„Kann der Staat nichts machen, dass unser Geschäft wieder brummt?"*

Anna Lurka: *„Doch, er könnte für mehr Nachfrage sorgen. Jedenfalls hat die Europäische Zentralbank die Zinsen schon gesenkt. Das gibt Hoffnung."*

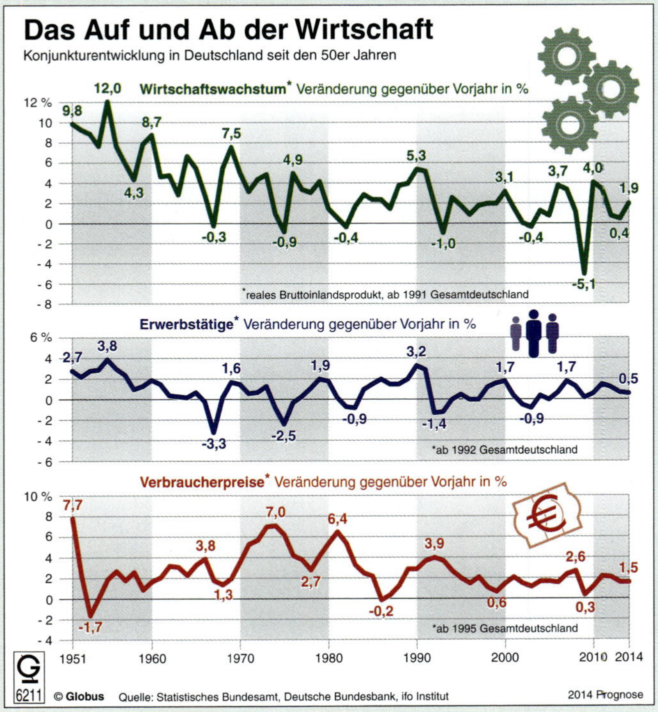

Arbeitsaufträge

1. *Erklären Sie den Maßstab, mit dem die Wirtschaftslage gemessen wird.*
2. *Beschreiben Sie die wirtschaftliche Entwicklung in der Vergangenheit.*
3. *Suchen Sie nach Ursachen für die Berg- und Talfahrt der Wirtschaft.*
4. *Was kann der Staat bzw. die Zentralbank tun, um die Wirtschaftslage zu verbessern?*

2.1 Konjunktur – Auf und Ab der Wirtschaft

MERKE:

Mit dem Begriff **Konjunktur**[1] wird die Lage der Gesamtwirtschaft beschrieben. Maßstab für die Wirtschaftslage ist das reale Bruttoinlandsprodukt. Der regelmäßige Wechsel von Zeiten guter und schlechter Lage der Gesamtwirtschaft wird als **Konjunkturzyklus** bezeichnet.

Der Konjunkturzyklus dauert etwa **fünf bis zehn Jahre** und durchläuft die **vier Konjunkturphasen** Konjunkturtief (Krise, Depression), Aufschwung (Expansion), Hochkonjunktur (Boom) und Abschwung (Rezession). Dabei ist die langfristige wirtschaftliche Entwicklung (Wachstumstrend) stets aufwärtsgerichtet. Die momentane Wirtschaftslage lässt sich mithilfe von Konjunkturindikatoren[2] feststellen.

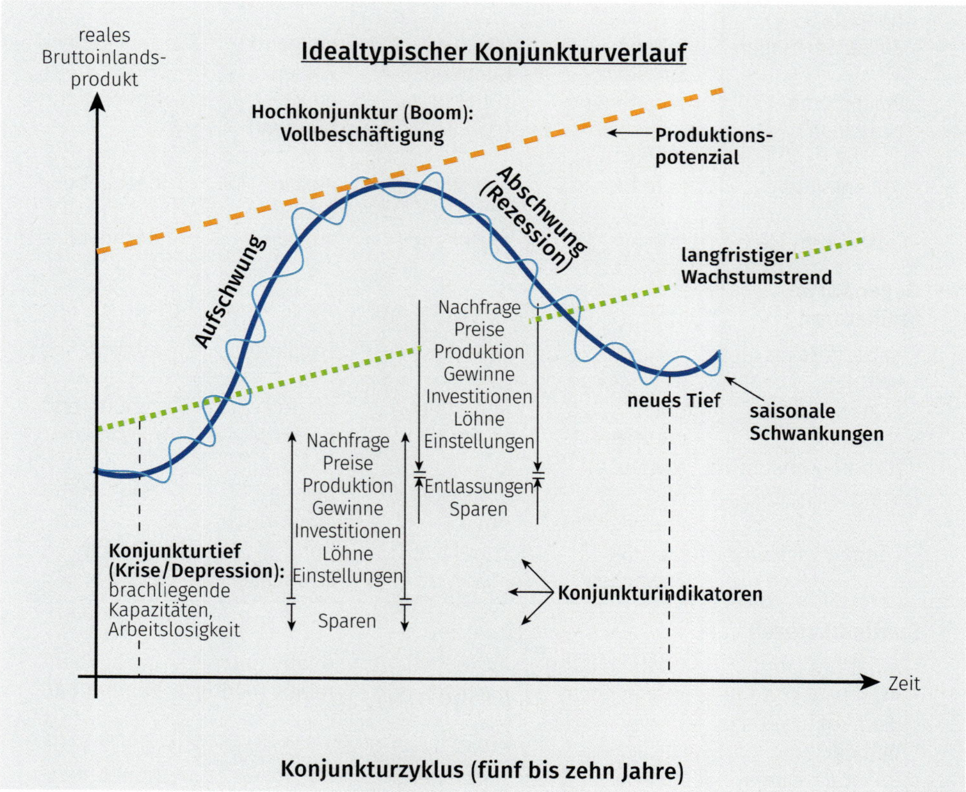

Mithilfe von **Konjunkturindikatoren** können Wirtschaftsforschungsinstitute die aktuelle Konjunkturlage feststellen (Konjunkturdiagnose) und die zukünftige Richtung der Konjunkturlage voraussagen (Konjunkturprognose). *Frühindikatoren* kündigen schon sehr früh die künftige Wirtschaftslage an („Wettervorhersage“), *Gegenwartsindikatoren* zeigen die

---

[1] coniuntio (lat.) = Verbindung, Zusammentreffen mehrerer Ereignisse
[2] Siehe Abschnitt Stetiges Wirtschaftswachstum – nicht unter 3 %
indicare (lat.) = anzeigen; indicere = ansagen, ankündigen

aktuelle Wirtschaftslage an („tatsächliches Wetter“) und *Spätindikatoren* bestätigen die Wirtschaftslage des vorangegangenen Zeitabschnitts („Wetterfolgen“, z. B. Trockenheit).

Beschreibung der Konjunkturphasen mit den Konjunkturindikatoren				
Konjunkturphasen / **Konjunktur-indikatoren**	**Tiefstand (Depression)**	**Aufschwung (Expansion)**	**Hochkonjunktur (Boom)**	**Abschwung (Rezession)**
▪ **Frühindikatoren**				
– Auftragseingänge	auf niedrigem Niveau verharrend	zunehmend	auf hohem Niveau verharrend	abnehmend
– Geschäftsklima	pessimistisch	optimistisch	optimistisch	pessimistisch
– Investitionsneigung	abwartend	zunehmend	nachgebend	abnehmend
– Zinserwartungen	fallende Zinssätze	gleichbleibend	steigende Zinsen	nachgebend
– Wachstumsprognose	abnehmend	zunehmend	gleichbleibend	abnehmend
– Aktienkurse	fallend	steigend	gleichbleibend	nachgebend
– Rohstoffpreise	fallend	anziehend	steigend	nachgebend
▪ **Gegenwartsindikatoren**				
– Kapazitätsauslastung	gering	zunehmend	Engpässe	abnehmend
– Lagerbestände	hoch	abnehmend	niedrig	zunehmend
– Nachfrage (Export, Konsum)	niedriges Niveau	anziehend	hohes Niveau	nachgebend
– Staatsausgaben	hoch antizyklisch)	abnehmend	niedrig (antizyklisch)	zunehmend
– Lohnentwicklung	niedrige Zuwächse	hohe Zuwächse	hohe Zuwächse	niedrige Zuwächse
▪ **Spätindikatoren**				
– Inflationsrate	relativ niedrig	anziehend	relativ hoch	nachgebend
– Arbeitslosenquote (konjunkturell bedingt)	relativ hoch	nachgebend	relativ niedrig	zunehmend
– BIP-Wachstumsrate	niedrig	zunehmend	hoch	abnehmend
– Staatshaushalte	Defizite	Defizitabbau	Überschuss	Defizitaufbau

2.2 Konjunkturpolitik – nachfrage- oder angebotsorientiert?

MERKE:

Die Maßnahmen des Staates zur Beeinflussung der Wirtschaftslage werden als **Konjunkturpolitik bzw. Finanzpolitik** bezeichnet.

Nachfrageorientierte Konjunkturpolitik

Die sogenannte **antizyklische Konjunktur- bzw. Finanzpolitik** verfolgt das Ziel, die Konjunkturschwankungen zu glätten. In guten Zeiten senkt der Staat seine Ausgaben und verwendet die hohen Steuereinnahmen zur Schuldentilgung und Bildung von Rücklagen. Er tritt damit auf die Bremse. In schlechten Zeiten löst der Staat die Rücklagen wieder auf, um seine Ausgaben zu erhöhen. Reichen die Rücklagen nicht aus, dann verschuldet er sich, um mit Staatsaufträgen die Wirtschaft anzukurbeln **(Deficit-Spending)**. Der Staat tritt sozusagen auf das Gaspedal.

Um die Handlungsfähigkeit des Staates sicherzustellen, darf *die geplante Kreditaufnahme des Staates nicht höher sein als die geplanten Investitionsausgaben* (GG Art. 115). Diese **„goldene Regel"** verhindert, dass eine Generation auf Kosten der nächsten Generation lebt, die diese Schulden wieder zurückzahlen muss. Ausnahmen sind nur zulässig zur Abwehr einer Störung des gesamtwirtschaftlichen Gleichgewichts.

Im Grundgesetz (GG Art. 109, 155) wurde für den Bund ab 2016 eine Schuldenobergrenze (0,35 % des BIP) verankert. Die Bundesländer dürfen ab 2020 keine neuen Schulden machen. Zur Bekämpfung der Schuldenkrise haben sich die Euroländer und neun weitere EU-Staaten verpflichtet, in ihren Verfassungen eine Schuldenobergrenze von 0,5 % des Bruttoinlandsprodukts festzuschreiben („Fiskalpakt"). Finanzhilfen aus dem 2013 eingerichteten Europäischen Stabilitätsmechanismus (ESM) können nur Mitgliedstaaten erhalten, die den Fiskalpakt ratifiziert haben. Für Defizitsünder sind automatische Sanktionen und Durchgriffsrechte der EU-Kommission vorgesehen, z. B. Geldbußen bis 0,5 % des BIP (AEUV Art. 123).

Die Neuverschuldung eines Mitgliedslandes der Europäischen Währungsunion darf nur für eine kurze Dauer über der **Schwelle von 3 % des Bruttoinlandsprodukts** liegen. Außerdem schreibt der **Europäische Stabilitäts- und Wachstumspakt** vor, dass die Schuldenquote der öffentlichen Haushalte den Referenzwert von 60 % nicht überschreiten darf. Werden diese Grenzwerte überschritten, dann kann die EU-Kommission eine Geldbuße in Höhe von 0,2 % bis 0,5 % des Bruttoinlandsprodukts verhängen (AEUV Art. 123).

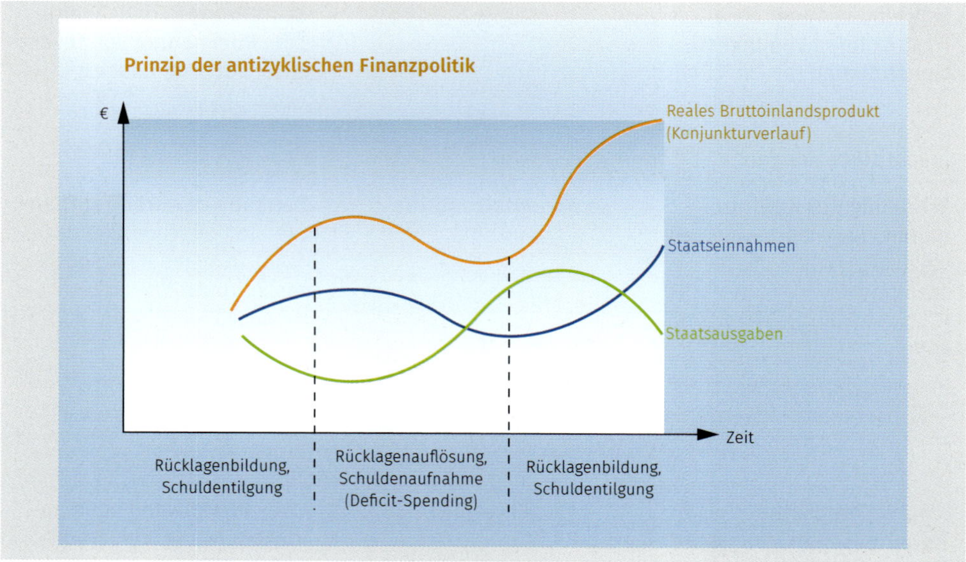

Einnahmen und Ausgaben des Staates					
Jahr	**2011**	**2012**	**2013**	**2014**	**2015**
Staatseinnahmen in Mrd. €	1 182,7	1 222,1	1 252,5	1 299,6	1 349,9
Staatsausgaben in Mrd. €	1 208,6	1 224,8	1 256,2	1 291,2	1 328,7
Finanzierungssaldo (– = Defizit)	**–25,9**	**–2,7**	**–3,7**	**8,4**	**21,2**
Bruttoinlandsprodukt in Mrd. €	2 699,1	2 749,9	2 820,8	2 915,7	3 026,6
Finanzierungssaldo in % des BIP	**–1,0**	**–0,1**	**–0,1**	**0,3**	**0,5**
Schuldenstand in Mrd. €	2 116,8	2 193,3	2 177,8	2 177,7	2 152,9
Schuldenquote in % des BIP	**78,4**	**79,8**	**77,2**	**74,7**	**71,1**

(Quelle: Deutsche Bundesbank, Monatsbericht April 2016, Statistischer Teil, S. 58)

Wirkungsweise der antizyklischen Konjunkturpolitik des Staates		
Rezession/Krise	**⇐ Konjunkturlage ⇒**	**Boom/Inflation**
Expansive Konjunkturpolitik „Erhöhung der Nachfrage“ ⇓	**Konjunkturpolitik** (antizyklische Finanzpolitik) ⇓	Restriktive Konjunkturpolitik „Dämpfung der Nachfrage“ ⇓
Senkung der Steuersätze um bis zu 10 % für längstens ein Jahr	**Einnahmenpolitik** (StabG § 26)	**Erhöhung der Steuersätze** um bis zu 10 % für längstens ein Jahr
Erhöhung der Staatsausgaben durch Auflösung einer Konjunkturausgleichsrücklage, Aufnahme von Krediten (Deficit-Spending)	**Ausgabenpolitik** (StabG §§ 5, 6, 15, 19)	**Kürzung der Staatsausgaben** durch Bildung einer Konjunkturausgleichsrücklage, Rückzahlung von Krediten
Verbesserung der Abschreibungsmöglichkeiten bzw. Zahlung von Investitionsprämien (bis zu 7,5 % der Investitionsausgaben der privaten Wirtschaft) oder **Investitionszulagen**	**Investitionspolitik** (StabG § 26)	**Verschlechterung der Abschreibungsmöglichkeiten** bzw. **Rücknahme von Investitionsprämien** oder Investitionszulagen
Erhöhung der Kreditaufnahme, um Staatsausgaben vorzuziehen oder zu beschleunigen	**Haushaltspolitik** (StabG § 6, 19)	**Senkung der Kreditaufnahme** und Verschiebung der Staatsausgaben auf späteren Zeitpunkt
⇓	⇓	⇓
Investitionsnachfrage steigt Konsumnachfrage steigt	**Wirkung am Gütermarkt**	Investitionsnachfrage sinkt Konsumnachfrage sinkt
⇓	⇓	⇓
Wachstum Hoher Beschäftigungsstand	**Ergebnis**	**Preisniveau sinkt „Abkühlung“ des Booms**

Grenzen der nachfrageorientierten Konjunkturpolitik

- Konjunkturpolitische Maßnahmen greifen oftmals zu spät oder zu früh (Timing-Problem).
- Fehleinschätzungen führen zu einer Über- oder Untersteuerung (Dosierungsproblem).
- Der Handlungsspielraumn wird zusätzlich durch die immense Verschuldung (Haushaltsdefizite) der öffentlichen Haushalte beschränkt.
- Die Politiker wählen häufig den Weg des geringsten Widerstands und sind nicht bereit, unpopuläre Maßnahmen zu verantworten. Die Koordinierung der fiskalpolitischen Interessen von Bund, Ländern und Gemeinden ist oft sehr schwierig.
- Der Staat kann bei seinen fiskalpolitischen Mitteln die Auslandsnachfrage nur unzureichend beeinflussen.

Angebotsorientierte Konjunkturpolitik

Aus den genannten Gründen wird die nachfrageorientierte Konjunkturpolitik zunehmend durch eine **angebotsorientierte Wirtschaftspolitik** abgelöst. Sie zielt auf eine Verstetigung der Wirtschaftspolitik (Abkehr vom „Stop and Go") durch mehr Markt und weniger Staat.

Merkmale einer angebotsorientierten staatlichen Wirtschaftspolitik	
Finanzpolitik	■ Konsolidierung (Ausgleich) der Haushaltsdefizite ■ Erhöhung der Investitionsausgaben zulasten der Personalausgaben und Subventionen ■ Reform des Steuersystems (Steuervereinfachung) ■ Privatisierung der öffentlichen Unternehmen (z. B. Bahn, Post, Lufthansa)
Sozialpolitik	■ Stärkere Betonung der Eigenverantwortung des Einzelnen („Subsidiarität") ■ Beschränkung leistungshemmender Regelungen (z. B. Lohnabstandsgebot zur Sozialhilfe)
Wettbewerbspolitik	■ Förderung des Wettbewerbs durch Abbau von Handelshemmnissen ■ Förderungen der Forschungs- und Entwicklungstätigkeit zur Zukunftssicherung ■ Erleichterung von Existenzgründungen ■ Abbau behördlicher Hemmnisse durch vereinfachte Bau-, Verfahrensgenehmigungen und Deregulierung der Märkte (z. B. Gas-, Strom-, Telekommunikations-, Arbeitsmarkt, Kapital- und Güterverkehr)

Es scheint sich zunehmend die Erkenntnis durchzusetzen, dass eine hohe Staatsverschuldung den finanzpolitischen Spielraum in den öffentlichen Haushalten beschränkt und den nachfolgenden Generationen zusätzlich Lasten (Zinszahlungen, Tilgung) aufbürdet. Die angebotsorientierte Konjunkturpolitik erfordert einen langen Atem, Unbeirrbarkeit und eine hohe Widerstandskraft gegenüber populistischen Forderungen.

Widerstände gegen die Angebotspolitik erwachsen insbesondere aus der unterschiedlichen Betroffenheit und dem unterschiedlichen politischen Gewicht der gesellschaftlichen Gruppen. Viele Maßnahmen zur Verbesserung der Rahmenbedingungen werden seitens einzelner Bevölkerungsgruppen als sozialpolitisch „ungerecht" und verteilungspolitisch schädlich empfunden („Verteilung von unten nach oben").

Gerade im Subventionsbereich zeigt sich, dass Angebotspolitik in der Realität schwer durchsetzbar ist.

2.3 Subventionen des Staates – Fass ohne Boden?

MERKE:

Subventionen[1] sind Begünstigungen des Staates für bestimmte Gruppen von Unternehmen und privaten Haushalten. Sie werden als Finanzhilfen, Steuerermäßigungen oder -befreiungen gewährt (StabG § 12) und sollen die Wirtschaftstätigkeit beeinflussen oder korrigieren.

Nach den **Subventionsgrundsätzen** von Bund und Ländern sollen Subventionen „grundsätzlich befristet werden", wobei „eine im Zeitablauf abnehmende Gestaltung der Anreize und Begünstigungen zweckmäßig ist", „in der Höhe begrenzt bleiben", „möglichst als Anpassungs- und Produktivitätshilfen ausgestaltet werden, weil diese – anders als Erhaltungssubventionen – eher dazu beitragen, den notwendigen Strukturwandel zu fördern".

Subventionen nach der Zielsetzung	
Förderungssubventionen	Förderung von Existenzgründungen, Umsatzsteuerermäßigung für Lebensmittel, Kultur- und Bildungsgüter, staatliche Bürgschaften für Auslandsaufträge, Steuerbegünstigung von Spenden, Kindergeld, Arbeitnehmersparzulagen (vermögenswirksame Leistungen), Grund-, Kinderzulagen für Riesterverträge
Anpassungssubventionen	Erhaltung von Arbeitsplätzen durch zeitlich befristete Abfederung von Anpassungsprozessen in Branchen, die einen starken Umbruch durchmachen oder einem subventionierten Wettbewerb im Ausland ausgesetzt sind (z. B. Landwirtschaft, Luftfahrt-, Werftindustrie)
Erhaltungssubventionen	Erhaltung wirtschaftlicher, kultureller und regionaler Strukturen, zum Beispiel in der Landwirtschaft (wegen der Landschaftspflege) und im Bergbau (Sicherung der Energieversorgung)

Aufgrund ihrer wettbewerbsverzerrenden Wirkungen im globalen Wettbewerb und des zunehmenden Zwangs zu Haushaltseinsparungen werden Subventionen zunehmend kritisch gesehen. Die Summe aller Subventionen beträgt zurzeit etwa jährlich 50 Mrd. €. Demgegenüber bringt die gesamte Lohn- und Einkommensteuer jährlich rund 160 Mrd. € ein. Es wäre also möglich, bei Abschaffung aller Subventionen die Steuerlast drastisch zu vermindern.

Subventionen von Bund, Ländern, Gemeinden, ERP und EU (in Mrd. €)

Subventionsarten	2011	2012	2013	2014	2015
Finanzhilfen	17,0	15,2	15,2	15,9	18,1
Steuervergünstigungen	24,2	23,3	31,4	32,1	31,1
ERP-Finanzhilfen[1]	0,3	0,3	0,3	0,3	0,3
EU-Marktordnungsausgaben	5,5	5,4	5,4	5,2	5,1
Gesamtvolumen	47,0	44,2	52,3	53,5	54,6

(Quelle: 25. Subventionsbericht der Bundesregierung, Übersicht 5, Seite 23)

[1] subvenire (lat.) = zu Hilfe kommen

[2] ERP (European Recovery Program, umgangssprachlich Marshallplan) war ursprünglich ein Wirtschaftswiederaufbauprogramm der USA, nach dem 2. Weltkrieg. Zurzeit verwaltet die Kreditanstalt für Wiederaufbau (KfW-Banken-

Argumente der Gegner staatlicher Subventionen	
Subventionen verzerren den Leistungswettbewerb	▪ Die Auslesefunktion des Marktes wird verhindert. ▪ Subventionierte Unternehmen mindern die Wettbewerbschancen der noch rentabel arbeitenden Unternehmen.
Subventionen bremsen das Wirtschaftswachstum	▪ Die Ressourcen zur Lebensverlängerung maroder Unternehmen fehlen für den Aufbau neuer, zukunftsträchtiger Industrien.
Subventionen fördern Mitnahmeeffekte	▪ Die staatliche Förderung von „Zukunftsindustrien“ kommt auch jenen zugute, die in diesen Bereichen auch ohne öffentliche Hilfen investiert hätten. ▪ Ganze Branchen gewöhnen sich an staatliche Hilfen und werden zu permanenten „Kostgängern“ des Staates.
Subventionen hemmen den Anpassungs- und Innovationsdruck	▪ Unrentable Unternehmen können im Krisenfall mit staatlicher Hilfe rechnen und sind dadurch nicht mehr gezwungen, sich aus eigener Kraft den Herausforderungen des Wettbewerbs zu stellen (die Krise wird dadurch konserviert, aber nicht beseitigt).
Subventionen verlagern das unternehmerische Risiko auf die Allgemeinheit	▪ In Schönwetterzeiten streichen die Unternehmen die Gewinne allein ein, in Verlustzeiten erwarten sie staatliche Hilfen („Privatisierung der Gewinne, Sozialisierung der Verluste“).

2.4 Beschäftigungs- und Arbeitsmarktpolitik

Ziele, Aufgaben und Leitlinien

Die Erwerbsarbeit nimmt im Leben des modernen Menschen einen zentralen Platz ein, da sie nicht nur der Sicherung des Lebensunterhalts dient, sondern auch Einfluss auf die Entwicklung und Entfaltung der Persönlichkeit hat. Angesichts der andauernden hohen Sockelarbeitslosigkeit von rund 3 Mio. Arbeitslosen steht die Beschäftigungs- und Arbeitsmarktpolitik im Zentrum der Wirtschaftspolitiik.

Die **Beschäftigungspolitik** umfasst alle wirtschaftspolitischen Aktivitäten, die die Beschäftigungslage beeinflussen. Dazu zählen die Arbeitsmarktpolitik (Arbeitsförderung), Teilbereiche der Struktur- und Konjunkturpolitik und weite Teile der Lohnpolitik der Tarifvertragspartner. Darüber hinaus besteht ein enger Zusammenhang zur Sozial- und Bildungspolitik. Die Bekämpfung einer ausschließlich *konjunkturell bedingten Arbeitslosigkeit* gehört zu den Aufgaben der *Konjunkturpolitik*. Die regional- und branchenspezifische Arbeitslosigkeit als Teilbereich der strukturellen Arbeitslosigkeit kann nur durch die *staatliche Strukturpolitik* beseitigt bzw. abgefedert werden.

---

gruppe) im Auftrag des Bundeswirtschaftsministerium das ERP-Sondervermögen in Höhe von 12 Mrd. € und finanziert damit Programme zur Wirtschaftsförderung. Als Subventionen wird nicht das Darlehensvolumen ausgewiesen, sondern nur die damit verbundenen Zinsvergünstigungen.

Die Bekämpfung der anderen Teilbereiche der strukturellen Arbeitslosigkeit, nämlich der berufs-, qualifikations-, geschlechts- und altersspezifischen Arbeitslosigkeit, gehört zu den Aufgaben der Arbeitsmarktpolitik. Zur **Arbeitsmarktpolitik** *(Arbeitsförderung)* als Teilbereich der Beschäftigungspolitik zählen alle Maßnahmen, die auf den Abstimmungsprozess zwischen Arbeitsangebot (durch Arbeitskräfte) und Arbeitsnachfrage (durch Unternehmen) auf dem Arbeitsmarkt einwirken (sogenanntes *Matching*) und die Beschäftigungsstruktur verbessern. *Mismatch* bezeichnet die Tatsache, dass die Qualifikationen der Arbeitssuchenden nicht mit den Anforderungen der angebotenen Stellen übereinstimmen. Dieses Phänomen der strukturellen Arbeitslosigkeit ist – aus wirtschaftlicher Sicht – gemeinsam mit der viel zu hohen absoluten Arbeitslosenzahl das eigentliche Problem des Arbeitsmarktes in Deutschland. Anzeichen für Mismatching sind z. B. zunehmende Überstunden und Fachkräftemangel bei gleichzeitig hoher Arbeitslosigkeit.

Die Leistungen der Arbeitsförderung zielen darauf ab, Arbeitslosigkeit zu vermeiden und die Dauer unvermeidbarer Arbeitslosigkeit zu verkürzen (SGB III § 1). Die Leistungen der Arbeitsförderung folgen bestimmten **Leitlinien**. Sie sollen insbesondere den Ausgleich von Angebot und Nachfrage auf dem Ausbildungs- und Arbeitsmarkt unterstützen, die zügige Besetzung offener Stellen ermöglichen, die individuelle Beschäftigungsfähigkeit durch Erhalt und Ausbau von Kenntnissen, Fertigkeiten sowie Fähigkeiten fördern, unterbezahlter Beschäftigung entgegenwirken. Mit der passiven und aktiven Arbeitsförderung versucht der Staat, die Arbeitslosigkeit zu bekämpfen.

Passive Arbeitsförderung

Die **passive Arbeitsförderung** sichert durch Geldleistungen den Lebensunterhalt des Arbeitslosen. Sozialversicherte Arbeitnehmer haben **Anspruch auf Arbeitslosengeld I**, wenn sie sich beruflich weiterbilden oder arbeitslos sind, sich bei der örtlichen Arbeitsagentur persönlich arbeitslos gemeldet und die *Anwartschaftszeit* erfüllt haben (SGB III §§ 136–138). Die Anwartschaftszeit hat erfüllt, wer innerhalb der letzten zwei Jahre (Rahmenfrist) mindestens zwölf Monate, als Bundesfreiwilligendienstleistender oder Saisonarbeitnehmer mindestens sechs Monate, in einem versicherungspflichtigen Arbeitsverhältnis gestanden hat (SGB III §§ 142–143). Der **allgemeine Leistungssatz** für das Arbeitslosengeld I beträgt 60 % des Leistungsentgelts („pauschaliertes Nettoentgelt").

Dauer des Anspruchs auf Arbeitslosengeld (SGB III § 147)							
Anspruchsdauer in Monaten	**6**	**8**	**10**	**12**	**15**	**18**	**24**
bei einer Versicherungsdauer von mindestens ... Monaten in den letzten fünf Jahren	12	16	20	24	30	36	48
und einem Lebensalter von mindestens ... Jahren	–	–	–	–	50	55	58

Für das Arbeitslosengeld I gab die Bundesagentur für Arbeit (Sitz: Nürnberg) im Jahr 2015 etwa 15 Mrd. € aus. Es finanziert sich im Wesentlichen aus Beitragseinnahmen der Arbeitslosenversicherung und Ausgleichszahlungen des Bundes aus der Umsatzsteuer.

Arbeitslosengeld II – Grundsicherung für Arbeitsuchende („Hartz IV"[1])

Arbeitslosengeld II (sogenannte Grundsicherung) bzw. „Hartz IV" erhalten **erwerbsfähige Hilfebedürftige**. Das sind Personen, die das 15. Lebensjahr vollendet haben, erwerbsfähig sind, hilfebedürftig sind und ihren gewöhnlichen Aufenthalt in Deutschland haben (SGB II § 7). Leistungen erhalten auch Personen, die mit erwerbsfähigen Hilfebedürftigen in einer Bedarfsgemeinschaft leben. Zur **Bedarfsgemeinschaft** gehören der erwerbsfähige Arbeitslose, sein nicht dauernd getrennt lebender Ehegatte bzw. Lebenspartner sowie die dem Haushalt angehörenden minderjährigen, unverheirateten Kinder des erwerbsfähigen Arbeitslosen oder seines Partners, soweit sie nicht aus eigenem Einkommen und Vermögen ihren Lebensunterhalt bestreiten können.

Erwerbsfähige Hilfebedürftige erhalten als **Arbeitslosengeld II** (Alg II) Leistungen zur Sicherung des Lebensunterhalts einschließlich der angemessenen Kosten für Unterkunft und Heizung. Die *monatliche Regelleistung* beträgt für Personen, die alleinstehend oder alleinerziehend sind, 404,00 € (01.01.2016). Der Regelsatz wird jährlich zum 1. Juli an die Inflationsrate (zu 70 %) und an den Zuwachs der Nettoeinkommen (zu 30 %) angepasst (SGB II § 20). Das Arbeitslosengeld II vermindert sich um das zu berücksichtigende Einkommen und Vermögen (SGB II § 19).

Die Grundsicherung wird allein aus Steuermitteln aufgebracht, nicht aus Beiträgen der Arbeitslosenversicherung. Die örtlichen **Agenturen für Arbeit** sind lediglich Auszahlungsstelle für die Grundsicherung. Träger der Grundsicherung für Arbeitsuchende sind die örtlichen Agenturen für Arbeit und die kommunalen Träger (kreisfreie Städte, Landkreise). Meistens haben die Agenturen für Arbeit und die kommunalen Träger **Arbeitsgemeinschaften (ARGE, Jobcenter)** gebildet, sodass die Arbeitsuchenden nur eine Anlaufstelle haben („Hilfe aus einer Hand"). Die **kommunalen Träger** finanzieren die Leistungen für Unterkunft und Heizung, die Kinderbetreuungsleistungen, die Schuldner- und Suchtberatung, die psychosoziale Betreuung und die Übernahme von besonderem, einmaligem Bedarf (z. B. Erstausstattung für Bekleidung und Wohnung).

Aktive Arbeitsförderung – Fordern und Fördern

Die **aktive Arbeitsförderung** umfasst alle Maßnahmen, Arbeitslosigkeit zu vermeiden und Arbeitslose wieder in ein Arbeitsverhältnis zu bringen. Dabei besteht ein **Vorrang der aktiven Arbeitsförderung** (SGB III § 5). Um Arbeitslose möglichst rasch in Arbeit zurückzubringen, erhalten sie einen persönlichen Ansprechpartner (Fallmanager, pAp). Dieser analysiert in einem ausführlichen Gespräch die Situation, entwickelt daraus persönliche Ziele für den Arbeitslosen und legt den Weg dorthin fest **(Eingliederungsvereinbarung)**. Der Fallmanager berät und unterstützt den Arbeitslosen, damit dieser möglichst schnell wieder eine Beschäftigung bekommt **(Grundsatz des Förderns)**. Dabei hat die Vermittlung in Ausbildung und Arbeit Vorrang vor allen anderen Maßnahmen (**Vermittlungsvorrang**, SGB III § 4). Gleichzeitig ist der Arbeitslose auch selbst gefordert, denn er und alle erwerbsfähigen Mitglieder seiner Bedarfsgemeinschaft müssen alle Möglichkeiten zur Beendigung und Verringerung ihrer Hilfebedürftigkeit nutzen und aktiv an allen angebotenen notwendigen Maßnahmen mitwirken **(Grundsatz des Forderns)**.

---

[1] Benannt nach Peter Hartz (geb. 1941), der 2002 von der Bundesregierung (Bundeskanzler Gerhard Schröder) beauftragt wurde, den Arbeitsmarkt und die staatliche Arbeitsvermittlung zu reformieren. Die „Hartz-Reformen" waren wesentlicher Bestandteil der „Agenda 2010". Peter Hartz war bis Juli 2005 Personalvorstand der Volkswagen AG.

Wesentliche Leistungen der aktiven Arbeitsförderung

- **Berufs- und Arbeitsmarktberatung** (SGB III §§ 29–34)
- **Ausbildungs- und Arbeitsvermittlung** (SGB III §§ 35–39)
- **Berufliche Eingliederung** (SGB III §§ 44–47) für Ausbildungssuchende, von Arbeitslosigkeit bedrohte Arbeitssuchende und Arbeitslose
- **Übergang von Schule in Berufsausbildung** (SGB III §§ 48–50) durch vertiefte **Berufsorientierung**, Berufswahlvorbereitung und **Berufseinstiegsbegleitung**
- **Berufsvorbereitung** (SGB III §§ 51–55) durch berufsvorbereitende Bildungsmaßnahmen und eine betriebliche **Einstiegsqualifizierung** (Zuschüsse zur Vergütung bis zu einer Höhe von 216,00 € monatlich)
- **Berufsausbildungsbeihilfe** (SGB III §§ 56–72) während einer beruflichen Ausbildung oder einer berufsvorbereitenden Bildungsmaßnahme zur Deckung des Bedarfs für den Lebensunterhalt, der Fahrkosten und der sonstigen Aufwendungen (z. B. Lehrgangskosten)
- **Förderung der Berufsausbildung** (SGB III §§ 73–80) durch monatliche Zuschüsse zur Ausbildungsvergütung behinderter und schwerbehinderter Menschen, durch **ausbildungsbegleitende Hilfen**, z. B. Maßnahmen zum Abbau von Sprach- und Bildungsdefiziten
- **Förderung der beruflichen Weiterbildung** (SGB III §§ 81–87) durch **Übernahme der Weiterbildungskosten** (Lehrgangskosten und Kosten für die Eignungsfeststellung, Fahrkosten, Kosten für auswärtige Unterbringung und Verpflegung, Kosten für die Betreuung von Kindern), wenn die Weiterbildung notwendig ist, um Arbeitslose beruflich einzugliedern, eine drohende Arbeitslosigkeit abzuwenden oder um einen fehlenden Berufsabschluss nachzuholen **(Bildungsgutschein)**, durch Zuschüsse zum Arbeitsentgelt
- **Förderung der Aufnahme einer sozialversicherungspflichtigen Beschäftigung** (SGB III §§ 88–92), wenn die Eingliederung wegen persönlicher Gründe erschwert ist, durch einen Zuschuss zum Arbeitsentgelt zum Ausgleich einer Minderleistung **(Eingliederungszuschuss)**
- **Förderung der Aufnahme einer selbstständigen Tätigkeit** (SGB III §§ 93–94), wenn dadurch die Arbeitslosigkeit beendet wird, durch einen **Gründungszuschuss**, wenn z. B. die Tragfähigkeit der Existenzgründung und Kenntnisse und Fähigkeiten zur Ausübung der selbstständigen Tätigkeit nachgewiesen werden
- **Zuweisung von Arbeitsgelegenheiten bzw. Ein-Euro-Jobs** (SGB II § 16d), wenn die verrichteten Arbeiten zusätzlich sind, im öffentlichen Interesse liegen und wettbewerbsneutral sind. Erwerbsfähige Leistungsberechtigte erhalten zuzüglich zum Arbeitslosengeld II von der Agentur für Arbeit eine angemessene Entschädigung für Mehraufwendungen, z. B. 1,00 €/Std. Die Arbeiten begründen kein Arbeitsverhältnis im Sinne des Arbeitsrechts.
- **Leistungen für Bildung und Teilhabe** (SGB II §§ 28–30) für Kinder und Jugendliche aus bedürftigen Familien zusätzlich zum maßgebenden Regelbedarf **(Bildungspaket)**. Das Bildungspaket umfasst pro Schuljahr 100,00 € für Schulbedarf, 10,00 € im Monat für das Mitmachen in Sport, Kultur und Freizeit, einen Zuschuss für jede warme Mahlzeit in der Schulkantine, im Hort oder in der Kindertageseinrichtung, Kostenersatz für die Schülerbeförderung zur nächstgelegenen Schule, für Tagesausflüge in Schule und Kita und für die Lernförderung für Schüler, deren Versetzung gefährdet ist.

ZUSAMMENFASSUNG

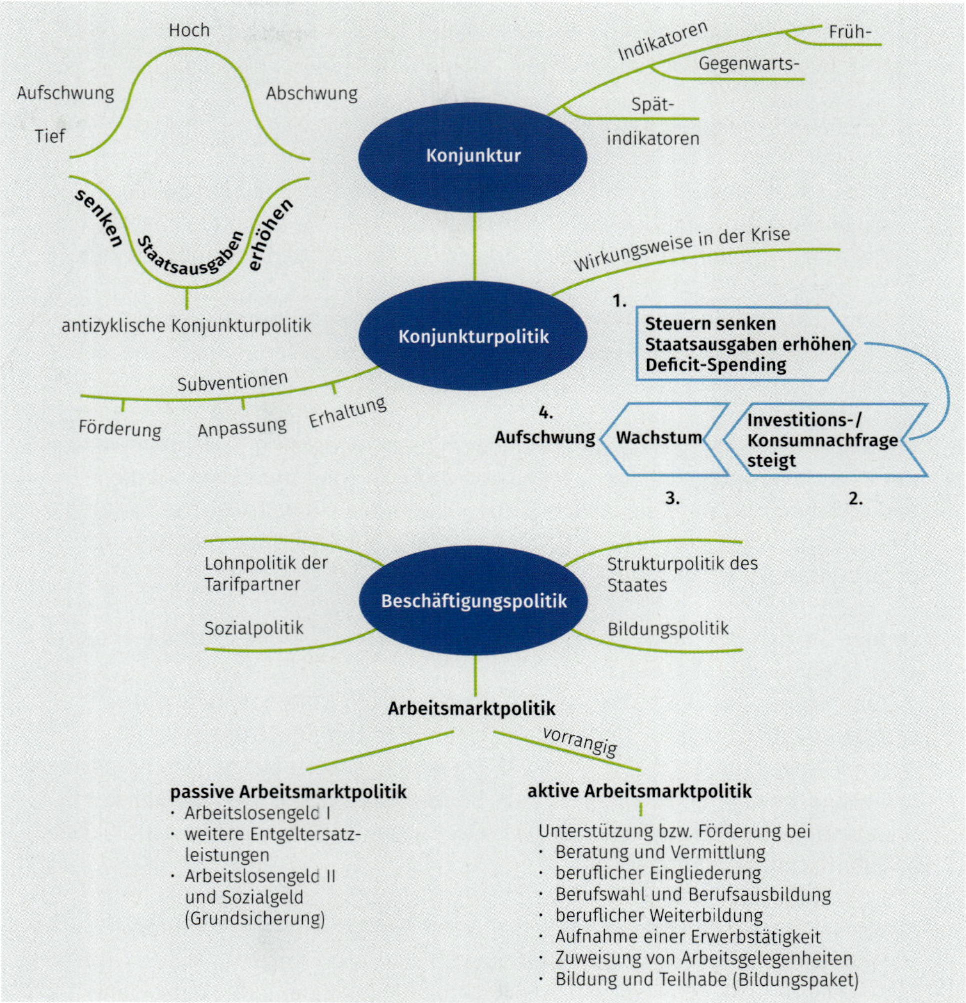

AUFGABEN

1 Schreiben Sie jeden der folgenden Begriffe auf die Kopfzeile eines DIN-A-6-Kärtchens:

Konjunktur (Begriff), Konjunkturzyklus (Phasen), Konjunkturindikatoren, Konjunkturpolitik (Begriff), Antizyklische Konjunkturpolitik, Deficit-Spending, Goldene Regel der Konjunkturpolitik, Europäischer Stabilitäts- und Wachstumspakt (Ziele), Konjunkturpolitik (Wirkungsweise in einer Krise), Angebotsorientierte Konjunkturpolitik, Subventionen (Begriff), Subventionsgrundsätze, Subventionen (Ziele bzw.

Arten), Subventionen (Kritik), Beschäftigungspolitik (Aufgaben, Ziele), Arbeitsmarktpolitik (Aufgaben, Ziele), Arbeitsmarktpolitik (Leitlinien), passive Arbeitsmarktpolitik (Begriff, Beispiele), Arbeitslosengeld I (Voraussetzungen, Höhe, Dauer), Arbeitslosengeld II (Voraussetzungen, Höhe), Arbeitsgemeinschaft (ARGE, Jobcenter), aktive Arbeitsmarktpolitik (Begriff, Grundsätze, Beispiele)

a) Sortieren Sie die Begriffskärtchen nach den Kriterien „weiß ich" und „weiß ich nicht".
b) Bilden Sie Kleingruppen mit höchstens drei Mitgliedern. Erklären Sie sich gegenseitig die „Weiß-ich-nicht"-Kärtchen. Schlagen Sie dabei die ungeklärten Begriffe im Schulbuch nach oder nehmen Sie Kontakt zu einer anderen Kleingruppe auf.
c) Schreiben Sie die Begriffserklärungen auf die Rückseite Ihrer Kärtchen und ordnen Sie die Kärtchen unter der Leitkarte „Marktregulierung" alphabetisch in Ihren Lernkartei-Behälter ein.

2 Bilden Sie Teams mit jeweils drei Mitgliedern (Stammgruppen). Schreiben Sie jeden der Begriffe aus Aufgabe 1 auf ein separates Stück Papier und fügen Sie diese Papierkärtchen zu einer sinnvollen Struktur zusammen. Die Struktur kann durch Pfeile, Farben, Symbole, Texte (z. B. Überschriften), Bilder oder weitere Begriffe ergänzt werden.

3 Ordnen Sie den in 1. bis 11. beschriebenen Zuständen der Wirtschaft die entsprechende Konjunkturphase zu.

1. Zunehmende Vollbeschäftigung
2. Rege Kreditnachfrage
3. Lohn-Preis-Spirale
4. Sinkendes Steueraufkommen
5. Güterangebot > Güternachfrage
6. Güternachfrage > Güterangebot
7. Rückgang der Unternehmerinitiative
8. Überhöhte Lohnforderungen
9. Steigerung der Nachfrage nach Luxusgütern
10. Zunahme des politischen Radikalismus
11. Nachlassen der allgemeinen Bautätigkeiten

4 a) Weshalb ergibt sich zwangsläufig die „Berg- und Talfahrt" der Konjunktur (volkswirtschaftliche Gesetzmäßigkeiten)?
b) In welcher Konjunkturphase befindet sich die Bundesrepublik Deutschland gegenwärtig? Nennen Sie die Merkmale und mögliche Ursachen.
c) „Die Depression birgt bereits die Ursachen für die Gesundung der Wirtschaft." Versuchen Sie, diesen Satz volkswirtschaftlich zu begründen.
d) Weshalb fallen in der Krise die Aktienkurse?
e) Weshalb fallen in der Krise die Zinsen?
f) Theoretisch müssen in einer Krise die Löhne sinken. Wer wird sich dagegen wehren? Welche volkswirtschaftlichen Folgen ergeben sich aus dieser Situation?

5 Die Arbeitslosigkeit führt zu Problemen für den Einzelnen und für die Gesellschaft. Begründen Sie diese Feststellung.

6 Erläutern Sie die Kernaussagen der beiden Karikaturen.

7

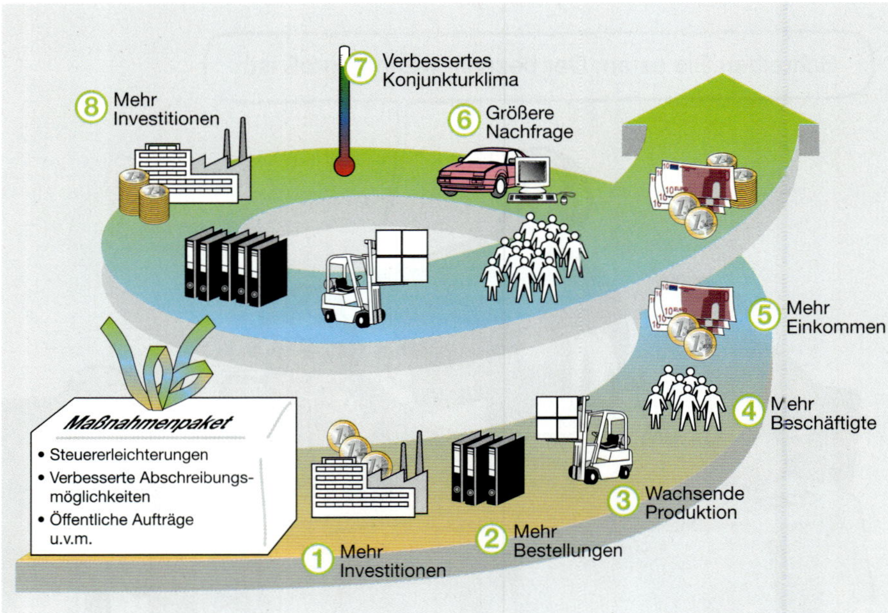

a) Vollziehen Sie die in obiger Grafik dargestellte Wirkungskette nach.
b) Angenommen, der Staat will gegen eine Inflation vorgehen. Schlagen Sie eine Maßnahme vor und stellen Sie die damit beabsichtigte Wirkungskette dar.

8

Der Kobra-Effekt

Indien zu Zeiten der englischen Kolonialzeit: Das Land leidet unter einer Kobra-Plage. Um diesem Übel Herr zu werden, setzt der Gouverneur eine Prämie für jeden abgelieferten Kobra-Kopf aus. Statt jedoch möglichst viele Kobras zu fangen und abzuliefern, züchteten die Inder massenhaft neue Kobras, um deren Köpfe abzuliefern und die Prämie zu kassieren.

a) Erläutern Sie den Kobra-Effekt und äußern Sie Ihre Meinung dazu.
b) Übertragen Sie Ihre Erkenntnisse auf die heutige Wirtschaftspolitik, die Anreize gibt und ihre gesteckten Ziele oft trotzdem nicht erreicht.
c) „Die gesamte Geschichte der Entwicklung öffentlicher Einrichtungen ist eine Geschichte fortwährenden Kampfes, besondere Gruppeninteressen daran zu hindern, den Regierungsapparat zum Nutzen des Kollektivinteresses dieser Gruppen zu missbrauchen. Dieser Kampf ist gewiss nicht mit der gegenwärtigen Tendenz beendet, alles als Gemeininteresse zu definieren, wofür sich eine Mehrheit, die sich aus einer Koalition organisierter Interessen bildet, entscheidet" (Zitat von Friedrich von Hayek).
Nehmen Sie zu dieser Aussage Stellung.

9 a) Erläutern Sie die Grenzen der nachfrageorientierten (antizyklischen) Konjunkturpolitik.

b) Unterscheiden Sie die nachfrageorientierte (antizyklische) Konjunkturpolitik von der angebotsorientierten Konjunkturpolitik.

c)

	Deutschland Mrd. Reichsmark				Schweden Mio. schwedische Kronen			
	1929	1930	1931	1932	1929	1930	1931	1932
Volkseinkommen	75,9	70,2	57,5	45,2	8220	8137	7387	6841
Öffentliche Ausgaben	20,9	20,4	17,0	14,5	757	783	858	912

Beurteilen Sie die Konjunkturpolitik der deutschen und der schwedischen Regierung zur Zeit der Weltwirtschaftskrise.

3 Geldpolitik der Europäischen Zentralbank

PROBLEM

Sabrina Völkel und Mario Töpfer haben soeben ihre Lohnabrechnung erhalten.

Sabrina: *„Super! Fast 10,00 € mehr. Das verdanken wir unserer Gewerkschaft."*

Mario: *„Was du nicht sagst. Schau doch mal unten. Netto bleiben dir von deinen 10,00 € gerade mal 8,00 €. Die Abzüge für die Sozialversicherung sind höher geworden. Wenn wir noch Steuern zahlen müssten, hätten wir höchstens 5,00 € mehr."*

Sabrina: *„Besser als gar keine Lohnerhöhung ist es ja. Das reicht für eine zusätzliche große Pizza im Monat."*

Mario: *„Die Pizza hast du letztes Jahr noch für 6,00 € bekommen. Jetzt musst du 10,00 € dafür hinlegen. Und wenn du die Erhöhung der Eintrittspreise fürs Kino und die Disco noch dazurechnest, dann zahlst du noch drauf."*

Sabrina: *„Du hast recht! Preiserhöhungen gehören allgemein verboten. Wer kümmert sich eigentlich darum, dass die Preise stabil bleiben?"*

Mario: *„Da sind die Bundesbank und die Europäische Zentralbank zuständig. Mir wäre es schon recht, wenn die Löhne genauso steigen würden wie die Preise. Dann würden wir wenigstens nicht draufzahlen."*

Sabrina: *(blättert im Wirtschaftsteil der Tageszeitung) „Da schau mal die Statistik an!"*

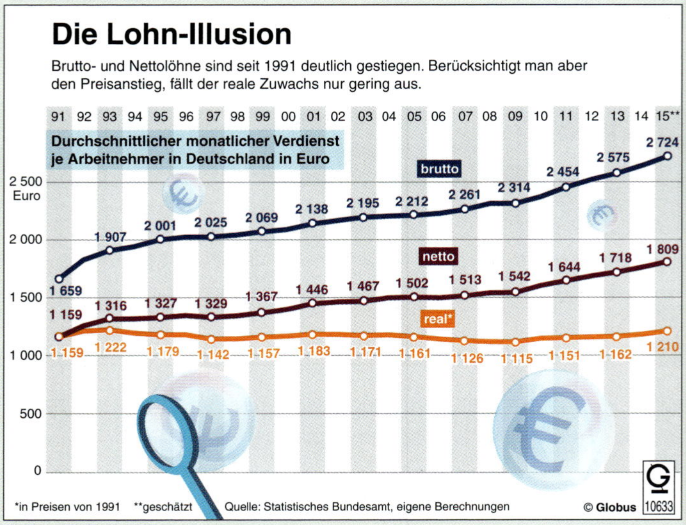

Arbeitsaufträge

1. *Interpretieren Sie die obige Statistik.*
2. *Führen Sie das Gespräch zwischen Sabrina und Mario weiter und ergänzen Sie es um Ihre eigenen Erfahrungen.*
3. *Sammeln Sie Zeitungsmeldungen zur Politik der Europäischen Zentralbank (EZB). Nehmen Sie zu den Schlagzeilen Stellung. In welcher Weise trägt die EZB zur Erhaltung der Preisstabiliät bei?*

3.1 Aufbau, Ziele und Aufgaben der Europäischen Zentralbank

Aufbau der Europäischen Zentralbank

Die **Europäische Zentralbank** (**EZB**, Sitz: Frankfurt am Main) und die 19 rechtlich selbstständigen nationalen Zentralbanken (NZBen) der Teilnehmerstaaten der Europäischen Währungsunion (EWU) bilden zusammen das **Eurosystem**. Oberstes Leitungs- und Entscheidungsorgan des Eurosystems ist der EZB-Rat. Ihm gehören die sechs Mitglieder des Direktoriums[1] der EZB und die 19 Präsidenten der nationalen Zentralbanken der Mitgliedstaaten an. Der **EZB-Rat** legt insbesondere die Geldpolitik innerhalb der Eurozone fest und erlässt hierfür die notwendigen Leitlinien und Entscheidungen. Das **Direktorium** ist ermächtigt, die Geldpolitik gemäß den Leitlinien und Entscheidungen des EZB-Rats auszuführen.

Davon zu unterscheiden ist das **Europäische System der Zentralbanken** (ESZB). Dieses umfasst die EZB und die NZBen *aller 27 Mitgliedstaaten* der Europäischen Union (EU). Das ESZB wird vom EZB-Rat, dem Direktorium der EZB und dem **Erweiterten Rat** als drittem

[1] Das **Direktorium** besteht aus dem EZB-Präsidenten, dem Vizepräsidenten und vier weiteren von den Staats- und Regierungschefs der Mitgliedstaaten ernannten Mitgliedern.

Beschlussorgan geleitet. Der Erweiterte Rat setzt sich aus dem Präsidenten, dem Vizepräsidenten und den Zentralbankpräsidenten aller 27 NZBen zusammen.

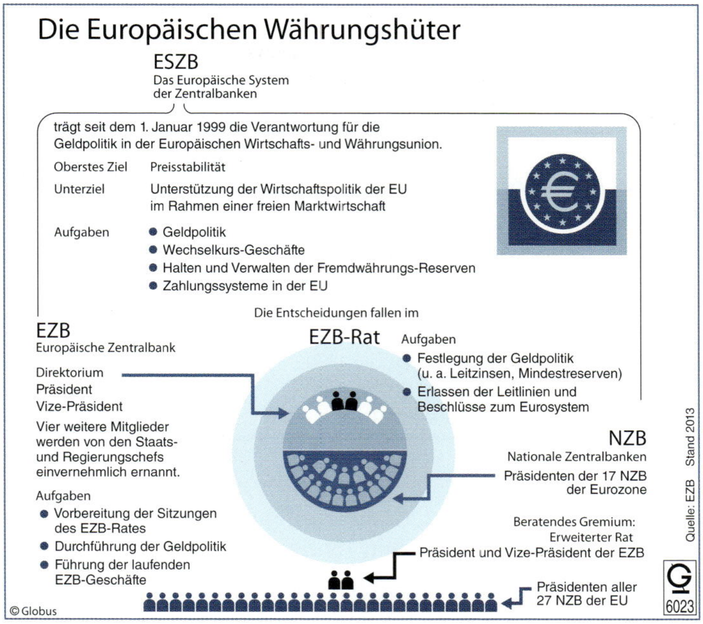

Eurosystem und ESZB nehmen ihre Tätigkeit nach Maßgabe des Vertrages über die Arbeitsweise der Europäischen Union (AEUV) und der Satzung des Europäischen Systems der Zentralbanken und der Europäischen Zentralbank (ESZB/EZB-Satzung) wahr.

Ziele, Aufgaben und Stellung der Europäischen Zentralbank

Oberstes Ziel der EZB ist die Sicherung der **Stabilität des Preisniveaus** im Euroraum. Dabei soll die EZB die **allgemeine Wirtschaftspolitik der Mitgliedstaaten unterstützen**, soweit dies möglich ist, ohne die Preisstabilität zu beeinträchtigen (AEUV Art. 127).

Zu den *Aufgaben der EZB* gehören vor allem die Festlegung und das Ausführen der gemeinsamen Geldpolitik, die Durchführung von Devisengeschäften[1], das Halten und Verwalten der Währungsreserven der Mitgliedstaaten und das Fördern des reibungslosen Funktionierens der Zahlungssysteme.

Bei der Wahrnehmung der Aufgaben dürfen die EZB, die NZBen oder Mitglieder ihrer Beschlussorgane **keine Weisungen** von Organen oder Einrichtungen der Europäischen Union, von Regierungen der Mitgliedstaaten oder anderen Stellen einholen oder entgegennehmen (AEUV Art. 130). Die EZB bzw. NZBen dürfen für Organe oder Einrichtungen der Europäischen Union oder für Regierungen der Mitgliedstaaten **keine Mittel zur Haushaltsfinanzierung** (No-Bailout-Klausel) bereitstellen oder von diesen Schuldpapiere erwerben (AEUV Art. 123). Die EU-Finanzminister verpflichten sich, den Europäischen Stabilitäts- und Wachstumspakt einzuhalten. Dabei soll die wirtschaftliche Konvergenz[2] weiterhin

[1] **Devisen** sind bargeldlose Zahlungsmittel (z. B. Verrechnungsschecks), die auf ausländische Währung lauten und im Ausland fällig sind, und täglich fällige Guthaben bei ausländischen Kreditinstituten.
[2] **Konvergenz** (lat.) = Annäherung, Übereinstimmung

in allen Mitgliedstaaten die Basis für ein beständiges, nicht inflationäres Wachstum sein. Mitglieder mit besonders hoher Staatsverschuldung müssen verstärkte Anstrengungen unternehmen.

Die Einhaltung der sogenannten Konvergenzkriterien war Voraussetzung für die Aufnahme in die Währungsunion. **Konvergenzkriterien** im Einzelnen:

Stabiles Preisniveau	Gesunde Staatsfinanzen	Stabile Wechselkurse	Wirtschaftliche Konvergenz
Die Inflationsrate liegt höchstens 1,5 Prozentpunkte über dem Durchschnitt der drei „stabilsten" EU-Mitgliedstaaten.	Das jährliche Defizit beträgt höchstens 3 %, die gesamte Staatsschuld höchstens 60 % des Bruttoinlandsprodukts.	Die Teilnahme am Wechselkursverbund des Europäischen Währungssystems verläuft seit mindestens zwei Jahren ohne große Kursschwankungen.	Die langfristigen Zinsen liegen höchstens 2 Prozentpunkte über dem Durchschnitt der drei „stabilsten" EU-Mitgliedstaaten.

Die nationalen Zentralbanken des Eurosystems beschränken ihre Tätigkeit weitgehend darauf, die Beschlüsse des EZB-Rats in ihren Ländern durchzuführen. Da sich die Verantwortung des EZB-Rats auf den gesamten Währungsraum konzentriert, dürfen die nationalen Notenbankpräsidenten im EZB-Rat auch keine Anwälte nationaler Interessen sein.

Anzumerken ist, dass die nationalen Zentralbanken der EU-Mitgliedstaaten, die den Euro nicht eingeführt haben (sogenannte **„Pre-ins"**), ihre währungspolitischen Befugnisse nach innerstaatlichem Recht behalten und damit in die gemeinsame Geldpolitik nicht einbezogen sind.

3.2 Geldpolitische Instrumente der Europäischen Zentralbank

Orientierungsgrößen der Geldpolitik

Die geldpolitische Strategie der EZB besteht aus folgenden Elementen:

- **Quantitative Festlegung des Preisstabilitätsziels.** Danach ist Preisstabilität definiert als Anstieg des Harmonisierten Verbraucherpreisindex (HVPI)[1] für das €-Währungsgebiet von nicht mehr als knapp unter 2 % gegenüber dem Vorjahr.
- **Stabilitätsbewusste Geldmengenorientierung.** Die EZB verkündet jährlich ein quantitatives Geldmengenziel, zzt. 4,5 %, das die Ausweitung der Geldmenge im Rahmen hält, das Preisstabilitätsziel absichert und zugleich am erwarteten Wachstum der Wirtschaft ausgerichtet ist. Das Geldmengenziel ist für die EZB eine Kontrollmöglichkeit für den Erfolg ihrer Geldpolitik und dient den Wirtschaftssubjekten als Orientierungshilfe. Messgröße ist die Geldmenge M3 im €-Währungsgebiet.

[1] zu HVPI siehe Seite 134

	Zusammensetzung der Geldmenge M3 (Angaben in Mrd. €)	2014	2015
+	Bargeldumlauf der Nichtbanken (Münzen und Banknoten)[1]	967	1 035
	Täglich fällige Einlagen der Nichtbanken (Girokonten)	4 941	5 563
=	**Geldmenge M1 („eng gefasste Geldmenge")**	**5 908**	**6 598**
+	Einlagen mit vereinbarter Laufzeit bis zu zwei Jahren	1 601	1 447
+	Einlagen mit vereinbarter Kündigungsfrist bis zu drei Monaten	2 125	2 160
=	**Geldmenge M2 („mittlere Geldmenge")**	**9 634**	**10 205**
+	Erhaltene Beträge aus Repogeschäften[2]	123	81
+	Geldmarktfondsanteile	426	481
+	Schuldverschreibungen mit einer Laufzeit von bis zu zwei Jahren	126	72
	Geldmenge M3 („weit abgegrenzte Geldmenge")	**10 309**	**10 839**

- **Beurteilung der künftigen Preisentwicklung** auf der Grundlage möglichst vieler wirtschaftlicher und finanzieller Größen und Indikatoren. Neue Entwicklungen oder Störungen in der Wirtschaft können auf diese Weise angemessen berücksichtigt werden. Außerdem wird vermieden, dass die Geldpolitik „mechanistisch" auf die Änderung einer einzigen wirtschaftlichen Größe reagiert. Die EZB wird sich auch an Inflationszielen orientieren, diese aber nicht veröffentlichen, um keine Signale zu setzen.

Grundbegriffe der Geldpolitik

- **Kreditmarkt.** Er gliedert sich in Geldmarkt und Kapitalmarkt.

Geldmarkt	Markt für *kurzfristige* Kredite und Geldanlagen ▪ Handel mit Tages- und ein- bis dreimonatlichen Termingeldern (Zentralbankguthaben) ▪ Handel mit Geldmarktpapieren (zentralbankfähige Wertpapiere mit kurzer Laufzeit)
Kapitalmarkt	Markt für *langfristige* Kredite und Geldanlagen ▪ Effektenmarkt: Handel mit festverzinslichen Wertpapieren (Rentenmarkt) und Aktien ▪ Hypothekenmarkt: Markt für langfristige, durch Grundpfandrechte gesicherte Kredite

- **Geschäftspartner.** Zum Kreis der Geschäftspartner der EZB gehören alle mindestreservepflichtigen Institute. Daraus folgt, dass alle Geschäftspartner ihren Sitz im €-Währungsraum haben müssen. Für die Teilnahme an Feinsteuerungsgeschäften können die EZBen eine begrenzte Anzahl von Geschäftspartnern auswählen. Die NZBen (Nationale Zentralbanken) stellen bei der Auswahl ihrer Partner auf besondere Geldmarktaktivitäten ab.
- **Refinanzierungsfähige Sicherheiten.** Wenn die Geschäftspartner Geld benötigen, dann wenden sie sich an die EZB, d. h., sie **refinanzieren** sich, um wiederum ihren eige-

[1] Im Bargeldumlauf sind die Kassenbestände der monetären Finanzinstitute (MFIs, Geldinstitute, z. B. Banken) nicht enthalten.

[2] **Repos** von engl. repurchasing options: Verkauf mit gleichzeitiger Rückkaufsvereinbarung zwischen Banken bzw. Banken und Nichtbanken

nen Kunden Kredite geben zu können. Auf diese Weise kann die EZB die Liquidität und die Zinssätze auf dem Geldmarkt beeinflussen. Die Geschäftspartner müssen für alle Kreditgeschäfte mit der EZB ausreichende Sicherheiten stellen.

Merkmale der refinanzierungsfähigen Sicherheiten im Überblick		
Kriterien	**Sicherheiten der Kategorie 1**	**Sicherheiten der Kategorie 2**
Art der Sicherheit	Schuldverschreibungen und sonstige **marktfähige** Schuldtitel des ESZB, der öffentliche Hand, des privaten Sektors und internationaler Institutionen mit erstklassiger Einstufung (Rating AAA)	**Marktfähige** Schuldtitel (z. B. Schuldverschreibungen mit niedriger Einstufung) und **nicht marktfähiger** Schuldtitel (z. B. Handelswechsel, Kreditforderungen) der öffentlichen Hand oder des privaten Sektors und an einem geregelten Markt gehandelte Aktien

Instrumente der Geldpolitik der EZB

Instrumente der Geldpolitik im Überblick	
Offenmarktpolitik	▪ **Hauptrefinanzierungsgeschäfte:** Die EZB kauft über die Nationalen Zentralbanken (NZBen) Wertpapiere von den Kreditinstituten mit der Verpflichtung, diese nach Ablauf **einer Woche** wieder zurückzukaufen. Die Wertpapiere werden bei der EZB sozusagen in Pension gegeben. Pensionsgeschäfte werden im **Tenderverfahren** abgewickelt. Die Kreditinstitute erhalten also Geld von der EZB (sie refinanzieren sich) und zahlen dafür Zinsen. Der Refinanzierungszinssatz ist der **Leitzinssatz** der EWU. ▪ **Längerfristige Refinanzierungsgeschäfte** (Pfandkredite): Die Kreditinstitute geben der EZB Wertpapiere als Pfand und erhalten dafür liquide Mittel. Sie müssen die verpfändeten Wertpapiere in der Regel nach **drei Monaten** wieder einlösen. ▪ **Definitive Käufe bzw. Verkäufe:** Die EZB kauft bzw. verkauft marktfähige Wertpapiere am Markt. Diese Maßnahme dient zur Feinsteuerung der Liquiditätsbereitstellung bzw. -abschöpfung. ▪ **Ausgabe von Schuldverschreibungen:** Die EZB gibt Schuldverschreibungen aus, um dem Geldmarkt Liquidität zu entziehen. Bei der späteren Tilgung der Schuldverschreibungen wird dem Geldmarkt wieder Liquidität zugeführt.
Ständige Fazilitäten[1]	Die Kreditinstitute können bei der EZB bis zum nächsten Geschäftstag übriges Geld zum **Einlagefazilitäts-Zinssatz** anlegen. Umgekehrt können sie einen Spitzenbedarf über Nacht zum **Spitzenrefinanzierungsfazilitäts-Zinssatz** ausleihen. Der Zinssatz für die Einlagefazilität bildet die **Untergrenze**, der Zinssatz für die Spitzenrefinanzierungsfazilität bildet die **Obergrenze** des Tagesgeldsatzes.
Mindestreservenpolitik	Die EZB verlangt, dass die Kreditinstitute Mindestreserven auf Konten der NZBen unterhalten. Sie kann diese Mindestreserven (zzt. 1 % der reservepflichtigen Verbindlichkeiten) erhöhen oder herabsetzen.

[1] Fazilität [facilitas (lat.) = Leichtigkeit] ist die von einer Bank ihren Kunden eingeräumte Möglichkeit, innerhalb festgelegter Grenzen kurzfristig Kredite in Anspruch zu nehmen oder Guthaben anzulegen.

Abwicklung von Pensionsgeschäften im Tenderverfahren[1]

Wertpapierpensionsgeschäfte (Hauptrefinanzierungsgeschäfte) der EZB werden von den NZBen im Tenderverfahren als Mengentender oder Zinstender durchgeführt.

Bei beiden Verfahren kann die EZB Bietungshöchstbeträge als betragsmäßige Obergrenze für Gebote von einzelnen Geschäftspartnern festsetzen. Der Hauptrefinanzierungssatz **(Pensionssatz)**, zu dem zugeteilt wird, ist der entscheidende **Leitzinssatz** der EZB.

Beim **Mengentender** (Festsatztender) gibt die EZB den Zinssatz vor. Die Geschäftspartner geben Gebote über den Betrag ab, den sie zu diesem vorgegebenen Zinssatz kaufen oder verkaufen wollen.

Die Zuteilung erfolgt mit einer einheitlichen Zuteilungsquote zum vorgegebenen Einheitszinssatz.

BEISPIEL 1:

Liquiditätszuführende befristete Transaktion über Mengentender
Annahme: Die EZB will 105 Mio. € zuteilen.

Gebote der Geschäftspartner		Zuteilungsergebnis	
Geschäftspartner	Gebot (Mio. €)	Zuteilungsquote	Zuteilung (Mio. €)
Bank A	30	75 %	22,5
Bank B	40	75 %	30,0
Bank C	70	75 %	52,5
Insgesamt	140	75 %	105,0

Zuteilungsquote: 105 · 100 : 140 = 75 %

Beim **Zinstender** (Tender mit variablem Zinssatz) geben die Geschäftspartner Gebote über die Beträge und die Zinssätze ab.

Beim *holländischen Verfahren* werden alle Gebote einheitlich zum marginalen Zinssatz zugeteilt.

Beim *amerikanischen Verfahren* werden die Gebote zu den individuellen Bietungssätzen zugeteilt. Bei beiden Verfahren werden nur die Gebote quotiert, die mit dem marginalen Zinssatz übereinstimmen, alle anderen Gebote werden voll zugeteilt.

[1] Tender = Ausschreibungsverfahren, bei dem EZB-Geld versteigert wird

BEISPIEL 2:

Liquiditätszuführende befristete Transaktion mittels Zinstender (Angaben in Mio. €)
Annahme: Die EZB will 100 Mio. € zuteilen.

Zinssatz	Bank A	Bank B	Bank C	Insgesamt	Kumuliert
3,25 %	–	10	10	20	20
3,20 %	10	20	15	45	65
3,15 %	20	30	20	70	135
3,10 %	30	40	35	105	240
Gebote	60	100	80	240	–
Zuteilungs-ergebnis	**20**	**45**	**35**	**100**	**-**

Zuteilung nach dem holländischen Verfahren: Alle Gebote mit einem Zinssatz über 3,15 % werden voll zugeteilt; d. h., 65 Mio. € werden voll zugeteilt. Beim marginalen Zinssatz von 3,15 % ergibt sich folgende prozentuale Zuteilungsquote: (100 – 65) · 100 : 70 = 50 %; damit erhält Bank A: 10 + 20 · 50 % = 20 Mio. €, Bank B: 10 + 20 + 30 · 50 % = 45 Mio. €, Bank C: 10 + 15 + 20 · 50 % = 35 Mio. €.

Nach dem holländischen Zuteilungsverfahren beträgt der Zinssatz für alle den Geschäftspartnern zugeteilten Beträge einheitlich 3,15 %.

Nach dem **amerikanischen Zuteilungsverfahren** wird kein einheitlicher Zinssatz angewandt: Bank B erhielte z. B. 10 Mio. € zu 3,25 %, 20 Mio. € zu 3,20 % und 15 Mio. € zu 3,15 %.

Entwicklung der Leitzinsen der Europäischen Zentralbank

Zinssatz für	Ände-rungs-datum	11.06. 2014	10.09. 2014	09.12. 2015	16.03. 2016
Spitzenrefinanzierungsfazilität	Obergren-ze	0,40	0,30	0,30	0,25
Hauptrefinanzierungsgeschäfte	Leitzins-satz	0,15	0,05	0,05	0,00
Einlagenfazilität	Unter-grenze	–0,10	–0,20	–0,30	–0,40

Wirkungsweise der Geldpolitik

Rezession/Krise	⇐ Konjunkturlage ⇒	Boom/Inflation
Expansive Geldpolitik „Politik des billigen Geldes“	**Geldpolitisches Instrument**	Restriktive Geldpolitik „Politik des knappen Geldes“
EZB erhöht die betragsmäßige Obergrenze für Refinanzierungsgeschäfte und **senkt** den Leitzinssatz; EZB erhöht definitive Wertpapierkäufe	**Offenmarktpolitik**	EZB senkt die betragsmäßige Obergrenze für Refinanzierungsgeschäfte und **erhöht** den Leitzinssatz; EZB erhöht definitive Wertpapierverkäufe
EZB **senkt** die Zinssätze für ständige Fazilitäten	**Ständige Fazilitäten**	EZB **erhöht** die Zinssätze für ständige Fazilitäten
EZB **senkt** Mindestreservesatz	**Mindestreservenpolitik**	EZB **erhöht** Mindestreservesatz
⇓	⇓	⇓
Liquidität der Banken steigt Allgemeines Zinsniveau sinkt ⇓ Kreditnachfrage steigt	**Wirkung am Geldmarkt**	Liquidität der Banken sinkt Allgemeines Zinsniveau steigt ⇓ Kreditnachfrage sinkt
⇓	⇓	⇓
Investitionsnachfrage steigt Konsumnachfrage steigt Auslandsnachfrage steigt	**Wirkung am Gütermarkt**	Investitionsnachfrage sinkt Konsumnachfrage sinkt Auslandsnachfrage sinkt
⇓	⇓	⇓
Wachstum Hoher Beschäftigungsstand	**Ergebnis**	**Preisniveau sinkt „Abkühlung“ des Booms**

3.3 Deutsche Bundesbank im Eurosystem

Aufgaben der Deutschen Bundesbank

Die **Deutsche Bundesbank** (Sitz: Frankfurt am Main) ist als Zentralbank der Bundesrepublik Deutschland Bestandteil der EWU. Sie hilft der EZB bei der Umsetzung der Geldpolitik.

Weitere Aufgaben der Bundesbank sind die Refinanzierung der Kreditinstitute im Rahmen der Geldpolitik der EZB, die bankmäßige Abwicklung und die Sicherung der Stabilität der Zahlungs- und Verrechnungssysteme, die Versorgung der Wirtschaft mit Bargeld, die Verwaltung der nationalen Währungsreserven, die Bankenaufsicht (Kreditwesengesetz § 7) und die Mitwirkung bei der Kreditaufnahme des Bundes und der Länder („Fiscal Agent“).

Aufbau und Stellung der Deutschen Bundesbank

Die Deutsche Bundesbank ist als Zentralbank der Bundesrepublik Deutschland integraler Bestandteil des Europäischen Systems der Zentralbanken (BBankG § 3).

Bei der Erfüllung der Aufgaben des ESZB handelt der Vorstand der Deutschen Bundesbank im Rahmen der Leitlinien und Weisungen der Europäischen Zentralbank (BBankG § 6).

Der **Vorstand der Deutschen Bundesbank** kann seinen Präsidenten zwar beraten, für seine Stimmabgabe im EZB-Rat darf er jedoch keine bindenden Vorgaben machen, denn die Unabhängigkeit der Mitglieder des EZB-Rats gilt auch gegenüber den Gremien ihrer eigenen Zentralbanken.

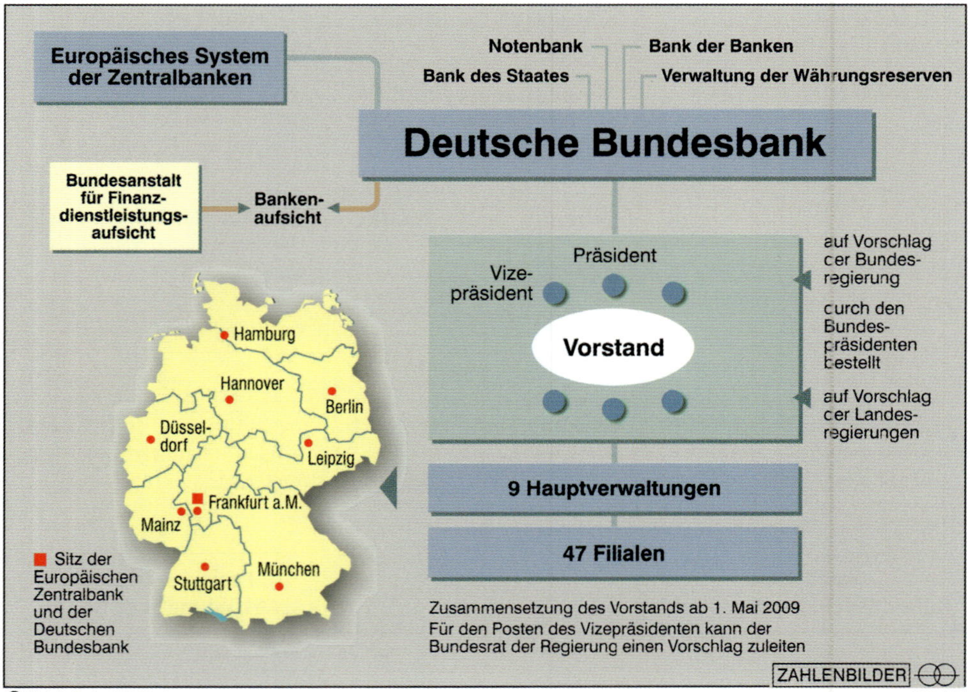

© Erich Schmidt Verlag 459 120

ZUSAMMENFASSUNG

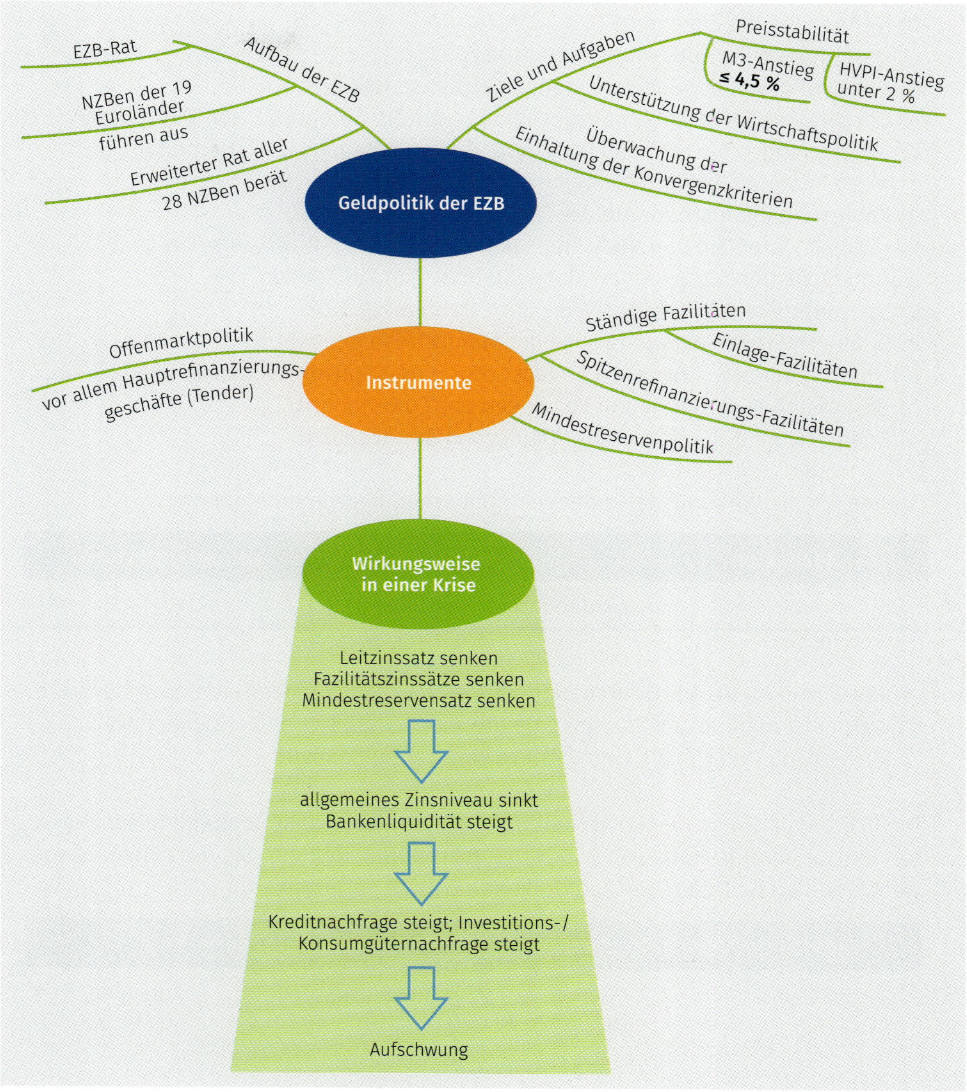

AUFGABEN

1 **Gruppenturnier:** Bilden Sie mehrere Arbeitsgruppen und erläutern Sie folgende Begriffe:
a) Eurosystem, b) ESZB, c) EZB-Rat, d) „Pre-ins“, e) Unabhängigkeit der EZB, f) Geldmenge M3, g) Geldmarkt, h) Geschäftspartner des ESZB, i) Refinanzierung, j) Mindestreserve, k) Fazilität, l) Pensionsgeschäft, m) Tenderverfahren

2 **Gruppenpuzzle:** Beantworten Sie in den Experten- bzw. Puzzlegruppen folgende Fragen:
a) Worin unterscheiden sich Eurosystem und ESZB?
b) Nennen Sie die Ziele der EZB.
c) Beschreiben Sie einige Aufgaben der EZB.
d) Wie wird die Unabhängigkeit der EZB sichergestellt?
e) Beschreiben Sie die Orientierungsgrößen für die Geldpolitik der EZB.
f) Unterscheiden Sie zwischen Kategorie-1- und Kategorie-2-Sicherheiten.
g) Nennen Sie die geldpolitischen Instrumente der EZB.
h) Zählen Sie die Instrumente der Offenmarktpolitik auf.
i) Unterscheiden Sie befristete Transaktionen und definitive Käufe/Verkäufe.
j) Unterscheiden Sie zwischen Mengentender und Zinstender.
k) Skizzieren Sie die Wirkungsweise der Offenmarktpolitik.
l) Erläutern Sie die Wirkungsweise der Mindestreservenpolitik.
m) Unterscheiden Sie zwischen Einlagefazilität und Spitzenrefinanzierungsfazilität.
n) Beschreiben Sie den Begriff Leitzinsen des Eurosystems.
o) Erläutern Sie die Aufgaben der Deutschen Bundesbank.

3 Stellen Sie die Wirkungsweise der geldpolitischen Instrumente dar.

Rezession	⇦ Konjunkturlage ⇨	Boom/Inflation
?	Geldpolitisches Instrument	?

4 a) Wie wird mithilfe der Offenmarktpolitik eine Expansion der Geldmenge bewirkt?
b) Warum ist mithilfe der Offenmarktpolitik eine Vergrößerung der Geldmenge leichter zu erreichen als eine Verringerung der Geldmenge?

5 Die EZB beabsichtigt, den Wirtschaftssubjekten im Euroraum über einen Mengentender Liquidität in Höhe von 150 Mio. € zuzuführen. Nehmen Sie die Zuteilung vor, wenn von den Geschäftspartnern folgende Gebote vorliegen:

Gebote der Geschäftspartner		Zuteilungsergebnis	
Geschäftspartner	Gebot (in Mio. €)	Zuteilungsquote	Zuteilung (in Mio. €)
Bank A	70	?	?
Bank B	80	?	?
Bank C	50	?	?
Insgesamt	?	?	?

6 Die EZB beabsichtigt, den Wirtschaftssubjekten im Euroraum über einen Zinstender Liquidität in Höhe von 180 Mio. € zuzuführen. Nehmen Sie die Zuteilung vor, wenn von den Geschäftspartnern folgende Gebote vorliegen (Angaben in Mio. €):

Zinssatz	Bank A	Bank B	Bank C	Insgesamt	Kumuliert
3,15 %	–	20	10	?	?
3,10 %	20	30	20	?	?
3,05 %	30	40	30	?	?
3,00 %	40	50	40	?	?
Gebote	?	?	?	?	–
Zuteilung	?	?	?	?	–

7 Auszug aus einem Vortrag des Vizepräsidenten der Deutschen Bundesbank:

„... Die in jüngster Zeit geäußerte Forderung, die Geldpolitik solle ihre ‚Zügel lockern', um die Beschäftigung zu fördern, ist ebenso wie der Ruf nach einer expansiveren Finanzpolitik weder hilfreich noch angemessen. Diese Vorschläge gehen schlicht an den Ursachen des Problems vorbei. Vor der Therapie steht immer noch die Diagnose.
Lassen Sie mich hierzu auf den jüngsten Bericht des Internationalen Währungsfonds IWF zu Deutschland hinweisen. Der IWF führt die Arbeitsplatzvernichtung zum großen Teil auf den erheblichen Anstieg der Arbeitskosten in Gesamtdeutschland seit der Vereinigung zurück. Er stellt fest, dass von dem Beschäftigungsrückgang vor allem die geringer bezahlten und weniger gut ausgebildeten Arbeitnehmer betroffen waren. Er fordert neben einer Politik der Senkung der Lohnzusatzkosten insbesondere umfassende Reformen des Arbeitsmarktes.
Um die strukturell bedingt hohe Arbeitslosenquote dauerhaft zu verringern, sind Strukturanpassungsmaßnahmen unabdingbar. Nicht die Geldpolitik, sondern die Tarifpolitik sowie die Struktur-, Sozial- und Finanzpolitik sind gefordert. Strukturelle Verkrustungen lassen sich nicht durch monetäre Mittel beseitigen.
Der Euro kann die notwendigen internen Reformen im Bereich der öffentlichen Haushalte, in den Sozialversicherungssystemen, im Steuersystem und am Arbeitsmarkt nicht ersparen. Im Gegenteil: Strukturelle Defizite werden durch den Euro deutlicher und zwingen eher noch zu rascherem Handeln. Die Geldpolitik kann nicht das geradebiegen, was in der nationalen Finanz-, Sozial- und Arbeitsmarktpolitik verbogen wurde. ...“

Nach Ansicht des Redners ist die Lockerung der Geldpolitik (= expansive Geldpolitik) kein geeignetes Mittel zur Bekämpfung der Arbeitslosigkeit.

a) Was versteht man unter einer expansiven Geldpolitik?

b) Wie begründet der Redner seine Meinung?

c) Weshalb fordern Politiker eine Lockerung der Geldpolitik?

8 Pressemitteilung:

Der Zentralbankrat der Europäischen Zentralbank senkte gestern die €-Leitzinsen. Die Währungshüter nahmen alle drei Leitzinsen unerwartet kräftig zurück. Der zentrale Leitzins für Hauptrefinanzierungsgeschäfte wurde von 3,0 auf 2,5 % gesenkt, der Spitzenrefinanzierungs-Zinssatz von 4,5 auf 3,5 und der Einlagefazilitätszinssatz mit sofortiger Wirkung von 2,0 auf 1,5 %.

a) Welche Gründe könnten den EZB-Rat bewogen haben, die Leitzinsen zu senken?
b) Erläutern Sie die genannten drei Leitzinssätze.

9

Die Euroländer

EU-Mitglieder, die den Euro als offizielle Währung eingeführt haben, und das Jahr der Euro-Einführung

Belgien	1999
Deutschland	1999
Finnland	1999
Frankreich	1999
Irland	1999
Italien	1999
Luxemburg	1999
Niederlande	1999
Österreich	1999
Portugal	1999
Spanien	1999
Griechenland	2001
Slowenien	2007
Malta	2008
Zypern	2008
Slowakei	2009
Estland	2011
Lettland	2014
Litauen	2015

EU-Mitglieder, die den Euro (noch) nicht eingeführt haben, und ihre derzeit gültige Währung

Bulgarien	Lew
Dänemark	Dänische Krone
Großbritannien	Pfund Sterling
Kroatien	Kuna
Polen	Złoty
Rumänien	Leu
Schweden	Schwed. Krone
Tschechien	Tschech. Krone
Ungarn	Forint

10045 © Globus   Stand 2015   Quelle: Europäische Union

a) Welche Länder bilden die Eurozone?
b) Welche Vorteile versprechen sich diese Mitgliedsländer von der gemeinsamen Währung?

10

Institutionelle Unabhängigkeit	Die EZB und die nationalen Zentralbanken dürfen keine Weisungen von nationalen oder gemeinschaftlichen politischen Instanzen entgegennehmen. Ebenso darf die EZB Haushaltsdefizite der Gemeinschaft oder der Teilnehmerländer nicht finanzieren. Soweit dies ohne Beeinträchtigung des Zieles der Preisstabilität möglich ist, unterstützt die Europäische Zentralbank die allgemeine Wirtschaftspolitik in der Union.
Funktionelle Unabhängigkeit	Oberstes Ziel der EZB ist die Geldwertstabilität. Erst nachrangig darf die allgemeine Wirtschaftspolitik in der Gemeinschaft unterstützt werden. Die Geldwertstabilität darf dadurch nicht gefährdet sein.
Finanzielle Unabhängigkeit	Die EZB ist von den Notenbanken der Teilnehmerländer mit Kapital und Währungsreserven ausgestattet, über die sie uneingeschränkt verfügen kann.
Personelle Unabhängigkeit	Ein Mitglied des EZB-Rats kann nur bei sehr schweren Verfehlungen seines Amtes enthoben werden. Die Enthebung erfolgt auf Antrag des EZB-Rats oder des Direktoriums durch den Europäischen Gerichtshof. Da die Mitglieder des EZB-Rats nur für eine Amtszeit von 8 Jahren eingesetzt werden, besteht kaum Gefahr, dass sie sich gegenüber politischen Instanzen opportunistisch verhalten.

Erläutern Sie die Stellung der EZB.

4 Globalisierung und europäische Integration

PROBLEM

Ein Sachverhalt, mehrere Sichtweisen:

Kunde Karl Winter: „Das mit den Importen in die Bundesrepublik geht schon in Ordnung. Natürlich kaufe ich deutsche Produkte, wenn der Preis stimmt, aber ich habe zu Hause drei Kinder und kann mein Geld nicht verschwenden. Diese Schuhe kommen aus Korea, diese T-Shirts kommen aus Hongkong. Und sie sind wirklich viel billiger als deutsche Produkte."

Arbeitnehmerin Franziska Müller: „Ich bin ein typisches Globalisierungsopfer. Ich habe meinen Job verloren, als die Schuhfabrik in der Stadt pleiteging. Einige bekamen noch Arbeit im Hauptwerk, das 200 Kilometer von meinem Wohnort entfernt ist, aber die meisten Arbeitsplätze gingen verloren, weil sie nicht mit der Konkurrenz aus Ostasien mithalten konnten. Ich habe zwar eine neue Arbeit bekommen, aber ich verdiene jetzt erheblich weniger. Hätte die Regierung nicht den billigen Produkten aus Ostasien Tür und Tor geöffnet, hätte ich vielleicht noch meinen Job."

Politiker Bernd Ehing: „Wenn wir erst anfangen, unsere Grenzen für ausländische Produkte zu schließen, dann ruhen sich unsere Firmen auf ihren Lorbeeren aus. Die Produkte werden zu teuer, weil es keine Konkurrenz gibt. Damit erweisen wir unserem Land insgesamt nur einen Bärendienst. Hinzu kommt, dass wir schließlich auch Produkte ausführen wollen. Wer kauft unsere Produkte, wenn wir selbst im Ausland keine kaufen wollen? Wir können doch nicht einseitig aus dem Ausland nur für uns Vorteile ziehen."

Betriebsratsmitglied Uwe Pantel: „Mit den niedrigen Lohnkosten der Ostasiaten können wir doch überhaupt nicht konkurrieren. Und wenn wir die hohen Subventionen sehen, die der Staat dort noch zahlt, nein, dagegen kommen wir nicht an. Wir mussten unseren Zweigbetrieb schließen, um nicht das ganze Werk zu gefährden. Es ist schon bitter für uns als Betriebsrat, der ganzen Sache zustimmen zu müssen. Wie soll das noch weitergehen?"

Lisa Lander, Inhaberin einer kleinen Schuhfabrik: „Seit ich meine Schuhe auch auf meiner Webseite im Internet anbiete, habe ich Kunden aus aller Welt. Ich hätte nicht gedacht, dass meine Schuhe so gefragt sind. Langsam wächst mir das über den Kopf. Ich weiß nicht, gegen welche Vorschriften ich bei der Ausfuhr verstoße. Aber ich muss mitmachen, denn meine Konkurrenten machen das auch. Die vielen Kunden aus Polen, der Ukraine und Weißrussland könnten ein Zweigwerk in einem dieser Länder rentabel machen. Ich wäre näher am Kunden und könnte Lohnkosten sparen."

Arbeitsaufträge

1 *Stellen Sie dieses Gespräch in einem kurzen Rollenspiel nach.*

2 *Nehmen Sie zu den Aussagen Stellung und diskutieren Sie darüber.*

4.1 Gesamtwirtschaftliche Bedeutung des Außenhandels

MERKE:

Die Gesamtheit der wirtschaftlichen Beziehungen zwischen verschiedenen Staaten wird als **Außenwirtschaft** bezeichnet. Dazu zählen Warenverkehr **(Außenhandel)**, Dienstleistungsverkehr (z. B. Tourismus, Güterverkehr), Kapitalverkehr (Kredite, Wertpapierhandel), Devisenverkehr (Zahlungen in Fremdwährung) und Übertragungsverkehr (z. B. Überweisungen der Fremdarbeiter in ihre Heimatländer, Zahlungen an internationale Organisationen).

„Deutschland ist Exportweltmeister", so lautet Jahr für Jahr die Schlagzeile der Wirtschaftspresse. Seit Jahren gibt der Export Impulse für die Binnenkonjunktur und stößt Wachstum und Beschäftigung an.

Entwicklung des Außenbeitrags und der Außenbeitragsquote					
Jahr	**2011**	**2012**	**2013**	**2014**	**2015**
Exporte in Mrd. €	1209,4	1262,9	1283,1	1333,2	1419,0
– Importe in Mrd. €	1078,9	1101,1	1113,7	1136,8	1182,0
Außenbeitrag in Mrd. €	**130,4**	**161,7**	**169,4**	**196,4**	**236,9**
Bruttoinlandsprodukt (BIP) in Mrd. €	2699,1	2749,9	2820,8	2915,7	3026,6
Außenbeitragsquote in %	**4,8**	**5,9**	**6,0**	**6,7**	**7,8**
Exportquote in %	**44,8**	**45,9**	**45,5**	**45,7**	**46,9**
Importquote in %	**40,0**	**40,0**	**39,5**	**39,0**	**39,1**

(Quelle: Deutsche Bundesbank, Monatsbericht März 2016, Statistischer Teil, S. 65)

Deutschland exportiert zurzeit rund 47 % des Bruttoinlandsprodukts ins Ausland. Rund 60 % aller deutschen Exporte gehen in EU-Länder. Die wichtigsten Kunden sind USA, Großbritannien, Frankreich, China und Niederlande. Die wichtigsten Exportgüter sind Autos und Autoteile, Maschinen, chemische Erzeugnisse, Nachrichten- und Elektrotechnik, Eisen- und Stahlerzeugnisse, Medizin- und Messtechnik. Rund 60 % aller Importe kommen aus EU-Ländern. Die wichtigsten Lieferanten sind China, Niederlande, Schweiz, Frankreich und Italien. Die wichtigsten Importgüter sind Elektronik-, chemische Erzeugnisse, Autos und Autoteile, Erdöl und Erdgas, Maschinen, Eisen-, Stahlerzeugnisse, Büromaschinen, Bekleidung, Textilwaren und Nahrungsmittel.

4.2 Folgen der Globalisierung – Chancen und Risiken

MERKE:

Der Prozess der zunehmenden weltumspannenden Vernetzung der Informations-, Personen-, Waren-, Dienstleistungs- und Finanzströme wird als **Globalisierung** bezeichnet.

Globalisierungsbefürworter verweisen darauf, dass nur die internationale Arbeitsteilung, aufgrund der ungleich verteilten natürlichen Ressourcen, die **zufriedenstellende Versorgung aller Menschen** sichern kann und damit für einen Wohlstandsgewinn für alle beteiligten Staaten sorgt. Dies wird durch die **komparativen Kostenvorteile**[1] möglich.

BEISPIEL: Berechnung der komparativen Kostenvorteile (Arbeitszeit in Tagen)

Am Handel beteiligte Länder	Portugal		Großbritannien		Gesamtzeit
Hergestellte Produkte	Tuch	Wein	Tuch	Wein	
Arbeitszeit ohne internationale Arbeitsteilung (Autarkie)	90	80	100	120	390
Arbeitszeit mit internationaler Arbeitsteilung (Freihandel)	–	160	200	–	360
Komparative Kostenvorteile	**10 Tage**		**20 Tage**		**30 Tage**

Die internationale Arbeitsteilung ist selbst dann vorteilhaft, wenn eines der beteiligten Länder alle fraglichen Güter günstiger produzieren könnte. Spezialisiert sich Portugal auf die Produktion von Wein und Großbritannien auf die Produktion von Tuch, dann haben beide Länder einen Wohlfahrtsgewinn.

Die Globalisierung stellt sicher, dass die Produktionsfaktoren Natur, Arbeit und Kapital dort zum Einsatz kommen, wo sie den höchsten Ertrag bringen. Damit wird der **effiziente Einsatz knapper Ressourcen** gesichert.

Auf liberalisierten Märkten können Unternehmen ihre Verwaltungen und Produktionsstätten in jene Länder verlegen, in denen die Lohnkosten am niedrigsten, die steuerliche Belastung erträglich sowie die Arbeitsschutz- und Umweltschutzvorschriften (sogenannte **Sozial- und Umweltstandards**) am geringsten sind. Das führt zu **Kostenvorteilen**, die den Konsumenten in allen Ländern in Form von **günstigen Angebotspreisen** weitergegeben werden können. Durch Standortverlagerung ins Ausland werden neue Absatzmärkte gewonnen, Währungsrisiken und Transportkosten (Herstellung vor Ort) gering gehalten sowie Zoll- und Handelsschranken ausgeschaltet. Damit haben global agierende Unternehmen **Wettbewerbsvorteile**. Sie können an ihren heimischen Standorten in die Entwicklung neuer Produkte **investieren** und so ihre heimischen **Arbeitsplätze sichern**.

Standortverlagerungen in Niedriglohnländer schaffen dort Arbeitsplätze. Mit den höheren Steuereinnahmen können die Transformations- und Entwicklungsländer ihre Infrastruktur und ihre **Sozial- und Umweltstandards** ausbauen. Die Lebensqualität wird in diesen Ländern verbessert.

Die wirtschaftliche Vernetzung fördert die politische und kulturelle Zusammenarbeit der beteiligten Länder. Das verbessert die **Völkerverständigung** und hilft, den **Frieden zu sichern**.

[1] **„Gesetz der komparativen Kosten“** (David Ricardo, engl. Nationalökonom, 1772–1823)

Globalisierungskritiker führen den **Wohlstandsverlust in vielen Industrieländern** (z. B. sinkende Realeinkommen[1]) auf die Globalisierung zurück.

In einer globalen Welt treten nicht nur die Unternehmen mit ihren Waren und Dienstleistungen zueinander in Wettbewerb, sondern zunehmend auch die wirtschaftlichen Rahmenbedingungen (z. B. Steuersysteme, Sozial- und Umweltstandards) der Staaten und Regionen. Globalisierungsgegner stellen einen **Unterbietungswettbewerb** der Staaten bei den Steuern, Sozial- und Umweltstandards fest. Dies wird in den Schlagworten Steuersenkungswettlauf, Lohndumping, Sozialdumping und Ökodumping[2] deutlich. Notwendige Investitionen in die Verkehrsinfrastruktur und das Bildungswesen bleiben aus. Inländische Arbeitnehmer nehmen in betrieblichen Bündnissen für Arbeit **Verschlechterungen ihrer Arbeitsbedingungen** in Kauf (z. B. längere Arbeitszeiten ohne Lohnausgleich), um im Gegenzug Jobgarantien zu erhalten. Ständige Reformen (z. B. Renten-, Gesundheitsreformen) sind nötig, um das soziale Sicherungssystem zu erhalten.

Durch **Standortverlagerungen** in Billiglohnländer gehen vor allem in Hochlohnländern Arbeitsplätze für Geringqualifizierte verloren. Vom **Wachstum ohne Beschäftigung** und von der **globalen Arbeitslosigkeit** ist die Rede.

4.3 Handelspolitische Blockbildungen – Präferenzräume

Weltweit tätige Großunternehmen können ungünstigen steuer-, sozial- und umweltpolitischen Maßnahmen durch Standortverlagerungen ausweichen. Im Zuge der Globalisierung verlieren Politiker zunehmend an Einfluss. Ein gewisser **Souveränitätsverlust der Nationalstaaten** ist die Folge.

Um sich im internationalen Wettbewerb behaupten zu können, schließen sich immer mehr Staaten Binnenmärkten, Zollunionen oder Freihandelszonen an oder arbeiten in einer anderen Form wirtschaftlich zusammen.

Zunehmende Integration am Beispiel der EU

Die wirtschaftliche Zusammenarbeit in Europa begann 1951 mit der Gründung der **Europäischen Gemeinschaft für Kohle und Stahl** (EGKS oder Montanunion), einem gemeinsamen Markt für die Montanindustrie. Zölle und Mengenbeschränkungen (Einfuhrkontingente) wurden aufgehoben und ein gemeinsamer einheitlicher Außenzoll gegenüber Drittländern eingeführt. Mit Gründung der **Europäischen Wirtschaftsgemeinschaft (EWG)** im Jahre 1957 in Rom weiteten die Mitgliedstaaten ihre wirtschaftliche Zusammenarbeit auf alle übrigen Wirtschaftszweige (z. B. Elektro-, Textil-, Lebensmittelbranche, chemische Industrie und Agrarwirtschaft) aus. Es entstand ein Gemeinsamer Markt. Im Jahre 1967 entstand die **Europäische Gemeinschaft (EG)** aus dem Zusammenschluss von EGKS, EWG und EURATOM. Im Jahr 1968 wurde die **Zollunion** verwirklicht. Mit der Zollunion wurden die Zölle an den innergemeinschaftlichen Grenzen (also zwischen den Staaten der EG) ab-

---

1 **Realeinkommen** ist das um die Inflationsrate gekürzte Nettoeinkommen. Es gibt die Kaufkraft des Einkommens an. Siehe hierzu die Abbildung auf Seite 166.

2 **Dumping** = Preisunterbietung auf internationalen Märkten zur Erlangung einer Monopolstellung; to dump (engl.) = verschleudern. Engere Definition: Verkauf von Waren im Ausland zu einem Preis, der niedriger ist als die Herstellkosten bzw. deutlich unter dem Preis liegt, zu dem ein Hersteller sein Produkt z. B. auf seinem Heimatmarkt anbietet.

geschafft und ein **einheitlicher Zoll für Einfuhren** aus Drittländern eingeführt (AEUV Art. 28 ff.). 1993 entstand mit dem **Europäischen Binnenmarkt** und dem Vertrag über die **Europäische Union** ein Wirtschaftsraum ohne Binnengrenzen, der den freien Verkehr von Personen, Waren, Dienstleistungen und Kapital gewährleistet. Jetzt entfielen alle innergemeinschaftlichen Grenz- und Zollkontrollen. Zollbeamte sind heute nur noch an den Außengrenzen der EU tätig. Ein japanischer Autoimporteur zahlt z. B. einen Zoll, wenn das Auto in die EU eingeführt wird, danach fallen keine weiteren Zölle und Kontrollen mehr an.

Die häufigste Art der Zollabfertigung ist die Überführung in den **zollrechtlich freien Verkehr** *(Normalverfahren)*. Dadurch wird eine Nichtgemeinschaftsware durch Erhebung der Eingangsabgaben zu Gemeinschaftsware. Die Ware nimmt dadurch noch nicht den Gemeinschaftsursprung an.

BEISPIEL: Einfuhr aus einem Drittland nach Deutschland (Normalverfahren)

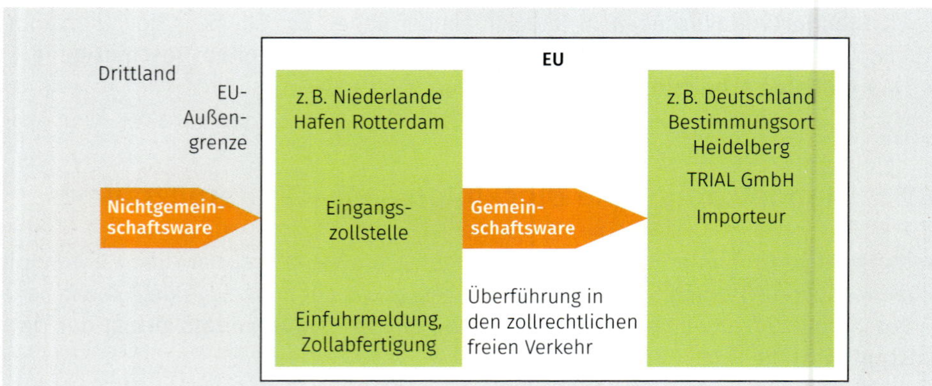

Weitere Arten der Zollabfertigung ermöglichen es, eingeführte Waren frei von Eingangsabgaben zu befördern *(Versandverfahren)*, zu lagern (Zolllager), für einen bestimmten Zeitraum zu nutzen *(vorübergehende Verwendung)*, zu bearbeiten oder zu verarbeiten und anschließend wieder auszuführen *(aktive Veredelung)* oder zunächst in ihrer Beschaffenheit zu verändern und erst danach zu verzollen *(Umwandlung)*.

Die Mitgliedstaaten der EU haben ihre gesetzgeberische Kompetenz in der Handelspolitik an die Europäische Kommission abgegeben (AEUV Art. 207). Die Europäische Kommission ist zuständig für die **EU-interne Handelspolitik** und für die **vertragliche Handelspolitik** (Außenhandelsabkommen mit Drittstaaten und der Welthandelsorganisation). Die Abkommen werden vom Europäischen Rat (das sind alle Regierungschefs der EU-Mitgliedstaaten und der Präsident der EU-Kommission) geschlossen.

Freihandelszonen – unterschiedliche Außenzölle möglich

MERKE:

Eine **Freihandelszone** ist ein Zusammenschluss mehrerer Länder, zwischen denen Zölle und andere Handelsbeschränkungen abgeschafft werden. Anders als bei einer Zollunion behalten die Mitgliedstaaten jedoch verschiedene Zolltarife gegenüber Drittstaaten bei. Waren aus Drittstaaten werden auch beim Verbringen von einem Mitgliedstaat in den anderen verzollt und an der Grenze kontrolliert.

Da Freihandelszonen keine gemeinsame Außenhandelspolitik betreiben, kommt in einer arbeitsteiligen Wirtschaft den **Ursprungsregeln** entscheidende Bedeutung zu. Diese Regeln bestimmen den Anteil am Wert eines Produktes, der innerhalb der Freihandelszone erwirtschaftet werden muss, damit das Produkt für den freien Warenverkehr innerhalb der Freihandelszone gehandelt werden darf.

Wichtige Freihandelszonen	
Europäischer Wirtschaftsraum (EWR)	Seit 1994 sind alle EU- und die EFTA-Staaten[1] Island, Liechtenstein und Norwegen (nicht die Schweiz) zu einer Freihandelszone zusammengeschlossen.
Nordamerikanische Freihandelszone (NAFTA = North American Free Trade Association)	1994 schlossen sich Mexiko, USA und Kanada zu einer Freihandelszone zusammen. Ziel der NAFTA ist die schrittweise Abschaffung der Zölle und Mengenbeschränkungen (Kontingente) zwischen den Mitgliedstaaten für den Waren-, Dienstleistungs- und Kapitalverkehr.
Markt des Südens (Mercosur = Mercado Comûn del Sur)	1991 gründeten die südamerikanischen Staaten eine Freihandelszone. Seit Abbau der Handelsschranken ist dort der gemeinsame Handel enorm angestiegen.
Asiatisch-pazifische Wirtschaftszusammenarbeit (APEC = Asiatic Pacific Economic Cooperation)	1989 schlossen sich 21 Staaten (darunter die USA, Kanada, China, Australien) zur APEC zusammen, mit dem Ziel, das rasche Wirtschaftswachstum in der Pazifikregion durch Öffnung der Märkte (Liberalisierung) und Förderung von Handel und Investitionen abzusichern. Bis zum Jahr 2020 soll daraus eine Freihandelszone entstehen.
SADC (Southern Africa Development Community)	1980 gründeten 10 Staaten des südlichen Afrika die Entwicklungsgemeinschaft südliches Afrika, aus der sich in Zukunft eine Freihandelszone entwickeln soll.

Zurzeit laufen Verhandlungen der EU-Kommission mit den USA über ein tansatlantisches Freihandelsabkommen (TTIP – Transatlantic Trade and Investment Partnership). Dem **weltumspannenden** Freihandel im Sinne der WTO erwächst zunehmend Konkurrenz durch die Bildung leistungsfähiger, **regionaler** Wirtschaftsblöcke (z. B. EWR, NAFTA, Mercosur). Die WTO erlaubt nach Artikel XXIV GATT-V die Bildung von **Präferenzräumen** (Zollgemeinschaften und Zollunionen). Die Partnerstaaten innerhalb solcher Präferenzräume dürfen sich gegenseitig, beispielsweise beim Zollabbau, weitergehende Vergünstigungen gewähren, ohne diese – nach der Meistbegünstigungsklausel – auch Drittstaaten gewähren zu müssen.

Präferenzräume haben also handelsschaffende und handelshemmende Wirkungen. Es wird befürchtet, dass die einzelnen Präferenzräume nicht zu Vorstufen des weltweiten Freihandels werden, sondern sich vielmehr – mit allerlei neuen protektionistischen Maßnahmen, auch unter scheinbarer Wahrung der WTO-Regeln – nach außen abschotten. Auch Handelskriege zwischen den Blöcken sind nicht ausgeschlossen.

1 EFTA = European Free Trade Association

Binnenmärkte – höchste Stufe der Zusammenarbeit

Freihandelszonen und Zollunionen entwickeln sich meist weiter zu **Binnenmärkten**. Wichtigstes Merkmal eines Binnenmarktes ist die **Mobilität der Produktionsfaktoren, also** der freie Zugang zu Beschaffungs- und Absatzmärkten **(freier Warenverkehr)**, zu Arbeitsmärkten **(freier Personenverkehr, freier Dienstleistungsverkehr)** und zu Kapitalmärkten **(freier Kapitalverkehr)**. Das schafft erheblichen Harmonisierungs- und Koordinationsbedarf zwischen den Wirtschaftspolitiken einzelner Länder und setzt die Bereitschaft zu intensiver zwischenstaatlicher Kooperation voraus. Im Binnenmarkt sind alle Handelsschranken abgebaut, insbesondere die nichttarifären Handelshemmnisse, wie z. B. die Nichtanerkennung unterschiedlicher technischer Normen oder Prüf- und Zertifizierverfahren. Dabei werden Bestimmungen entweder harmonisiert oder die Mitgliedstaaten werden zur gegenseitigen Anerkennung der Bestimmungen von Partnerländern verpflichtet.

ZUSAMMENFASSUNG

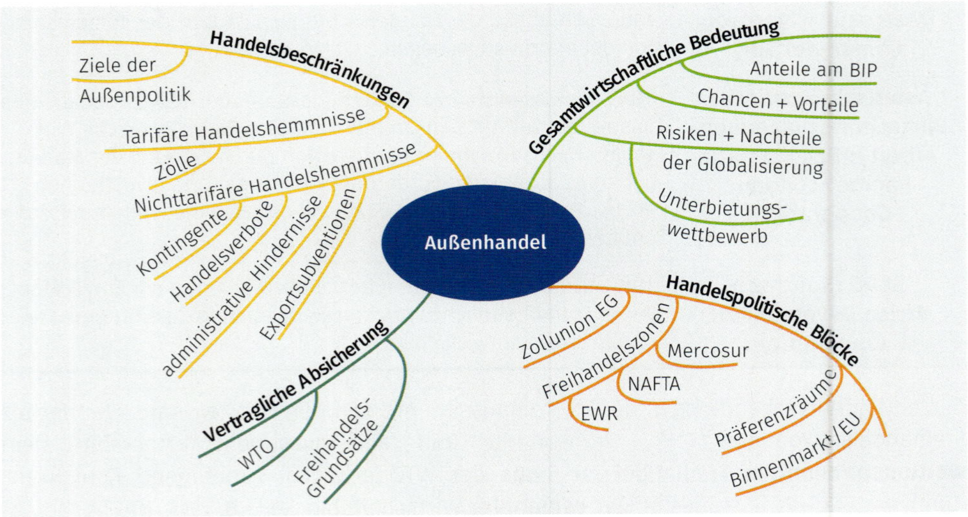

AUFGABEN

1 Schreiben Sie jeden der folgenden Begriffe auf die Kopfzeile eines DIN-A6-Kärtchens:

Außenwirtschaft (Begriff), Außenhandel (Begriff), Globalisierung (Begriff), Globalisierung (Vorteile), Komparativer Kostenvorteil, Globalisierung (Nachteile), Realeinkommen, Freihandel, Europäischer Binnenmarkt, Freihandelszone (Begriff, Beispiele), Zollunion (Begriff, Beispiel), Ursprungsregeln, EWR, NAFTA, APEC, Präferenzräume (Begriff, Wirkungen)

a) Sortieren Sie die Begriffskärtchen nach den Kriterien „weiß ich“ und „weiß ich nicht“.

b) Bilden Sie Kleingruppen mit höchstens drei Mitgliedern. Erklären Sie sich gegenseitig die „Weiß-ich-nicht"-Kärtchen. Schlagen Sie dabei die ungeklärten Begriffe im Schulbuch nach oder nehmen Sie Kontakt zu einer anderen Kleingruppe auf.

c) Schreiben Sie die Begriffserklärungen auf die Rückseite Ihrer Kärtchen und ordnen Sie die Kärtchen unter der Leitkarte „Außenhandel" alphabetisch in Ihren Lernkartei-Behälter ein.

2 Bilden Sie Teams mit jeweils drei Mitgliedern (Stammgruppen). Schreiben Sie jeden der Begriffe aus Aufgabe 1 auf ein separates Stück Papier und fügen Sie diese Papierkärtchen zu einer sinnvollen Struktur zusammen. Die Struktur kann durch Pfeile, Farben, Symbole, Texte (z. B. Überschriften), Bilder oder weitere Begriffe ergänzt werden.

3 Das Land A benötigt zur Herstellung einer Produktionseinheit Wein sieben Arbeitsstunden, das Land B 13 Arbeitsstunden. Für die Produktion einer Produktionseinheit Tuch braucht das Land A neun Arbeitsstunden, das Land B zehn Arbeitsstunden. Zeigen Sie die komparativen Kostenvorteile auf.

4 Bearbeiten Sie die folgenden Materialien und nehmen Sie dazu Stellung:

M 1

M 2

Der Norden sät den Hunger

In den ersten Tagen des Mai kam der Regen in das Land der Aufrechten ... Mit den Werkzeugen Afrikas, der kurzen Hacke und dem von mageren Ochsen gezogenen Pflug, bricht Yiribaté Dabou die Erde auf. Dabou, der Bauer. 28 Jahre ist er alt, abends isst er Maisbrei, nachts schläft er auf dem Lehmboden, tags arbeitet er auf seinem Acker unter der Sonne. Dabou lenkt die Ochsen, seine Brüder führen den Pflug, die Frauen und die Kinder streuen das Saatgut in die Erde, die Malaria-Mücken zerstechen ihnen den Rücken ... Tage- und wochenlang werden die Männer und die Frauen und die Kinder die Baumwolle pflücken, den Rohstoff für die Hemden, Hosen, Jacken, Socken, Handtücher, Bettlaken und Waschlappen der Welt, in einem kleinen Staat in Westafrika, der sich Burkina Faso nennt, Land der Aufrechten. Es wird eine gute Ernte sein. (Doch) Dabou wird fast kein Geld dafür bekommen.

(Denn) mit den Werkzeugen Amerikas, der panzergroßen Erntemaschine und dem von Computern navigierten Traktor, fahren dort die Männer auf die Äcker ... Auf einem freien Weltmarkt hätten die amerikanischen Bauern keine Chance, vor allem nicht gegen die Afrikaner ... (Denn) die preiswerteste landwirtschaftliche Maschine ist immer noch der Mensch, jedenfalls, wenn er zum Arbeiten nichts braucht als zwei Schälchen Mais am Tag. Nach Berechnung des International Cotton Advisory Committee (ICAC) in Washington produzieren die Bauern in Burkina Faso ihre Baumwolle dreimal billiger als die Bauern in Amerika, und weil die Afrikaner die weiße Watte mit den Händen von den Sträuchern zupfen, ist sie auch noch von besserer Qualität als amerikanische Baumwolle (**cotton USA**).

(Heute) exportieren die amerikanischen Cotton-Farmer mehr Baumwolle als je zuvor in der Geschichte. Mehr als die Textil- und Bekleidungsunternehmen in aller Welt verarbeiten. Das Überangebot hat eine simple ökonomische Folge. Der Weltmarktpreis der Baumwolle fiel von 90 Cent auf unter 40 Cent. Das Einkommen der Baumwollbauern rund um die Welt hat sich dadurch halbiert. Nur die 25 000 Baumwollfarmer in den USA müssen sich nicht sorgen. Sie haben den Preisverfall maßgeblich verursacht und obwohl sie weltweit zu den teuersten Produzenten gehören, haben sie darunter nicht zu leiden, denn sie bekommen ihr Geld vom Staat. Im Jahr 2002 waren es 3,9 Mrd. USD, dreimal so viel wie die gesamte amerikanische Entwicklungshilfe für 500 Millionen Afrikaner ...

Von dem, was Dabou für die Baumwolle bekommt, muss er seine Schulden für den Dünger, das Saatgut und die Schädlingsbekämpfungsmittel begleichen. Früher blieben ihm (umgerechnet rund 1,20 €) am Tag. Damit kaufte er das Essen für die Familie, zahlte das Schulgeld und die Medikamente für die Kinder, die der Durchfall und die Malaria plagen ... (Er fragt mich:) „Was hat denn Ihr Hemd gekostet?“ Ich antworte: „Das Hemd? Vielleicht 30,00 €.“ „Sehen Sie. Ihr Hemd wiegt etwa 200 Gramm. 200 Gramm Baumwolle. Das bringt uns auf dem Weltmarkt, sagen wir, 25 Cent. Ohne Subventionen wären es vielleicht 32 Cent. Das würde uns Bauern schon enorm helfen. Aber um richtig Geld zu machen, müssten wir anfangen, in Burkina nicht nur die Baumwolle zu produzieren, sondern auch die Hemden.“ Es wäre der Weg ins 21. Jahrhundert ...

(Quelle: Wolfgang Uchatius: Der Norden sät den Hunger, in: Die Zeit, 14. August 2003, Seite 13)

M 3

Deutschlands wichtigste Handelspartner
Angaben für 2015 in Milliarden Euro
Die größten Lieferanten (Einfuhr)
China 91,5 Mrd. €
Niederlande 88,1
Frankreich 67,0
USA 59,3
Italien 49,0
Polen 44,5
Schweiz 42,7
Tschechien 39,3
Großbritannien 38,3
Österreich 37,3
Belgien 36,9
Russland 29,8
Spanien 26,5
Ungarn 23,7
Japan 20,2
Norwegen 16,2
Die größten Kunden (Ausfuhr)
113,9 USA
103,0 Frankreich
89,3 Großbritannien
79,5 Niederlande
71,2 China
58,1 Italien
58,0 Österreich
52,1 Polen
49,3 Schweiz
41,4 Belgien
38,8 Spanien
36,5 Tschechien
23,1 Schweden
22,4 Türkei
21,8 Russland
21,7 Ungarn
Quelle: Stat. Bundesamt (Februar 2016)
vorläufige Zahlen
© Globus 10879

M 4

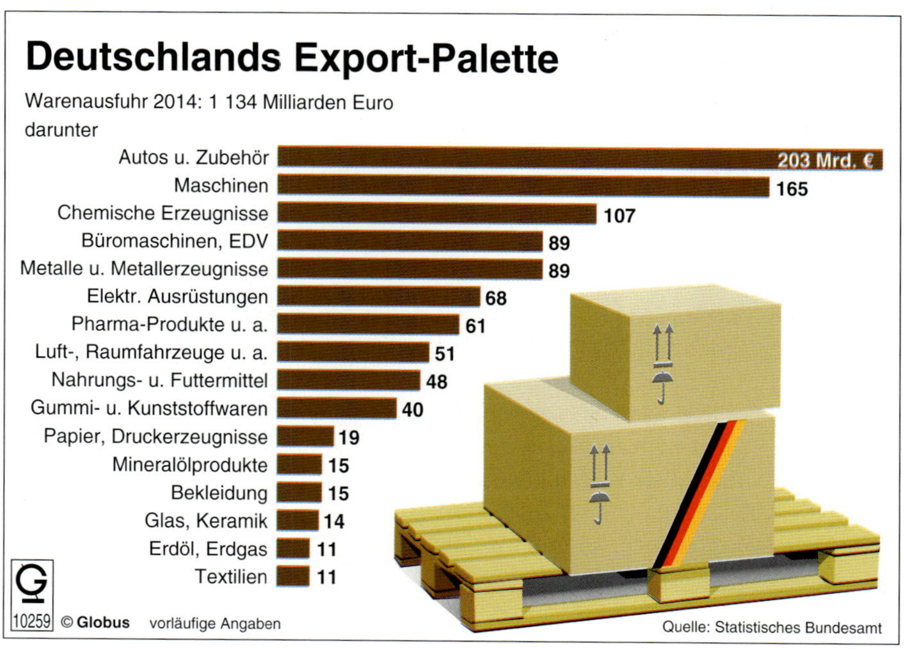
Deutschlands Export-Palette
Warenausfuhr 2014: 1 134 Milliarden Euro
darunter
Autos u. Zubehör 203 Mrd. €
Maschinen 165
Chemische Erzeugnisse 107
Büromaschinen, EDV 89
Metalle u. Metallerzeugnisse 89
Elektr. Ausrüstungen 68
Pharma-Produkte u. a. 61
Luft-, Raumfahrzeuge u. a. 51
Nahrungs- u. Futtermittel 48
Gummi- u. Kunststoffwaren 40
Papier, Druckerzeugnisse 19
Mineralölprodukte 15
Bekleidung 15
Glas, Keramik 14
Erdöl, Erdgas 11
Textilien 11
10259 © Globus
vorläufige Angaben
Quelle: Statistisches Bundesamt

M 5

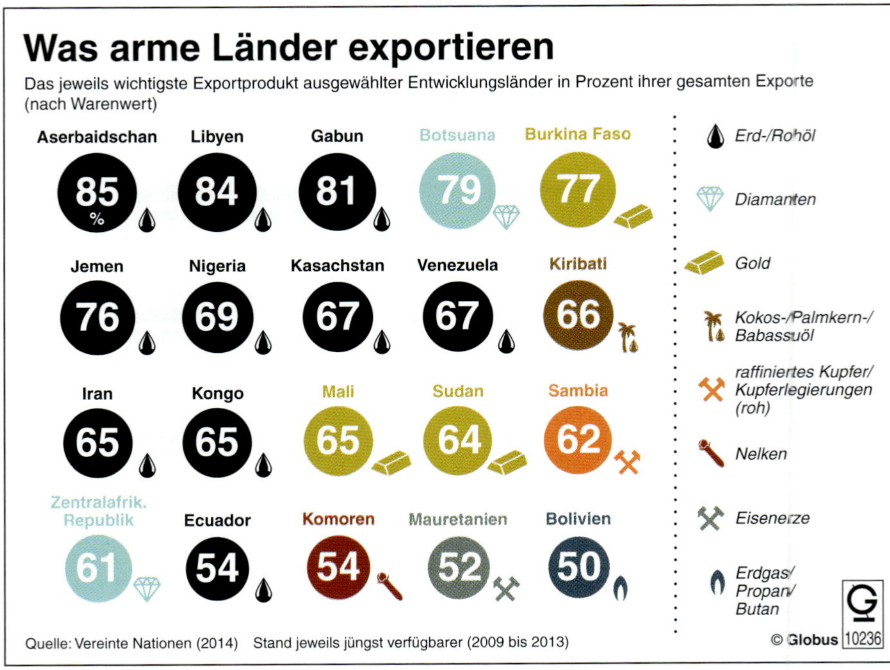

LERNSITUATION

GELDPOLITIK[1]

SITUATION

In Kürze findet die nächste EZB-Ratssitzung statt, in der die aktuelle Geldpolitik beschlossen werden soll. Mit Ihren Mitauszubildenden wollen Sie beim nächsten Ausbildungsgespräch die EZB-Ratssitzung nachspielen. Jeder Auszubildende soll in die Rolle eines EZB-Präsidenten eines Eurolandes seiner Wahl schlüpfen. Sie übernehmen die Rolle des deutschen Bundesbankpräsidenten und machen sich zunächst ein Bild der Wirtschaftslage. In der Sitzung soll entschieden werden, ob die Leitzinsen unverändert bleiben sollen bzw. eine Zinssenkung oder -anhebung notwendig ist. Ihnen liegen verschiedene Daten zur wirtschaftlichen Entwicklung vor.

[1] Nach einer Veröffentlichung der Deutschen Bundesbank, Herbst 2010, www.bundesbank.de/Navigation/DE/Service/Schule_und_Bildung/Unterrichtsmaterialien/Sekundarstufe_II/sekundarstufe_2.html//geld_und_geldpolitik_unterrichtsvorlagen_2010_kap_6.pdf; Abruf am 01.09.2012; mit aktuellen Ergänzungen

ARBEITSAUFTRÄGE

1 Vor dem Sitzungstermin verteilen Sie an Ihre Mitauszubildenden ein Handout, in dem Sie die wesentlichen Grundlagen der EZB und ihre wichtigsten Gremien kurz und anschaulich darstellen.

2 Zur Vorbereitung auf die Sitzung studiert jeder Rollenspieler (Sitzungsteilnehmer) den Lagebericht zur wirtschaftlichen und monetären Entwicklung im Euro-Währungsgebiet, klärt unbekannte Begriffe und erstellt eine Kurzfassung des Lageberichts.
Auf dieser Grundlage treffen Sie eine Zinsentscheidung, die Sie in der EZB-Ratssitzung vertreten wollen und notieren sich Argumente für Ihre Position.

3 Sie führen die EZB-Ratssitzung als Rollenspiel durch. Dabei diskutieren Sie mit Ihren EZB-Ratskollegen die wirtschaftliche Lage und tauschen sich über Ihre zinspolitischen Vorschläge aus. Am Ende der Sitzung kommen Sie zu einem gemeinsamen Beschluss.
Anschließend verfassen Sie eine Pressemitteilung des EZB-Rats, in der Sie die Sitzungsergebnisse bekannt geben und die Gründe dafür darlegen.

4 Um die Schuldenkrise zu lösen und um die Inflationserwartungen anzuheizen, kauft die EZB zunehmend Staatsanleihen der Schuldenländer. Bilden Sie sich eine eigene Meinung zu dieser geldpolitischen Maßnahme anhand des Interviews mit dem Präsidenten der Deutschen Bundesbank und der Auszüge aus dem Vertrag über die Arbeitsweise der Europäischen Union.

5 In vielen Staaten versuchen die Zentralbanken die Inflationserwartungen mit Negativzinsen anzuheizen. Damit wollen sie eine höhere Kreditvergabe der Banken erzwingen, das Wachstum durch höhere Investitionen und Konsum ankurbeln und die Inflationsrate auf das mittelfristige Ziel von knapp unter 2 % anheben. Bilden Sie sich anhand des Zeitungsartikels eine eigene Meinung zur Wirkung dieser geldpolitischen Maßnahme und zu der vorgeschlagenen Alternative des Helikoptergeldes.

MATERIALIEN

Ausführliche Lagebeschreibung zur wirtschaftlichen und monetären Entwicklung im Euro-Währungsgebiet

Die aktuelle Entwicklung der Wirtschaftstätigkeit ist geprägt von einem hohen Maß an Unsicherheit, die zum großen Teil von der Verschärfung und Ausweitung der Finanzmarktunruhen herrührt. Die negativen Auswirkungen machen sich in der gesamten Weltwirtschaft bemerkbar; die Spannungen greifen zunehmend vom Finanzsektor auf die Realwirtschaft und von den fortgeschrittenen Volkswirtschaften auf die Schwellenländer über.

Was den Euroraum betrifft, bestätigen die jüngsten Umfragedaten, dass sich die Konjunktur angesichts einer gedämpften Inlands- und Auslandsnachfrage und restriktiverer Finanzierungsbedingungen erheblich abgeschwächt hat. Dies zeigt sich auch bei Betrachtung der Entwicklung des Bruttoinlandsproduktes, dessen Wachstumsraten rückläufig sind.

Eine Reihe der zuvor identifizierten Abwärtsrisiken für das Wirtschaftswachstum sind zum Tragen gekommen, insbesondere jene, die von den Finanzmarktspannungen herrühren. Andere Abwärtsrisiken bestehen weiterhin im Zusammenhang mit unkontrollierten Entwicklungen aufgrund globaler Ungleichgewichte sowie verstärkter Protektionismus-Bestrebungen und mit der Möglichkeit erneuter Erhöhungen der Rohstoffpreise.

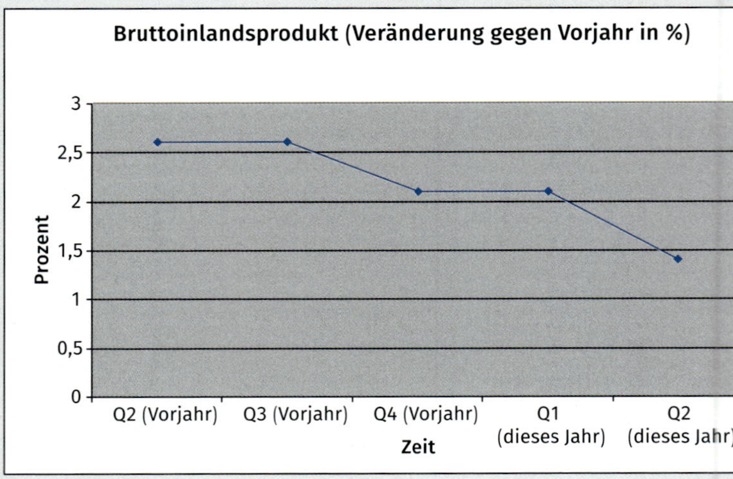

Was die Preisentwicklung anbelangt, so blieb die jährliche Teuerungsrate nach dem HVPI seit letztem Herbst deutlich über dem Niveau, das mit Preisstabilität vereinbar ist. Seit Juli ist sie jedoch kontinuierlich gesunken und lag – gemäß der Vorausschätzung von Eurostat – im Oktober bei 3,2 %.

Inflationsraten (Veränderungen gegen Vorjahr in %)

Mai	Juni	Juli	August	September
3,7	4,0	4,0	3,8	3,6

Dieses nach wie vor hohe Inflationsniveau ist größtenteils sowohl auf die direkten als auch die indirekten Auswirkungen der in der Vergangenheit weltweit drastisch gestiegenen Energie- und Nahrungsmittelpreise zurückzuführen. Außerdem führte das kräftige Lohnwachstum in der ersten Jahreshälfte trotz der schwächeren Wachstumsdynamik in Verbindung mit einer sich verlangsamenden Arbeitsproduktivität im selben Zeitraum zu einem merklichen Anstieg der Lohnstückkosten.

Mit Blick auf die Zukunft deuten die jüngsten kräftigen Einbußen bei den Rohstoffpreisen sowie die anhaltend schwächere Nachfrage darauf hin, dass die jährliche Teuerungsrate nach dem HVPI in den kommenden Monaten weiter zurückgehen und im Verlauf des kommenden Jahres ein Niveau erreichen wird, das mit Preisstabilität im Einklang steht. Aufwärtsrisiken bestehen weiterhin im Zusammenhang mit einem unerwarteten Anstieg der Rohstoffpreise sowie der indirekten Steuern, der administrierten Preise und dem Auftreten von breit angelegten Zweitrundeneffekten beim Preis- und Lohnsetzungsverhalten.

Eine genauere Betrachtung der Geldmengendaten zeigt, dass die jüngste Verschärfung der Finanzmarktturbulenzen bereits erkennbare Auswirkungen hat, insbesondere in Form von Mittelabflüssen aus Geldmarktfonds und stärkeren Mittelzuflüssen in täglich fällige Einlagen.

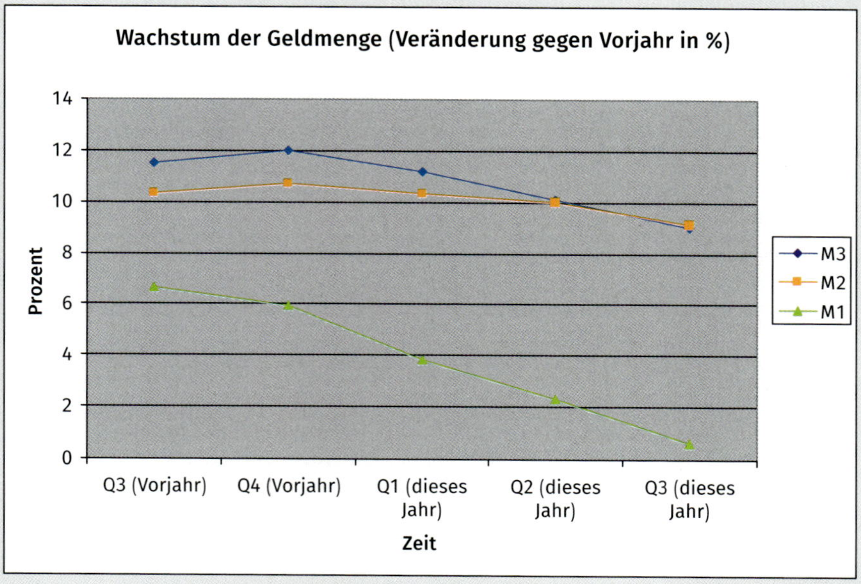

Dennoch ist das jährliche M1-Wachstum auf ein sehr niedriges Niveau gesunken. Darin spiegeln sich die relativ attraktiven Zinssätze für Termineinlagen wider, durch die sich die Opportunitätskosten der Haltung von Bargeld erhöht haben.

Die Jahreswachstumsrate der weit gefassten Geldmenge M3 war im September nach wie vor hoch, aber weiter rückläufig.

M3-Wachstum (Veränderungen gegen Vorjahr in %)

Mai	Juni	Juli	August	September
10,0	9,6	9,2	8,8	8,6

Die Finanzmarktturbulenzen haben in Einzelbereichen zu einer gewissen Zurückhaltung bei der Bereitstellung von Krediten geführt. Im Euro-Währungsgebiet insgesamt gab es bis September jedoch keine Anzeichen dafür, dass das Angebot an Bankkrediten für private Haushalte und Unternehmen versiegt.

Auszüge aus dem Vertrag über die Arbeitsweise der Europäischen Union (AEUV)

(...)

Art. 123 AEUV (Bail-out-Verbot): Überziehungs- oder andere Kreditfazilitäten bei der EZB oder den Zentralbanken der Mitgliedstaaten (...) für Organe oder Einrichtungen der Gemeinschaft, Zentralregierungen, regionale oder lokale Gebietskörperschaften oder andere öffentlich-rechtliche Körperschaften, sonstige Einrichtungen des öffentlichen Rechts oder öffentliche Unternehmen der Mitgliedstaaten sind ebenso verboten wie der unmittelbare Erwerb von Schuldtiteln von diesen durch die EZB oder die nationalen Zentralbanken. (...)

Art. 125 AEUV (Haftungsausschluss): Die Union haftet nicht für die Verbindlichkeiten der Zentralregierungen, der regionalen oder lokalen Gebietskörperschaften oder anderen öffentlich-rechtlichen Körperschaften, sonstiger Einrichtungen des öffentlichen Rechts oder öffentlicher Unternehmen von Mitgliedstaaten und tritt nicht für derartige Verbindlichkeiten ein; dies gilt unbeschadet der gegenseitigen finanziellen Garantien für die gemeinsame Durchführung eines bestimmten Vorhabens. Ein Mitgliedstaat haftet nicht für die Verbindlichkeiten der Zentralregierungen, (...) eines anderen Mitgliedstaats und tritt nicht für derartige Verbindlichkeiten ein; dies gilt unbeschadet der gegenseitigen finanziellen Garantien für die gemeinsame Durchführung eines bestimmten Vorhabens.

Art. 127 AEUV (Aufgabe der EZB): Das vorrangige Ziel des ESZB (Europäisches System der Zentralbanken, d. Red.) ist es, die Preisstabilität zu gewährleisten. Soweit dies ohne Beeinträchtigung des Zieles der Preisstabilität möglich ist, unterstützt das ESZB die allgemeine Wirtschaftspolitik in der Gemeinschaft, um zur Verwirklichung der in Art. 2 festgelegten Ziele der Gemeinschaft beizutragen.

Art. 129 AEUV (Unabhängigkeit der EZB): Bei der Wahrnehmung der ihnen durch diesen Vertrag und die Satzung des ESZB übertragenen Befugnisse, Aufgaben und Pflichten darf weder die EZB noch eine nationale Zentralbank, noch ein Mitglied ihrer Beschlussorgane Weisungen von Organen oder Einrichtungen der Gemeinschaft, Regierungen der Mitgliedstaaten oder anderen Stellen einholen oder entgegennehmen.

Auszüge aus einem Interview mit Jens Weidmann (Präsident der Deutschen Bundesbank) in der „Frankfurter Allgemeinen Zeitung" am 29.01.2016:

„Notenbanken werden größte Gläubiger ihrer Staaten"

[...] Wenn der Inflationsausblick bei 1% bleibt, werden einige im EZB-Rat auf eine weitere Lockerung der Geldpolitik drängen, auch mit noch mehr Anleihekäufen. Der EZB-Präsident Draghi hat jüngst gesagt, dass die Beschlüsse vom Dezember das Volumen der Käufe um fast 700 Milliarden EUR ausgeweitet haben. Damit kommt das Kaufprogramm auf 1,8 Billionen EUR – der größte Teil davon Staatsanleihen. Die Zentralbanken werden die Hauptfinanzierer der hochverschuldeten Staaten. Ist diese Entwicklung gut?

Dass die Notenbanken zum größten Gläubiger ihrer Staaten werden, illustriert die zunehmende Verflechtung von Geld- und Fiskalpolitik. Das ist für mich ein zentrales Problem der Staatsanleihekäufe. Große Teile der Staatsschuld werden von der Marktentwicklung abgekoppelt, und schlechte Haushaltspolitik spiegelt sich nicht mehr in dem Maße in höheren Finanzierungskosten wider, wie es sonst der Fall wäre. Dies ist für die Finanzpolitik verlockend, kann aber gerade dadurch zu Druck auf die Geldpolitik führen, die Käufe möglichst lange fortzusetzen. Viele große Notenbanken der Welt haben in der Krise Staatsanleihen gekauft. In einer Währungsunion sind Staatsanleihekäufe noch heikler als in einem Nationalstaat, wenn sie eine Gemeinschaftshaftung für staatliche Solvenzrisiken über die Notenbankbilanz einführen und dadurch die Anreize für solides Haushalten weiter schwächen.

[...] Wenn fast ein Viertel aller Staatsanleihen im Euroraum bald von Notenbanken gekauft sein wird, kann man ernsthaft noch davon sprechen, dass keine monetäre Staatfinanzierung stattfinde?

Was die Staatsanleihekäufe betrifft, sind diese nach den EU-Verträgen am Sekundärmarkt erlaubt, wenn die Notenbank die Papiere also am Kapitalmarkt und nicht direkt von den Staaten erwirbt. Je höher aber der Anteil ist, den die Notenbanken halten, desto eher drängt sich der Verdacht auf, das Verbot der monetären Staatsfinanzierung würde umgangen. Wo genau die Schwelle liegt, ist aber schwer zu bestimmen.

(Quelle: www.bundesbank.de/Redaktion/DE/Interviews/2016_01_29_weidmann_faz.html?startpageId=Startseite-DE&startpageAreaId=Teaserbereich&startpageLinkName=2016_01_29_weidmann_faz+361586, Abruf am 08.03.2016)

Negativzinsen – Geldpolitik im Blindflug

Den Zentralbanken kommt das Vertrauen der Öffentlichkeit abhanden. Wenn Zinsen immer tiefer ins Negative fallen, erkennt auch der Laie, dass den Währungshütern die Kontrolle entgleitet.

Die Weltwirtschaft steht Kopf, und zwar schon seit geraumer Zeit. Deutlich zeigt sich dies im Phänomen der Negativzinsen. Knapp acht Jahre nach Ausbruch der Finanzkrise ist es nichts Außergewöhnliches mehr, dass bestraft wird, wer Geld einem Dritten zur Verfügung stellt, und belohnt wird, wer fremdes Geld bezieht. Dies mag dem gesunden Menschenverstand ebenso widersprechen wie dem Einmaleins des Kreditwesens. Doch besondere Zeiten, so der Tenor der Zentralbanken, verlangten besondere Maßnahmen. Seit beim geldpolitischen Wettlauf nach unten auch Japan in den Minusbereich vorgestoßen ist, wird bereits knapp ein Viertel des weltweiten Outputs in Ländern mit Negativzinsen erwirtschaftet. Ein Ende der Abwärtsspirale ist nicht in Sicht. So dürfte die Europäische Zentralbank in knapp zwei Wochen ihren Einlagesatz noch etwas tiefer ins zinspolitische Schattenreich drücken.

Nur ratlos oder schon verzweifelt?

Doch wie an einem heißen Sommertag der erste Schluck Wasser weit mehr Erfrischung spendet als der zehnte oder hundertste, nimmt auch bei der ultraexpansiven Geldpolitik der Grenzertrag mit fortlaufender Dauer und Dosierung ab. Nachdem die Finanzmärkte in den vergangenen Jahren in beispiellosem Ausmaß mit Liquidität geflutet worden sind, schwindet die belebende Wirkung weiterer Geldspritzen. Das gilt auch für Negativzinsen. Immer mehr Ökonomen sehen in negativen Einlagesätzen daher nicht länger eine willkommene Ankurbelung einer trägen Kreditwirtschaft, sondern ein Zeichen wachsender Ratlosigkeit oder gar Verzweiflung. Die Stimmung scheint zu kippen: Als Japans Währungshüter vor vier Wochen die Einführung von Negativzinsen ankündigten, stimulierte dies die Anleger nur noch sehr kurzzeitig. Und selbst einem Mario Draghi fällt es zusehends schwerer, mit ein paar magischen Worten die Finanzmärkte zu beflügeln.

Ist der Kaiser nackt, ist er mit seinem Latein am Ende? Der Verdacht liegt nahe. Die Diagnose der geldpolitischen Erschöpfung macht die Runde. Laut diesem Krankheitsbild ist – wie bei jedem Drogensüchtigen – eine ständig höhere Dosis notwendig, um eine gleichbleibende Beruhigung zu bewirken. Doch Zinsen lassen sich nicht beliebig senken. Irgendwann setzt die Flucht ins Bargeld ein, und zwar dann, wenn die Strafzinsen schwerer wiegen als die Aufbewahrungs- und Versicherungskosten für Bargeld. Wo diese Marke liegt, ist unklar und von Land zu Land verschieden. Offenkundig ist aber, dass die Grenze bei einer Abschaffung von Bargeld im Nu verschwände und der Handlungsspielraum der Geldpolitik wieder massiv zunähme. Der Enteignung des Sparers wäre dann kein Limit mehr gesetzt – ein beklemmendes Szenario, das Wachsamkeit verlangt gegenüber jedem noch so harmlos scheinenden Versuch der Bargeldbeschränkung.

Negative Sätze stoßen aber nicht nur an eine Untergrenze. Sie scheinen geldpolitisch auch wenig Positives zu bewirken. Wer darauf hoffte, die rekordtiefen Zinsen würden zu einem Anheizen der Inflationserwartungen führen, wie dies die ökonomischen Lehrbücher eigentlich vorsehen, sieht sich eines Besseren belehrt. So zeigt eine Untersuchung der Bank of America Merrill Lynch, dass Negativzinsen – anders als die Politik der quantitativen Lockerung – die erwartete Teuerungsrate nicht nach oben korrigieren. Von allen untersuchten Ländern verzeichnete nur Schweden einen minimen Anstieg der Inflationserwartung nach der Ankündigung (oder weiteren Senkung) der Negativzinsen. In den übrigen Fällen – etwa in der Euro-Zone, Japan und der Schweiz – ging der Markt nach dem vermeintlichen Befreiungsschlag gar von einer künftig noch tieferen Teuerung oder einer noch höheren Deflation aus, und

zwar unabhängig vom Effekt sinkender Energiepreise.
Während der Nutzen der unkonventionellen Medizin schleierhaft bleibt, sind die Nebenwirkungen augenscheinlich. Vier Nachteile stehen im Fokus: Erstens steigt die Gefahr eines Währungskriegs, da Notenbanken mit Negativzinsen auch darauf abzielen, ihre Währungen zu schwächen. In einer globalisierten Welt gibt es bei einem solchen Abnützungskampf nur Verlierer. Zweitens gerät die ohnehin fragile Bankbranche unter zusätzlichen Druck: Aus Furcht vor einer Flucht ins Bargeld schreckt sie davor zurück, Spargelder mit Negativzinsen zu belasten. Also sinkt die Zinsmarge, was die Kreditvergabe, die man mit tiefen Zinsen eigentlich ankurbeln will, zusätzlich lähmt. Drittens kommt es zu einem Anlagenotstand: Wenn weltweit bereits Staatsanleihen im Wert von gegen sieben Billionen Dollar negativ rentieren, sind künftige Pensionen oder Versicherungsleistungen immer schwieriger zu finanzieren. Viertens resultieren eine Blasenbildung bei Vermögenswerten wie Immobilien und eine Fehlallokation von Kapital, zumal das viele Gratisgeld auch in unproduktive Projekte fließt, die man sich mit „normalen“ Zinsen nie leisten könnte.

Bares aus dem Helikopter werfen

Viel Hoffnung sollte man in Negativzinsen daher nicht setzen. Doch existieren Alternativen? Und wie kann man an der Zinsuntergrenze auf künftige Rezessionen reagieren? Eine immer öfter ins Spiel gebrachte, indes noch giftigere Option ist das sogenannte Helikoptergeld. Dabei würde frisch gedrucktes Geld direkt an Haushalte und Staaten verteilt, unter Umgehung der Banken und Finanzmärkte. Geld würde quasi in einen Helikopter geladen und über der Bevölkerung und dem Staat abgeworfen. Dies wäre zwar monetäre Staatsfinanzierung in Reinkultur und vielerorts illegal. Wer die Idee deswegen aber als Hirngespinst abtut, unterschätzt die Biegsamkeit von Gesetzen und vergisst, dass vor zehn Jahren auch die Vorstellung negativer Zinsen bestenfalls als Scherz am Rand eines kalten Buffets taugte. Helikoptergeld, von der „Financial Times“ bereits aktiv propagiert, dürfte manchem Geldpolitiker nicht mehr nur als surreales Gedankenexperiment erscheinen.
Angesichts solcher Ideen erstaunt es nicht, wenn Gold derzeit steile Wertzuwächse verzeichnet und aus Japan boomende Geschäfte mit Tresoren vermeldet werden. Eine Geldpolitik, die dem Geld keinen Wert mehr beimisst, wird von vielen Bürgern offenbar ebenfalls als wertlos betrachtet und daher mit Misstrauen bestraft. Mit Blick auf das Ziel einer stabilen Finanzordnung muss dies alarmieren. Einen einfachen Ausweg aus der Welt des Gratisgeldes, das zu einem Auftürmen gigantischer Schuldenberge geführt hat, gibt es zwar nicht. Doch dass das Experiment mit Negativzinsen mehr Schaden als Nutzen bringt und besser heute als morgen beendet wird, liegt nahe. Der Zins muss wieder seine ursprüngliche Signalfunktion zurückgewinnen und für eine effiziente Allokation von knappem Kapital sorgen. Tut er dies nicht, agiert die Weltwirtschaft – und mit ihr die Zentralbanken – in gefährlichem Blindflug, ohne funktionierenden Kompass.

(Quelle: www.nzz.ch/geldpolitik-im-blindflug-1.18702302, Thomas Fuster, in: Neue Zürcher Zeitung, 27.02.2016, S. 1)

Kompetenzbereich IV

Entscheidungen im Rahmen einer beruflichen Selbstständigkeit treffen

1 Existenzgründung – bald eine Seltenheit?

PROBLEM

Anna Lurka (Verkaufsleiterin), Katja Müller (Auszubildende) und Thomas Horak (Verkaufssachbearbeiter) unterhalten sich im Frühstücksraum der Trial GmbH. Verteilen Sie die Rollen (Frau Lurka, Herr Horak und Katja) auf drei Mitschüler und spielen Sie das folgende Gespräch nach:

Frau Lurka: *„Na, Katja, wie läuft es bei Ihnen denn so?"*

Katja: *„Oh, ich kann nicht klagen. Ich habe gute Aussichten, übernommen zu werden."*

Herr Horak: *„Also, ich hab es satt. Ich mach' mich selbstständig."*

Frau Lurka: *„Sie wollen sich selbstständig machen?"*

Katja: *„Mensch, Herr Horak, Sie sind doch schon so lange bei uns. Das ist doch eine sichere Sache! Sind Sie mit Ihrer Arbeit nicht mehr zufrieden?"*

Herr Horak: *„Langsam, langsam, eins nach dem anderen. Hier ist alles in Butter, aber irgendwann will man doch für sich selbst arbeiten. Außerdem hab' ich von meiner Tante 15 000,00 € geerbt."*

Frau Lurka: *„Das müssen wir feiern. Aber sagen Sie mal, was wollen Sie eigentlich machen?"*

Herr Horak: *„Ich bleib' in der Sportbranche. Da hab' ich am meisten Ahnung und kenne alle möglichen Lieferanten. Außerdem ist in dieser Branche wirklich Geld zu machen."*

Frau Lurka: *„Sie wollen doch der Trial GmbH keine Konkurrenz machen?"*

Herr Horak: *„Unsinn! Ich bin doch nicht größenwahnsinnig. Ich fange mal mit einem Schnäppchenmarkt für Sportzubehör an. Ein Vertreter der Firma Puma hat mich auf die Idee gebracht. Er sagt, dass alle Sportartikelhersteller immer wieder Lagerbestände auflösen und solche Sonderposten günstig an Interessenten verkaufen."*

Katja: *„Na ja, das klingt ja ganz gut. Aber ich hab' erst neulich gelesen, dass viele Existenzgründer in den ersten paar Jahren wieder aufgeben, weil es nicht so läuft, wie sie erwartet haben."*

Frau Lurka: *„Ja. Überlegen Sie doch mal – die schönen 15 000,00 €. Das wollen Sie alles aufs Spiel setzen?"*

Katja: *„Nicht nur das, Ihr sicherer Arbeitsplatz ist auch erst mal weg."*

Frau Lurka: *„Und dann müssen Sie schuften von früh bis spät. Keinen freien Tag, kaum Urlaub und so weiter."*
Herr Horak: *„Wer nicht wagt, der nicht gewinnt. Richtig Kohle machst du nur, wenn du dein eigener Herr bist."*
Katja: *„Da ist mir mein mäßiges, aber regelmäßiges Einkommen lieber."*

Arbeitsaufträge

1 *Nehmen Sie zu den Äußerungen Stellung. Diskutieren Sie über Chancen und Risiken der Selbstständigkeit. Erheben Sie innerhalb Ihres Klassenverbands ein Meinungsbild zu der Frage „Soll ich mich selbstständig machen?".*

2 *Sammeln Sie mögliche Geschäftsideen und visualisieren Sie diese.*

3 *Erstellen Sie einen Existenzgründer-Leitfaden, nach dem Thomas Horak vorgehen könnte.*

SACHDARSTELLUNG

In Deutschland wagen jährlich immer weniger (zzt. rund 300 000) Menschen den Schritt in die unternehmerische Selbstständigkeit. Existenzgründer leisten einen wichtigen Beitrag für unsere Volkswirtschaft, da sie neue Arbeitsplätze schaffen oder als Unternehmensnachfolger Arbeitsplätze erhalten, den Wettbewerb und den Strukturwandel fördern und innovative Produkte hervorbringen.

1.1 Motive, Chancen und Risiken der Selbstständigkeit

Existenzgründer erfüllen sich mit dem Schritt in die hauptberufliche Selbstständigkeit einen ganz persönlichen Traum. Sie wollen ihren eigenen unternehmerischen Tatendrang ausleben, ihre eigene Geschäftsidee verwirklichen, eine günstige Gelegenheit beim Schopf ergreifen, berufliche Frustration vermeiden oder beenden. Sie wollen der Arbeitslosigkeit entfliehen, mehr Unabhängigkeit erleben, mehr Erfolgserlebnisse genießen, ihren beruflichen Aufstieg selbst in die Hand nehmen, sich ein höheres Einkommen und Vermögen erarbeiten, aus der beruflichen „Tretmühle" entkommen oder einfach mehr Verantwortung übernehmen.

Für ihren Traum nehmen Selbstständige erhebliche Risiken und Strapazen auf sich. Sie nehmen den Verlust des eingesetzten Kapitals im Fall einer Insolvenz in Kauf und gefährden möglicherweise ihre Gesundheit durch physischen und psychischen Stress sowie durch private Beziehungsprobleme wegen Arbeitsüberlastung. Selbstständige haben aufgrund der unsicheren Auftragslage und Wirtschaftsentwicklung kein sicheres Einkommen und keinen gesicherten Arbeitsplatz. Sie müssen für ihre persönliche soziale Sicherung gegen Arbeitslosigkeit, Alter, Krankheit und Unfall selbst vorsorgen. Wer aus der gesetzlichen Krankenversicherung austritt und sich privat versichert, muss bedenken, dass er nicht mehr zurückkehren kann. Auf jeden Fall aber sollten Rücklagen gebildet werden durch Sparverträge, eine private Rentenversicherung, Immobilien usw.

Zusätzlich bestehen Zweifel, ob die eigene Qualifikation (z. B. technische, kaufmännische, rechtliche Fachkenntnisse, soziale Kompetenz), Markt- und Branchenkenntnisse und die körperliche Gesundheit und Fitness ausreichen, um den Anforderungen einer Betriebsführung gerecht zu werden. Genügt der erwirtschaftete Gewinn, um den gewohnten Lebensstandard zu finanzieren? Besonders wichtig ist die vorbehaltlose Unterstützung durch Familie und Freundeskreis.

Defizite von Gründern

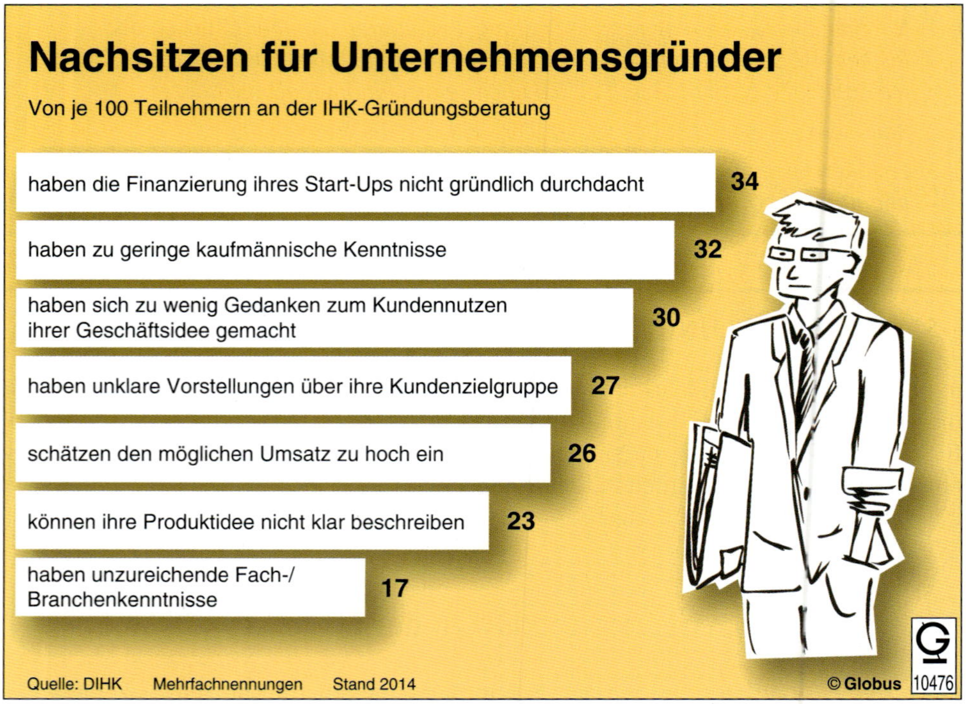

Durch eine Existenzgründung gemeinsam mit einem Partner lassen sich die Belastungen verteilen und die oben beschriebenen Defizite ausgleichen.

1.2 Anforderungen an eine Unternehmerpersönlichkeit

Fünf Persönlichkeitsmerkmale sollten bei einem Unternehmer besonders ausgeprägt sein:

Leistungsmotivstärke	Bereitschaft, Aufgaben zu übernehmen, um die eigenen Fähigkeiten und Kompetenzen unter Beweis zu stellen. Der Reiz besteht in der Bewältigung der Aufgabe selbst und in der erbrachten Leistung. Die Honorierung und Anerkennung sind dagegen zweitrangig.
Internale Kontrollüberzeugung	Menschen mit internaler Kontrollüberzeugung streben nach Selbstständigkeit, da sie sich bei der Arbeit ungern von anderen bevormunden lassen. Sie tendieren dazu, Handlungsresultate eher auf eigene Initiativen und Kompetenzen zurückzuführen als auf äußere Umstände oder andere Personen.

Risikoneigung	Für eine Existenzgründung ist ängstliche Risikovermeidung ebenso von Nachteil wie extrem hohe Risikoneigung. Unternehmer, die kein Risiko eingehen, scheitern ebenso wie Unternehmer mit zu hoher Risikoneigung. Eine mittlere Risikoneigung verspricht am ehesten Erfolg.
Problem-orientierung	Personen, die sich zutrauen, Probleme erfolgreich zu lösen, gewinnen im Laufe der Zeit an Problemlösungskompetenz. Solche Personen sind fähig, die zahlreichen „Nicht-Routine"-Aufgaben zu bewältigen, die berufliche Selbstständigkeit üblicherweise mit sich bringt.
Durch-setzungs-vermögen	Unternehmer sollten sozial unabhängig, dominant und unempfindlich sein, um ihre Geschäftsidee durchsetzen zu können. Andererseits dürfen sie andere Personen auch nicht vor den Kopf stoßen, da für zufriedene und erfolgreiche Mitarbeiter oder Kunden kooperatives Verhalten gefragt ist. Dauerhafter Erfolg gründet auf Überzeugungsarbeit, nicht auf Überredungskunst.

Zur Feststellung, ob das „Zeug zum Unternehmer" vorhanden ist, werden zahlreiche Checklisten und Gründertests angeboten, siehe z. B. www.existenzgruender.de/DE/Weg-in-die-Selbstaendigkeit/Entscheidung/Qualifikation/Gruendertests/Gruendertests.html.

1.3 Förder- und Beratungsangebote für eine Existenzgründung

Die Kammern bieten in der Regel kostenfreie **Beratungsgespräche** für Existenzgründer an. An kostenpflichtigen Beratungen oder Coachings, die vor der Gründung stattfinden, beteiligen sich die Bundesländer in Form von Zuschüssen. Das *BMWi-Existenzgründungsportal*[1] gibt einen Überblick über die Förderung in den einzelnen Bundesländern. Die Gründerinnenagentur (bga) bietet im *BMWi-Existenzgründerinnenportal* ein Verzeichnis von Experten sowie Beratungseinrichtungen an, die auf die Beratung von Existenzgründerinnen spezialisiert sind.

Die KfW[2]-Bankengruppe fördert Existenzgründer über die durchleitende Hausbank des Gründers bei der Finanzierung von Investitionen und Betriebsmitteln im In- und Ausland mit günstigen Konditionen. Der ERP-Gründerkredit[3] StartGeld deckt einen Fremdfinanzierungsbedarf von bis zu 100 000,00 € in den ersten drei Jahren nach Aufnahme der Geschäftstätigkeit. Das StartGeld kann zweimal je Antragsteller gewährt werden, sofern der Darlehenshöchstbetrag nicht überschritten wird (Laufzeit: maximal zehn Jahre, davon höchstens zwei Jahre tilgungsfrei). Für Vorhaben mit einem höheren Fremdfinanzierungsbedarf (bis 25 Mio. €) steht der ERP-Gründerkredit universell zur Verfügung. Eine Übersicht über weitere Förderprogramme bietet die Webseite Förderdatenbank des Bundes. Die Förderbanken der Länder (L-Banken) bieten Gründungsfinanzierungen. Öffentliche Fördermittel (des Bundes und der Länder) müssen vor der Betriebsgründung bei der Hausbank beantragt werden.

---

1 Bundesministerium für Wirtschaft und Energie

2 Siehe Fußnote 3 (zu ERP)

3 Vom Bund verwaltetes Sondervermögen aus dem European Recovery Program (ERP). Dies wurde 1948 ursprünglich auf der Grundlage des Marshallplans bereitgestellt, um den Wiederaufbau der deutschen Wirtschaft zu fördern. Um dieses ERP-Kapital zuzuteilen, wurde 1948 die Kreditanstalt für Wiederaufbau (KfW) gegründet.

Weitere Institutionen bieten Kleinkredite unter den Webseiten *Mein Mikrokredit* und *Mikromezzaninfonds-Deutschland* an. Mikromezzaninfonds beteiligen sich an Existenzgründungen mit dem Ziel, deren Eigenkapitalbasis und damit deren Kreditwürdigkeit zu erhöhen. Der Kapitalgeber hat kein Stimm- bzw. Mitspracherecht.

1.4 Adressaten, Aufbau und Inhalt eines Businessplans

Adressaten des Businessplans

Zwingende Voraussetzung, um an Existenzgründungskredite oder Fördermittel zu gelangen, ist ein sogenannter Businessplan (Geschäftsplan). Im **Businessplan** beschreibt der Gründer z. B., wie seine Geschäftsidee funktionieren soll, an wen sich die Geschäftsidee richtet (Zielgruppe), wo die Chancen und Risiken liegen und ob sich seine Geschäftsidee überhaupt lohnt. Der Businessplan ist somit eine Art Machbarkeits- und Wirtschaftlichkeitsstudie für die Existenzgründung und damit eine Orientierungshilfe für den Gründer selbst und er dient als Informations- und Entscheidungsgrundlage für Banken, Investoren, ggf. die Arbeitsagentur und wichtige Geschäftspartner.

Aufbau eines Businessplans

Der Businessplan sollte mit dem **Deckblatt** beginnen. Dieses enthält die Überschrift „Businessplan zur Gründung eines Unternehmens“, Namen, Anschrift und Kommunikationsdaten des Gründers bzw. des Gründerteams. Hinter dem Deckblatt beginnt das **Inhaltsverzeichnis** mit folgenden Punkten:

- **A Zusammenfassung bzw. Auf einen Blick** mit höchstens zwei Seiten Umfang
- **Inhaltspunkte 1. bis 8.**, im Einzelnen: Gründerprofil, Geschäftsidee, Markteinschätzung, Wettbewerbssituation, Standort, Chancen und Risiken, Rechtsform, Organisation und Personal, Finanzierung
- **B Anhang bzw. Unterlagen** mit dem Lebenslauf des Gründers, den Abschlusszeugnissen, Aufstellungen (z. B. Rentabilitätsvorschau über drei Jahre, Liquiditätsplan über 24 Monate), Nachweis über eingetragene Schutzrechte für das Produkt bzw. die Geschäftsidee (z. B. Patent, Gebrauchsmuster, Markenrecht), Musterflyer usw.

Inhalte eines Businessplans

Die folgenden inhaltlichen Elemente eines Businessplans orientieren sich an den Anforderungen der KfW-Bankengruppe und der Kammern.

Beschreibung der Inhaltspunkte eines Businessplans

Inhaltspunkte	Erläuterungen
Gründerprofil	Welche Qualifikationen und Berufserfahrungen sind vorhanden? Welche speziellen Sachkundenachweise und Zertifikate wurden bereits erworben oder sollen erworben werden? Welche besonderen Stärken und Schwächen hat der Gründer? Welche finanziellen und sonstigen Verpflichtungen bestehen (z. B. Ehrenämter, Pflege von Angehörigen)? War der Gründer schon einmal selbstständig tätig und wenn ja, in welcher Branche? Aus welchen Personen setzt sich ggf. das Gründungsteam zusammen?
Geschäftsidee	Wie lautet die Geschäftsidee und was ist das Besondere an dieser Geschäftsidee? Warum sollte jemand das Produkt kaufen bzw. welches Problem löst dieses Produkt für den Kunden? Welche Voraussetzungen müssen bis zum Unternehmensbeginn erfüllt werden, um das Angebot startklar zu machen (Entwicklungsstand des Produkts bzw. Projekts)? Welche Unternehmensziele werden vorrangig verfolgt (ökonomische, ökologische, soziale Ziele)?
Markteinschätzung	Welchen Kundennutzen bietet das Produkt? Wer sind die Kunden (Klein- oder Großkunden, Privat- oder Geschäftskunden)? Welches Konsumverhalten, Einkommen, Alter usw. haben diese Kunden? Was sind die Wünsche dieser Kunden? Wie groß ist das Marktvolumen für das Produkt? Woher kommen die Kunden? Können bereits vorhandene Kundenkontakte genutzt werden? Welche Strategie wird angestrebt (z. B. Niedrig-, Hochpreisstrategie, Nischen-, Kosten-, Qualitäts-, Serviceorientierung)?
Wettbewerbssituation	Wer sind die Konkurrenten? Welche Stärken und Schwächen haben die Konkurrenten? Welche Strategien verfolgen die Konkurrenten? Wie könnte die Konkurrenz auf die Neueröffnung reagieren? Welche Gegenmaßnahmen werden ergriffen? Wie werden sich die Konkurrenzverhältnisse in naher Zukunft verändern?
Standort	Welche Bedeutung hat der Standort für das zu gründende Unternehmen? Welche Standortkriterien sind besonders wichtig? Gibt es genügend Kundschaft? Wie stark ist die Konkurrenz? Wie ist die Verkehrsanbindung für Kunden und Lieferanten? Gibt es Probleme bei der Müll-, Energie- und Netzversorgung (Mobilfunk, Internet)? Gibt es in der Nähe geeignetes Personal? Wie hoch sind Mieten und kommunale Abgaben? Gibt es behördliche Auflagen (z. B. Emissionsschutzgrenzwerte der Technischen Anleitung Lärm und Luft)?
Chancen und Risiken	Wie ist die Marktentwicklung der Branche einzuschätzen? Wie wird sich die örtliche Nachfrage entwickeln? Gibt es Risiken aufgrund der Mode oder des technischen Fortschritts? Wie lang kann der Innovationsvorsprung oder die besondere Attraktivität des Angebots (Alleinstellungsmerkmale) gehalten werden? (Informationsquellen hierfür sind die Statistischen Ämter, die Branchenmeldungen der Verbände, Kammern und Fachzeitschriften.)

Inhaltspunkte	Erläuterungen
Rechtsform, Organisation und Personal	**Rechtsform** Welche Rechtsform soll gewählt werden (Vor- und Nachteile)? Ist ausreichend Eigenkapital vorhanden? Welche Gesellschafterstruktur ist geplant und wie verteilen sich die Gesellschaftsanteile? Soll die Haftung für die Verbindlichkeiten beschränkt werden? Soll der Betrieb allein geführt werden? Wer soll das Unternehmen leiten? Wie sollen die Geschäftsführung und die Vertretung geregelt werden? Wie kreditwürdig ist die gewählte Rechtsform? Welche Formalitäten sind bei der Gründung notwendig? **Organisation** Welches Leitungssystem liegt vor? Ist die Aufbauorganisation eher funktions- oder objektorientiert? Wer ist wofür zuständig? Wie wird das Controlling sichergestellt? Gibt es Schwachstellen in der Ablauforganisation (z. B. lange Durchlaufzeiten, Doppelarbeiten, ungenutzte Kapazitäten)? **Personal** Wie viele Mitarbeiter mit welcher Qualifikation sind notwendig? Welche Beschäftigungsformen sind geplant (Aushilfen, Minijobs, Teilzeit-, Vollzeitstellen, befristete Arbeitsverhältnisse)? Wo und wie sollen Mitarbeiter angeworben werden? Welche Schulungsmaßnahmen sind vorgesehen?
Finanzierung	**Lebenshaltungskosten** Wie hoch sind die monatlichen Einnahmen und Ausgaben für die private Lebensführung? Wie hoch sind die Reserven für unvorhergesehene Ereignisse (z. B. Krankheit, Unfall)? **Eigenkapital** (mindestens 20 % des Gesamtkapitals) Wie hoch sind die Ersparnisse? Können bis zur geplanten Existenzgründung noch weitere Beträge angespart werden? Welche Kapitalanlagen sind kurzfristig verfügbar? Welche Sachmittel (Maschinen, Fahrzeuge usw.) können in den Betrieb eingebracht werden? Welche weiteren Eigenkapitalquellen kommen infrage?
	Kapitalbedarfsplanung für die Anlaufphase bzw. die nächsten drei Jahre Wie hoch ist der Kapitalbedarf für die Gründungskosten (z. B. Anmeldungen, Notar, Genehmigungen), für das Anlagevermögen (z. B. Immobilien, Produktionsanlagen, Lager-, Geschäftsausstattung, Fahrzeuge), für das Umlaufvermögen (Material- und Warenlager), für den Kapitaldienst (Zinsen und Tilgungsraten) und für die laufenden Kosten in der Anlaufphase (Ausgaben bis zum ersten Geldeingang, z. B. Personalkosten, Miete bzw. Leasingraten, Werbung, Versicherungen)? **Finanz- bzw. Liquiditätsplanung** für die nächsten 24 Monate Wie hoch sind die flüssigen Mittel (Bargeld, Bankguthaben, freier Kreditrahmen)? Wie hoch sind die Einnahmen aus Barverkäufen und eingehenden Forderungen? Wie hoch sind die Ausgaben für Investitionen, Material und Waren, Personal, Miete, Versicherungen, Kapitaldienst usw.? **Rentabilitätsvorschau** für die nächsten drei Jahre Wie entwickelt sich der Umsatz? Wie entwickeln sich die Kosten? Liegen die Gewinnschätzungen innerhalb der Branchenwerte? (Hier können Branchenverbände und Kammern Auskunft geben.)

1.5 Rechtliche Formalitäten der Existenzgründung

Vor dem Start in die berufliche Selbstständigkeit sind einige Anmeldeformalitäten und gesetzliche Vorschriften zu beachten. Hier unterscheiden sich Freiberufler von Gewerbetreibenden.

Selbstständigkeit als Freiberufler oder Gewerbetreibender

Ein **Unternehmer** ist nach § 14 BGB eine natürliche oder juristische Person, die bei Abschluss eines Rechtsgeschäfts in Ausübung ihrer selbstständigen beruflichen oder gewerblichen Tätigkeit handelt.

Nach § 18 EStG sind Selbstständige **Freiberufler**, wenn sie eine wissenschaftliche, künstlerische, schriftstellerische, unterrichtende oder erzieherische Tätigkeit *selbstständig* ausüben oder einer *selbstständigen Berufstätigkeit* in einem der *Katalogberufe* als Arzt, Zahnarzt, Tierarzt, Rechtsanwalt, Notar, Ingenieur, Architekt, Wirtschaftsprüfer, Steuerberater, Unternehmensberater, vereidigter Buchprüfer, Steuerbevollmächtigter, Heilpraktiker, Dentist, Krankengymnast, Journalist, Bildberichterstatter, Dolmetscher, Übersetzer, Lotse oder einem ähnlichen Beruf nachgehen.[1]

Alle Selbstständigen, die nicht zu den Freiberuflern gehören, sind **Gewerbetreibende**. Gewerbetreibende üben ihre Tätigkeit mit der Absicht aus, dauerhaft einen möglichst hohen Gewinn zu erzielen, z. B. Einzel-, Großhandel, Handwerks-, Industriebetrieb, Handelsvertretung, Makler, Kommissionär.

Gewerbetreibende, deren Unternehmung einen in kaufmännischer Weise eingerichteten Geschäftsbetrieb erfordert, sind **Kaufleute** nach § 1 HGB. Kaufleute sind verpflichtet, Bücher über ihre Geschäftstätigkeit zu führen, wenn sie einen Umsatz von mehr als 600 000,00 € pro Kalenderjahr oder einen Gewinn aus Gewerbebetrieb von mehr als 60 000,00 € im Wirtschaftsjahr erzielen (§ 141 AO). Kaufleute, die diese Anforderungen nicht erfüllen, werden als **Kleingewerbetreibende** bezeichnet.

Nach dem Grundsatz der **Gewerbefreiheit** ist der Betrieb eines Gewerbes jedermann gestattet, soweit nicht durch dieses Gesetz Ausnahmen oder Beschränkungen vorgeschrieben oder zugelassen sind (§ 1 GewO). Dabei sind Staatsangehörige der EU-Mitgliedstaaten ebenso wie Staatsangehörige des EWR[2] und deren Ehegatten ohne Rücksicht auf deren eigene Staatsangehörigkeit bei der Ausübung selbstständiger wie unselbstständiger Erwerbstätigkeiten deutschen Staatsbürgern gleichgestellt.

Selbstständige Erwerbstätigkeit von Nicht-EU/EWR-Ausländern

Ein Nicht-EU/EWR-Ausländer, der zur Aufnahme einer selbstständigen Erwerbstätigkeit in die Bundesrepublik einreisen will, muss eine entsprechende **Aufenthaltserlaubnis** bereits vor der Einreise bei der jeweils zuständigen deutschen Auslandsvertretung beantragen. Der Antrag wird über das Auswärtige Amt der für den beabsichtigten Aufenthaltsort zuständigen Ausländerbehörde[3] mit der Bitte um Zustimmung zugeleitet. Voraussetzung für

[1] Im Zweifelsfall entscheidet das zuständige Finanzamt, ob eine freiberufliche Tätigkeit vorliegt.
[2] **EWR** = Europäischer Wirtschaftsraum mit den EU-Staaten sowie Island, Liechtenstein, Norwegen
[3] Hält sich ein Ausländer bereits legal in Deutschland auf, dann kann er den Antrag unmittelbar bei der Ausländerbehörde stellen.

die Erteilung der Aufenthaltserlaubnis ist, dass für die selbstständige Tätigkeit ein wirtschaftliches Interesse oder ein regionales Bedürfnis besteht, die Tätigkeit positive Auswirkungen auf die Wirtschaft erwarten lässt und die Finanzierung der Umsetzung durch Eigenkapital oder durch eine Kreditzusage gesichert ist. Dem Antrag sollte daher idealerweise ein detaillierter Businessplan beigefügt werden.

Die Aufenthaltserlaubnis wird zunächst auf ein Jahr befristet erteilt. Nach drei Jahren kann sie in eine unbefristete **Niederlassungserlaubnis** übergehen, wenn die geplante Tätigkeit erfolgreich verwirklicht wurde und der Unterhalt dauerhaft gesichert ist.

Rechtliche Voraussetzungen für die freiberufliche Selbstständigkeit

Freiberufler müssen zuerst klären, ob sie einen **geregelten freien Beruf** ausüben und damit zur Mitgliedschaft in der zuständigen **berufsständischen Kammer**[1] verpflichtet sind und ob sie die Zulassungsvoraussetzungen dieser Kammer erfüllen. So kann z. B. als Steuerberater nur tätig werden, wer nach einer erfolgreich abgelegten Steuerberaterprüfung von der zuständigen Steuerberaterkammer zum Steuerberater bestellt worden ist. Die sogenannten **ungeregelten freien Berufe** (z. B. Künstler, Erzieher, Dozenten, Schriftsteller) können ohne Zulassungsvoraussetzungen ausgeübt werden.

Die selbstständige freiberufliche Tätigkeit muss dem zuständigen **Finanzamt** gemeldet werden (§ 138 AO). Dieses erteilt eine Steuernummer und sendet einen Fragebogen zu, in dem die erwarteten Einnahmen und Ausgaben zu schätzen sind. In der Folge erhält der Freiberufler einen Einkommensteuerbescheid, in dem Höhe und Fälligkeit der Steuervorauszahlungen festgelegt sind. Freiberufler unterliegen i. d. R. nicht der Gewerbesteuer und zum Teil auch nicht der Umsatzsteuer.

Weiter müssen Freiberufler klären, ob sie zur Mitgliedschaft in der zuständigen **Berufsgenossenschaft** *(Unfallversicherung)* und in der **gesetzlichen Rentenversicherung** verpflichtet sind.

Rechtliche Voraussetzungen für die gewerbliche Selbstständigkeit

Gewerbetreibende müssen ihr Gewerbe vor der Eröffnung beim Gewerbeamt ihrer Gemeinde anmelden (§ 14 der GewO). Dazu ist der Vordruck **Gewerbeanmeldung** – GewA 1 auszufüllen, der nur eine Seite umfasst. Auszufüllen sind u. a. die persönlichen Daten und die Anschriften des Betriebsinhabers, die Anschrift seiner Betriebsstätte, das Datum des Beginns der angemeldeten Tätigkeit, die Art des angemeldeten Betriebs (z. B. Industrie, Handwerk, Handel). Weiter ist anzugeben, ob eine **benötigte Erlaubnis** für die angemeldete Tätigkeit vorliegt, die **Handwerkskarte** vorliegt, wenn der Betrieb in die Handwerksrolle der Handwerkskammer einzutragen ist, ob die **Aufenthalts- bzw. Niederlassungserlaubnis** vorliegt, wenn der Betriebsinhaber Nicht-EU/EWR-Ausländer ist. Mit der Gewerbeanmeldung erfolgt die Eintragung in das **Gewerberegister** der Gemeinde. Im **Gewerbezentralregister** in Bonn werden gewerberechtliche Verstöße aufgezeichnet. Die Gewerbeanmeldung ist der sogenannte **Gewerbeschein**, mit dem der Gewerbetreibende die ordnungsgemäße Anmeldung des Gewerbes nachweisen kann.

---

[1] **Kammern** sind berufsständische Selbstverwaltungen, z. B. Ärzte-, Bundesrechtsanwalts-, Steuerberaterkammer. Sie vertreten die Interessen ihrer Pflichtmitglieder und übernehmen Beratungs- und Überwachungsaufgaben. So führen sie Mitgliederverzeichnisse, das Berufsausbildungsverzeichnis für ihre Berufsgruppe, organisieren und überwachen die Berufsausbildung und führen die Zwischen- und Abschlussprüfungen durch.

Bei gegründeten, aber noch nicht im **Handelsregister** (siehe hierzu Seite 223f.) eingetragenen juristischen Personen (z. B. GmbH, AG) gilt die Gewerbeanmeldung bis zu ihrer Registereintragung nur als **Gewerbeanzeige** für die in dem Gesellschaftsvertrag oder in der Satzung angegebenen Gründer; für die juristische Person gilt die Gewerbeanmeldung erst dann, wenn dem Gewerbeamt ein Auszug über die Registereintragung vorgelegt wird, dessen Inhalt mit den Angaben in der Gewerbeanzeige übereinstimmt.

Bestimmte Gewerbezweige unterliegen nach den §§ 29 bis 34 GewO zusätzlich zur Gewerbeanmeldung einer besonderen **Genehmigungspflicht** (z. B. Erteilung einer Konzession). Die zuständigen Behörden können diese Gewerbezweige zum Schutze der Allgemeinheit oder der im Betrieb Beschäftigten untersagen, wenn Tatsachen vorliegen, die die **Unzuverlässigkeit** des Gewerbetreibenden oder einer mit der Leitung des Gewerbebetriebs beauftragten Person belegen (§ 35 GewO).

BEISPIELE für genehmigungspflichtige Gewerbe

Privatkrankenanstalten, Schaustellungen von Personen, Betreiber von Tanzlustbarkeiten, Spielgeräten und Spielen mit Gewinnmöglichkeit, Betreiber von Spielbanken, Lotterien, Glücksspielen, Spielhallen und Ähnlichem, das Pfandleih-, Bewachungs-, Versteigerungsgewerbe, Makler, Bauträger, Baubetreuer, Versicherungsvermittlungen.

Weitere Gewerbezweige zählen nach § 38 GewO zum **überwachungsbedürftigen Gewerbe**. Bei diesen Gewerbezweigen muss die zuständige Behörde unverzüglich nach der Gewerbeanmeldung die **Zuverlässigkeit** des Gewerbetreibenden überprüfen. Dazu muss der Gewerbetreibende unverzüglich ein Führungszeugnis nach § 30 Bundeszentralregistergesetz und eine Auskunft aus dem Gewerbezentralregister nach § 150 GewO zur Vorlage bei der Behörde beantragen.

BEISPIELE für überwachungsbedürftige Gewerbe

An- und Verkauf von hochwertigen Konsumgütern (insbesondere Unterhaltungselektronik, Computer, optische Erzeugnisse, Fotoapparate, Videokameras, Teppiche, Pelz- und Lederbekleidung, Kraftfahrzeuge, Fahrräder, Edelmetalle und edelmetallhaltige Legierungen sowie damit hergestellte Waren, Edelsteine, Perlen und Schmuck, Altmetalle), Auskunfteien, Detekteien, Ehe- und Partnerschaftsvermittlungen, Reisebüros und Vermittlungen von Unterkünften, Vertrieb und Einbau von Gebäudesicherungseinrichtungen einschließlich der Schlüsseldienste, Herstellen und Vertreiben spezieller diebstahlsbezogener Öffnungswerkzeuge.

Die selbstständige Ausübung eines Handwerks erfordert die Eintragung in

- die **Handwerksrolle** der Handwerkskammer, wenn ein **zulassungspflichtiges Handwerk** ausgeübt wird (nur in der Handwerksrolle aufgeführte Betriebsinhaber erhalten die **Handwerkskarte**),
- das Verzeichnis der Inhaber eines Betriebs eines **handwerksähnlichen Gewerbes**,
- das Verzeichnis der Inhaber eines Betriebs eines **zulassungsfreien Handwerks**.

Einteilung der Handwerksbetriebe

zulassungspflichtige Handwerke nach § 1 Abs. 2 HwO Anlage A	Sie erfordern einen **Meisterbrief**[1] (Befähigungsnachweis) des Betriebsinhabers oder seines Betriebsleiters als Voraussetzung für die Selbstständigkeit, da es sich um sogenannte **gefahrgeneigte Handwerksberufe** handelt, z. B. Maurer und Betonbauer, Ofen- und Luftheizungsbauer, Zimmerer, Dachdecker, Straßenbauer, Wärme-, Kälte- und Schallschutzisolierer, Stukkateure, Maler und Lackierer, Gerüstbauer, Schornsteinfeger, Kraftfahrzeugtechniker, Landmaschinenmechaniker, Büchsenmacher, Klempner, Installateure und Heizungsbauer, Elektrotechniker, Tischler, Boots- und Schiffbauer, Seiler, Bäcker, Konditoren, Fleischer, Augenoptiker, Hörgeräteakustiker, Orthopädietechniker, Orthopädieschuhmacher, Zahntechniker, Friseure, Glaser.
handwerksähnliches Gewerbe nach § 18 Abs. 2 HwO Anlage B Abschnitt 2	Sie erfordern **keinen Meisterbrief** als Voraussetzung für die Selbstständigkeit, z. B. Eisenflechter, Bodenleger, Bautenschutzgewerbe (Mauerschutz und Holzimprägnierung in Gebäuden), Betonbohrer und -schneider, Fahrzeugverwerter, Rohr- und Kanalreiniger, Holzschuhmacher, Bürsten- und Pinselmacher, Bügelanstalten für Herren-Oberbekleidung, Änderungsschneider, Ausführung einfacher Schuhreparaturen, Gerber, Speiseeishersteller (mit Vertrieb von Speiseeis mit üblichem Zubehör), Dekorateure, Teppichreiniger, Kosmetiker, Maskenbildner, Bestattungsgewerbe.
zulassungsfreie Handwerke nach § 18 Abs. 2 HwO Anlage B Abschnitt 1	Sie erfordern **keinen Meisterbrief** als Voraussetzung für die Selbstständigkeit, z. B. Fliesenleger, Estrichleger, Uhrmacher, Graveure, Galvaniseure, Glockengießer, Gold- und Silberschmiede, Parkettleger, Rollladen- und Sonnenschutztechniker, Holzspielzeugmacher, Maßschneider, Weber, Schuhmacher, Sattler und Feintäschner, Raumausstatter, Müller, Brauer und Mälzer, Gebäudereiniger, Fotografen, Buchbinder, Drucker, Keramiker, Geigenbauer, Schilder- und Lichtreklamehersteller.

Für bestimmte Gewerbezweige sind noch spezielle Auflagen und Genehmigungen notwendig, z. B.:

- **Sachkundenachweise** durch einen speziellen Lehrgang der zuständigen Kammer für den Einzelhandel mit Milch, Hackfleisch, freiverkäuflichen Arzneimitteln, Waffen und weiteren Bereichen,
- personen-, betriebsart- und raumbezogene **Erlaubnis** nach dem Gaststättengesetz und eine eintägige **IHK-Unterweisung** für Betreiber von Gaststätten und Hotels,
- **Genehmigung (Konzession)** des Landratsamts bzw. Regierungspräsidiums für die geschäftsmäßige Beförderung von Personen mit Omnibussen, Mietwagen und Taxen,
- Genehmigung **(Konzession)** der Verkehrsbehörde bzw. des Regierungspräsidiums für die gewerbliche Güterbeförderung für Dritte nach dem Güterkraftverkehrsgesetz,
- **Reisegewerbekarte** für das Reisegewerbe, z. B. Schausteller, Markthändler,

---

[1] Davon gibt es **drei Ausnahmen**:
- Gesellenbrief im einzutragenden Handwerk und sechs Berufsjahre, davon mindestens vier Jahre in leitender Stellung (§ 7b HwO);
- abgeschlossenes Ingenieurstudium mit Studienschwerpunkt in der entsprechenden Fachrichtung;
- nachgewiesene Sachkunde und Ausnahmegrund, z. B. wenn ein Alter von etwa 47 Jahren erreicht wurde (§ 8 HwO).

- **Genehmigung** des zuständigen Umweltamtes bzw. Gewerbeaufsichtsamtes bzw. des Regierungspräsidiums nach dem Bundesimmissionsschutzgesetz, wenn die Errichtung von Betriebsanlagen mit besonderen Umwelteinflüssen verbunden ist und genehmigt werden muss.

Das Gewerbeamt leitet die Gewerbeanmeldung an folgende Stellen weiter: zuständiges Finanzamt, Deutsche Gesetzliche Unfallversicherung e.V. (DGUV) zur Weiterleitung an die zuständige Berufsgenossenschaft, statistisches Landesamt, Handwerks- bzw. Industrie- und Handelskammer (hier besteht ab sofort eine Pflichtmitgliedschaft).

Die Gewerbeanmeldung gilt gleichzeitig als **Anzeige der Erwerbstätigkeit** nach § 138 AO beim zuständigen Finanzamt. Von diesem erhält der Gewerbetreibende einen Fragebogen, in dem er seine Einnahmen und Ausgaben angibt. In der Folge teilt ihm das Finanzamt eine *Steuernummer, eine persönliche Steuer-Identifikationsnummer und für seinen Betrieb eine Wirtschafts-Identifikationsnummer und eine Umsatz-Identifikationsnummer* zu. Außerdem erhält er einen Bescheid, der bestimmt, zu welcher Steuerart Vorauszahlungen zu leisten sind, wie hoch diese sind und in welchen Abständen (z.B. monatlich, vierteljährlich) sie zu entrichten sind. Gewerbetreibende unterliegen i.d.R. Umsatzsteuer, Gewerbesteuer und Einkommensteuer.

Hat der Gründer bereits Beschäftigte, so muss er als Arbeitgeber Meldungen zur Sozialversicherung machen. Für das automatisierte Meldeverfahren benötigt er eine **Betriebsnummer**, die beim Betriebsnummern-Service der Bundesagentur für Arbeit in Saarbrücken beantragt wird.

Unabhängig von der Tatsache, dass die gesetzliche Unfallversicherung eine Durchschrift jeder Gewerbemeldung erhält, muss jeder Gründer sein Unternehmen binnen einer Woche bei dem für die jeweilige Branche zuständigen Unfallversicherungsträger **(Berufsgenossenschaft**[1]**)** anmelden (Meldepflicht nach § 192 SGB VII). Der Gründer erhält daraufhin eine **Mitgliedsnummer** (MTNR, Kundennummer, Aktenzeichen) für seinen Betrieb. Seine Beschäftigten sind dann automatisch gegen Arbeits- und Wegeunfälle, Berufskrankheiten und arbeitsbedingte Gesundheitsgefahren versichert. Die Berufsgenossenschaft hilft durch Unfallverhütungsvorschriften, diese Gefahren zu vermeiden, unterstützt die Unternehmen beim Arbeitsschutz und bietet Schulungen an. Gewerbetreibende und Freiberufler sind selbst nicht kraft Gesetzes oder kraft der Satzung der Berufsgenossenschaft automatisch unfallversichert – sie können sich aber freiwillig gegen die genannten Gefahren versichern.

[1] Zum Beispiel Maschinenbau- und Metall-Berufsgenossenschaft, Berufsgenossenschaft Energie, Textil, Elektro, Medienerzeugnisse (BG ETEM), Holz-Berufsgenossenschaft, Berufsgenossenschaft Nahrung und Gaststätten, Berufsgenossenschaft der Bauwirtschaft (BG BAU), Berufsgenossenschaften Handel und Warendistribution, Verwaltungs-Berufsgenossenschaft. Die zuständige Berufsgenossenschaft kann unter 0800-6050404 erfragt werden.

ZUSAMMENFASSUNG

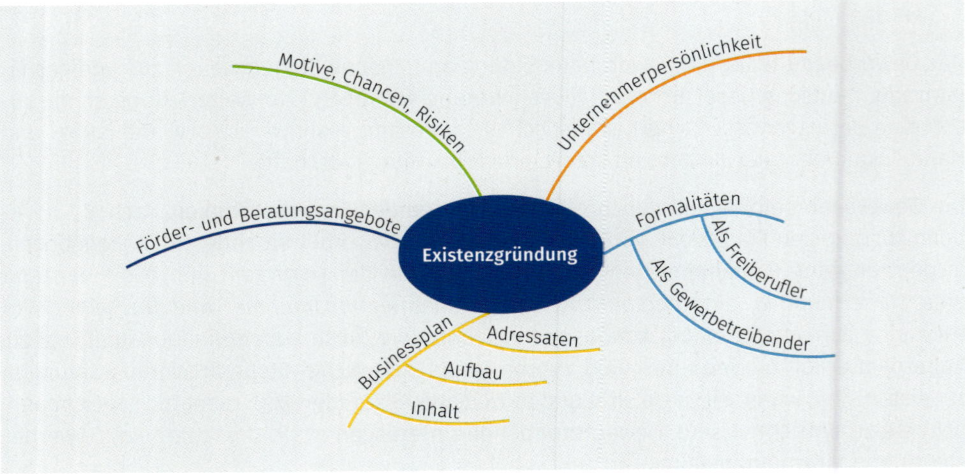

AUFGABEN

1 a) Schreiben Sie jeden der folgenden Begriffe auf die Kopfzeile eines DIN-A6-Kärtchens:

> *Existenzgründung (Motive, Chancen, Risiken), Unternehmerpersönlichkeit (Merkmale), Businessplan (Aufbau und Inhaltspunkte), Freiberufler, Gewerbeanmeldung, genehmigungspflichtiges Gewerbe, überwachungsbedürftiges Gewerbe, zulassungspflichtige Handwerke*

b) Sortieren Sie die Begriffskärtchen nach den Kriterien „weiß ich" oder „weiß ich nicht" und erklären Sie sich gegenseitig die „Weiß-ich-nicht"-Kärtchen. Schlagen Sie die ungeklärten Begriffe im Schulbuch nach.

c) Schreiben Sie die Begriffserklärungen auf die Rückseite Ihrer Kärtchen und ordnen Sie die Kärtchen unter der Leitkarte „Existenzgründung" alphabetisch in Ihren Lernkartei-Behälter ein.

d) Fügen Sie die Begriffe auf den Papierkärtchen zu einer sinnvollen Struktur zusammen.
Die Struktur kann durch Pfeile, Farben, Symbole, Texte (z. B. Überschriften), Bilder oder weitere Begriffe ergänzt werden.

2 Betrachten Sie das Balkendiagramm auf Seite 200.

a) Notieren Sie sich die wichtigsten Gründe, warum viele Existenzgründer scheitern.

b) Machen Sie sich Gedanken, wie diese Defizite behoben werden können, sodass die Existenzgründung erfolgreich verläuft.

2 Standortwahl eines Betriebs

PROBLEM

Ihnen liegt folgendes Umfrageergebnis vor:

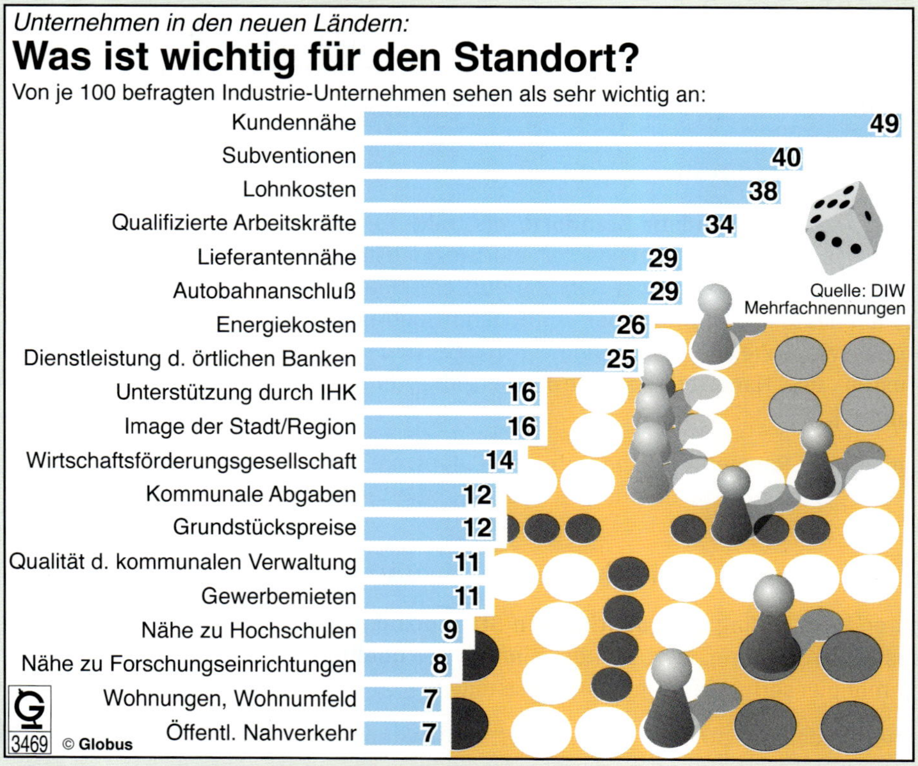

Arbeitsaufträge

1 *Ordnen Sie die genannten Standortfaktoren nach ihrer Bedeutung für die* ***Kosten*** *(Input) und für den* ***Markterfolg*** *(Output) eines Unternehmens. Suchen Sie nach weiteren Standortfaktoren und ordnen Sie diese ebenso zu.*

2 *Stellen Sie fest, welche Standortfaktoren für Ihren Ausbildungsbetrieb von Bedeutung sind. Begründen Sie die Unterschiede.*
Tipp: *Unterscheiden Sie die Ausbildungsbetriebe nach ihrer Branchenzugehörigkeit (z. B. Stahl, Textil, Baustoffe) und ordnen Sie Ihre Standortfaktoren entsprechend zu.*

SACHDARSTELLUNG

2.1 Standortfaktoren – nicht unabänderlich

MERKE:

Der **Standort** eines Unternehmens ist der Ort seiner Niederlassung, also seine geografische Lage. **Standortfaktoren** sind Einflussgrößen, die mit den Unternehmenszielen abgestimmt und daher für die Standortentscheidung bedeutsam sind.

Gebundene und freie Standorte

Natürliche bzw. **gebundene Standorte** wie Nähe zu Rohstoffvorkommen, Energiequellen (v.a. Wasserkraft), naturgegebene Transportwegen (Flüsse) usw. spielen nur noch eine untergeordnete Rolle, wenn über den Standort entschieden wird. Gebundene Standorte findet man heute fast nur noch bei Urproduktionsbetrieben (Landwirtschaft, Weinbau, Bergbau, Kieswerk, Ziegelei usw.). Dienstleistungs- und Handelsbetriebe sowie die meisten Industrie- und Handwerksbetriebe können über ihren Standort frei entscheiden **(freier Standort).**

Dominiert im Rahmen der Standortentscheidung ein Standortfaktor, dann wird von einer rohstoff-, energie-, arbeits- oder nachfrageorientierten Standortwahl gesprochen.

Quantitative und qualitative Standortfaktoren

Während der Beitrag der **quantitativen Standortfaktoren** zur Zielerreichung in Geld gemessen werden kann, lässt sich der Einfluss der **qualitativen Standortfaktoren** auf den Unternehmenserfolg nicht in Zahlen feststellen.

Ausreichende und durch eine Wirtschaftsentwicklungsplanung **gesicherte Gewerbeflächen** gelten heute als wichtigster Standortfaktor, weil insbesondere in Ballungsgebieten kaum neue Gewerbeflächen verfügbar sind und Raumordnungspolitik und Umweltschutz berechtigterweise oft einer Ansiedlung entgegenstehen. Bei der Standortentscheidung müssen neben politischen und wirtschaftlichen Gesichtspunkten die **Erwartungen und Einstellungen der Kunden und Mitarbeiter** beachtet werden. Standortuntersuchungen ergaben, dass die Lebensqualität (Unterhaltungs-, Freizeit-, Kulturangebot, Umweltqualität) in der Werteskala der Mitarbeiter ganz oben steht.

Liste von Standortfaktoren	
Quantitative Standortfaktoren	Transportkosten, Grundstückspreise, Personalkosten, Beschaffungskosten für Materialien, Finanzierungskosten, Förderungsmaßnahmen der öffentlichen Hand, Grund- und Gewerbesteuer (Hebesätze), Gewinnsteuern (international), regionaler Produktbedarf, regionale Differenzierung der Absatzpreise, Energiepreise, regionale Kaufkraft, Entsorgungskosten

Liste von Standortfaktoren	
Qualitative Standortfaktoren	▪ Grundstück (Lage, Form, Bodenbeschaffenheit, Bebauungsvorschriften, Umgebungseinflüsse, Ausdehnungsmöglichkeiten) ▪ Infrastruktur (Verkehrsnetze, Transportgewerbe, Beratungsdienste, Kunden- und Lieferantenkontakte, Vorkommen und Bezugsmöglichkeiten von Rohstoffen und Energie, Kreditinstitute) ▪ Personalverfügbarkeit (Bevölkerungsstruktur und -ausbildung, Arbeitskräftereserven, Konkurrenz auf dem Arbeitsmarkt) ▪ Soziale und politische Faktoren (Wirtschafts- und Rechtsordnung, Regierungssystem, innere Ordnung, soziales Klima) ▪ Lebensqualität am Ort (Schulen, Krankenhäuser, Geschäfte, Theater, Freizeiteinrichtungen, Bebauung, Komfortniveau, Umgebung, Klima) ▪ Umwelteinflüsse (Klima) und Umweltbelastungsmöglichkeiten (Abfall, Abwasser, Abluft)

2.2 Standortentscheidung der Unternehmung

Die Entscheidung für einen bestimmten Standort ist besonders wichtig, weil eine Fehlentscheidung kurzfristig überhaupt nicht und langfristig nur mit sehr hohem Aufwand rückgängig gemacht werden kann.

Die Frage der Standortwahl stellt sich **nicht nur bei der Gründung** einer Unternehmung. Sie kann im Laufe der Unternehmensentwicklung immer wieder auftreten, wenn sich die Standortfaktoren verschlechtern oder im Zuge des Unternehmenswachstums über eine optimale Standortverteilung bzw. Standortstrategie nachgedacht werden muss. Unterhält eine Unternehmung mehrere Niederlassungen (Filialen), dann liegt eine **Standortspaltung** vor.

Verschlechtern sich heimische Standortfaktoren, reagieren Unternehmen häufig vorschnell mit einer Standortverlagerung. Sie übersehen dabei, dass sie an ihrem Stammsitz in ein Netzwerk mehr oder weniger gut funktionierender Beziehungen eingebunden sind. Dieses Beziehungsgeflecht reicht von der eingespielten Zusammenarbeit mit Kunden oder Lieferanten über **kooperative Netzwerke** mit Dienstleistungsbetrieben (z. B. Transporteure, Ingenieurbüros, Forschungseinrichtungen) bis hin zu losen Kontakten zu befreundeten Unternehmern und der lokalen Verwaltung. Am vermeintlich günstigeren Standort fehlen diese Netzwerke. Es kann kostspielig sein, vergleichbar leistungsstarke Beziehungen am neuen Standort wieder aufzubauen. Die Standortqualität lässt sich durch regionale Kooperationen wirksam verbessern.

Die Standortentscheidung sollte mittels Nutzwertanalyse bzw. **Entscheidungsbewertungstabelle (Scoringverfahren)** getroffen werden, denn nur so können auch qualitative Standortfaktoren angemessen berücksichtigt werden.

Vorgehensweise Nutzwertanalyse	
1. Schritt	Standortalternativen und Standortfaktoren auswählen
2. Schritt	Vergleichstabelle mit den Ausprägungen der Standortfaktoren erstellen
3. Schritt	Standortfaktoren nach ihrer Bedeutung gewichten (Gewichtungsziffern)
4. Schritt	Standorte bezüglich der Standortfaktoren bewerten (Bewertungsziffern)
5. Schritt	Punktwerte berechnen (Gewichtungsziffer · Bewertungsziffer)
6. Schritt	Punktwerte der einzelnen Standorte addieren
7. Schritt	Standort mit der höchsten Punktsumme auswählen

Ein wesentlicher Vorteil der Nutzwertanalyse ist, dass der Entscheidungsprozess durch die Gewichtungs- und Bewertungsziffern nachvollziehbar und transparent wird. Problematisch ist die subjektive Vorauswahl der Standorte und der Standortfaktoren, die subjektive Gewichtung der Standortfaktoren und die subjektive Bewertung der Standorte. Außerdem sollte beachtet werden, dass sich die Standortfaktoren im Laufe der Zeit verändern.

BEISPIEL:

Vergleichstabelle mit Standorten und Ausprägungen der Standortfaktoren

Standortfaktoren	Standort X	Standort Y	Standort Z
Grundstückskosten	5,00 €/m²	15,00 €/m²	40,00 €/m²
Konkurrenzsituation	ungünstig	günstig	ungünstig
Arbeitskräfteangebot	Fachkräfte	kaum Fachkräfte	keine Fachkräfte
Fördermittel	sehr gut	schlecht	gut
Verkehrsanbindung	gut	sehr gut	befriedigend
Gewerbesteuer-Hebesatz	400 %	250 %	300 %
Kundennähe	schlecht	sehr gut	ausreichend

Gewichtungs- und Bewertungsziffern

Gewichtungsziffern	G	Bewertungsziffern	B
äußerst wichtig	5	sehr gut	3
sehr wichtig	4	gut	2
wichtig	3	befriedigend	1
mäßig wichtig	2	unbefriedigend	0
unwichtig	1		

Entscheidungsbewertungstabelle (Nutzwertanalyse)							
Standortalternativen		**Standort X**		**Standort Y**		**Standort Z**	
Standortfaktoren	**G**	**B**	**G • B**	**B**	**G • B**	**B**	**G • B**
Grundstückskosten	4	3	12	2	8	0	0
Konkurrenzsituation	2	0	0	2	4	0	0
Arbeitskräfteangebot	3	3	9	1	3	0	0
Fördermittel	4	3	12	0	0	2	8
Verkehrsanbindung	4	2	8	3	12	1	4
Steuerbelastung	2	0	0	3	6	1	2
Kundennähe	5	0	0	3	15	1	5
Summe			41		48		19
Ergebnis: Die Entscheidung fällt zugunsten des Standortes Y.							

2.3 Standortfaktoren bei internationaler Ausrichtung des Unternehmens

Die meisten Betriebe des Außenhandels wählen ihren Standort an den großen **Güterumschlagsplätzen** (z. B. Containerterminals, Binnen- und Seehäfen, Güterbahnhöfe) und **Verkehrsknotenpunkten** (z. B. Hauptbahnhöfe, Autobahnanschlüsse, Flugplätze). Der Standortfaktor **Verkehrsanbindung** ist vor allem für den Großhandel mit schweren und voluminösen Massengütern wichtig (Eisen, Stahl, Holz, Baustoffe, Schrott). Günstige Transportmöglichkeiten verkürzen die Lieferzeiten und verbessern die Wettbewerbsfähigkeit.

An den großen Umschlagsplätzen können Außenhändler (Import- und Exportgroßhändler) **kooperative Netzwerke** mit allen wichtigen Dienstleistern (z. B. Lagerhäuser, Zollämter, Versicherungen, Logistikunternehmen, Kreditinstitute) aufbauen. Verkehrszentren sind gleichzeitig auch **zentrale Handelsplätze**, an denen wichtige Auktionen (Versteigerungen) stattfinden und Warenbörsen ihren Sitz haben. Großhändler gelangen rasch an Marktinformationen, können Preisvorteile nutzen und damit Wettbewerbsvorteile erlangen.

Trotz guter heimischer Standortbedingungen sind viele Großhandelsunternehmen aufgrund zunehmender Globalisierung gezwungen, Filialen im Ausland zu gründen oder ihren Standort ganz ins Ausland zu verlagern.

MERKE:

Der Prozess der zunehmenden weltumspannenden Vernetzung der Informations-, Personen-, Waren-, Dienstleistungs- und Finanzströme wird als **Globalisierung**[1] bezeichnet.

[1] globus (lat.) = Kugel, Ball; Globus = Erdkugel, global = weltumspannend

Im globalen Wettbewerb orientiert sich die Standortwahl immer öfter an der verfolgten Globalisierungsstrategie.

Globalisierungsstrategie	Standortfaktoren
Markterschließung	**Handelshemmnisse** (z. B. Mengenbeschränkungen, Local-Content-Bestimmungen) und die **Kundenorientierung** auf wettbewerbsintensiven Auslandsmärkten erzwingen häufig eine Präsenz vor Ort.
Orientierung an Innovationszentren	Standorte in der Nähe ausländischer **Innovationszentren** helfen, neue technologische Entwicklungen oder Branchentrends (Silicon Valley, Modemetropole Mailand) frühzeitig zu erkennen und erfolgreich zu nutzen.
Kostensenkung durch Ansiedlung in Niedriglohnländern	**Niedriglöhne** in einigen Weltregionen (z. B. Tschechien, Polen, Portugal, China, Südkorea) können die Standortverlagerung lohnenswert machen. Allerdings ist die Arbeitsproduktivität in Billiglohnländern erheblich niedriger als in Deuschland.
Räumliche Nähe zu Schlüsselkunden (following customer)	Bedeutende Kunden fordern von ihren meist kleineren Zulieferern weltweite **räumliche Nähe** (z. B. Automobilindustrie). Die Lieferanten müssen ihren Schlüsselkunden folgen (following customer), um im Geschäft zu bleiben.
Sicherung des Güternachschubs	Auf der Einkaufsseite gründen viele Großhändler Filialen im Ausland, um die **Versorgung** mit stark spezialisierten Produkten zu **sichern**.

ZUSAMMENFASSUNG

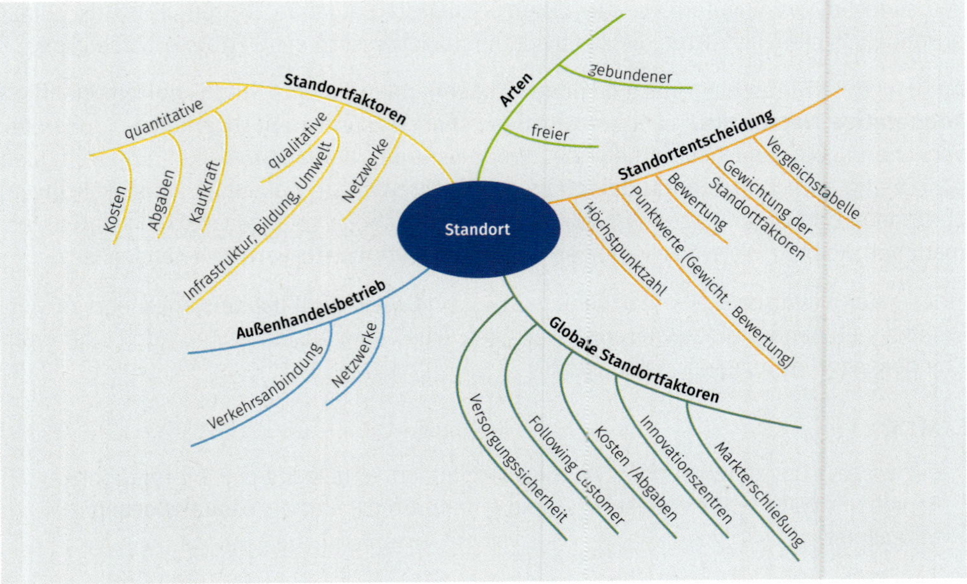

AUFGABEN

1 Schreiben Sie jeden der folgenden Begriffe auf die Kopfzeile eines DIN-A6-Kärtchens:

Standort (Begriff), Gebundener Standort, Freier Standort, Quantitative Standortfaktoren, Qualitative Standortfaktoren, Standortspaltung, Kooperative Netzwerke, Scoringverfahren (Vorgehensweise), Standortfaktoren eines Außenhandelsbetriebs, Globalisierung (Begriff), Standortfaktoren im globalen Wettbewerb

a) Sortieren Sie die Begriffskärtchen nach den Kriterien „weiß ich" oder „weiß ich nicht".
b) Bilden Sie Kleingruppen mit höchstens drei Mitgliedern. Erklären Sie sich gegenseitig die „Weiß-ich-nicht"-Kärtchen. Schlagen Sie dabei die ungeklärten Begriffe im Schulbuch nach oder nehmen Sie Kontakt zu einer anderen Kleingruppe auf.
c) Schreiben Sie die Begriffserklärungen auf die Rückseite Ihrer Kärtchen und ordnen Sie die Kärtchen unter der Leitkarte „Standortfaktoren" alphabetisch in Ihren Lernkartei-Behälter ein.

2 Bilden Sie Teams mit jeweils drei Mitgliedern (Stammgruppen). Schreiben Sie jeden der Begriffe aus Aufgabe 1 auf ein separates Stück Papier und fügen Sie diese Papierkärtchen zu einer sinnvollen Struktur zusammen. Die Struktur kann durch Pfeile, Farben, Symbole, Texte (z. B. Überschriften), Bilder oder weitere Begriffe ergänzt werden.

3 Welche Standortfaktoren sind besonders wichtig für
a) Einzelhandelsbetriebe,
b) Großhandelsbetriebe,
c) Industriebetriebe,
d) Handwerksbetriebe?

4 Der Elektrogroßhändler Meinrad e. K. möchte eine Filiale gründen.
Eine Standortanalyse erbrachte folgende Ergebnisse:

	Standort A	Standort B	Standort C	Standort D
Ansässige Elektronikunternehmen (Potenzielle Abnehmer)	5 Kleinbetriebe (bis 20 Mitarbeiter); ein Großbetrieb mit rund 1 000 Mitarbeitern	7 Kleinbetriebe (bis 20 Mitarbeiter); 5 Mittelbetriebe (bis 500 Mitarbeiter) und 2 Großbetriebe mit zusammen 2 000 Mitarbeitern	14 Kleinbetriebe (bis 20 Mitarbeiter); 7 Mittelbetriebe (bis 500 Mitarbeiter); ein Großbetrieb (500 bis 1 000 Mitarbeiter); ein multinationaler Konzern (über 30 000 Mitarbeiter)	16 Kleinbetriebe (bis 20 Mitarbeiter); 5 Mittelbetriebe (bis 500 Mitarbeiter); ein multinationaler Konzern (über 20 000 Mitarbeiter)

	Standort A	Standort B	Standort C	Standort D
Fachkräfte-angebot	etwa 1 500 bis 1 700	etwa 4 200 bis 4 600	etwa 49 000 bis 52 000 in der Region	etwa 30 000 bis 35 000 in der Region
Infrastruktur	vorzüglich ausgebaut	gut ausgebaut	sehr gut ausgebaut	gut bis sehr gut ausgebaut
Fachmessen-nähe	1 (jährlich)	2 (jährlich)	5 (jährlich)	2 (jährlich)
Wohn- und Freizeitwert	gut (liebliche Landschaft; ländlich strukturiert; kleine Flüsse und Seen; kleine Berge)	sehr hoch (Berge, reizvolle Seen in schnell erreichbarer Nähe; unmittelbares Umland weniger attraktiv)	außergewöhnlich hoch (hohe Berge; große und kleine Seen in unmittelbarer Nähe; sehr attraktives Umland)	durchschnittlich (Hügelland mit wechselndem Reiz; raues Klima; keine Seen; weite Entfernungen zu den Bergen und zu großen Seen; übliches städtisches Freizeitangebot)
Gewerbeflächenangebot	sehr günstig (5,00 bis 25,00 €/m²)	günstig (20,00 bis 40,00 €/m²)	sehr teuer (90,00 bis 190,00 €/m²)	teuer (60,00 bis 125,00 €/m²)
Verkehrs-anbindung	sehr gute Straßen-, Schienen- und Schiffsverkehrsanbindungen; weite Entfernung zum nächsten Großflughafen (150 km)	sehr gute Straßen- und Schienenanbindungen; weite Entfernung zum nächsten Großflughafen (100 km)	sehr gute Straßen- und Schienenanbindungen sowie ausgezeichnete Flugverbindungen; Großflughafenverbindung 10 km	sehr gute Straßen- und Schienenanbindung; gute Flugverbindungen; Großflughafen 30 km entfernt
Wirtschafts-förderung	sehr hoch (60 % der Investitionssumme)	hoch (40 % der Investitionssumme)	mäßig (15 % der Investitionssumme)	hoch (35 % der Investitionssumme)
Hochschul-kontaktmöglichkeiten	Eine Technische Universität, 2 Fachhochschulen, 2 Forschungsinstitute in der Region	2 Fachhochschulen, 3 Forschungsinstitute in der Region	2 Technische Universitäten, 4 Fachhochschulen, 6 Forschungsinstitute in der Region	Eine Technische Universität, 2 Fachhochschulen, 5 Forschungsinstitute

a) Helfen Sie dem Elektrogroßhändler, indem Sie den optimalen Standort mithilfe einer Entscheidungsbewertungstabelle (Scoringverfahren) feststellen.
b) Begründen Sie Ihre Empfehlung in einem Bericht, in dem Sie die Vor- und Nachteile des vorgeschlagenen Standorts kurz zusammenfassen.
c) Erweitern Sie die Standort-Vergleichstabelle um den Standort Ihres Ausbildungsbetriebs. Stellen Sie den Gesamtpunktwert für diesen Standort fest.
Tipp: Informationen über Ihren Standort finden Sie im Internet (Standort-Informationssystem der IHK).

5 Führen Sie in Ihrem Ausbildungsbetrieb eine **Befragung** zur „Standortattraktivität" durch. Verwenden Sie dabei den folgenden Fragebogen (Sie können weitere Fragen aufnehmen). Fassen Sie die Befragungsergebnisse Ihrer Mitschüler (das können auch Schüler aus anderen Großhandelsklassen sein) zusammen. Präsentieren Sie die Ergebnisse mithilfe einer aussagekräftigen Grafik.

Fragen zur Standortattraktivität

Fragebogen

1. Wie bewerten Sie insgesamt die regionalen Rahmenbedingungen am Standort Ihres Unternehmens?
❑ sehr gut ❑ gut ❑ befriedigend ❑ ausreichend ❑ schlecht
2. Wie haben sich die regionalen Rahmenbedingungen insgesamt am Standort Ihres Unternehmens in den letzten drei Jahren verändert?
❑ verbessert ❑ nicht verändert ❑ verschlechtert
3. Wie bewerten Sie folgende regionale Rahmenbedingungen am Standort Ihres Unternehmens?

	wenig relevant für unser Unternehmen	sehr gut	gut	befriedigend	ausreichend	schlecht
Verkehrsinfrastruktur in der Region						
Technologietransfer/ Hochschulkooperation						
Qualität der Bildungseinrichtungen in der Region						
Verfügbarkeit/ Kosten von Gewerbeflächen						
Höhe kommunaler Steuern, Gebühren, Abgaben						
Leistungsfähigkeit kommunaler Behörden						
Nähe zu Lieferanten/Kunden/ Partnern						

4. Zum Standort Deutschland: Welche Maßnahmen sind aus Ihrer Sicht in den nächsten Jahren am dringlichsten für die Attraktivität des Standortes Deutschland?
❑ Bildungssystem modernisieren
❑ Arbeits- und Tarifrecht flexibilisieren
❑ Sozialbeiträge und Steuern senken/vereinfachen
❑ moderate Lohnpolitik
❑ Angebot an Fachkräften verbessern
❑ Zugang zu Finanzierungsmitteln verbessern

6

a) Betrachten Sie die obige **Karikatur**.
   Tipp: Beantworten Sie hierzu folgende Fragen: Was ist zu sehen? Wer sind die handelnden Personen? Wen vertreten sie?

b) Interpretieren Sie diese Karikatur.
   Tipp: Beantworten Sie hierzu folgende Fragen: Wie lautet die Aussage der Karikatur? Welche Meinung vertritt der Verfasser der Karikatur? Was ist Ihre Meinung dazu?

c) Begründen Sie die Schwächen des Standorts Deutschland im globalen Wettbewerb anhand von Beispielen.

d) Listen Sie einige Stärken des Standorts Deutschland auf.

3 Rechtsformen der Unternehmung

PROBLEM

Thomas Horak möchte einen Schnäppchenmarkt für Sportzubehör eröffnen. Ein Vertreter der Firma Puma hat ihn auf diese Geschäftsidee gebracht. Er machte Thomas Horak darauf aufmerksam, dass alle Sportartikelhersteller immer wieder Lagerbestände auflösen und solche Sonderposten günstig an Interessenten verkaufen. Thomas Horak ist zurzeit als Verkäufer bei der Fahrradgroßhandlung Trial GmbH tätig. Er trifft sich wieder einmal mit seinen Kolleginnen Anna Lurka und Katja Müller im Frühstücksraum. Es entwickelt sich folgendes Gespräch:

Frau Lurka: *„Na, Herr Horak, wie weit sind Sie mit Ihrer Existenzgründung?“*

Herr Horak: *„Ich hab’ mich erst mal mit Literatur eingedeckt. Ich kenn’ mich vor lauter Ratschlägen bald nicht mehr aus.“*

Frau Lurka: *„Lesen hilft nicht weiter. Sie müssen einfach anfangen.“*

Katja: *„Das sagen Sie so einfach. So ein Geschäft kann man nicht einfach so aufmachen. So viel ich weiß, braucht man einen Gewerbeschein und muss es bei allen möglichen Stellen anmelden.“*

Herr Horak: *„Stimmt. Das Formular für die Gewerbeanmeldung hab’ ich schon zu Hause. Dann muss ich noch dem Finanzamt Bescheid sagen und vielleicht dem Amtsgericht. Manche Firmen müssen beim dortigen Handelsregister angemeldet werden.“*

Frau Lurka: *„Wir sind auch im Handelsregister eingetragen.“*

Katja: *„Wir sind auch eine Gesellschaft mit beschränkter Haftung.“*

Herr Horak: *„Unser Chef hat sich sicher etwas dabei gedacht. Kann man überhaupt alleine eine GmbH gründen?“*

Katja: *„In der Schule habe ich schon mal was von einer Einmann-GmbH gehört – müsste also schon gehen. Auf jeden Fall braucht man für eine GmbH einen notariell beurkundeten Gesellschaftsvertrag.“*

Frau Lurka: *„Der Notar kostet natürlich! Dann noch die Eintragung ins Handelsregister. Reicht Ihre Erbschaft dann noch, um den ersten Posten Waren zu kaufen? Der Laden muss auch noch eingerichtet werden.“*

Herr Horak: *„Mit meinen 15 000,00 € komme ich nicht allzu weit. In meiner Nachbarschaft steht seit einigen Wochen ein Ladengeschäft leer. Dort sind die Regale noch drin.“*

Katja: *„Das ist ja richtig spannend. Auf jeden Fall bin ich Ihr erster Stammkunde. Mit Stammkundenrabatt natürlich.“*

Frau Lurka: *„Ich lass’ Sie auch nicht im Stich.“*

Herr Horak: *„Bei so guten Kunden muss der Laden ja laufen. Haben Sie nicht Lust, als Gesellschafter in meiner Firma mitzumachen?“*

Katja: *„Dann müssten wir einen Gesellschaftsvertrag aushandeln.“*

Arbeitsaufträge

1. *Nehmen Sie zu den Äußerungen Stellung.*
2. *Wägen Sie Vor- und Nachteile einer Gesellschaftsunternehmung gegeneinander ab.*
3. *Welche Punkte sollten in einem Gesellschaftsvertrag geregelt werden? Erstellen Sie eine Checkliste mit den wichtigsten Aspekten.*

SACHDARSTELLUNG

3.1 Handelsrechtliche Grundbegriffe

Natürliche und juristische Personen

In unserer Rechtsordnung können sowohl **natürliche Personen** (das sind Menschen) als auch **juristische Personen** (das sind künstliche Rechtsgebilde) Rechte erhalten oder Pflichten übernehmen.

Juristische Personen entstehen durch die Eintragung in ein öffentliches Register. So werden z. B. Vereine durch Eintragung ins Vereinsregister rechtsfähig, Kapitalgesellschaften wie die Aktiengesellschaft (AG) oder die Gesellschaft mit beschränkter Haftung (GmbH) entstehen durch die Eintragung ins Handelsregister.

Juristische Personen handeln durch Organe (z. B. Geschäftsführer, Vorstand), die sich aus natürlichen Personen zusammensetzen müssen.

Begriff des Kaufmanns – Handelsgewerbe erforderlich

Kaufmann ist, wer ein Handelsgewerbe betreibt.

Als **Handelsgewerbe** gilt nach § 1 HGB
- jede selbstständige Geschäftstätigkeit,
- die auf Dauer angelegt ist,
- mit Gewinnabsicht verbunden ist und
- die nach Art und Umfang einen **in kaufmännischer Weise eingerichteten Geschäftsbetrieb** erfordert.

Ob ein in kaufmännischer Weise eingerichteter Geschäftsbetrieb vorliegt, hängt im Einzelfall von der Gesamtbetrachtung verschiedener Merkmale wie Höhe des Umsatzes und des Kapitals, Anzahl der Kunden und Mitarbeiter, Angebotspalette von Waren und Leistungen, Anzahl der Betriebsstätten, Vorhandensein einer kaufmännischen Buchführung oder von Auslandsgeschäften ab.

Entstehung der Kaufmannseigenschaft	
Istkaufmann	Er erlangt seine Kaufmannseigenschaft aufgrund seines in kaufmännischer Weise eingerichteten Geschäftsbetriebs (Kaufmann **kraft Gewerbebetrieb**). Istkaufleute sind auch ohne Eintragung ins Handelsregister Kaufleute.
Kannkaufmann	Kleingewerbetreibende ohne kaufmännische Einrichtung oder land- und forstwirtschaftliche Betriebe mit kaufmännischer Einrichtung können sich freiwillig ins Handelsregister eintragen lassen (Kaufmann **kraft freiwilliger Eintragung**). Kannkaufleute werden erst durch die Eintragung zu Kaufleuten.
Formkaufmann	Kapitalgesellschaften (z. B. AG, GmbH) erlangen ihre Kaufmannseigenschaft aufgrund ihrer Rechtsform (Kaufmann **kraft Rechtsform**). Sie müssen sich jedoch vorher ins Handelsregister eintragen lassen, damit sie als juristische Person rechtsfähig werden.

Jeder Kaufmann ist verpflichtet, Bücher zu führen und in diesen seine Handelsgeschäfte und die Lage seines Vermögens ersichtlich zu machen (HGB § 238).

Firma – Geschäftsname eines Kaufmanns

Die **Firma** ist der **Geschäftsname eines Kaufmanns**, unter dem er seine Handelsgeschäfte betreibt und seine Unterschriften abgibt (§ 17 HGB).

Die Firma muss zur Kennzeichnung des Kaufmanns geeignet sein und **Unterscheidungskraft** besitzen und darf keine Zusätze enthalten, die eine Täuschung über Art und Umfang des Geschäfts herbeiführen (HGB § 18).

Firmengrundsätze im Überblick	
Firmenausschließlichkeit	Eine neue Firma muss sich von den am Ort bereits bestehenden unterscheiden (§ 18 Abs. 1 HGB).
Firmenwahrheit	Der Name darf keine falschen Tatsachen über Art und Umfang des Betriebs vortäuschen (§ 18 Abs. 2 HGB).
Firmenbeständigkeit	Die Firma ist nicht ohne das zugehörige Handelsgeschäft veräußerlich (§ 23 HGB). Ein Erwerber kann die bisherige Firma fortführen, wenn der bisherige Inhaber einverstanden ist (§ 22 HGB). In diesem Fall übernimmt der Erwerber alle Verbindlichkeiten und Schulden, die unter der bisherigen Firma begründet wurden (Haftung des Erwerbers, § 25 HGB).
Firmenöffentlichkeit	Die Firma muss ins Handelsregister eingetragen werden, auf allen Geschäftsbriefen des Kaufmanns muss u. a. seine Firma angegeben werden.
Rechtsformzusatz	Jede Firma muss die Rechtsform (e. K., KG, GmbH, AG) beinhalten. Ebenso muss eine Haftungsbeschränkung erkennbar sein (§ 19 HGB).

Arten der Firma	
Personenfirma	Namen eines Gesellschafters bzw. mehrerer Gesellschafter, z. B. „Bernd Müller KG“; „Conny Meinrad e. K.“
Sachfirma	Unternehmenszweck ist sichtbar, z. B. „Baustoffgroßhandels AG“, „Motorenwerke KG“, „Im- und Export GmbH“
Fantasiefirma	Zum Beispiel „42 Plus KG“; „BayWatchers AG“, „TRIAL GmbH“
Mischfirma	Zum Beispiel „Müller Mobilfunk e. K.“, „42 Plus Software KG“

Auf allen **Geschäftsbriefen des Kaufmanns**, die an einen bestimmten Empfänger gerichtet sind, müssen seine Firma, der Rechtsformzusatz, der Ort seiner Handelsniederlassung, das Registergericht und die Nummer, unter der die Firma in das Handelsregister eingetragen ist, angegeben werden (HGB § 37a).

Handelsregister – Verzeichnis aller Kaufleute

Das **Handelsregister** ist ein **öffentliches, elektronisch geführtes Verzeichnis aller Kaufleute**, das von den Amtsgerichten geführt wird (HGB § 8).

Das Handelsregister teilt sich in zwei Abteilungen. Die **Abteilung A** (HRA) ist für Einzelunternehmen und Personengesellschaften zuständig, die **Abteilung B** (HRB) für Kapitalgesellschaften.

Folgende **Tatsachen** werden im Handelsregister eingetragen: Firma, Ort der Niederlassung bzw. Sitz der Gesellschaft, Gegenstand des Unternehmens und Höhe des Kapitals bei Kapitalgesellschaften, Geschäftsinhaber bzw. persönlich haftender Gesellschafter bzw. Vorstand bzw. Geschäftsführer, Prokura, sonstige Rechtsverhältnisse (z. B. Namen und Kapital von Teilhaftern, Beginn der Gesellschaft, Vertretungsregelungen).

Die **Einsicht** ins Handelsregister ist jedem gestattet (HGB § 9). Alle Tatsachen, die im Handelsregister eingetragen und bekannt gemacht worden sind, muss ein Dritter gegen sich gelten lassen (**öffentlicher Glaube** des Handelsregisters). Das gilt auch, wenn die Eintragungen unrichtig sind (HGB § 15).

BEISPIEL: Auszug aus dem Handelsregister → Siehe Modellunternehmen Seite 7

3.2 Kriterien für die Wahl der Rechtsform

Unsere Rechtsordnung ermöglicht den Unternehmen eine Vielzahl von Rechtsformen und überlässt die Entscheidung den Eigentümern (Gründern).

Die **Rechtsform** einer Unternehmung ergibt sich aus der Art und Weise, wie das Eigenkapital aufgebracht wird, wie die Unternehmung geführt und vertreten wird, wie die Haftung für die Verbindlichkeiten der Unternehmung geregelt ist, wie sie kontrolliert wird und wie das Unternehmensergebnis verteilt wird.

Wichtige Entscheidungskriterien für die Wahl der Rechtsform	
Kapitalaufbringung	Das Eigenkapital kann durch eine Person oder mehrere Personen aufgebracht werden. Dazu ist die **Einbringung von Vermögenswerten** (Bar- oder Sachmittel) aus dem privaten Bereich in das Unternehmen notwendig. Als Gegenleistung erhalten die Kapitalgeber Mitsprache- und Kontrollrechte und das Recht auf eine angemessene Gewinnbeteiligung.
Geschäftsführung	Recht, das Unternehmen **im Inneren** zu führen; d.h. Entscheidungen treffen, Maßnahmen planen, durchsetzen und kontrollieren, Mitarbeiter führen, anweisen und kontrollieren, Abläufe organisieren usw. Sind einzelne Personen jeweils alleine zur Geschäftsführung berechtigt, liegt **Einzelgeschäftsführung** vor. Dürfen mehrere Personen über Geschäfte nur gemeinsam beschließen, dann spricht man von einer **Gesamtgeschäftsführung.**
Vertretung	Recht, für die Unternehmung **Willenserklärungen gegenüber Außenstehenden** (z.B. Lieferer, Kunden, Behörden) abzugeben. Sind einzelne Personen jeweils allein vertretungsberechtigt, liegt **Einzelvertretung** vor. Dürfen mehrere Personen die Unternehmung nur gemeinsam vertreten, liegt **Gesamtvertretung** vor.
Haftung	Ausmaß, wie die Gesellschafter **für die Verbindlichkeiten** ihrer Unternehmung einstehen müssen. ▪ **Unbeschränkte Haftung:** Das gesamte Geschäfts- und Privatvermögen eines Gesellschafters haftet. ▪ **Unmittelbare Haftung:** Ein Gesellschafter haftet direkt, d.h., er darf nicht auf seine Mitgesellschafter verweisen. ▪ **Gesamtschuldnerische Haftung:** Jeder einzelne Gesellschafter muss für die gesamten Verbindlichkeiten der Unternehmung einstehen. ▪ **Solidarische Haftung:** Jeder Gesellschafter muss auch für die Verbindlichkeiten einstehen, die ein anderer Gesellschafter eingegangen ist.
Ergebnisverteilung	Vertragliche Abmachungen über die Gewinn- bzw. Verlustverteilung haben Vorrang vor gesetzlichen Regelungen.

Grundsätzlich werden Einzel- und Gesellschaftsunternehmung unterschieden.

Die **Einzelunternehmung** besteht aus einem einzigen Gesellschafter. **Gesellschaftsunternehmen** bestehen i.d.R. aus mehreren Gesellschaftern. Sie können größere Kapitalbeträge aufbringen, die Haftung, Geschäftsführung und Vertretung auf mehrere Personen verteilen (Risiko-, Arbeitsteilung, Entlastung), sodass sich die Entscheidungsqualität, Kapitalkraft und Kreditwürdigkeit gegenüber Einzelunternehmen verbessern. Nachteilig ist, dass der Gewinn (aber auch der Verlust) aufgeteilt werden muss, die Entscheidungsgewalt des einzelnen Gesellschafters eingeschränkt ist und die Entscheidungsfindung komplizierter wird (Mehrheiten sind erforderlich).

Gesellschaftsunternehmen können Personen- oder Kapitalgesellschaften sein.

Wesentliche Unterschiede zwischen Personen- und Kapitalgesellschaften		
Merkmal	**Personengesellschaft**	**Kapitalgesellschaft**
Gesellschafterzahl	relativ gering	relativ hoch
Rechtspersönlichkeit	Gesellschaft ist rechtlich selbstständig (HGB § 124), aber keine juristische Person	Gesellschaft ist eine juristische Person, die über ihre Organe handeln kann
Entstehung	mit Abschluss des Gesellschaftsvertrags und Aufnahme der Geschäfte	erst mit Eintragung ins Handelsregister
Mitarbeit der Gesellschafter (Geschäftsführung/Vertretung)	persönliche Mitarbeit mindestens eines Gesellschafters (dieser muss eine natürliche Person, also ein Mensch, sein)	durch Organe (z. B. Geschäftsführer, Aufsichtsrat), die von den Gesellschaftern gewählt werden
Haftung	persönliche unbeschränkte Haftung mindestens eines Gesellschafters (Vollhafter, Komplementär); Gläubiger können sich an jeden einzelnen Vollhafter wenden **(Durchgriffshaftung)**	Die juristische Person haftet mit ihrem Gesellschaftsvermögen; Gläubiger müssen sich an die Organe der juristischen Person wenden (keine Durchgriffshaftung der Gesellschafter)
Mindestkapital, Mindesteinlage	Weder ein Mindestkapital noch eine Mindesteinlage sind vorgeschrieben	Sowohl ein Mindestkapital als auch eine Mindesteinlage sind vorgeschrieben
Beispiele	Gesellschaft bürgerlichen Rechts (GbR), Offene Handelsgesellschaft (OHG), Kommanditgesellschaft (KG)	Gesellschaft mit beschränkter Haftung (GmbH), Aktiengesellschaft (AG)

Keine Rechtsform ist auf Dauer für ein Unternehmen die vorteilhafteste. Nicht nur bei der Unternehmensgründung, sondern bei jeder Änderung der persönlichen, wirtschaftlichen, rechtlichen und steuerlichen Entscheidungsgrundlagen muss die Frage nach der geeigneten Rechtsform von Neuem gestellt werden.

3.3 Einzelunternehmung – e. K.

MERKE:

Einen Gewerbebetrieb, dessen Eigenkapital von einer Person aufgebracht wird, die das Risiko alleine trägt, bezeichnet man rechtlich als **Einzelunternehmung**.

Kapitalaufbringung und Gründungsvoraussetzungen

Der Unternehmer bringt das Eigenkapital bei der Gründung allein auf, indem er Vermögenswerte (Sach- und Barmittel, Rechte) aus seinem privaten Bereich in die Unternehmung einbringt. Sachmittel können Grundstücke, Fahrzeuge oder Einrichtungsgegenstände sein. Bei den Rechtswerten handelt es sich um Patente oder Wertpapiere.

Die Erhöhung des Eigenkapitals ist bei der Einzelunternehmung durch das Vermögen des Einzelunternehmers begrenzt. Eine Eigenfinanzierung erfolgt in erster Linie im Wege der Selbstfinanzierung, d. h. der Thesaurierung[1] (Wiederanlage) erzielter Gewinne.

Die Gewährung langfristiger Kredite wird häufig davon abhängig gemacht, inwieweit dem Kreditgeber gewisse Mitsprache- und Kontrollrechte eingeräumt werden.

Die **Firma der Einzelunternehmung** kann eine Sach-, Personen-, Fantasie- oder Mischfirma sein. Sie muss den **Zusatz „eingetragener Kaufmann", „eingetragene Kauffrau"** oder eine verständliche Abkürzung dieser Bezeichnung enthalten, z. B. „e. K.", „e. Kfr." (HGB § 19 (1) Nr. 1).

BEISPIEL: Thomas Horak e. K., Großhandel für Genussmittel und Bürobedarf Wenz e. Kfm, GeBü e. K.

Haftung

Der Einzelunternehmer haftet für die Verbindlichkeiten seiner Unternehmung grundsätzlich **allein, persönlich** und **unbeschränkt**.

Persönliche Haftung bedeutet, dass der Einzelunternehmer auch dann noch haftet, wenn er selbst nichts mehr mit der Unternehmung zu tun hat und ausgeschieden ist. Die Ansprüche der Gläubiger gegen den früheren Inhaber verjähren erst nach fünf Jahren, falls nicht nach den allgemeinen Vorschriften die Verjährung schon früher eintritt (HGB § 26).

Unbeschränkte Haftung heißt, dass der Einzelunternehmer nicht nur mit dem Teil seines Vermögens haftet, den er in den Betrieb eingebracht hat, sondern auch mit seinem gesamten Privatvermögen.

Die persönliche und unbeschränkte Haftung verleihen dem Einzelunternehmer eine gewisse materielle und persönliche Kreditwürdigkeit.

Geschäftsführung und Vertretung

Der Einzelunternehmer ist alleiniger Eigentümer seines Unternehmens und hat daher auch die alleinige Entscheidungsgewalt. Sie umfasst einerseits die **Geschäftsführung**, also das Recht und die Pflicht, das Unternehmen **im Inneren** zu führen, andererseits die **Vertretung** des Unternehmens **nach außen**, also das Recht, Dritten (Kunden, Lieferanten usw.) gegenüber Willenserklärungen abzugeben. Die Geschicke des Betriebs sind damit unlösbar mit dem persönlichen Schicksal des Unternehmers verbunden.

---

[1] Der Begriff **„thesaurieren"** kommt aus dem griechisch-lateinischen Sprachschatz und bedeutet Geld oder Edelmetalle horten.

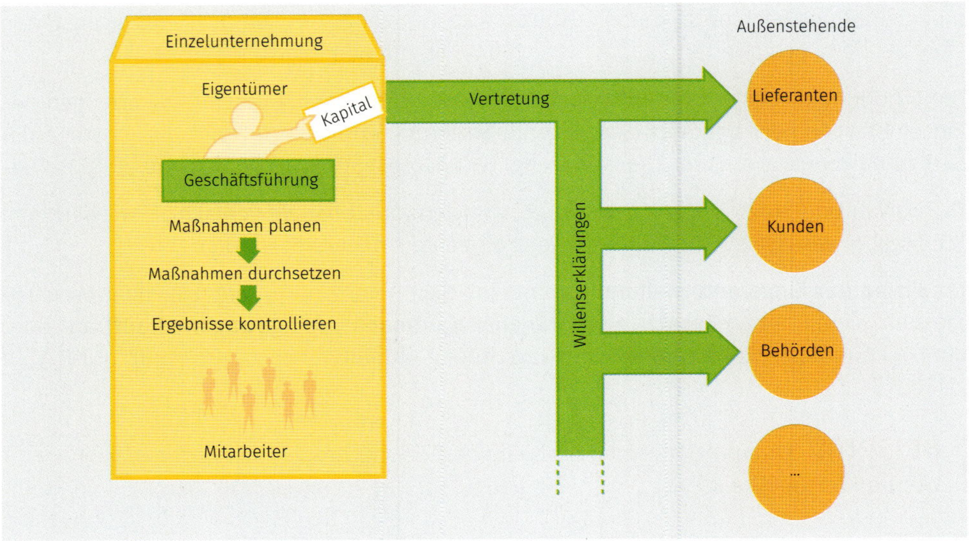

Ergebnisverteilung

Dem Einzelunternehmer steht der Gewinn allein zu. Er hat aber auch den Verlust allein zu tragen. Für Chancen und Risiken ist er allein verantwortlich.

Der Gewinn muss jedoch versteuert werden. **Einkommensteuerpflichtig** ist nicht die Einzelunternehmung, sondern die Person des Einzelunternehmers. Sein Gewinn gehört zu den Einkünften aus Gewerbebetrieb und wird nach Abzug der Sonderausgaben, der außergewöhnlichen Belastungen und Freibeträge (z.B. Kinderfreibetrag) versteuert.

Der Einzelunternehmer stellt seinen Gewinn im Rahmen seines Jahresabschlusses (Bilanz mit Gewinn- und Verlustrechnung) fest. Eine Vergütung für die Mitarbeit in seinem Betrieb **(Unternehmerlohn)** ist ebenso wenig als Betriebsausgabe abzugsfähig wie die Bildung einer Pensionsrückstellung für seine eigene Altersversorgung. Da die Einzelunternehmung nicht rechtsfähig ist, können entstandene Verluste mit anderen positiven Einkünften (z.B. aus Kapitalvermögen oder Vermietung und Verpachtung) verrechnet werden.

Vor- und Nachteile der Einzelunternehmung

Vorteile	Nachteile
▪ freie Entfaltungsmöglichkeiten ▪ alleinige Entscheidungsbefugnis ▪ schnelle Entscheidungen ▪ keine Aufteilung des Gewinns	▪ begrenzte Kapitalbasis ▪ Gefahr von Fehlentscheidungen wegen mangelndem Fachwissen ▪ alleiniges Verlustrisiko ▪ Schicksal des Unternehmens ist unlösbar mit der Person des Eigentümers verbunden ▪ unbeschränkte Haftung

3.4 Kommanditgesellschaft – KG

MERKE:

Wird das Eigenkapital einer Unternehmung von zwei oder mehreren Personen aufgebracht, von denen mindestens eine Person unbeschränkt und eine Person nur mit ihrer Einlage haftet, dann liegt eine **Kommanditgesellschaft** (KG) vor (HGB § 161).

Kapitalaufbringung und Firma

Das Eigenkapital wird durch Einlagen der Gesellschafter aufgebracht. Alle Teilhaber sind **Miteigentümer** der Unternehmung und damit am tatsächlichen Betriebsvermögen beteiligt. Ein Mindestkapital ist gesetzlich nicht festgelegt.

Die weitere Kapitalzufuhr ist geregelt wie bei der Einzelunternehmung: Einbehalten erzielter Gewinne, Kapitalerhöhung durch Erhöhung vorhandener Einlagen oder Aufnahme neuer Gesellschafter oder durch Aufnahme von Fremdkapital. Die Rechtsform der Kommanditgesellschaft wird häufig deshalb gewählt, weil das Eigenkapital durch Einlagen erhöht werden kann, ohne dass den Kapitalgebern ein erhebliches Mitspracherecht eingeräumt werden muss.

Die **Firma der KG** kann eine Sach-, Personen-, Fantasie- oder Mischfirma sein. Sie muss den **Zusatz „Kommanditgesellschaft“** oder eine verständliche Abkürzung dieser Bezeichnung enthalten, z. B. „KG“ (HGB § 19 (1) Nr. 3).

BEISPIELE:

Karl Wenz KG, Großhandel für Genussmittel und Bürobedarf Wenz KG, GeBü KG

Haftung

Für die Verbindlichkeiten haften die Gesellschafter in unterschiedlichem Umfang. **Komplementäre** (Vollhafter) haften unbeschränkt, die **Kommanditisten** (Teilhafter) haften nur mit ihrer **Kommanditeinlage.** Die Höhe der Kommanditeinlage wird im Handelsregister (beim Amtsgericht) eingetragen. Solange der Kommanditist seine eingetragene Einlage nicht voll geleistet hat, haftet auch er mit seinem Privatvermögen für den ausstehenden Betrag. Die ausstehende Einlage des Kommanditisten ist in der Bilanz zu aktivieren, da im Eigenkapital das gesamte einzubringende Kommanditkapital auszuweisen ist.

Jeder Komplementär haftet **unbeschränkt, gesamtschuldnerisch** (solidarisch) und **unmittelbar** (direkt). **Gesamtschuldnerisch** heißt, dass ein Gläubiger sich mit dem gesamten zu zahlenden Betrag an ihn wenden kann; der Komplementär kann nicht einwenden, dass er nur z. B. zur Hälfte an der KG beteiligt sei und daher auch nur für die Hälfte der Schulden einzustehen habe. Jeder Vollhafter muss für die gesamten Schulden der Unternehmung geradestehen und kann vom Gläubiger nicht verlangen, auch die anderen Gesellschafter zu verklagen, wenn er selbst verklagt wird **(solidarische Haftung). Unmittelbare Haftung** bedeutet, dass der Komplementär einen Gläubiger nicht an seine Mitgesellschafter verweisen darf. Auch die Kommanditisten haften bis zur Höhe ihrer Einlage unmittelbar, wenn sie ihre Einlage noch nicht voll geleistet haben oder diese noch nicht im Handelsregister eingetragen ist (HGB § 171).

MERKE:
Bis zur Eintragung der KG ins Handelsregister haften alle Gesellschafter (auch die Kommanditisten) persönlich (also unbeschränkt, gesamtschuldnerisch und unmittelbar). Die Haftungsbeschränkung des Kommanditisten auf seine Kommanditeinlage (Kommanditkapital) gilt erst ab dem Tag der Eintragung.

Ausscheidende Gesellschafter haften noch fünf Jahre für die Verbindlichkeiten, die bei ihrem Ausscheiden vorhanden waren (bei Teilhafter auf die Einlage begrenzt).

Geschäftsführung und Vertretung

Zur Geschäftsführung sind nur die Komplementäre berechtigt und verpflichtet, und zwar jeder allein **(Einzelgeschäftsführung)**. Die Befugnisse erstrecken sich auf alle Handlungen, die der **gewöhnliche Betrieb** des Handelsgewerbes der Gesellschaft mit sich bringt (HGB § 116). **Außergewöhnliche Handlungen** (z. B. Bestellung eines Prokuristen, Auflösung der Unternehmung, Aufnahme eines neuen Gesellschafters) bedürfen der Zustimmung aller Vollhafter (Gesellschafterbeschluss). Die Kommanditisten sind von der Geschäftsführung ausgeschlossen. Sie können nur bei außergewöhnlichen Handlungen der Vollhafter widersprechen (HGB § 164).

Nach außen wird die KG durch ihre Komplementäre vertreten. Jeder Vollhafter hat **Einzelvertretungsmacht** für alle gerichtlichen und außergerichtlichen Geschäfte. Eine Beschränkung der Vertretungsmacht ist Dritten gegenüber unwirksam (HGB §§ 125, 126), wenn sie nicht im Handelsregister eingetragen ist. Die Kommanditisten haben keine Vertretungsmacht (HGB § 170).

Ergebnisverteilung

Ist im Gesellschaftsvertrag nichts anderes vereinbart, erhalten alle Gesellschafter zunächst eine Verzinsung von 4 % auf ihren tatsächlich erbrachten Kapitalanteil. Übersteigt der Gewinn diesen Betrag, dann ist der Rest in einem **angemessenen** Verhältnis zu verteilen (HGB § 168).

Verluste sind auf die Gesellschafter in einem angemessenen Verhältnis zu verteilen. An einem Verlust ist der Kommanditist nur bis zum Betrag seines Kapitalanteils und seiner noch ausstehenden Einlage beteiligt (HGB § 167).

Eine Tätigkeitsvergütung (Unternehmerlohn) für die Vollhafter kann nicht als Betriebsausgabe gewinnmindernd abgesetzt werden. Einkommensteuer wird von der KG nicht abgeführt, da sie nicht rechtsfähig ist. Die Gesellschafter müssen ihre Gewinnanteile selbst bei ihrer persönlichen Einkommensteuererklärung als Einkünfte aus Gewerbebetrieb angeben (siehe Einzelunternehmung).

BEISPIEL:
Die Gewinnverteilung bei der Wenz KG ist im Gesellschaftsvertrag wie folgt festgeschrieben: „Vorab erfolgt eine Kapitalverzinsung von 5 % pro Jahr. Jeder Komplementär erhält darüber hinaus eine jährliche Vergütung von 40 000,00 €. Der Restgewinn ist auf die Gesellschafter im Verhältnis der Kapitalanteile zu verteilen.“ Der Gesamtgewinn beträgt in diesem Jahr 145 000,00 €.

Gesellschafter	Kapitalanteil	5-%-Verzinsung	Tätigkeitsvergütung	Restgewinn		Gesamtgewinn
Wenz jun. (Komplementär)	200 000 €	10 000 €	40 000 €	4	60 000 €	110 000 €
Ute Menzel (Kommanditistin)	50 000 €	2 500 €	–	1	15 000 €	17 500 €
Kurt Flaig (Kommanditist)	50 000 €	2 500 €	–	1	15 000 €	17 500 €
Summen	300 000 €	15 000 €	40 000 €	6	90 000 €	145 000 €

145 000 €
− 55 000 €
= 90 000 €

Gründe für die Errichtung einer KG

aus der Sicht der Komplementäre	aus der Sicht der Kommanditisten
▪ Erweiterung der Kapitalbasis ▪ keine Zins- und Tilgungsverpflichtung ▪ keine Einschränkung der Rechte der Geschäftsführung und Vertretung	▪ beschränkte Haftung ▪ persönliches Interesse (Förderung des Familienbetriebs usw.) ▪ ggf. höhere Rendite als bei Bankguthaben

3.5 Gesellschaft mit beschränkter Haftung – GmbH

MERKE:

Wird das Eigenkapital einer Unternehmung durch einen oder mehrere Gesellschafter aufgebracht, von denen keiner persönlich haftet, und hat die Gesellschaft eine eigene Rechtspersönlichkeit, dann liegt eine **Gesellschaft mit beschränkter Haftung** (GmbH) vor.

Kapitalaufbringung und Gründungsvoraussetzungen

Das Eigenkapital der GmbH wird dadurch aufgebracht, dass die Gesellschafter ihre im notariellen Gesellschaftsvertrag vereinbarten **Stammeinlagen** einbringen. Jeder Gesellschafter kann bei der Gründung mehrere Geschäftsanteile übernehmen. Der Nennwert eines Geschäftsanteils wird als Stammeinlage bezeichnet. Die Stammeinlage jedes Gesellschafters muss mindestens 1,00 € betragen und kann bei den Gesellschaftern unterschiedlich hoch sein (GmbHG § 5). Bei der Einpersonen-GmbH wird das **Stammkapital von mindestens 25 000,00 €** nur von einer Person eingebracht. In der Bilanz wird das Stammkapital als **„gezeichnetes Kapital"** ausgewiesen. Es stellt die Summe der Nennbeträge aller Geschäftsanteile (Stammeinlagen) dar.

Der Geschäftsanteil ist veräußerlich. Zur Abtretung bedarf es jedoch eines in notarieller Form geschlossenen Vertrags.

Der Gesellschaftsvertrag in notarieller Form **(Satzung)** kann bestimmen, dass die Gesellschafter im Bedarfsfall (z. B. Verlustsituation) über ihre Stammeinlage hinaus noch weitere Einzahlungen (Nachschüsse) zu leisten haben (GmbHG § 26).

Die **Firma der GmbH** kann eine Sach-, Personen-, Fantasie- oder Mischfirma sein. Sie muss den **Zusatz „Gesellschaft mit beschränkter Haftung"** oder eine verständliche Abkürzung dieser Bezeichnung enthalten, z. B. „GmbH", „mbH" (GmbHG § 4).

BEISPIELE:

TRIAL GmbH, Großhandel für Genussmittel und Bürobedarf Wenz GmbH, GeBü GmbH

Haftung für die Schulden der GmbH

Sind **vor der Eintragung** ins Handelsregister Geschäfte im Namen der GmbH vorgenommen worden, dann haften die Handelnden persönlich und solidarisch (GmbHG § 11). **Nach der Eintragung** gibt es **keine Durchgriffshaftung** mehr, die den Zugriff der Gläubiger auf das Vermögen der Gesellschafter ermöglichen würde.

Für Verbindlichkeiten der GmbH haftet den Gläubigern der Gesellschaft nur das **Gesellschaftsvermögen** (GmbHG § 13). Die GmbH als juristische Person wird strikt getrennt vom Vermögen ihrer Gesellschafter, die nur mit ihrer Einlage haften (Trennungsprinzip).

Geschäftsführung und Vertretung der GmbH

Im Gegensatz zu einer natürlichen Person ist die GmbH als juristische Person nicht in der Lage, selbst zu handeln. Sie kann nur über ihre gesetzlich dafür vorgesehenen **Organe** Willenserklärungen abgeben.

Im Gegensatz zu Personengesellschaften arbeiten die Gesellschafter einer Kapitalgesellschaft nicht selbst im Unternehmen mit. Ihre Aufgabe ist die Einzahlung ihrer Stammeinlage und die Mitwirkung an Beschlüssen der Gesellschafterversammlung. Im Einzelnen beschließt die **Gesellschafterversammlung** über folgende Sachverhalte (GmbHG § 46):

- Feststellung des Jahresabschlusses und Beschluss über die Gewinnverwendung,
- Einforderung von Einzahlungen auf die Stammeinlagen,
- Rückzahlung von Nachschüssen (diese sind im Verlustfall von den Gesellschaftern zu leisten),
- Teilung sowie Einziehung von Geschäftsanteilen,
- Bestellung, Überwachung und Abberufung der Geschäftsführer sowie deren Entlastung,
- Bestellung von Prokuristen und Gesamtbevollmächtigten,
- Geltendmachung von Ersatzansprüchen gegen Geschäftsführer oder Gesellschafter sowie Vertretung der Gesellschaft in Prozessen gegen die Geschäftsführer.

Beschlüsse werden in der Gesellschafterversammlung mit der Mehrheit der abgegebenen Stimmen gefasst. Dabei gewährt jeder € eines Geschäftsanteils eine Stimme (GmbHG § 47).

Die **Geschäftsführer** (sie müssen nicht Gesellschafter sein) führen die Geschäfte nach innen und vertreten die Gesellschaft gerichtlich und außergerichtlich nach außen. Jede Willenserklärung und Zeichnung muss durch sämtliche Geschäftsführer erfolgen (**Gesamtgeschäftsführung und Gesamtvertretung**, GmbHG § 35). Aus der Erfordernis der einheitlichen Willensbildung ergibt sich eine solidarische Verantwortlichkeit jedes einzelnen Geschäftsführers für die Geschäftsführung im Ganzen; auch wenn wegen der Größe des Geschäftsbetriebes die Geschäfte unter den Geschäftsführern aufgeteilt werden. Im Innenverhältnis kann die Geschäftsführungs- und Vertretungsmacht durch Gesellschafterbeschluss auf gewisse Arten von Geschäften oder zeitlich beschränkt werden. Gegen dritte Personen, also im Außenverhältnis, haben solche Beschränkungen keine rechtliche Wirkung (GmbHG § 37).

Die Bestellung des Geschäftsführers kann durch Gesellschafterbeschluss jederzeit widerrufen werden, es sei denn, der Gesellschaftsvertrag schreibt bestimmte Widerrufsgründe vor (GmbHG § 38).

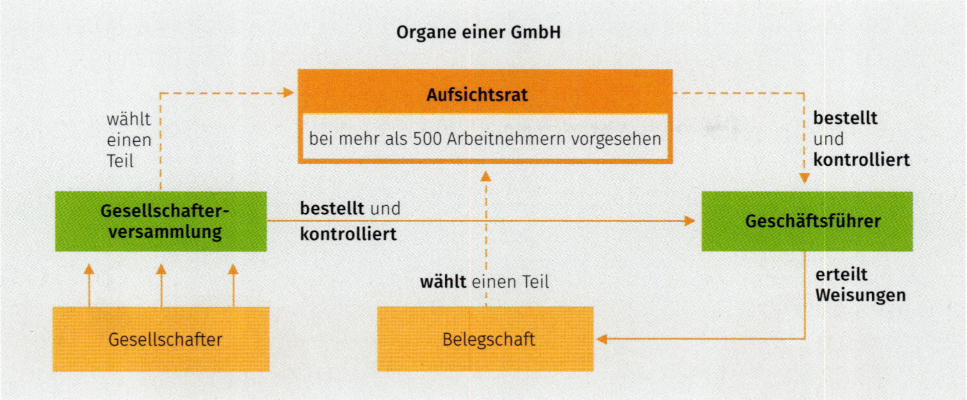

Ergebnisverteilung

Die Gesellschafter haben Anspruch auf den Jahresüberschuss (Gewinn vor der Verteilung) im **Verhältnis ihrer Geschäftsanteile** [GmbHG § 29 (3)]. In der Satzung kann ein anderer Maßstab festgelegt werden. Die Verlustbeteiligung ist analog geregelt. Die Entscheidung über die Gewinnverwendung (Ausschüttung oder Einbehaltung) obliegt der Gesellschafterversammlung.

BEISPIEL:

Der Jahresüberschuss der TRIAL GmbH beträgt 200 000,00 €. Davon werden 50 000,00 € für Investitionen einbehalten; der Rest wird gemäß Satzung im Verhältnis der Kapitalanteile unter den drei Gesellschaftern verteilt.

Gesellschafter	Kapitalanteil	Schlüssel		Gewinn	
Gasch	300 000,00 €	3		75 000,00 €	· 3
Bundschuh	200 000,00 €	2		50 000,00 €	· 2
Knötig	100 000,00 €	1		25 000,00 €	· 1
Summen	600 000,00 €	6	≙	150 000,00 €	
		1	≙	25 000,00 €	

Die **Vergütung** der Geschäftsführer mindert als Betriebsausgaben den steuerpflichtigen Gewinn der GmbH. Allerdings sind unangemessen hohe Vergütungen als verdeckte Gewinnausschüttung steuerpflichtig.

GmbH & Co. KG – die Unternehmensform des Mittelstands

Die GmbH & Co. KG ist eine **Personengesellschaft** in der Rechtsform der KG, deren einzige persönlich haftende Gesellschafterin eine GmbH (Kapitalgesellschaft) ist. Die Gesellschafter der GmbH und die Kommanditisten der KG können dieselben Personen sein **(typische GmbH & Co. KG)**. Bei der **atypischen GmbH & Co. KG** sind die Kommanditisten und die GmbH-Gesellschafter nicht identisch.

Die GmbH & Co. KG entsteht durch einen formlosen Gesellschaftsvertrag zwischen einer **bereits bestehenden** (und im Handelsregister eingetragenen) **GmbH** und den Kommanditisten. Die Geschäftsführung und Vertretung der GmbH & Co. KG wird regelmäßig der Komplementär-GmbH übertragen, die ihrerseits durch ihre Geschäftsführer handelt.

BEISPIEL für den Aufbau einer typischen GmbH & Co. KG:

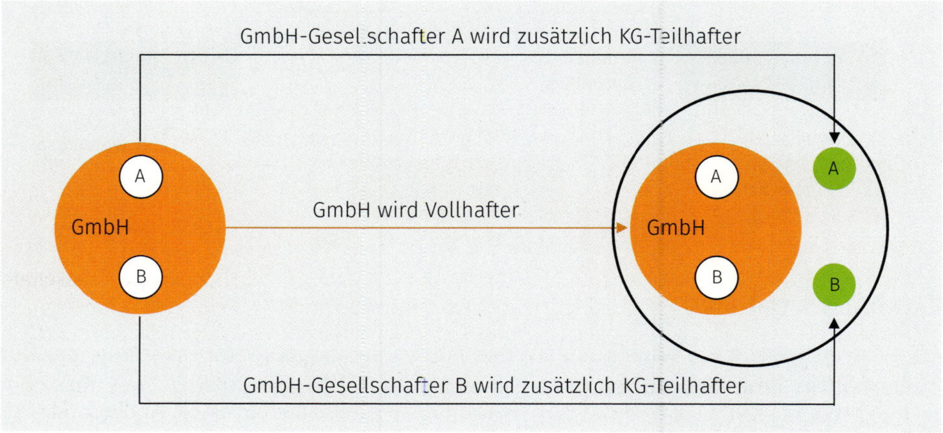

Die GmbH & Co. KG ist mit zahlreichen **Vorteilen** verbunden:

- Haftungsbeschränkung auf Kapitaleinlagen,
- Unternehmen wird losgelöst vom Schicksal des Unternehmers (die GmbH ist „unsterblich"), eine Einpersonen-GmbH & Co. KG ist möglich,
- Lösung von Nachfolgeproblemen durch fremdes Management,
- großer Spielraum für finanzielle Umschichtungen (Privateinlagen/-entnahmen).

Hauptnachteil der GmbH & Co. KG ist das steuerliche Abzugsverbot für Tätigkeits- und Sondervergütungen an die Gesellschafter, die ja nur noch Kommanditisten sind. Als Geschäftsführer der GmbH (das können dieselben Personen sein) erhalten sie eine angemessene Vergütung (jährlich 10 bis 20 % des Eigenkapitals).

Exkurs

Unternehmergesellschaft (haftungsbeschränkt)

Die Unternehmergesellschaft (haftungsbeschränkt) oder kurz UG (haftungsbeschränkt) ist eine Kapitalgesellschaft und kann mit einem Mindeststartkapital von 1,00 € gegründet werden (GmbHG § 5a). Sie wird deshalb auch als Mini-GmbH oder Ein-Euro-GmbH bezeichnet. Die Anmeldung zum Handelsregister (Abteilung B) kann erst erfolgen, wenn das Stammkapital bar eingezahlt ist. Sacheinlagen sind ausgeschlossen. In der Bilanz ist eine gesetzliche Rücklage zu bilden, in die ein Viertel des Jahresüberschusses einzustellen ist. Die Rücklagepflicht endet erst, wenn ein Kapitalerhöhungsbeschluss auf 25 000,00 € vorgenommen und dieser im Handelsregister eingetragen wird. Die UG kann dann entscheiden, ob sie an der Bezeichnung UG festhält oder ob sie zur GmbH umfirmiert. Eine Umwandlung von der GmbH zur UG ist nicht möglich.

Limited (Ltd.) – Private Company Limited by Shares

Die Limited ist eine Kapitalgesellschaft, deren Haftungskapital auf ein britisches Pfund (zz. rund 1,20 €) begrenzt werden kann. Die Gründung der Ltd. erfolgt am Registersitz in Großbritannien ohne Notar innerhalb 24 Stunden durch mindestens zwei Personen, dem Director (Geschäftsführer) und dem Secretary (Schriftführer). Der Secretary ist die Kontaktperson für die britischen Behörden. Eine Ltd. mit Geschäftssitz in Deutschland muss in das deutsche Handelsregister eingetragen werden und Körperschaftsteuer nach deutschem Recht abführen.

Europa GmbH bzw. Europäische Privatgesellschaft (EPG)

Viele kleine und mittlere Unternehmen haben ein Problem, im Ausland Tochtergesellschaften zu gründen, da jeder EU-Mitgliedstaat andere Rechtsformen und Vorschriften kennt. Die geplanten Vorschriften zur Europa GmbH bzw. Europäischen Privatgesellschaft (EPG bzw. SPE = Societas Privata Europaea) sollen europaweit einheitlich sein. Das spart Zeit, Gründungs-, Beratungs- und Verwaltungskosten. Das Mindestkapital der EPG soll einen Euro betragen, wenn die Gesellschafter nachweislich zahlungskräftig sind. Anderenfalls ist ein Mindestkapital von 8 000,00 € notwendig.

ZUSAMMENFASSUNG

AUFGABEN

1 Schreiben Sie jeden der folgenden Begriffe auf die Kopfzeile eines DIN-A6-Kärtchens:

juristische Person, Handelsgewerbe (Begriff), Kaufmann (Begriff), Kaufmannseigenschaft (Entstehung), Firma (Begriff), Firma (Arten), Firmengrundsätze (Aufzählung), Handelsregister, öffentlicher Glaube, Geschäftsführung, Gesamtgeschäftsführung, Einzelgeschäftsführung, Vertretung, unbeschränkte Haftung, gesamtschuldnerische Haftung, solidarische Haftung, unmittelbare Haftung, Personengesellschaft, Kapitalgesellschaft, Durchgriffshaftung, Einzelunternehmung (Begriff), Kommanditgesellschaft (Begriff), GmbH (Begriff), typische GmbH & Co. KG, UG (haftungsbeschränkt).

Sortieren Sie die Begriffskärtchen nach den Kriterien „weiß ich“ oder „weiß ich nicht“. Bilden Sie Kleingruppen mit höchstens drei Mitgliedern. Erklären Sie sich gegenseitig die „Weiß-ich-nicht“-Kärtchen. Schlagen Sie dabei die ungeklärten Begriffe im Schulbuch nach oder nehmen Sie Kontakt zu einer anderen Kleingruppe auf. Schreiben Sie die Begriffserklärungen auf die Rückseite Ihrer Kärtchen und ordnen Sie die Kärtchen unter der Leitkarte „Rechtsformen der Unternehmung“ alphabetisch in Ihren Lernkartei-Behälter ein.

2 Bilden Sie Teams mit jeweils drei Mitgliedern (Stammgruppen). Schreiben Sie jeden der Begriffe aus Aufgabe 1 auf ein extra Stück Papier und fügen Sie diese Papierkärtchen zu einer sinnvollen Struktur zusammen. Die Struktur kann durch Pfeile, Farben, Symbole, Texte (z. B. Überschriften), Bilder oder weitere Begriffe ergänzt werden.

3 Begründen Sie, welche Kaufmannseigenschaft in den folgenden Fällen jeweils vorliegt:

a) Kraftfahrzeug-Zubehör-Großhandel Bucher
b) Sportboutique Hanna Braun (Hanna Braun führt den Laden alleine)
c) Gasthof „Zur goldenen Ente“ (10 Gästezimmer, 2 Köche, 4 Küchenhilfen)
d) Im- und Exporthandelsgesellschaft mbH
e) Landwirtschaftlicher Großbetrieb
f) Eva Bauer, gelernte Kauffrau im Groß- und Außenhandel
g) Rechtsanwaltspraxis Dr. Bruno Ortmann
h) Malerbetrieb Hans Reiber
i) Christines Partyservice
j) DIP Diskrete Individuelle Partnervermittlung GmbH

4 Betrachten Sie das Schaubild im Kap. Kriterien für die Wahl der Rechtsform.

a) Suchen Sie nach Gründen, weshalb die Einzelunternehmung die bevorzugte Rechtsform der Unternehmen ist.
b) Weshalb haben viele Unternehmen die Rechtsform der GmbH?
c) Vergleichen Sie anhand wesentlicher Merkmale die Personen- mit den Kapitalgesellschaften.
d) Stellen Sie in einer Tabelle die Rechtsformen e. K., KG und GmbH einander gegenüber. Unterscheiden Sie dabei folgende Merkmale: Begriff, Firma, Kapital-

aufbringung, Haftung, gesetzliche Geschäftsführung, gesetzliche Vertretung, gesetzliche Ergebnisverteilung.

5 Herr Czech, Herr Fleig und Frau Frisch sind Gesellschafter der Czech KG.
Auszug aus dem Gesellschaftsvertrag:

Gesellschaftsvertrag

Einlagen der Gesellschafter

Die Gesellschafter verpflichten sich, folgende Einlagen zu leisten:

Thomas Czech:	200 000,00 € (Vollhafter)
Jens Fleig:	200 000,00 € (Kommanditist)
Ute Frisch:	200 000,00 € (Kommanditistin)

...

Ergebnisverteilung

Für die Geschäftsführung erhält jeder Komplementär vom erzielten Reingewinn vorweg eine Vergütung von 60 000,00 €. Überschreitet der Gesamtgewinn die Mindestverzinsung von 10 %, so ist der Rest im Verhältnis 3 : 2 : 2 zu verteilen.

a) Im abgelaufenen Geschäftsjahr betrug der Reingewinn 400 000,00 €. Führen Sie die Gewinnverteilung durch.
b) Warum beansprucht der Vollhafter Thomas Czech einen Großteil des Reingewinns für sich?
c) Ein Lieferant fordert Thomas Czech auf, eine Verbindlichkeit von 100 000,00 € zu begleichen. Herr Czech verweist den Gläubiger auf seine Mitgesellschafter mit dem Hinweis, er müsse nur ein Drittel der Schuld bezahlen, da er ja auch nur mit einem Drittel an der Gesellschaft beteiligt sei. Nehmen Sie zu dieser Ansicht Stellung.
d) Thomas Czech bestellt eine Maschine für 100 000,00 €. Darf er dieses Geschäft ohne Mitwirkung der Kommanditisten abschließen? Begründen Sie Ihre Antwort. Ist die Bestellung rechtswirksam?
e) Angenommen, die Maschine wäre trotzdem geliefert worden. Der Hersteller der Maschine verlangt vom Kommanditisten Jens Fleig die Zahlung der Rechnung. Erläutern Sie die Rechtslage.

6 Gerhard Maier hat gerade seine kaufmännische Ausbildung als Kaufmann im Groß- und Außenhandel abgeschlossen. Er beabsichtigt, ein Großhandelsgeschäft für Sport- und Freizeitbedarf zu eröffnen. Als Mitgesellschafter kämen sein Bruder Stefan und seine Freundin Anja Huber infrage.
a) Stellen Sie die Vor- und Nachteile einer Einzelunternehmung einander gegenüber.
b) Gerhard Maier entscheidet sich für eine Gesellschaftsunternehmung in der Rechtsform der KG. Er möchte das Großhandelsgeschäft zusammen mit seiner Freundin führen. Jeder geschäftsführende Gesellschafter soll eine Vorabvergütung (vom Gewinn) in Höhe von 20 000,00 € pro Jahr erhalten. Gerhard Maier bringt ein Grundstück im Wert von 40 000,00 € ein, seine Freundin Anja Huber beteiligt sich mit 10 000,00 €. Sein Bruder Stefan will seinen Beruf als Werbedesigner weiter ausüben und beteiligt sich mit 100 000,00 €. Im Gesellschafts-

vertrag soll festgelegt werden, dass Gerhard und Anja Einkäufe nur zusammen tätigen dürfen, wenn diese den Wert von 20 000,00 € übersteigen.
Machen Sie Vorschläge für den Geschäftsnamen der Unternehmung und setzen Sie einen Gesellschaftsvertrag auf.
Tipp: Orientieren Sie sich am Gesellschaftsvertrag der TRIAL GmbH auf Seite 8.

c) Am 20. März war die Geschäftseröffnung. Der Umsatz konnte sich sehen lassen. Am 30. März erfolgte die Handelsregistereintragung. Diese wird noch am selben Tag in der Tageszeitung bekannt gemacht.
An welchem Tag hat das Großhandelsgeschäft von Gerhard, Anja und Stefan die Kaufmannseigenschaft erworben? An welchem Tag ist die Kommanditgesellschaft entstanden?

d) Erklären Sie, wie die drei Gesellschafter für die Verbindlichkeiten der Gesellschaft haften.

e) Auf einer Sportartikelmesse bestellt Gerhard Maier Wintersportartikel im Wert von 25 000,00 €. Erläutern Sie die Rechtslage.

f) Im ersten Geschäftsjahr erwirtschaftet die KG einen Verlust in Höhe von 60 000,00 €. Wie ist dieser Verlust auf die Gesellschafter zu verteilen? Beachten Sie die Bestimmungen des Gesellschaftsvertrags (siehe b).

g) Im zweiten Geschäftsjahr erwirtschaftet die KG einen Gewinn in Höhe von 70 000,00 €. Wie ist dieser Gewinn auf die Gesellschafter zu verteilen? Beachten Sie die Bestimmungen des Gesellschaftsvertrags (siehe b).

h) Am Ende des jetzigen Geschäftsjahres möchte Stefan Maier aus der KG austreten. Welche Wirkung hat das Ausscheiden von Stefan Maier für die KG?

7 Silke Abel, Uwe Behrend und Anja Friese wollen eine GmbH gründen. Sie sind bereit, sich mit 50 000,00, 30 000,00 und 20 000,00 € am Stammkapital zu beteiligen.

a) Wie entsteht eine GmbH?

b) Entwerfen Sie einen Gesellschaftsvertrag, der alle wichtigen Regelungen enthält. Nehmen Sie dazu das GmbH-Gesetz zu Hilfe.

c) Silke Abel und Uwe Behrend möchten gemeinsam die Geschäftsführung der GmbH übernehmen. Was ist zu tun? Wägen Sie Vor- und Nachteile einer Gesamtgeschäftsführung gegeneinander ab.

d) Beurteilen Sie folgende Vorfälle :
   1. Geschäftsführerin Abel ernennt den Angestellten Sven Mader zum Prokuristen.
   2. Geschäftsführer Behrend ändert die Firma.
   3. Geschäftsführerin Abel beschafft ein Lagerverwaltungsprogramm für 100 000,00 €.
   4. Der Lieferant Knoll KG fordert von der Gesellschafterin Friese (sie ist nicht Mitglied der Geschäftsführung) die Zahlung einer Verbindlichkeit in Höhe von 40 000,00 €.

e) Im ersten Geschäftsjahr erwirtschaftet die GmbH einen Gewinn in Höhe von 300 000,00 €. Nehmen Sie die Gewinnverteilung gemäß GmbHG vor.

f) Was spricht für und was gegen eine Umwandlung der GmbH in eine KG? Stellen Sie in einer Tabelle die wichtigsten Merkmale der GmbH und der KG einander gegenüber.

g) Es wurde auch überlegt, die GmbH in eine typische GmbH & Co. KG umzuwandeln.
   1. Erklären Sie diese Rechtsform.
   2. Welche Gründe könnten für eine GmbH & Co. KG sprechen?

4 Leitbild und Ziele der Unternehmung

PROBLEM

Auf der wöchentlichen Abteilungsleitersitzung liest Peter Gasch, Geschäftsführer der Trial GmbH Groß- und Außenhandel, folgende Zeitungsmeldung vor:

Nestlés Offenbarungseid

Was die Menschenrechtsorganisation Verité im Auftrag von Nestlé in der Fischindustrie im Golf von Thailand ans Licht brachte, ist erschreckend: Menschenhandel, Zwangsarbeit, Kinderarbeit und Hungerlöhne sind offenbar an der Tagesordnung bei Zulieferern des Schweizer Nahrungsmittelkonzerns. Nestlé reagiert prompt und will mit einem Aktionsplan die Arbeitsbedingungen verbessern.
Dabei waren die Erkenntnisse der Untersuchung alles andere als überraschend. Seit Jahren gibt es Berichte, dass in Thailands Fischindustrie Arbeiter, in der Regel Einwanderer aus Myanmar und Kambodscha, ausgebeutet und miserabel behandelt werden. Nestlé sah sich bereits mit einer Sammelklage konfrontiert. Und in vielen anderen Ländern sind die Arbeitsbedingungen bei Lieferanten nicht viel besser, nur offensichtlich der öffentliche Druck noch nicht so hoch, dass der Konzern sich zum Eingreifen genötigt sieht. Schon vor fast 15 Jahren beispielsweise hat Nestlé einen ähnlichen Aktionsplan für Kakaobauern in Westafrika aufgesetzt – auch dort erst nach heftiger öffentlicher Kritik.
Es ist immer das gleiche Muster: Viele globale Konzerne reagieren auf teils unhaltbare Zustände in ihren Lieferketten erst, wenn es Kritik gibt oder wenn gar Katastrophen passieren. Etwa wie bei dem Einsturz der Textilfabrik in Rana Plaza in Bangladesh oder beim Brand der Fabrik in Pakistan, die fast ausschließlich für den deutschen Textildiscounter Kik produzierte. Jetzt erst beispielsweise gibt es das „Textilbündnis", das Mindeststandards in der Produktion sichern soll.
[...] Dass Nestlé seine Lieferkette in Thailand von einer unabhängigen Organisation durchleuchten lässt, soll Transparenz und guten Willen signalisieren. Doch in Wahrheit ist es ein Offenbarungseid. Niemand sollte die Arbeitsbedingungen bei den Lieferanten besser kennen als Nestlé selbst. [...]

(Quelle: Florian Kolf, in: Handelsblatt, 25.11.2015, S. 25)

Peter Gasch: *„Dieser Zeitungsartikel gibt mir zu denken. Stellen Sie sich vor, wir hätten Fahrradhelme im Sortiment, die von Kindern unter unmenschlichen Arbeitsbedingungen gefertigt werden. Wir sollten nicht warten, bis uns die Kunden darauf aufmerksam machen und unser Image kaputt ist."*

Anna Lurka (Verkaufsleiterin): *„Stimmt! Wir sollten mehr gesellschaftliche Verantwortung übernehmen. Größere Unternehmen haben bereits sogenannte CSR-Abteilungen. CSR steht für Corporate Social Responsibility. Solche Bekenntnisse zu sozialer und ökologischer Verantwortung lassen sich auch gut verkaufen. Sie dürfen jedoch keine Leerformeln sein."*

Peter Gasch: *„Ich beobachte, dass immer mehr Kunden beim Kauf darauf achten, unter welchen Bedingungen die Produkte hergestellt werden. Wir müssen uns vermehrt darauf einstellen, dass unser Handeln von der Öffentlichkeit beobachtet wird. Gute Produkte und Dienstleistungen bereitzustellen, reicht heute nicht mehr."*

Markus Bundschuh (Personalleiter): *„Ich werde mir die Standards of Engagement von einigen Großunternehmen mal ansehen und daraus selbst welche entwickeln, die zu uns passen. Diese Sozialstandards sollten wir mit allen wichtigen Kunden und Lieferanten abstimmen. Nur gemeinsam können wir etwas erreichen."*

Arbeitsaufträge

1 *Erläutern Sie am Beispiel von Nestlé, dass für weltweit vernetzte Unternehmen sogenannte Sozialstandards notwendig sind. Inwiefern besteht hier ein Kontrollproblem?*

2 *Machen Sie Vorschläge, welche Punkte solche Sozialstandards enthalten könnten.* **Tipp:** *Führen Sie hierzu ein* ***Brainstorming*** *durch.*

SACHDARSTELLUNG

4.1 Unternehmungsleitbild – Anspruch und Verpflichtung

Die **Unternehmungspolitik** beschreibt das Verhältnis zwischen der Unternehmung und den Interessengruppen in ihrer Umwelt (z. B. Mitarbeiter, Staat, Gesellschaft) und macht Aussagen über den *Grundzweck* der Unternehmung und über die *Verhaltensgrundsätze* gegenüber den Anspruchs- bzw. Interessengruppen.

Verschiedene Interessengruppen und ihre Ansprüche

Interessengruppe	Ansprüche bzw. Ziele
Eigenkapitalgeber (Eigentümer, Shareholder)	Sicherung und Zuwachs des Vermögens, möglichst hohe Rendite des eingesetzten Kapitals
Fremdkapitalgeber (Gläubiger)	Sichere Rückzahlung des gegebenen Kapitals mit marktgerechten Zinsen
Kunden	Gesundheits- und umweltverträgliche Produkte in gewünschter Qualität; umfassende Serviceleistungen; lange Zahlungsziele; gutes Preis-Leistungs-Verhältnis
Lieferanten	Enge Zusammenarbeit; faires Preis-Leistungs-Verhältnis, kurze Zahlungsziele
Mitarbeiter (Stakeholder)	Arbeitsplatzsicherheit, gerechte Entlohnung, humane Arbeitsorganisation und -bedingungen; gutes Betriebsklima, Aufstiegschancen, Mitbestimmungsmöglichkeiten
Führungskräfte	Anerkennung, Sozialprestige, „faires Verhalten", gute Kooperation, Erfolgsbeteiligung

Interessengruppe	Ansprüche bzw. Ziele
Konkurrenten	Faires Wettbewerbsverhalten
Staat	Pünktliche Bezahlung der Abgaben, Investitionstätigkeit und Schaffung von Arbeitsplätzen, Unterstützung der Wirtschafts-, Sozial-, Infrastruktur- und Umweltpolitik
Verschiedene gesellschaftliche Gruppen	Arbeitgeberverbände, Gewerkschaften, Kirchen, Parteien, Nachbarschaft, Gemeinde usw. erwarten finanzielle Unterstützung (z. B. Kulturförderung durch Spenden und Sponsoring, Wohltätigkeitsveranstaltungen), gesellschaftliche Verantwortung (z. B. Verfolgung sozialer und ökologischer Ziele)

MERKE:

In einem **Unternehmungsleitbild** werden der Grundzweck des Unternehmens und seine Verhaltensgrundsätze schriftlich festgehalten. Damit sind die obersten Unternehmensziele dokumentiert.

Der **Grundzweck der Unternehmung** enthält Aussagen über die Art der zu erstellenden Güter und der zu erbringenden Dienstleistungen (Kernkompetenz), besondere Eigenschaften dieser Leistungen (z. B. Qualität, Image), anzusprechende Zielgruppen (Kunden), räumliche Abgrenzung des Marktes (z. B. Region, Inland, Ausland).

Verhaltensgrundsätze stellen oberste Verhaltensrichtlinien gegenüber den Anspruchsgruppen dar. Dazu gehört das Verhalten der Führungskräfte und Mitarbeiter gegenüber den Marktpartnern wie Kunden und Lieferanten, den Kapitaleignern, dem Staat und der Öffentlichkeit.

BEISPIEL: Unternehmungsleitbild der Trial GmbH

Wir bei Trial tun, was wir sagen ...

- Wir streben eine dauerhafte Geschäftsbeziehung mit unseren Kunden an. Der Kunde ist unser wichtigster Mitarbeiter.
- Wir konzentrieren uns auf Geschäftsfelder, in denen wir durch hervorragende Qualität unserer Leistungen Wettbewerbsvorteile erreichen.
- Wir, Führung und Mitarbeiter/-innen, wollen unternehmerischen Erfolg, dieser Erfolg beginnt beim Menschen.
- Wir wollen ein weltoffenes Unternehmen gestalten, das für die Menschen, für die Marktpartner und für seine Umwelt einen Nutzen schafft.
- Wir fordern Leistung voneinander und honorieren diese entsprechend. Den Eigentümern sichern wir eine angemessene Kapitalrendite zu.
- Wir achten in unserem Unternehmen und bei allen Marktpartnern auf die Einhaltung verbindlicher Umwelt- und Sozialstandards. Wir legen Wert auf eine humane Arbeitsplatzgestaltung.
- Wir wollen ehrlich und konstruktiv miteinander umgehen. Alle Mitarbeiter/-innen erhalten gleiche Chancen für ihre berufliche Entwicklung.
- Wir leisten durch unser Mitdenken, Mitgestalten und Mitverantworten einen persönlichen Beitrag zum unternehmerischen Erfolg.

... und daran lassen wir uns messen

Leitbilder geben den Führungskräften und Mitarbeitern bzw. Teams Orientierungshilfen (einheitliche Grundauffassung), schaffen ein **Wirgefühl** (Motivationsfunktion) und geben der Unternehmung ein unverwechselbares Image **(Corporate Identity)**. Im Unternehmensleitbild bekennt sich die Unternehmung zu ihrer **gesellschaftlichen Verantwortung** (Corporate Social Responsibility). Das Leitbild sollte Richtschnur des alltäglichen Handelns sein. Wenn Anspruch und Wirklichkeit auseinanderfallen, dann schadet das Leitbild dem Ruf des Unternehmens eher, als es ihm nützt.

Elemente der Corporate Identity (kurz: CI)	
Corporate Culture (Corporate Behavior)	Beinhaltet die gelebten Werte und Normen, die in der Organisation des Unternehmens, dem Führungsstil der Führungskräfte, dem Verhalten der Mitarbeiter gegenüber Geschäftspartnern wie Lieferanten und Kunden und dem Umgang der Mitarbeiter miteinander zum Ausdruck kommen.
Corporate Communication	Beinhaltet die Art und Weise, wie das Unternehmen nach innen und außen kommuniziert. Werden Mitarbeiter, Geschäftspartner und Öffentlichkeit über wichtige Ereignisse (z. B. Geschäftserfolge, notwendige Kurzarbeit, Missstände) rechtzeitig und umfassend informiert? Welche Inhalte und Werte werden mit der Produktwerbung und den Public Relations in die Öffentlichkeit getragen?
Corporate Design	Beinhaltet das gesamte unverwechselbare äußere Erscheinungsbild der Unternehmung in der Öffentlichkeit. Es umfasst den visuellen Auftritt (z. B. Gebäudearchitektur, Symbole wie Bild- und Wortzeichen, Logos, Firmenfarben, Gestaltung der Briefbögen, Umwelt- und Qualitätszertifikate), akustische Signale und Melodien, vor allem in der Werbung, bei Messeauftritten und Veranstaltungen.

Auf der Grundlage des Unternehmensleitbilds werden die Unternehmensziele beschrieben.

4.2 Unternehmensziele – ökonomische und außerökonomische

Aufgaben von Unternehmenszielen

MERKE:

Unternehmensziele beschreiben Vorstellungen über einen zukünftigen Zustand der Unternehmung, der durch Maßnahmen hergestellt werden soll.

Ziele geben den Handelnden
- Vorgaben in Form von Sollgrößen **(Orientierungs- und Steuerungsfunktion)**,
- einen Leistungsanreiz **(Motivationsfunktion)**,
- Anhaltspunkte für die Zielerreichung **(Bewertungsfunktion)**,
- Möglichkeiten zum Vergleich **(Kontrollfunktion)**,
- einen Rahmen, der ihren Handlungsspielraum begrenzt **(Selektionsfunktion)**.

Wenn ein Ziel seine Aufgaben erfüllen soll, dann muss es präzise formuliert, d. h. operationalisiert werden. Nur so ist die Erreichung des Ziels kontrollierbar.

BEISPIEL: Zieloperationalisierung

Zielbestandteile		Beispiel
Zielinhalt	**Was** soll erreicht werden?	Umsatzsteigerung
Zielerreichungsgrad	**In welchem Ausmaß** soll das Ziel erreicht werden?	5 %
Zeitpunkt, -raum	**Wann** soll es erreicht werden?	in diesem Jahr
Verantwortliche/r	**Wer** soll es erreichen?	Reisender Müller
räumlicher Bezug	**Wo** soll es erreicht werden?	Verkaufsbezirk Süd

Zielinhalte – ökonomische, soziale, ökologische Ziele

Das oberste Ziel jedes Unternehmens ist, das **Überleben zu sichern** (Existenzsicherungsziel). Dazu muss es **auf lange Sicht Gewinn erwirtschaften**. Nur wenn ein Unternehmen erfolgreich ist, kann es weitergehende Ziele erreichen: Ohne Gewinn ist alles nichts.

Angesichts der gegenwärtigen sozialen (z. B. hohe Arbeitslosigkeit), ethischen (z. B. Kinderarbeit, Korruption), ökonomischen (weltumspannende Vernetzung der Märkte, individuelle Kundenwünsche), politischen (deregulierte Märkte, Freihandel, Terrorismus) und ökologischen Herausforderungen (nachhaltiges Wirtschaften) kann der Zielinhalt eines Unternehmens nicht mehr die alleinige Gewinnerzielung sein.

Ökonomische Ziele – ohne Gewinn ist alles nichts

In marktwirtschaftlich organisierten Volkswirtschaften herrschen sogenannte **erwerbswirtschaftliche Unternehmen** vor, die nach einem höchstmöglichen **Gewinn** streben. Gewinn ist dabei der Überschuss der Erträge über die Aufwendungen.

Ein Unternehmen handelt wirtschaftlich, d. h. nach dem **ökonomischen Prinzip**, wenn es

- mit seinen vorhandenen Mitteln (z. B. Personal, Maschinen und Rohstoffe) den größtmöglichen Gewinn (bzw. Nutzen) erzielen möchte **(Maximalprinzip)**;
- einen bestimmten Gewinn (bzw. Nutzen) mit geringstmöglichem Mitteleinsatz erreichen möchte **(Minimalprinzip)**.

Mit dem Gewinn werden der persönliche Einsatz und das Risiko des Unternehmers vergütet und sein Lebensunterhalt gesichert. Damit wird deutlich, dass der Gewinn nur „Mittel zum Zweck" ist, um damit ein anderes, höheres Ziel (z. B. die Sicherung des Lebensunterhalts, ein hohes gesellschaftliches Ansehen) zu erreichen.

Der Gewinn ist nicht nur Stimulanz und Motivation für unternehmerisches Handeln und damit auch Leistungsmaßstab und Steuerungsmittel, er ist auch eine wichtige Quelle der Finanzierung von Investitionen und damit der Zukunftssicherung des Unternehmens und seiner Arbeitsplätze. Darüber hinaus werden Unternehmen und Arbeitsplätze im Umfeld (z. B. Lieferanten, Kunden, Transportunternehmen, Banken) gesichert.

Das Ziel einer langfristigen Gewinnerzielung wird durch weitere ökonomische Zielsetzungen unterstützt.

Ökonomische Formal- und Sachziele	
Formalziele sie geben an, was erreicht werden soll	■ **Wachstumsziele** wie Steigerung des Umsatzes, der Mitarbeiterzahl, des Betriebsvermögens, des Eigenkapitals, der Bilanzsumme, des Marktanteils, der Kapazitäten usw. ■ **Kostenziele** wie Senkung der Personal-, Material-, Produktions-, Vertriebs-, Verwaltungskosten usw. ■ **Leistungsziele**, z. B. anzustrebende Umsatz-, Gewinnhöhe, zu erreichende Produktions- und Absatzmengen, Arbeits-, Maschinen-, Raum-, Personalproduktivität (Produktivität ist das Verhältnis zwischen Output und Input, z. B. Umsatz pro Mitarbeiter, Umsatz pro m^2) usw. ■ **Finanzziele** wie Umsatzrentabilität (Gewinn in % des Umsatzes), Kapitalrentabilität (Gewinn in % des eingesetzten Kapitals), Sicherung der Liquidität (Zahlungsbereitschaft) usw.
Sachziele sie dienen der Erreichung der Formalziele durch konkrete Maßnahmen	■ Erhöhung der **Kundenzufriedenheit** durch bessere Produkt- und Dienstleistungsqualität, schnellere Auftragsbearbeitung, flexiblere und schnellere Erfüllung von Kundenwünschen, verbesserte Serviceleistungen ■ Durchsetzung von **Beschaffungsvorteilen** (bessere Lieferkonditionen für Material und Anlagegüter, kürzere Lieferzeiten) ■ Senkung der **Durchlaufzeiten** (von Informationen, Werkstücken), durch Senkung der **Lagerbestände** und -dauer, Erhöhung des Lagerumschlags und Optimierung von Prozessen (Abläufen) ■ bessere **Ausnutzung** der Werkstoffe durch bessere Fertigungsverfahren und Werkstoffqualität, der vorhandenen Maschinen-, Raum- und Personalkapazitäten durch höhere Betriebsnutzungs- bzw. Arbeitszeiten ■ usw.

Soziale Ziele – im Sinne der Menschen

Die kompromisslose Verfolgung von ökonomischen Zielen dient nicht dem langfristigen Erfolg eines Unternehmens und ist aus gesellschaftlicher Sicht nicht erwünscht. Wenn z. B. ein Unternehmen einen bestimmten Umsatz mit minimalen Kosten anstrebt, dann wird es Arbeitsschutz- und Umweltschutzmaßnahmen so lange unterlassen, bis es vom Staat dazu gezwungen wird. Ein solches Verhalten würde gegen die Vernunft und gegen die gesellschaftliche Verantwortung **(Corporate Social Responsibility)** verstoßen. Die sogenannten **externen Kosten** (z. B. Beseitigung von Umweltschäden, Aufrechterhaltung der Lebens- und Arbeitsqualität) würden allein der Gesellschaft, d. h. dem Staat, aufgebürdet.

Während die ökonomischen Ziele mehr die Interessen der Anteilseigner (Shareholder) berücksichtigen, rücken mit den sozialen Zielen die Interessen der Mitarbeiter (Stakeholder = Inhaber von Arbeitsplätzen) der Unternehmung in den Vordergrund.

Wichtige soziale Ziele	
Arbeitsplätze sichern	Schaffung neuer und Sicherung der vorhandenen Arbeitsplätze, hohe Ausbildungsbereitschaft
humane Arbeitsbedingungen	z. B. Arbeits- und Gesundheitsschutz, flexible Arbeitszeiten, die den persönlichen Bedürfnissen der Mitarbeiter entgegenkommen (z. B. Gleitzeit, Jobsharing, Telearbeit)

Wichtige soziale Ziele	
freiwillige Sozialleistungen	Soziales Netz der Unternehmung, das über die gesetzlich und tariflich geregelten Sozialleistungen hinausgeht, z. B. zusätzliches Urlaubs- und Weihnachtsgeld, betriebliche Beiträge für die Altersversorgung (Betriebsrente), überdurchschnittliche vermögenswirksame Leistungen, Betriebswohnungen für die Mitarbeiter, Betriebskantine mit Essenszuschüssen, Betriebsarzt usw.
Angebote zur Vereinbarung von Familie und Beruf	z. B. Finanzierung von Kinderkrippen und Kindergärten für die Mitarbeiter, Beurlaubung zur Kinderbetreuung, Beschäftigungsunterbrechungen mit Wiedereinstellungsgarantie (länger als die gesetzlich vorgeschriebene dreijährige Elternzeit), Beurlaubung zur Pflege kranker Angehöriger, Weiterbildung während der Familienpause, Frauenförderpläne, Förderung der Elternselbsthilfe
leistungs- und sozialgerechte Personalpolitik	z. B. gerechte Entlohnungssysteme, Chancengleichheit bei der Personalbeförderung und -entwicklung, Förderung eines demokratischen Führungsstils
Mitbestimmungsorgane	Mitbestimmungsorgane einrichten und fördern, z. B. Betriebsrat, Jugend- und Auszubildendenvertretung
Sozial- und Kultursponsoring	z. B. Unterstützung sozialer Einrichtungen wie Schulen, Bibliotheken, öffentlicher Kindergärten und -krippen, Jugend- und Frauenhäuser

Unternehmen schaden sich auf Dauer selbst, wenn sie mit ihrer Personalpolitik den Interessen ihrer Mitarbeiter und deren Familien nicht entgegenkommen. Männer wie Frauen sehen heute im Beruf nicht mehr ihren einzigen Lebensinhalt. Sie wollen ihr Familienleben nicht ganz dem Beruf unterordnen, sie leben entsprechend ihren eigenen Wertvorstellungen. Für die Unternehmen gilt es, ein Konzept zu entwickeln, das es ihren Mitarbeitern ermöglicht, **ein Familienleben mit Kindern und eine engagierte Berufstätigkeit miteinander zu verbinden**. Nur so kann es qualifizierte Mitarbeiter an sich binden und leichter anwerben. Zufriedene und motivierte Mitarbeiter weisen weniger Fehlzeiten auf und bringen bessere Leistungen.

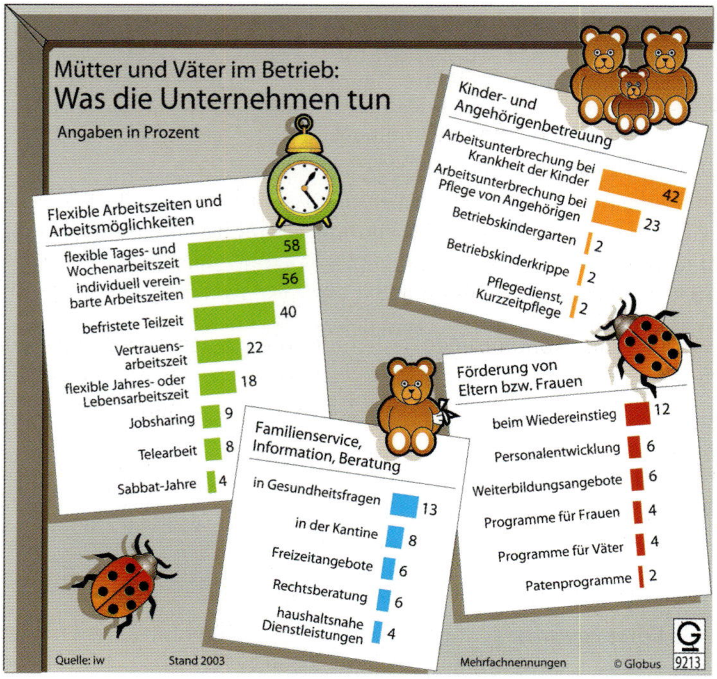

Gesellschaftliche Verantwortung beweisen Unternehmen, die ihre Standorte nicht aus Kostengründen in sogenannte Billiglohnländer mit geringen Sozialstandards verlegen. Gerade auf globalen Märkten muss das Unternehmensleitbild vorgelebt werden. **Soziale Mindeststandards** (z. B. menschengerechte Arbeitsbedingungen, Sozialleistungen wie Entgeltfortzahlung bei Krankheit für einen angemessenen Zeitraum) sollten bei allen Marktpartnern eingefordert und kontrolliert werden. Sozial verantwortlich handelnde Unternehmen sollten sich nicht am weltweiten Unterbietungswettbewerb (Abwärtsspirale) bei den Umwelt- und Sozialstandards beteiligen, sondern sich **weltweit für humane Lebens- und Arbeitsbedingungen** einsetzen.

BEISPIEL: Beispielhafte Auszüge aus Sozialstandards:

...

Zwangsarbeit: Geschäftspartner dürfen keine Zwangsarbeiter beschäftigen, weder in Form von Gefangenenarbeit, Sklavenarbeit oder einer sonstigen Form.

Kinderarbeit: Geschäftspartner dürfen keine Kinder unter 15 Jahren (bzw. unter 14 Jahren, falls die Gesetze des entsprechenden Landes dies zulassen) oder schulpflichtige Kinder in Ländern, in denen das schulpflichtige Alter über 15 Jahren liegt, beschäftigen.

Diskriminierung: [...] Unsere Geschäftspartner sollen sicherstellen, dass sie bei ihren Einstellungs- und Beschäftigungspraktiken niemanden wegen Rasse, nationaler Abstammung, Geschlecht, Religion, Alter, Behinderung, sexueller Orientierung oder politischer Überzeugung benachteiligen.

Löhne und Sozialleistungen: Geschäftspartner haben ihren Mitarbeitern den gesetzlich vorgeschriebenen Mindestlohn bzw. den in der Branche üblichen Lohn, falls dieser höher liegt, zu bezahlen. Auch haben sie den gesetzlich vorgeschriebenen Sozialleistungen Rechnung zu tragen. Löhne müssen entweder bar, per Scheck oder in sonst üblicher Form direkt an die Mitarbeiter ausbezahlt werden. [...]

Arbeitszeit: Die regelmäßige wöchentliche Arbeitszeit der Mitarbeiter darf einschließlich Überstunden 60 Wochenstunden nicht übersteigen; Überstunden müssen dabei nach den gesetzlichen Bestimmungen vergütet werden. Mitarbeiter müssen mindestens 24 zusammenhängende Stunden Freizeit pro Woche sowie einen bezahlten Jahresurlaub erhalten.

Gesundheit und Sicherheit: Geschäftspartner haben für ein sicheres und die Gesundheit erhaltendes Arbeitsumfeld zu sorgen; dazu gehört auch Schutz vor Feuer, Unfällen und giftigen Substanzen. Beleuchtungs-, Belüftungs- und Heizungsanlagen müssen ausreichend vorhanden sein. Saubere und zahlenmäßig ausreichende sanitäre Einrichtungen müssen den Mitarbeitern jederzeit frei zugänglich sein.

Umweltbestimmungen: Geschäftspartner haben die Bedingungen sämtlicher jeweils anwendbarer Umweltgesetze und -bestimmungen zu erfüllen.

...

Die **ISO 26000** enthält Leitlinien für das gesellschaftlich verantwortliche Handeln von Unternehmen. Sie ist jedoch keine zertifizierbare Norm wie ISO 9001 oder ISO 14001.

Ökologische Ziele – natürliche Lebensgrundlagen schützen

Das **Vorsorgeprinzip** verpflichtet die Unternehmen zu einer Wirtschaftsweise, die auch den zukünftigen Generationen eine lebenswerte Umwelt und natürliche Lebensgrundlagen garantiert. Durch Formulierung von **Umweltleitlinien** übertragen immer mehr Unternehmen ein Stück Verantwortung für den Erhalt einer lebenswerten Umwelt auf ihre Mitarbeiter.

BEISPIEL:

Wir bei TRIAL

- **streben einen vorbildlichen Standard im Umweltschutz an,**
- **sorgen dafür, dass unsere Produkte über alle Stufen der Produktion bis hin zur Entsorgung umweltverträglich sind,**
- **bieten unseren Kunden eine umweltorientierte Beratung,**
- **informieren uns und die Öffentlichkeit umfassend über Umweltschutz.**

Aufgrund der strengen Umweltgesetzgebung ist das Auftreten eines Umweltschadens nicht nur ein ökologisches, sondern zugleich ein ökonomisches Risiko für die einzelne Unternehmung. Das ökologische Unternehmensrisiko schließt somit auch ein ökonomisches Risiko mit ein, da wirtschaftliche Sanktionen drohen (z. B. Ordnungsgelder, Stilllegung), wenn ein Umweltschaden auftritt.

Umweltrisiken						
Marktverluste durch			**Kostenerhöhung durch**	**rechtliche Risiken durch**		
Beschädigung des Firmenimages infolge eines Umweltskandals	umweltbelastende Produkte	umweltverträgliche Innovationen der Konkurrenz	Altlastensanierung, Umweltschutzmaßnahmen, Abgaben	Bußgelder nach Verwaltungsrecht	Strafen nach Strafrecht	Schadenersatz nach Zivilrecht

Umweltmanagement								
Vermeidung				**Überwälzung**	**Öko-Controlling**			**Selbsttragung**
Optimierung von Produktionsverfahren	Umweltschutzausgaben	Organisation	Öffentlichkeitsarbeit, Schulung	Versicherung	Rechnungslegung nach Handelsrecht	Umweltbericht	Ökobilanz	Bildung von Rücklagen und Rückstellungen

Das Umweltmanagement muss bei jeder Entscheidung folgende Faktoren berücksichtigen:

- umweltbezogene Auflagen und nachträgliche Anordnungen von Behörden,
- umweltbezogene Eigenschaften von Produkten, Einsatzstoffen und Energieträgern,
- Haftungsrisiken bei umweltgefährdender Produktion oder Produkten,
- Druck der Öffentlichkeit und der Nachbarschaft,
- zunehmend umweltbewusstes Nachfrageverhalten der Konsumenten.

Viele Unternehmen unterziehen sich einer freiwilligen Umweltbetriebsprüfung **(Öko-Audit)** und verschaffen sich dadurch Wettbewerbsvorteile auf dem Weltmarkt. Grundlage ist die EU-Ökoaudit-Verordnung Nr. 1221/2009, die in Deutschland im Ökoaudit-Gesetz umgesetzt wurde und sich an **ISO 14000** orientiert.

Schritte auf dem Weg zum Öko-Audit

1. Klare **Festlegung der unternehmerischen Umweltpolitik**. Hier geht es um eine verbindliche Selbstverpflichtung zur Einhaltung aller einschlägigen Umweltvorschriften sowie um die Umsetzung der umweltbezogenen Gesamtziele und Handlungsgrundsätze eines Unternehmens.
2. **Bestandsaufnahme** zur Erfassung des Istzustands.
3. Schaffung eines **Umweltprogramms** und eines Managementsystems. Erstellung eines konkreten Maßnahmenkatalogs zur Optimierung des betrieblichen Umweltschutzes inklusive Zeitplan sowie Schaffung der zur Umsetzung der Maßnahmen geeigneten Organisationsstrukturen.
4. Nachvollziehbare **Dokumentation und Bewertung** zur Erfüllung der Umweltpolitik und des Umweltprogramms des Unternehmens sowie der Bewährung des Umweltmanagementsystems in der Praxis.
5. Festlegung konkreter **Umweltziele** und Anpassung des Umweltprogramms.
6. Formulierung einer öffentlichen **Umwelterklärung**.

Zieldreieck der nachhaltigen Entwicklung – Zielsystem

MERKE:

Unter **Nachhaltigkeit** wird eine Arbeits- und Lebensweise verstanden, bei der die natürlichen und kulturellen Grundlagen und die Lebensqualität aller Menschen überall auf der Welt in Gegenwart und in Zukunft, also auch für die nachfolgenden Generationen, erhalten bleiben oder verbessert werden.

Jede Generation soll überall auf der Welt eine gute Lebensqualität vorfinden, und diese weiter verbessern. Sie soll ihre Probleme selbst lösen und nicht ihren Kindern aufbürden. Sowohl die weltweite Chancengleichheit innerhalb einer Generation soll angestrebt werden als auch diejenige zwischen den Generationen. Dies setzt eine **gelebte Solidarität**[1], ein Mindestmaß an **sozialem Zusammenhalt** und eine **länderübergreifende Verantwortung** für Mensch und Natur voraus.

Eine nachhaltige Entwicklung verlangt, dass soziale, ökonomische und ökologische Ziele gleichrangig verfolgt werden. Ökologisch begründete Forderungen müssen deren ökonomische und soziale Auswirkungen beachten. Ebenso müssen sich ökonomische Ziele an ihrer ökologischen und sozialen Verträglichkeit messen lassen.

---

1 **Solidarität** ist wechselseitige Hilfe. Ich helfe anderen, wenn sie Hilfe brauchen, erwarte aber umgekehrt, dass mir geholfen wird, wenn ich selbst Hilfe brauche.

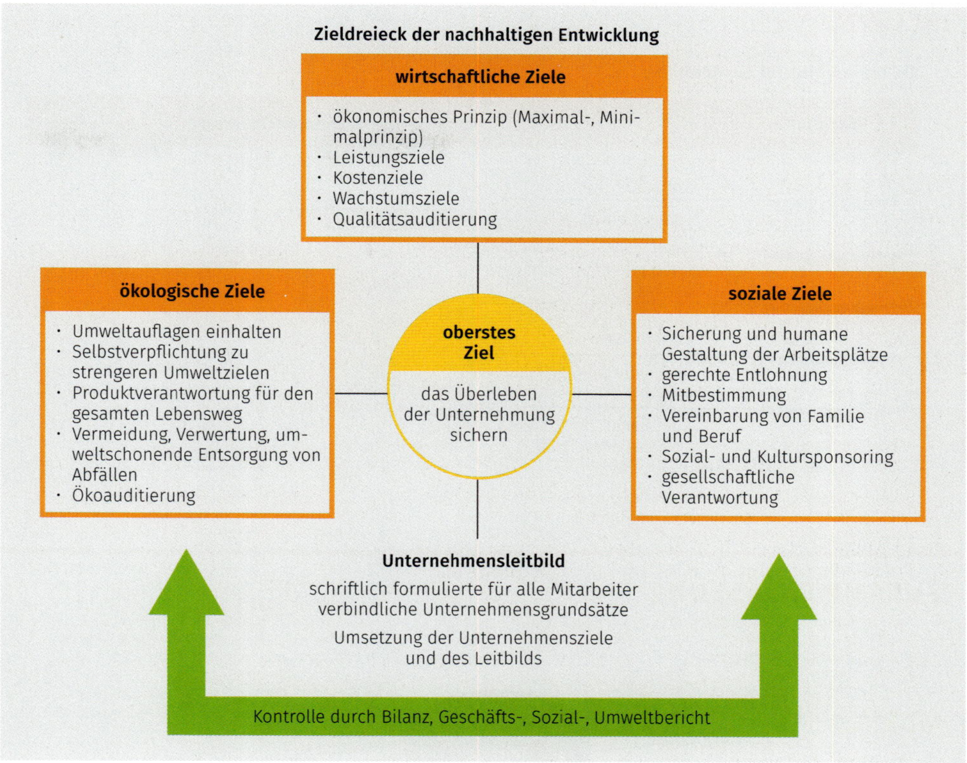

4.3 Zielbeziehungen – Harmonie, Konflikt, Hierarchie

Zwischen den Einzelzielen bestehen Zielbeziehungen. Nach ihrer Wirksamkeit werden neutrale (indifferente), komplementäre (harmonische) und konkurrierende (sie erzeugen Zielkonflikte) Ziele unterschieden. Wenn sich Ziele gegenseitig unterstützen, dann besteht zwischen ihnen **Zielharmonie** (z. B. das Ziel „Umsatz steigern“ unterstützt das Ziel „Arbeitsplätze sichern“). Wenn sich Ziele gegenseitig gefährden, dann besteht zwischen ihnen ein **Zielkonflikt** (z. B. das Ziel „Umsatz steigern“ steht im Widerspruch zu dem Ziel „Umweltemissionen senken“). Wegen möglicher Zielkonflikte werden Ober- und Unterziele festgelegt **(Zielhierarchie)**. Dabei sind untergeordnete Ziele immer gleichzeitig Mittel zur Erreichung der nächsthöheren Ziele. Dem Oberziel „Kosten reduzieren“ dient z. B. das Unterziel „Personal abbauen“.

BEISPIEL:

Zielhierarchie und Zielkonflikte

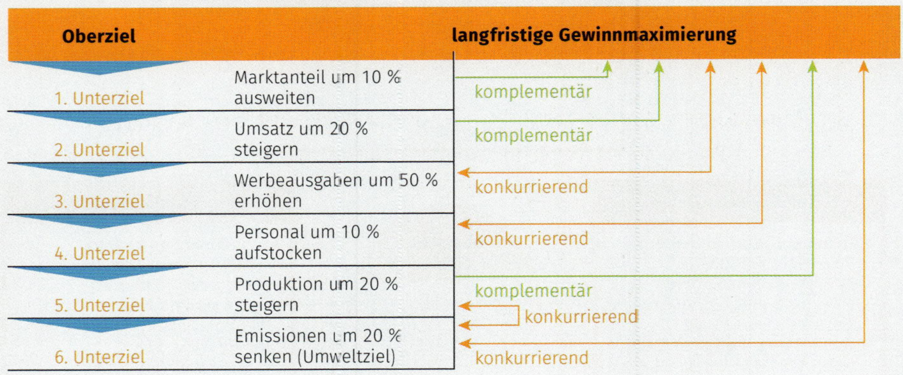

ZUSAMMENFASSUNG

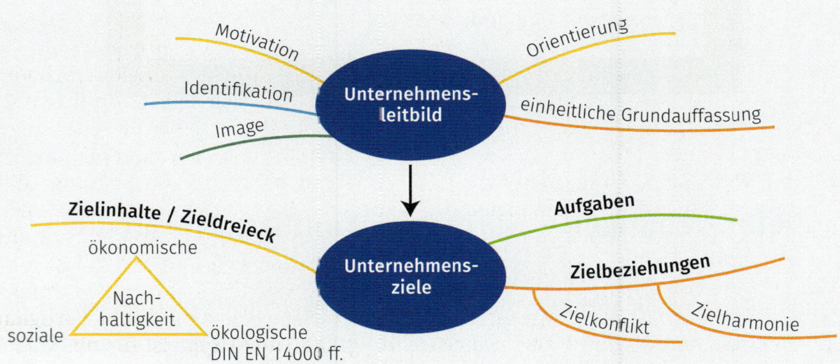

AUFGABEN

1 Schreiben Sie jeden der folgenden Begriffe auf die Kopfzeile eines DIN-A6-Kärtchens:

Unternehmenspolitik, Anspruchsgruppen der Unternehmung, Unternehmungsleitbild (Begriff), Unternehmungsleitbild (Aufgaben), Corporate Identity (Begriff, Elemente), Unternehmensziele (Aufgaben), Zielbestandteile (operationales Ziel), ökonomisches Prinzip, Formalziele, Sachziele, externe Kosten, soziale Ziele (Beispiele), ökologische Ziele (Beispiele), Ökoaudit (Schritte), Nachhaltigkeit (Begriff), Solidarität, Zielbeziehungen (nach der Fristigkeit), Zielharmonie, Zielkonflikt

a) Sortieren Sie die Begriffskärtchen nach den Kriterien „weiß ich“ oder „weiß ich nicht“.
b) Bilden Sie Kleingruppen mit höchstens drei Mitgliedern. Erklären Sie sich gegenseitig die „Weiß-ich-nicht“-Kärtchen. Schlagen Sie dabei die ungeklärten Begriffe im Schulbuch nach oder nehmen Sie Kontakt zu einer anderen Kleingruppe auf.
c) Schreiben Sie die Begriffserklärungen auf die Rückseite Ihrer Kärtchen und ordnen Sie die Kärtchen unter der Leitkarte „Unternehmensziele und Qualitätsmanagement“ alphabetisch in Ihren Lernkartei-Behälter ein.

2

Aus kontrolliertem Raubbau

Was hat die Tütensuppe mit der Zerstörung des Regenwaldes und der Ausbeutung von Menschen zu tun? Sehr viel, meint Kathrin Hartmann. Die 1972 in Ulm geborene Autorin ist nach Indonesien gereist, dorthin, wo das Palmöl wächst, und mit einem erschütternden Bericht zurückgekommen. In ihrem Buch „Aus kontrolliertem Raubbau“ rechnet die Journalistin mit dem Begriff der Nachhaltigkeit ab. Für die Autorin ist das viel gepriesene „Grüne Wachstum“ in Wahrheit nichts als eine große Verdummungsaktion. Mehr noch: Im Namen der Nachhaltigkeit würden die letzten Regenwälder dieser Erde abgeholzt, Menschenrechte mit Füßen getreten und sogar Morde begangen. [...]
In ihren Momentaufnahmen zeigt die Autorin, wie verwoben das Lügengeflecht der Allianz aus Industrie, Regierungen und Umweltverbänden ist. Insbesondere der WWF bekommt ein schlechtes Zeugnis ausgestellt. Die Autorin weist dieser Organisation systematische Kungelei mit der Palmölindustrie nach. Die Verlierer seien die ursprünglichen Bewohner der Wälder. Sie werden vertrieben, wenn Schutzgebiete ausgewiesen werden. Der Hauptvorwurf: „Grüne Technologien“ seien nur der moralische Blitzableiter, um Wirtschaftswachstum zu erhalten. Dafür gebe es Auszeichnungen wie den „Deutschen Nachhaltigkeitspreis“. Mit ihm werden Konzerne wie Unilever geehrt, die jährlich 1,5 Millionen Tonnen Palmöl verbrauchen.
Tagelang ist Kathrin Hartmann durch die Plantagen gefahren. Für sie ist klar: Nachhaltiges Palmöl gibt es nicht. Der Regenwald werde unwiederbringlich zerstört. Statt sich selbst von ihrem Boden zu ernähren, seien die ehemaligen Urwaldbewohner von der Laune der Konzerne abhängig: Ausbeutung, Willkür und Missbrauch. Erschüttert schildert die Autorin, wie Arbeiter, die ihre Rechte einfordern, von der Polizei totgeschlagen werden – für einen billigen Rohstoff für Kosmetika und Fertignahrung. Die Tütensuppe ist für die Autorin „das Symbol für die Zurichtung zum schlechten Leben, als Konzentrat des Weltwahnsinns“.
Nach den deprimierenden Erfahrungen zieht die Autorin eine niederschmetternde Bilanz. Dennoch ist sie am Ende nicht verzweifelt. Denn bei allem Leid und Elend hat sie viele gute Beispiele gesehen, die Hoffnung machen.

(Quelle: Bernhold Merkle, www.swp.de/ulm/nachrichten/politik/Kathrin-Hartmann-Konzentrat-des-Wahnsinns;art4306,3416987, Abruf am 06.04.2016)

a) Erläutern Sie die wesentlichen Aussagen der Autorin Kathrin Hartmann.
b) Weshalb ist das soziale und ökologische Engagement fragwürdig, wenn es nach dem Motto „Tue Gutes und rede darüber“ geschieht?
c) Geben Sie Beispiele für Formen des sozialen und ökologischen Engagements von Unternehmen.

d) Zeigen Sie an Beispielen, dass zwischen den sozialen Zielen und den ökonomischen Zielen kurzfristige Zielkonflikte bestehen, diese sich langfristig jedoch in Zielharmonien auflösen können.

e) Mit der Globalisierung wächst auch die gesellschaftliche Verantwortung der Unternehmen und die Notwendigkeit, nachhaltig zu wirtschaften. Begründen Sie diese Aussage.

3 Bilden Sie Teams mit jeweils drei Mitgliedern (Stammgruppen). Schreiben Sie jeden der Begriffe aus Aufgabe 1 auf ein separates Stück Papier und fügen Sie diese Papierkärtchen zu einer sinnvollen Struktur zusammen. Die Struktur kann durch Pfeile, Farben, Symbole, Texte (z. B. Überschriften), Bilder oder weitere Begriffe ergänzt werden.

4 a) Stellen Sie das Leitbild Ihres Ausbildungsbetriebes vor.

b) Vergleichen Sie die Leitbilder verschiedener Ausbildungsbetriebe. Erstellen Sie hierzu eine Wandzeitung.

c) Untersuchen Sie das Leitbild eines bekannten Unternehmens (z. B. Deutsche Telekom, Daimler) darauf hin, ob Anspruch und Wirklichkeit Ihrer Meinung nach zusammenpassen

Tipps: Fordern Sie dazu Geschäftsberichte von Großunternehmen an, gewinnen Sie Informationen mithilfe einer Internet-Suchmaschine oder mithilfe von Meldungen in den Tageszeitungen (z. B. Zeitungsarchiv in einer Bibliothek).

5

Das Kunden-Abc

Der Kunde ist der wichtigste Mitarbeiter des Betriebs. Jeder unzufriedene Kunde spricht mit 8 bis 16 Personen über sein Negativerlebnis. Auf einen Kunden, der unzufrieden ist und reklamiert, kommen 26 weitere Kunden, die schweigen. 91 % der unzufriedenen Kunden erteilen keine Aufträge mehr. Die Kosten, einen neuen Kunden zu werben, sind sechsmal höher als die Kosten zur Betreuung und Erhaltung eines vorhandenen Kunden. 90 % der nach einer Beschwerde zufriedengestellten Kunden bleiben erhalten. Ein zufriedener Kunde erzählt sein positives Erlebnis 4 bis 8 anderen Personen weiter.

a) Erläutern Sie das Kunden-Abc.

b) Weshalb ist der Kunde der wichtigste Mitarbeiter jedes Betriebs?

c) Wie kann die Kundenzufriedenheit erhöht werden?

d) Erläutern Sie den Prozess der Umweltbetriebsprüfung (Öko-Audit).

6 Betrachten Sie das Schaubild „Was die Unternehmen tun“ auf Seite 245.

a) Was tun die Unternehmen dafür, dass ihre Mitarbeiter Familie und Beruf miteinander vereinbaren können?

b) Begründen Sie, dass sich die Familienfreundlichkeit für ein Unternehmen auf lange Sicht auszahlt.

LERNSITUATION

ENTSCHEIDUNG ÜBER DIE RECHTSFORM

UNTERNEHMENSPROFIL

Die Karl Wenz KG, Ulm, bietet alle gängigen Artikel des Bürobedarfs an und genießt in der Branche einen herausragenden Ruf. Karl Wenz ist alleiniger geschäftsführender Vollhafter (Komplementär). Er trägt sich mit dem Gedanken, den Bereich E-Business voranzutreiben. Karl Wenz ist unter der Internet-Adresse www.Karl-Wenz-Büroartikel.de weltweit im Web vertreten. Zurzeit verkauft er seine Büroartikel über den Fach-Einzelhandel. Karl Wenz will sein Sortiment in Zukunft zusätzlich über einen Webshop vertreiben. Alle Internet-Aktivitäten sollen in einer Gesellschaft mit eigener Rechtsform gebündelt werden.

Sie absolvieren in der Karl Wenz KG Ihre Ausbildung zur Kauffrau/zum Kaufmann im Groß- und Außenhandel. Laut zeitlichem Ausbildungsrahmenplan sind Sie in den nächsten zwei Monaten der Geschäftsleitung zugeordnet.

ARBEITSAUFTRÄGE

1 Herr Wenz legt Ihnen das Protokoll der außerordentlichen Gesellschafterversammlung von letzter Woche auf den Schreibtisch.
„Auf dieser Versammlung habe ich die Meinungen meiner Kommanditisten Ute Menzel und Kurt Flaig zu dem neu zu gründenden Webshop eingeholt. Bitte fassen Sie die wesentlichen Aussagen zusammen, die vorgetragen wurden. Sie können diese Aussagen auch durch weitere Kriterien ergänzen, die für die Wahl der Rechtsform des Web-Unternehmens von Bedeutung sein könnten."
Sie erstellen eine interne Mitteilung an Herrn Wenz mit einer Checkliste der wichtigsten Bestimmungsgrößen für die Wahl der Rechtsform einer Unternehmung.

2 Nach der Besprechung Ihrer internen Mitteilung macht Herr Wenz folgenden Vorschlag:
„Herrn Flaig wäre es am liebsten, wenn wir bisherigen Gesellschafter in der neuen Firma unter uns bleiben könnten. Bitte organisieren Sie doch auf unserer nächsten Gesellschafterversammlung eine Kartenabfrage, mit deren Hilfe wir die Probleme durch die Aufnahme weiterer Gesellschafter herausarbeiten könnten."
Sie überprüfen den Moderationskoffer auf Vollständigkeit und besorgen Plakatwände. Da Sie auf der Gesellschafterversammlung selbst auch Karten ausfüllen wollen, notieren Sie die wichtigsten Probleme, die durch die Aufnahme weiterer Gesellschafter entstehen könnten.

3 Das Ausbildungsgespräch in der nächsten Woche befasst sich mit dem Thema „Rechtsformen der Unternehmung".
Sie haben sich bereit erklärt, den Unterschied zwischen einer KG und einer GmbH als Vergleichstabelle darzustellen. Diese soll folgende Vergleichskriterien enthalten: Begriff, Gründungsformalitäten, Mindestkapital und Mindesteinlage, Haftungsverhältnisse, Geschäftsführung, Vertretung, gesetzliche Gewinn- bzw. Verlustverteilung, Besteuerung.

4 Einen Tag vor dem Ausbildungsgespräch spricht Herr Wenz Sie an: „Wir wollen auf unserer nächsten Gesellschafterversammlung erörtern, was für und was gegen die Rechtsformen KG bzw. GmbH spricht. Wären Sie so gut und könnten Sie für unser Ausbildungsgespräch eine tabellarische Übersicht mit den Vor- und Nachteilen der beiden Rechtsformen anfertigen. Dann wäre es für uns Gesellschafter einfacher, uns für eine dieser beiden Rechtsformen zu entscheiden."

5 Bei der Suche nach Unterlagen für das Ausbildungsgespräch stoßen Sie auf eine interne Mitteilung zur Bestellung und Anstellung des Geschäftsführers. Damit könnten Sie auf Herrn Wenz Eindruck machen. Sie beschließen, eine Tabelle anzufertigen, in der Sie die rechtliche Stellung des GmbH-Geschäftsführers mit der eines Arbeitnehmers vergleichen. Sie entscheiden sich für folgende Vergleichskriterien: Einsetzung, Vertragsgrundlage, Weisungsbefolgung, Zeugnisrecht, Sozialversicherungspflicht, Lohnsteuerpflicht, Kündigungsschutz, Arbeitsschutz.

MATERIALIEN

Auszug aus dem Protokoll der außerordentlichen Gesellschafterversammlung vom 22.05.20..

...

Karl Wenz (nach Darstellung seiner Vorstellungen):
„Ihr wisst jetzt, was ich in den nächsten Jahren vorhabe. Als Firma für den neuen Webshop habe ich mir den klangvollen Namen „Wenz Web New Media" ausgedacht. Wie ist eure Meinung zu diesem ganzen Projekt?"

Ute Menzel (Tochter von Karl Wenz, Ärztin mit eigener Praxis):
„Ich habe bereits befürchtet, dass wir den Internetzug verpassen. Ich finde es mutig von dir, auf diesen Zug aufzuspringen. Ich selbst habe nicht viel Ahnung von diesem E-Business-Geschäft. Ich könnte aber meine Einlage aufstocken. So um die 100 000,00 € könnte ich flüssig machen."

Kurt Flaig (Inhaber eines Frisörsalons):
„Mir geht es genauso wie dir, Ute. In meinem Geschäft brauche ich jedenfalls noch kein Internet. Zu mir müssen die Kunden schon noch persönlich kommen. Den virtuellen Haarschnitt gibt es, Gott sei Dank, noch nicht. Ich bin auch dafür, dass wir den Bereich E-Business ausgliedern. Die Risiken sind dort erheblich höher als in unserem traditionellen Geschäft. Da wir uns im elektronischen Handel relativ wenig auskennen, sollten wir bei deiner New-Media-Firma das Anteilseigentum und die Geschäftsführung stärker trennen. Schon allein wegen der Fachkenntnisse. Wir brauchen für diese neue Gesellschaft ein erfahrenes Management aus der E-Business-Branche, sonst wird das nichts."

Karl Wenz:
„Diese Fachleute könnten wir dann am Gewinn, vielleicht auch am Kapital der neuen Gesellschaft, beteiligen, sodass sie bei der Stange bleiben. Ich rechne mit einem stürmischen Wachstum des elektronischen Handels. Die Eigenkapitalbasis muss diesem Wachstum ständig angepasst werden, eine einmalige Finanzspritze reicht da sicher nicht. Zur Begrenzung des Risikos schlage ich vor, die New Media zunächst als Kapitalgesellschaft zu betreiben. Am Anfang bietet sich eine Gesellschaft mit beschränkter Haftung an. Ich denke, dass diese Rechtsform nicht so kompliziert ist wie eine Aktiengesellschaft. Wir sollten uns in unseren Bekanntenkreisen nach möglichen Gesellschaftern umhören."

Kurt Flaig:
„Ich denke, wir sind uns einig, dass wir selbst auch Gesellschafter dieser neuen Unternehmung sein sollten. Am liebsten wäre es mir, wenn wir ganz unter uns bleiben könnten. Jedenfalls sollten wir den eingeführten Markennamen Wenz nutzen. Im Internet werden nur Marken akzeptiert, unter denen man sich etwas vorstellen kann. Ich mache mich mal kundig, wie der Gesellschaftsvertrag dieser neuen GmbH aussehen könnte."

Karl Wenz:
„Ich kümmere mich um die weiteren Gründungsformalitäten. Wir sollten uns in einem Monat wieder treffen und Nägel mit Köpfen machen. Zu dieser Sitzung werde ich unseren Steuerberater und unseren Rechtsanwalt hinzuziehen. Die Besteuerung einer GmbH ist auch ganz anders, wir dürfen hier keinen Fehler machen."
...

Interne Mitteilung zur Bestellung und Anstellung des Geschäftsführers

Bestellung und Anstellung eines GmbH-Geschäftsführers sind rechtlich getrennt zu behandeln: Die Bestellung richtet sich nach dem GmbH-Recht, die Anstellung nach dem besonderen Schuldrecht des BGB. Wird zwischen der GmbH und dem Geschäftsführer ein Anstellungsvertrag abgeschlossen, handelt es sich in der Regel um einen Dienstvertrag mit Geschäftsbesorgungscharakter. Die rechtliche Qualität dieses Anstellungsvertrages ist uneinheitlich und in den Einzelheiten umstritten.

Der Geschäftsführer wird zivilrechtlich grundsätzlich nicht als Arbeitnehmer angesehen. Zwar ist der Geschäftsführer von der Gesellschafterversammlung weisungsabhängig. Diese Weisungsabhängigkeit lässt sich aber nicht mit dem Direktionsrecht des Arbeitgebers vergleichen, da sie lediglich Ausdruck der gesellschaftsrechtlichen Kompetenzverteilung ist. Außerdem haben einzelne GmbH-Gesellschafter kein Direktionsrecht gegenüber dem Geschäftsführer.

Diese Auslegung des Dienstvertrages des Geschäftsführers bedeutet, dass etwa die sozialen Schutzvorschriften des Kündigungsschutzgesetzes, des Mutterschutzgesetzes, des Arbeitszeitgesetzes oder auch des Bundesurlaubsgesetzes auf ihn nicht direkt anwendbar sind. Einzelne Regelungen werden allenfalls analog angewandt, wenn die Interessenlage mit einem Arbeitnehmer vergleichbar ist. So wird etwa Fremdgeschäftsführern oder Minderheitsgesellschaftern ein Anspruch auf ein Zeugnis zugebilligt, weil sie ihre Dienste weisungsgebunden erbringen.

Steuerlich ist der Geschäftsführer dagegen grundsätzlich als nichtselbstständiger Arbeitnehmer zu behandeln, der selbst bei beherrschender Kapitalbeteiligung der Lohnsteuerpflicht unterworfen ist. Der Geschäftsführer ist auch kein Unternehmer im Sinne des Umsatzsteuergesetzes.

Das Sozialversicherungsrecht wiederum differenziert bei der Frage nach dem Vorliegen eines abhängigen Arbeitsverhältnisses nach den tatsächlichen Beherrschungsmöglichkeiten des Geschäftsführers. Bei Fremdgeschäftsführern ist eine Sozialversicherungspflicht regelmäßig anzunehmen, da sie gegenüber der Gesellschafterversammlung weisungsgebunden und durch laufende Gehaltszahlung wirtschaftlich abhängig sind. Bei Gesellschafter-Geschäftsführern muss dagegen im Einzelnen untersucht werden, ob sie die Geschicke der Gesellschaft maßgeblich beeinflussen können. Dies kann sich aus dem Stimmrecht, aus der vertraglichen Ausgestaltung des Geschäftsführerverhältnisses oder aus einer tatsächlichen beherrschenden Funktion ergeben.

Von dem Grundsatz, dass GmbH-Geschäftsführer nicht den arbeitsrechtlichen Bestimmungen unterliegen, gibt es einige Ausnahmen. Der Anstellungsvertrag kann dann als Arbeitsvertrag einzustufen sein, wenn ein Fall der sogenannten Drittanstellung vorliegt, wenn also der Anstellungsvertrag nicht mit der Gesellschaft, sondern einem Dritten abgeschlossen wurde. Dies geschieht häufig bei der GmbH & Co. KG oder anderen Konzernkonstellationen, wenn die Konzernmutter ihre leitenden Angestellten zu den Tochtergesellschaften abstellt.

Eine weitere Ausnahme kann dann bestehen, wenn ein bisheriger Angestellter der GmbH zum Geschäftsführer befördert worden ist. Hier stellt sich die Frage nach dem Schicksal des ursprünglichen Arbeitsvertrages. Das Arbeitsverhältnis kann durch die Bestellung zum Geschäftsführer aufgehoben werden oder nur ruhend gestellt werden. Hier empfiehlt sich eine ausdrückliche vertragliche Regelung im Geschäftsführervertrag.

Die Bestimmungen des Kündigungsschutzgesetzes gelten generell nicht für gesetzliche Vertreter von juristischen Personen.

Aufgrund der rechtlichen Trennung von Bestellung und Anstellung des Geschäftsführers bedeutet seine gesellschaftsrechtliche Abberufung noch nicht die Beendigung des Anstellungsvertrags, selbst dann nicht, wenn der Widerruf der Bestellung fristlos aus wichtigem Grund erfolgte.

Auch nach einer Abberufung wird das Anstellungsverhältnis nicht notwendig zum Arbeitsverhältnis. Ebenso wenig ist mit der Abberufung als Vertretungsorgan notwendig die fristlose oder fristgemäße Kündigung des Anstellungsvertrages verbunden. Die Kündigung muss eigens erklärt werden. Bis zu einer wirksamen Kündigung oder dem Abschluss eines Aufhebungsvertrages besteht das Anstellungsverhältnis fort.

Für Rechtsstreitigkeiten zwischen dem Vertretungsorgan und der juristischen Person sind nach § 5 ArbGG die Arbeitsgerichte nicht zuständig.

LERNSITUATION

EXISTENZGRÜNDUNG

SITUATION

Katja Müller trägt sich schon lange mit dem Gedanken, sich selbstständig zu machen. Es fehlt ihr lediglich eine zündende Geschäftsidee. Sie stößt auf folgenden Zeitungsartikel:

Wer überleben will, der muss sich spezialisieren

„Die gute Mitte wird es bald nicht mehr geben." Dies war die zentrale Feststellung aller Experten beim Handelsforum des Einzelhandelsverbands Baden-Württemberg in Karlsruhe. Die Mitte, die genau das anbietet, was es an allen Ecken zu kaufen gibt, dazu noch in einer mittleren Preisklasse, macht sich selbst überflüssig. Die Experten drängen die anwesenden Geschäftsleute zu der Entscheidung: „Wen wollen Sie bedienen? Die untreuen Schnäppchenjäger oder die Kunden, die Ihr Geschäft, Ihr besonderes Angebot lieben?" Konzepte der Zukunft, mit denen bisher unbekannte Firmen zum Erfolg kamen, sind z.B. Abstimmung des Sortiments auf eine ganz bestimmte Zielgruppe, Wellness-Zone mit Getränken, Vanille-Duft aus der Klimaanlage und Serviceleistungen rund um den Kunden wie Kundenparkplätze und Teilnahme an Stadtfesten.

ARBEITSAUFTRÄGE

1 Eine Freundin schlägt vor, doch eine Brainstorming-Sitzung mit allen Bekannten und Verwandten zu organisieren. Erstellen Sie eine PowerPoint-Präsentation mit den wichtigsten Regeln einer Brainstorming-Sitzung. Katja Müller hält jede vorgeschlagene Geschäftsidee auf einer Pinnwand fest, sodass die Sitzungsteilnehmer immer wieder neue Anregungen bekommen.

Web

2 Katja Müller fällt bei einer Internet- und Literaturrecherche eine Tabelle mit der Überschrift „Wege für die Suche nach einer Geschäftsidee" auf (siehe Anlage 1). Notieren Sie die wichtigsten Aussagen auf einem Handzettel.

3 Katja Müller kommt zu der Entscheidung, eine Modeboutique zu gründen. Erstellen Sie ein Handout (siehe Anlage 2) mit den wichtigsten rechtlichen Voraussetzungen für die Gründung einer Modeboutique. Besorgen Sie sich ein Formular „Gewerbeanmeldung" bei Ihrer Gemeinde, analysieren Sie dieses und füllen Sie es aus.

4 Auf einer weiteren Brainstorming-Sitzung machen Sie sich Gedanken über einen passenden Geschäftsnamen (Firma). Halten Sie jeden Vorschlag auf einer Pinnwand fest, sodass die Sitzungsteilnehmer immer wieder neue Anregungen bekommen. Notieren Sie vorher auf einem Handzettel die wichtigsten Firmengrundsätze (siehe Anlage 3).

5 Katja Müller ermittelt mithilfe einer Tabelle den Kapitalbedarf für die Gründung ihrer Modeboutique (siehe Anlage 6) und erstellt eine weitere Tabelle mit einer Einnahmen-Ausgaben-Rechnung für das erste Geschäftsjahr (siehe Anlage 7). Helfen Sie ihr dabei.

6 Entwickeln Sie auf der Grundlage einer Vergleichstabelle (siehe Anlage 4) eine Entscheidungsbewertungstabelle (Nutzwertanalyse), mit deren Hilfe Sie einen geeigneten Standort für die Modeboutique vorschlagen. Erstellen Sie zuvor mithilfe von PowerPoint eine Anleitung zur Entwicklung einer solchen Nutzwertanalyse (siehe Anlage 5).

7 Katja Müller muss das notwendige Startkapital aufbringen. Welche Kapitalquellen (Möglichkeiten der Eigen- bzw. Fremdfinanzierung) und Sicherheiten kommen für die Finanzierung des Kapitalbedarfs infrage? Notieren Sie Ihre Ergebnisse auf einem Handzettel (siehe Anlage 8).

8 Die Frage der Finanzierung ist eng mit der Wahl der geeigneten Rechtsform verbunden. Katja erstellt eine Vergleichstabelle, in der sie die Rechtsformen Einzelunternehmung, KG und GmbH mit ihren wichtigsten Merkmalen gegenüberstellt (siehe Anlage 9). Mithilfe einer Nutzwertanalyse (Muster siehe Anlage 10) entscheidet Katja über die Rechtsform ihres Betriebs. Gehen Sie ihr dabei zur Hand.

9 Notieren Sie auf einem Handzettel die wichtigsten Punkte, die in einem Gesellschaftsvertrag geregelt werden müssen. Setzen Sie einen Gesellschaftsvertrag auf, der den gesetzlichen Mindestvorschriften genügt. Gehen Sie dabei von dem Gesellschaftsvertrag des Modellunternehmens „TRIAL GmbH“ aus (siehe Seite 8).

MATERIALIEN

Anlage 1

Wege für die Suche nach einer passenden Geschäftsidee	
Marktlücken entdecken	Wer über entsprechendes Branchenwissen verfügt, entdeckt oft selbst in gesättigten Märkten lukrative Nischen, die bislang noch niemand gefunden hat. Manchmal reichen dazu schon der gesunde Menschenverstand und eigene Erlebnisse.
Erfolgreiche Geschäftsideen kopieren	In anderen Ländern und Branchen gibt es eine Vielzahl erfolgreicher Geschäftsideen, die sich oft auf die Verhältnisse hierzulande übertragen lassen. Das mindert das Gründungsrisiko beträchtlich. Es müssen Schutz- und Urheberrechte beachtet werden. Die Franchiseidee beruht auf diesem Konzept. Der Franchisenehmer kann von dem Know-how des Franchisegebers gegen Bezahlung profitieren.
Neue Ideen in alten Branchen verwirklichen	Oft gilt der Spruch: „Das haben wir immer so gemacht, also machen wir es auch weiterhin so." Diese Betriebsblindheit ist die Chance des Existenzgründers. Eine pfiffige Neuheit oder eine clevere Vermarktung macht aus einem etablierten Konzept eine Top-Geschäftsidee. Auch mit Spezialisierung kann man sich von der Konkurrenz abheben.
Innovationen nutzen	Tüftler können ihre Eigenentwicklungen vermarkten. Welcher Unternehmer träumt nicht von einer Top-Geschäftsidee ganz ohne Konkurrenz. Die erfolgreiche Geschäftsidee sollte umgehend geschützt werden.
Neue Trends erkennen	Neue Märkte entstehen, alte schrumpfen und verschwinden auf Nimmerwiedersehen. Wer neue Trends, Vorlieben der Kunden oder neue gesetzliche Rahmenbedingungen frühzeitig erkennt und die sich daraus ergebenden Chancen nutzt, hat ebenfalls gute Erfolgsaussichten. Dabei entstehen immer wieder Marktlücken, die clevere Gründer nutzen können.

Anlage 2

Handout

Wichtige **rechtliche Voraussetzungen** für die Gründung einer Modeboutique:

-
-
-

...

Anlage 3

Handzettel

Wichtige **Firmengrundsätze**:

-
-

...

Anlage 4

Vergleichstabelle mit einer Analyse der wichtigsten Standortfaktoren			
Standortfaktoren	**Standort A**	**Standort B**	**Standort C**
Kaufkraft	stark	schwach	mittelmäßig
Konkurrenzsituation	ungünstig	günstig	ungünstig
Einzugsbereich	regional	überregional	regional
Passanten-Frequenz	sehr hoch	eher niedrig	durchschnittlich
Verkehrsanbindung	Bus, Bahn	Bus	Bus
Parkmöglichkeiten	Parkhaus	Kundenparkplatz	Parkhaus
Erweiterung möglich	nicht möglich	möglich	möglich
...	...	...	...
...	...	...	...

Anlage 5

Anleitung zur Erstellung einer Nutzwertanalyse

Vorgehensweise

- 1. Schritt:
- 2. Schritt:

...

Entscheidungsbewertungstabelle (Nutzwertanalyse) für die Standortentscheidung							
		Standort A		**Standort B**		**Standort C**	
Standortfaktoren	**Gewicht**	Bewertung	Punkte	Bewertung	Punkte	Bewertung	Punkte
Kaufkraft							
Konkurrenzsituation							
Einzugsbereich							
Passanten-Frequenz							
Verkehrsanbindung							
Parkmöglichkeiten							
Erweiterung möglich							
...							
...							
Gesamt							

Anlage 6

Katja Müllers Kapitalbedarfsrechnung für die Startphase		
Anlagevermögen (langfristig)	Ladenausstattung (50 m²) ▪ Umbaumaßnahmen (nicht nötig) ▪ Teppichboden ▪ Tapeten ▪ Beleuchtung ▪ Datenkasse ▪ Möblierung	 ? € ? € ? € ? € ? € ? €
	langfristiger Kapitalbedarf	**? €**
Umlaufvermögen (kurzfristig)	Warenlager ▪ Aufbau des Lagerbestands ▪ Außenstände (Forderungen) ▪ Kassenbestand	 15 000,00 € 0,00 € ? €
	kurzfristiger Kapitalbedarf	**? €**
Summe	**Kapitalbedarf insgesamt**	**? €**

Anlage 7

Katja Müllers Einnahmen-Ausgaben-Rechnung für das erste Jahr	
Einnahmen: Umsatzerlöse aus Warenverkäufen	150 000,00 €
Ausgaben Wareneinsatz (Aufwendungen für Waren) (Annahme: ø Umschlagshäufigkeit des Warenbestands: 5-mal pro Jahr) Ladenpacht (60,00 € pro m² · 50 m² · 12 Monate) Zinsaufwendungen Energieaufwendungen Werbung (vor allem Einführungswerbung) Gründungskosten (Notar, Fahrten, Eintragungen)	 ? € ? € ? € ? € ? € ? €
Ausgaben insgesamt	? €
Einnahmenüberschuss (Gewinn)	**? €**

Anlage 8

Handzettel
Kapitalquellen ▪ Eigenkapital: ... ▪ Fremdkapital und Sicherheiten: ...

Anlage 9

Vergleichstabelle mit einer Analyse der wichtigsten Rechtsformen			
	e. K.	**KG**	**GmbH**
Art der Rechtsform	Einzelunter-nehmung	Personen-gesellschaft	Kapital-gesellschaft
Zahl der Teilhaber	...	...	...
Formalitäten	...	...	...
Mindestkapital	...	...	...
Haftungsregeln	...	...	...
Geschäftsführung	...	...	...
Vertretung	...	...	...
Ergebnisverteilung	...	...	...
Kreditwürdigkeit	...	...	...
Alleiniges Sagen	...	...	...
...	...	...	...

Anlage 10

Entscheidungsbewertungstabelle (Nutzwertanalyse) für die Rechtsformentscheidung							
		e. K.		**KG**		**GmbH**	
Standortfaktoren	**Gewicht**	Bewer-tung	Punkte	Bewer-tung	Punkte	Bewer-tung	Punkte
Zahl der Teilhaber							
Formalitäten							
Mindestkapital							
Haftungsregeln							
Geschäftsführung							
Vertretung							
Ergebnisverteilung							
Kreditwürdigkeit							
Alleiniges Sagen							
...							
Gesamt							

Projektkompetenz

Ein Projekt planen, durchführen und evaluieren

In diesem Kompetenzbereich erwerben Sie die Fähigkeit, selbstständig und eigenverantwortlich ein branchenbezogenes Projekt[1] von der Projektidee bis zur Projektauswertung zu realisieren.

1 Projektmerkmale und Projektziele

Ein **Projekt** ist nach DIN 69901 ein einmaliges Vorhaben, bei dem innerhalb einer Zeitspanne ein bestimmtes Ziel mit begrenzten personellen und finanziellen Mitteln erreicht werden soll.

Ein **Schulprojekt** weist folgende Merkmale auf:

- zielgerichtete Bearbeitung eines umfassenden, **vielschichtigen Themas** aus der Lebenssituation der Schüler mit beruflicher Relevanz;
- selbstständige Bearbeitung des Projektthemas in **selbst organisierten Teams**, in denen jedes Teammitglied Aufgaben übernimmt, die seinen Interessen und Neigungen entsprechen;
- Einbeziehung vieler Sinne (Augen, Ohren, Herz, Hände) durch die **Produktorientierung** (z. B. Darstellung der Ergebnisse in Form von Plakatwänden, PowerPoint-Präsentationen, Videofilmen oder in einem Rollenspiel).

Die Projektmethode verbindet Theorie und Praxis, fördert das selbstständige Lernen (Planen, Entscheiden, Durchführen, Kontrollieren) und schult Fachkompetenz (Wissen, Können), Selbstkompetenz (Selbstständigkeit, Pflichtbewusstsein), Sozialkompetenz (Team-, Konfliktfähigkeit), Methodenkompetenz (zielgerichtetes planmäßiges Vorgehen), kommunikative Kompetenz (andere wahrnehmen und verstehen) und Lernkompetenz (Zusammenhänge erkennen und einordnen). Dadurch erwerben die Schüler die **Handlungskompetenz**, um berufliche Handlungssituationen und private Lebenssituationen zu bewältigen.

---

[1] lat. projectum = das nach vorne Geworfene; Entwurf, Vorhaben, Plan

2 Projektmanagement – vier Projektphasen

Die zielgerichtete Vorbereitung, Planung, Steuerung, Dokumentation und Überwachung von Projekten ist Gegenstand des **Projektmanagements**. Jedes Projekt durchläuft vier Projektphasen.

Die vier Projektphasen

2.1 Projektdefinition – Projekt skizzieren

Projektinitiative

Ausgangspunkt eines Projekts kann ein **Anlass** sein (z. B. Durchführung eines Schulfestes), ein **Projektthema** (das kann vorgegeben sein oder während der Projektdefinition erst festgelegt werden) oder ein **Problem** (z. B. hohe Fehlzeiten), das gelöst werden soll. Im Folgenden werden die Projektphasen am Beispiel des Projektthemas „Vorstellung des Ausbildungsbetriebs" gezeigt.

Projektskizze

In einem **Kick-off-Meeting** (erste gemeinsame Sitzung des Projektteams) lernen sich die Projektteilnehmer kennen, werden mit dem Projektthema vertraut gemacht und entwickeln erste Spielregeln.

Die Auseinandersetzung mit der Projektinitiative mündet in einer **Projektskizze**. Hier werden folgende Festlegungen getroffen und dokumentiert:

- Benennung der *Projektbeteiligten* (Projektleitung[1] und Projektmitglieder), die den Projektvertrag unterschreiben (bei betrieblichen Projekten);
- Formulierung des *Projektauftrags* und genaue Beschreibung der Aufgabenstellung;
- Festlegung der *Projektziele*, z. B.: Wie soll das Produkt aussehen? Was darf das Projekt kosten? Bis wann soll das Projekt abgeschlossen sein? Die Ziele müssen den **SMART**-Kriterien genügen (S = spezifisch, d. h. genau formuliert, M = messbar, A = akzeptiert von allen Projektbeteiligten, R = realistisch, d. h. erreichbar, T = terminiert); bei betrieblichen Großprojekten werden oft alle Anforderungen (des Auftraggebers) in einem sogenannten **Lastenheft** dokumentiert;
- Organisation der *Beistellungen* wie notwendige Räume, Arbeitsmittel (PC, Drucker, Scanner, Pinnwände, Stifte usw.), interne und externe Fachleute;

1 Das Projektteam bestimmt die Projektleitung aus dem Team heraus. Bei Klassenprojekten sollte ein Projektmitglied das gesamte Projekt leiten. Die Lehrkraft unterstützt die Projektleitung und fungiert als Projektcontroller. Das Projektteam sollte sich selbst organisieren und das Projekt selbstständig vorantreiben.

- zeitliche Grobplanung in Form von *Meilensteinen*;
- *vorbereitende Aktivitäten* wie Schulungen, z.B. Einführung in notwendige Software (Word, Excel usw.), Austausch von Kommunikationsadressen, Einrichtung einer Info-Plattform bzw. eines Projektordners, wo Projektdokumente wie Protokolle abgelegt und anderen Projektmitgliedern zugänglich gemacht werden können.

BEISPIEL:

Projektskizze für das Projekt „Präsentation des Ausbildungsbetriebs"

Projektauftrag	Sie sollen Ihren Ausbildungsbetrieb vor Mitschülern und Ausbildungsleitern vorstellen. Sammeln Sie wesentliche Merkmale Ihres Ausbildungsbetriebs und präsentieren Sie diese übersichtlich auf Plakatwänden und ggf. mit einer PowerPoint-Präsentation.	
Projektziele	Terminziel: 30.06. des laufenden Schuljahres, Sachziel: Erstellung einer Plakatwand und einer damit abgestimmten PowerPoint-Präsentation Allgemeine Ziele: Arbeiten zur Bewältigung des Projektauftrags selbstständig organisieren und in Gruppenarbeit bewältigen. Fach-, Methoden- und Sozialkompetenz aneignen und festigen	
Beistellungen	Fachräume mit PCs jeden Donnerstag von 14:00 bis 17:00 Uhr, alle Lehrer der Klasse, Fachleute der IHK	
Meilensteine	10.03. 10.03. 17.03. 30.03. 21.04. 16.06. 30.06. 07.07.	Projektbeginn (Kick-off-Meeting) **Gruppeneinteilung**, z.B. sechs Gruppen à vier Schüler Gruppe 1: Vorstellung des Ausbildungsbetriebs A Gruppe 2: Vorstellung des Ausbildungsbetriebs B Festlegung der Aufgabenstellung Terminvereinbarungen mit Interviewpartnern Beginn der Befragungen Fixpunkt: Erfahrungsaustausch der Gruppen Fixpunkt: Erfahrungsaustausch der Gruppen, Einladung an Ausbilder und an Vollzeitschüler Präsentation der Ergebnisse im Gemeinschaftsraum Projektabschluss
Vorbereitung	24.03.	Information der Fachlehrer
	24.03.	Beantragung der außerschulischen Besuche

Die Meilensteine sollten in Form eines Ganttdiagramms[1] bzw. Balkenplans als Wandkalender im Klassenraum ausgehängt werden. So können die Arbeitsgruppen jederzeit ihre Termineinhaltung kontrollieren. Das **Ganttdiagramm** ist eine Darstellungstechnik, in der die vereinbarten Aktivitäten (hier: Meilensteine) zuerst in ihrer zeitlichen Abfolge geordnet werden und dann auf einer *Zeitachse* entsprechend ihrem Zeitbedarf *als versetzte Balken* abgetragen werden.

[1] Das Ganttdiagramm ist nach dem amerikanischen Unternehmensberater Henry Laurence Gantt (1861–1919) benannt worden.

BEISPIEL:

Zeit- und Fristenplan als Ganttdiagramm

Meilensteine Aktivitäten	Tage	10.03.	17.03.	24.03.	30.03.	21.04.	16.06.	30.06.	07.07.
Projektstart	0								
Gruppenbildung	1								
Termin-vereinbarungen	7								
Information der Fachlehrer	05								
Beantragung außerschulischer Besuche	0,5								
Durchführung der Befragungen	21								
Projektarbeit									
1. Fixpunkt Zwischen-gespräch									
2. Fixpunkt Zwischen-gespräch									
Einladungen zur Präsentation									
Gemeinschafts-raum reservieren									
Präsentation im Gemeinschafts-raum									
Projekt-abschluss-sitzung									

Das Ganttdiagramm zeigt anschaulich und übersichtlich die Abfolge und Parallelität der einzelnen Teilarbeiten eines Prozesses. Terminliche Überschneidungen von Teilarbeiten fallen sofort auf. Die Durchführung eines zeitlichen Soll-Ist-Vergleichs ist an jedem beliebigen Stichtag möglich. Nachteilig ist, dass terminliche und logische Abhängigkeiten der Teilarbeiten untereinander nur mit hohem Aufwand darstellbar sind. Zudem fehlen Hinweise auf besonders kritische Teilarbeiten und vorhandene Zeitreserven. Diese Informationen sind für die Projektsteuerung unverzichtbar. Änderungen und Aktualisierungen sind nur mit hohem Aufwand möglich.

2.2 Projektplanung – wer macht was, wie, bis wann?

Nur mit einer zielgerechten und detaillierten Planung kann ein Projekt erfolgreich verlaufen.

Aktivitätenliste – Arbeitspakete festlegen

Zuerst legen die Gruppen in einer gemeinsamen Sitzung die erforderlichen Aktivitäten fest. Zur Erstellung dieser **Aktivitätenliste** können auch Experten und externe Berater hinzugezogen werden. Diese Aktivitäten (Teilaufgaben) werden zu Arbeitspaketen (Clustern = Ideenklumpen) zusammengefasst. Die Gruppen entscheiden anschließend, welche Arbeitspakete sie vorrangig bearbeiten wollen. Dabei helfen die Karten- und die Punktabfrage.

Hinweise zur **Kartenabfrage**
- Der Moderator stellt vier Plakattafeln (Pinnwände) auf (das reicht für 80 ovale Karten) und gibt jedem Schüler drei bis vier Karten (80 / Klassenstärke).
- Der Moderator schreibt die Leitfrage auf, liest sie vor und erläutert sie, z. B.: „Welche Informationen über den Ausbildungsbetrieb sollen erhoben werden?"
- Der Moderator weist auf folgende Punkte hin: pro ovale Karte nur eine Idee, höchstens drei Zeilen pro Karte, nur Kurzsätze, deutlich schreiben (kleine und große Druckbuchstaben).
- Der Moderator lässt die Gruppe in Ruhe schreiben und sammelt die Karten ein, wenn die Mehrzahl aufgehört hat zu schreiben.
- Der Moderator liest jede Karte vor und eine Hilfsperson pinnt die Karte an die Plakatwand. Dabei werden die Karten nach Arbeitspaketen strukturiert (Clusterung). Dabei sollte die Gruppe mitbestimmen. Der Moderator wertet nicht!
- Der Moderator fragt, ob noch ein Gedanke fehlt (Löcheranalyse), ob die Zuordnung der Karten stimmt. Er umrandet die Cluster und nummeriert sie.

Hinweise zur **Punktabfrage (Mehrpunktfrage)**
- Der Moderator bringt bei jedem Cluster ein Punktefeld an und legt Papierbögen mit Klebepunkten aus. Die Zahl der Punkte hängt von der Zahl der Cluster (Unterthemen) ab. Vorschlag: Zahl der Cluster durch zwei; bei vier Unterthemen erhält jeder Teilnehmer 4 : 2 = 2 Klebepunkte.
- Die Schüler gehen gleichzeitig zur Plakatwand und verteilen ihre Punkte.
- Der Moderator zählt die Punkte für jeden Cluster zusammen, schreibt die Punktsumme an und legt die Rangordnung fest.
- Der Moderator stellt die „Hits" noch einmal vor und fragt die Gruppe nach inhaltlichen Verbindungen zu anderen Clustern („Autobahnen").
- Die Gruppe entscheidet, wie sie die Arbeitspakete (Cluster) behandeln will.

BEISPIEL: Kartenabfrage mit Punktabfrage

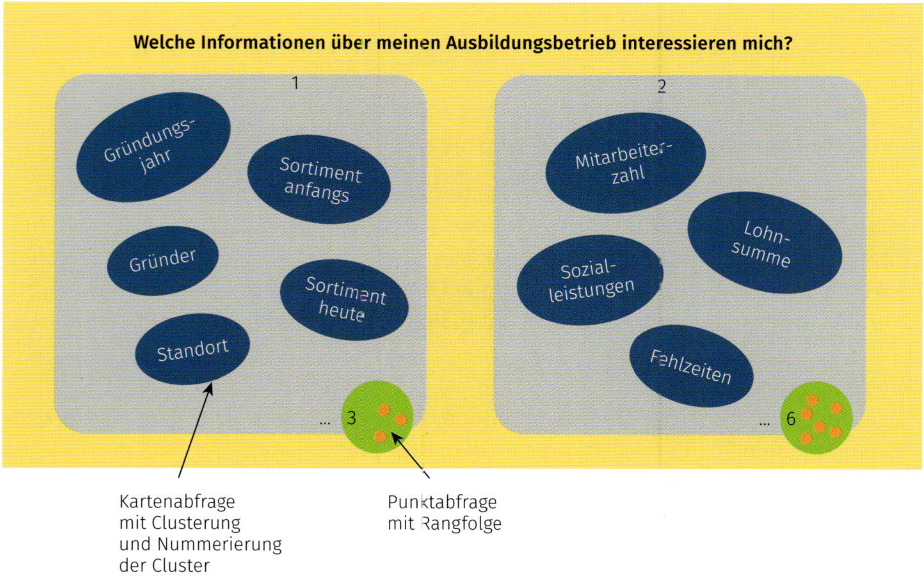

Themenliste – Grundlage für die Bildung von Arbeitsgruppen

Alle Arbeitspakete (Cluster) werden zu Themen ausformuliert (W-Fragen). Daraus wird eine **Themenliste** erstellt, in der sich die Schüler eintragen können. Diese vorrangigen Fragestellungen werden anschließend in Arbeitsgruppen bearbeitet. Innerhalb der Arbeitsgruppe werden die Themengebiete weiter aufgeteilt. Jeder Person wird eine Aktivität zugeordnet. Diese Person muss diese Teilaufgabe nicht alleine bearbeiten – sie ist allerdings für die ordnungsgemäße Ausführung ihrer Teilaufgabe verantwortlich.

Im vorliegenden Projekt werden die Gruppen nach den Ausbildungsbetrieben eingeteilt. Wenn jede Gruppe vier Schüler umfassen soll, können bei einer Klassenstärke von 24 Schülern nur sechs Ausbildungsbetriebe vorgestellt werden. Die Themenliste kann trotzdem erstellt werden, um demokratisch (mittels Mehrpunktfrage) darüber abzustimmen, welche Themengebiete (Arbeitspakete) unter den Tisch fallen sollen. Wenn jede Gruppe sechs Schüler umfasst, dann können nur vier Themengebiete (Cluster) bearbeitet werden.

BEISPIEL: Projekt „Vorstellung des Ausbildungsbetriebs"

Themenliste

1. Welche Firmengeschichte hat der Ausbildungsbetrieb?
2. Welche Sozialleistungen bietet der Ausbildungsbetrieb an?
3. Wie ist die Marktstellung des Ausbildungsbetriebs?
4. Wie ist der Ausbildungsbetrieb organisiert?

Jede Gruppe befasst sich, bezogen auf einen ausgewählten Ausbildungsbetrieb, mit denselben Themengebieten.

Arbeitsplan – Arbeitsverteilung

Jede Arbeitsgruppe gliedert ihre Arbeitspakete systematisch (Projektstrukturplan) und bestimmt deren logische und zeitliche Reihenfolge (Ablauf- und Terminplan). Dieser **Arbeitsplan** muss bei betrieblichen Projekten um den Kapazitäts- und Kostenplan ergänzt werden. Der Arbeitsplan wird in der ersten Gruppensitzung erstellt. Gegebenenfalls kann jede Gruppe einen Gruppensprecher wählen, der die Arbeiten koordiniert und Ansprechpartner für die Projektleitung ist.

Die Arbeitspläne jeder Arbeitsgruppe sollten auf einer Wandtafel ausgehängt werden. So wissen der Projektleiter und alle Projektverantwortlichen, was in der jeweils anderen Arbeitsgruppe wann geschieht. Erfahrungsaustausch und Abstimmungsprozesse der Verantwortlichen verschiedener Arbeitsgruppen werden dadurch erleichtert.

BEISPIEL: Arbeitsplan der Gruppe 1: „Vorstellung des Ausbildungsbetriebs A“

Projekt: Präsentation des Ausbildungsbetriebs
Thema: Präsentation des Ausbildungsbetriebs TRIAL GmbH
Mitglieder: Katja Müller, Bernd Ehing, Jenny Maurer, Aydin Öger

Themengebiet Was?	**Verantwortlicher** Wer?	**Hilfsmittel** Wie? Wo?	**Termin** Bis wann?
Firmengeschichte	Katja Müller	Internetrecherche, Firmenarchiv, Befragung von Ehemaligen, Handelsregister	14.04.
Soziales	Bernd Ehing	Personalabteilung, Betriebsvereinbarungen, Internetrecherche	14.04.
Marktstellung	Jenny Maurer	Geschäftsbericht, Marketingabteilung, Zeitungsmeldungen	14.04.
Organisation	Aydin Öger	Geschäftsbericht, Organisationsabteilung	14.04.
Welche Probleme kommen auf uns zu?		Termine vereinbaren, Experten finden	
Welche Hilfe brauchen wir?		PowerPoint-Kurzlehrgang	
Sonstiges:		Laptop mit Beamer organisieren	

2.3 Projektrealisierung – Projektergebnis präsentieren

Individuelle To-do-Liste

Wenn die Teilaufgaben logisch und zeitlich nicht voneinander abhängen, können sie von den Verantwortlichen gleichzeitig (parallel) bearbeitet werden. Jedes Gruppenmitglied sollte für sich eine **To-do-Liste** (Aktivitäten mit Zeitplan) erstellen und diese mit den anderen Gruppenmitgliedern abstimmen, damit es seine Teilaufgabe rechtzeitig und ohne Hektik bearbeiten kann.

Gruppensitzungen mit Protokollierung

Der Gruppensprecher organisiert bei Bedarf Gruppensitzungen, in denen die Verantwortlichen über ihren Arbeitsfortschritt berichten.

Ablauf einer **Gruppensitzung** (Teambesprechung)

- Der Gruppensprecher begrüßt die Teilnehmer und stellt den Zweck der Arbeitssitzung vor.
- Das Protokoll der vorangegangenen Sitzung wird verlesen und genehmigt. Für die aktuelle Sitzung wird ein Protokollführer benannt.
- Die Verantwortlichen informieren sich gegenseitig über die Arbeitsergebnisse seit der letzten Sitzung und berichten über aufgetretene Probleme (z. B. Terminüberschreitung, Konflikte zwischen einzelnen Teammitgliedern).
- Die Teammitglieder entscheiden über die Vorgehensweise zur Behandlung der Probleme und ändern ggf. den Arbeitsplan.
- Die Sitzung endet mit einer To-do-Liste, die als Nächstes abzuarbeiten ist.
- Gegebenenfalls wird der nächste Sitzungstermin vereinbart.

Protokolle können schneller verfasst werden, wenn sie einheitlich gestaltet sind und eine fortlaufende Nummer tragen. Deshalb sollte die äußere Form als Format- oder Kopiervorlage vorgegeben werden. Eine Spalte mit Anmerkungen ermöglicht Verweise auf Anlagen.

Aufbau eines Musterprotokolls

Protokoll		Nr.
Gruppenthema:		Anmerkungen
Zeit / Ort: **Anwesende:** **Abwesende:**		
Ziele:		
Verlauf:	**Was wurde besprochen?**	
Ergebnisse:	Welche Anträge wurden gestellt? Welche Beschlüsse wurden gefasst? Welche Fragen blieben ungeklärt? Begründungen?	
Weiterarbeit: (To-do-Liste):	Weitere Aufgaben? Absichten? Ziele? Wer übernimmt welche Aufgaben?	
Termine:	Bis wann sind die Aufgaben zu erledigen? Nächste Sitzung/en:	
Protokollant: **Unterschrift:**		
Dateiname:		

Was nicht in einem Protokoll festgehalten wird, ist nicht kontrollierbar, kann schnell vergessen werden und ist anderen (z. B. fehlenden Teilnehmern) nicht zugänglich. Das Sitzungsprotokoll sollte unmittelbar nach der Sitzung geschrieben werden. Es wird zu Beginn der nächsten Sitzung vorgelegt und genehmigt und in einem Ordner abgelegt.

Fixpunkte und Metakommunikation (Zwischengespräch)

Stellt sich heraus, dass die Meilensteine in Gefahr sind, dann muss der Gruppensprecher den Projektleiter (Lehrkraft) und die anderen Gruppen informieren und ggf. eine Plenumssitzung beantragen. Solche Plenumssitzungen können bereits in der Projektskizze in Form von **Fixpunkten** festgelegt werden. Neben dem **Erfahrungsaustausch** dienen Fixpunkte auch dazu, die **emotionale Befindlichkeit** der Projektverantwortlichen zu überprüfen.

BEISPIEL: Überprüfung der emotionalen Befindlichkeit

Jedes Gruppenmitglied erhält drei Klebepunkte und klebt je einen pro Frage auf den Smiley, der seiner momentanen Gefühlslage am ehesten entspricht.

Wie empfinden Sie die bisherige Zusammenarbeit?			
Wie beurteilen Sie den momentanen Stand des Projekts?			
Wie schätzen Sie den weiteren Verlauf des Projekts ein?			

Um Konflikte unter den Gruppenmitgliedern zu behandeln, sollte der Projektleiter bzw. der Gruppensprecher **Zwischengespräche (Metakommunikation)** organisieren.

Fragebogen zur Einschätzung des Verhaltens in der Gruppe

Namen der Gruppenmitglieder	
1.	5.
2.	6.
3.	7.
4.	8.

Bewerten Sie das Verhalten Ihrer Gruppenmitglieder mit Schulnoten von 1 bis 5

Gruppenmitglieder / **9 Verhaltensweisen**	**1.**	**2.**	**3.**	**4.**	**5.**	**6.**	**7**	**8.**
Arbeitet in der Gruppe aktiv mit								
Bringt Ideen und Vorschläge ein								
Hilft anderen								
Hält andere zur Mitarbeit an								
Achtet darauf, dass zügig gearbeitet wird								
Hört anderen zu								
Toleriert andere Meinungen und Vorschläge								
Spricht Missstände in der Gruppe offen an								
Vermittelt bei Konflikten								
Summe aller Noten								
Durchschnittsnote (Summe / 9)								

Expertenbefragungen – Interviewtechnik

Bei jedem Projekt müssen schulexterne Fachleute befragt werden, um Informationen zu gewinnen. Dazu sind Interviews notwendig.

Jedes Interview verläuft in drei Schritten

Vorbereitung des Interviews

Fragenkatalog erarbeiten	Bei einem standardisierten Interview wird ein Fragebogen (Checkliste) ausgearbeitet. Dieser wird dem Experten vorgelesen und von diesem Punkt für Punkt beantwortet. Dabei können Auswahlantworten vorgegeben (gebundene Fragen) oder ungebundene Fragen gestellt werden. Beim freien Interview erhält der Interviewte vorab einen Katalog mit den benötigten Informationen. Er kann selbst bestimmen, in welcher Reihenfolge er die Fragen beantwortet. Dies setzt qualifizierte Interviewer voraus.
Experten auswählen	Je nach Aufgabenstellung kommen unterschiedliche Sachverständige infrage. Über die Person des Gesprächspartners sollten Informationen beschafft werden (z. B. Name, Titel, Positionsbezeichnung, Funktion, Adresse, Gebäude, Raum, Kommunikationsadresse).
Interviewplan erstellen	▪ Zweck und Sachgebiet des Interviews festlegen, z. B. Informationen zur Firmengeschichte ▪ Termin und Dauer des Interviews festlegen ▪ Ort des Interviews wählen (Arbeitsort des Experten, neutraler Ort oder Schule); für den Arbeitsort spricht, dass hier Unterlagen, Anschauungsmaterial und weitere Ansprechpersonen sofort verfügbar sind ▪ Frage einer Ton-/Videoaufzeichnung klären ▪ Anreiseplan erstellen (Verkehrsmittel, Termin, Dauer) ▪ Kleiderfrage klären (Krawatte, Anzug bzw. Kostüm?)

Zur Terminvereinbarung sind in der Regel Telefonate notwendig. Der Ablauf des dazu notwendigen **Telefongesprächs** sollte gut vorbereitet und in einem Rollenspiel geprobt werden: Begrüßung, Name und Grund des Anrufs, deutliche Sprache, kurze Sätze, Alternativtermine bereithalten (Kalender), Gesprächsabschluss, Verabschiedung. Während des Telefonats sollten wichtige Informationen notiert werden. Unmittelbar nach Beendigung des Telefongesprächs sollte eine **Telefonnotiz** angefertigt werden (Namen der Gesprächspartner, Datum, Uhrzeit, Ergebnisse, ggf. vereinbarter Rückruftermin).

Es empfiehlt sich, auch das Interview vorher in der Gruppe in einem Rollenspiel einzuüben (Begrüßung, Auftreten, Reihenfolge der Fragen, Interviewer, Protokollant, Gesprächsabschluss, Verabschiedung).

Durchführung des Interviews – drei Phasen

Einführungsphase ⇩	Begrüßung und Herstellung einer positiven Gesprächsatmosphäre („Ihr Zimmer ist aber geschmackvoll eingerichtet!“; Smalltalk über das Wetter bzw. die Anreise), Erläuterung der Projektaufgabe und des Interviewzwecks, Rollenverteilung kurz vorstellen: Wer stellt die Fragen? Wer führt das Protokoll? Interviews sollten immer von mindestens zwei Gruppenmitgliedern durchgeführt werden (einer fragt, einer notiert).
Interviewphase ⇩	Der Interviewer sollte darauf achten, dass er alle notwendigen Informationen erlangt. Fragen sollten so gestellt werden, dass der Experte erzählen muss (keine Ja-Nein-Fragen). Der Interviewer sollte die Aussagen des Experten immer wieder zusammenfassen, um sicherzustellen, dass er alles richtig verstanden hat. Schwierige Sachverhalte werden gemeinsam mit dem Experten formuliert und protokolliert. Bei Ton- bzw. Videoaufzeichnungen muss der Interviewte zustimmen.
Abschlussphase	▪ Hier kann die Meinung des Experten zu dem Projekt eingeholt werden. ▪ Der Experte wird gebeten, fehlende Informationen bzw. Unterlagen nachzureichen. ▪ Der Interviewer holt die Erlaubnis für spätere Rückfragen ein (Durchwahl-Telefonnummern, E-Mail-Adressen austauschen). ▪ Die Gruppenmitglieder bedanken sich für die Auskunftsfreudigkeit und das Interesse, das der Experte entgegengebracht hat. ▪ Verabschiedung

Auswertung des Interviews – möglichst bald

Das Interview sollte möglichst bald ausgewertet werden, damit nichts vergessen wird. Zur Auswertung gehören eine **Vollständigkeitsprüfung**, eine **Plausibilitätsprüfung** (Kann diese Antwort richtig sein?) und das **Ergebnisprotokoll**. In einem **Zusatzprotokoll** können Mängel bei der Vorbereitung und Durchführung des Interviews, Erfahrungen und eine Beurteilung des Experten festgehalten werden. Das hilft, Fehler bei künftigen Interviews zu vermeiden.

Dokumentation der Ergebnisse und des Prozesses

Über den gesamten Projektverlauf hinweg sollten alle **Unterlagen** (z. B. Sitzungsprotokolle, Telefonnotizen, Briefverkehr) sowie **Erfahrungs-, Statusberichte** und die **Zwischenergebnisse** (z. B. Text- und Bilddateien, Videoaufnahmen) in einem **Projektordner (Projekttagebuch)** bzw. in einem Plakatbehälter gesammelt werden.

Eine systematische und vollständige Dokumentation
- stellt sicher, dass sich die Projektleitung und jeder Teilnehmer jederzeit über den Projektstand und den bisherigen Projektverlauf informieren kann,
- erleichtert die abschließende Präsentation der Projektergebnisse,
- bildet die Grundlage für die abschließende Reflexion über das Projekt und für die Projektbeurteilung durch die Teilnehmer selbst bzw. durch die Projektleitung.

Präsentation der Projektergebnisse

Unter Präsentation versteht man die Darstellung von Arbeitsergebnissen vor einem ausgewählten Teilnehmerkreis. Bevor die Ergebnisse vor einem größeren Personenkreis (Klasse, andere Klassen, Ausbilder) dargestellt werden, sollte in einem kleineren Kreis (Gruppe, Klassenverband) geübt werden. So können Schwachstellen ohne Gesichtsverlust erkannt und ausgemerzt werden. Eventuell führt ein **Moderator** durch die Präsentation und gestaltet die Übergänge.

Vorbereitung einer erfolgreichen Präsentation

Schritte zur Vorbereitung einer erfolgreichen Präsentation

Ziel der Präsentation festlegen	Soll dem Publikum reines Wissen vermittelt werden, dann sind höhere Ansprüche an die fachlichen Inhalte zu stellen. Soll beim Publikum eine Verhaltensänderung bewirkt werden, spielen emotionale Gesichtspunkte eine wichtige Rolle.
Planung der Präsentation	■ **Zuhörerkreis** festlegen (z. B. eigene Klasse, fremde Klassen, Ausbildungsleiter, Experten) ■ ggf. **Namensschilder** der Vortragenden anfertigen ■ Erwartungen, Interessen und Vorkenntnisse des Publikums herausfinden und berücksichtigen; Inhalte möglichst anschaulich gestalten (**Visualisierung** durch Bilder, Schaubilder, Merksätze, Farben, Animationen, Videosequenzen); optische Reize verhindern Langeweile und motivieren zur Aufmerksamkeit ■ Titel der Präsentation, Reihenfolge der einzelnen Beiträge („**roter Faden**“) und der einzusetzenden Medien festlegen (Gliederung erstellen und Medieneinsatz zuordnen) ■ **Umfang** der Ausführungen festlegen (Zeitbedarf schätzen, „weniger ist mehr“, „Qualität geht vor Quantität“) ■ **Raum belegen** und notwendige **Medien** (z. B. Laptop mit Beamer, Overhead-Projektor, Filzstifte, Stellwände für die Plakate) auf Funktion testen und einsatzbereit vorhalten; auf **Lesbarkeit** und Medienwechsel achten ■ **Informationsmaterial** zusammenstellen, z. B. Gliederung mit Tagesordnungspunkten, Handout, Tagesordnungspunkte aushängen, **Fragenspeicher** (Karten und Stifte bereitlegen) vorsehen

Durchführung der Präsentation – jetzt wird es ernst

Jeder Vortrag vollzieht sich in drei Phasen:

Einleitung bzw. Einstieg	■ **Begrüßung und Vorstellung** der Vortragenden: Blickkontakt mit dem Publikum aufnehmen und halten, dabei lächeln ■ **Thema, Ziele, Gliederung** und geplanten Ablauf darstellen; Gliederung (Verlauf) auf einer Plakatwand gut sichtbar ausstellen ■ Publikum auf den **Fragenspeicher** hinweisen ■ Aufmerksamkeit des Publikums mithilfe eines **Aufhängers** gewinnen, z. B. Anekdote, Karikatur, Witz, ein Bild, kurzer Film ■ ggf. zur Einstimmung eine **Einpunktfrage** an das Publikum richten („Was erwarte ich von dieser Veranstaltung?") mit mehreren Antwortmöglichkeiten („nichts Neues", „interessante Informationen, „viel Überraschendes"): die Punkte zusammenzählen und das Publikum um eine Stellungnahme bitten; Zurufe und Kommentare auf das Plakat schreiben; Widersprüche „blitzen"
Hauptteil	■ Projektergebnisse in der geplanten sachlogischen und zeitlichen Reihenfolge darstellen (Vortrag mit Medienunterstützung) ■ **Grundregeln eines guten Vortrags** beachten: **Blickkontakt** zum Publikum halten, freundlich **lächeln**, Gesagtes durch **Gestik** (Hand-, Körper- und Kopfbewegungen) und **Mimik** (Gesichtsausdruck) verstärken, **frei sprechen** (nicht ablesen), **langsam, deutlich** und **angemessen laut** sprechen
Schluss	■ Wichtige Aussagen und Inhalte **zusammenfassen** ■ Dem Publikum Gelegenheit für Verständnis- und Vertiefungsfragen geben; **Fragenspeicher** abarbeiten ■ **Dank** für die Aufmerksamkeit und das Interesse

Dramaturgie eines Vortrags

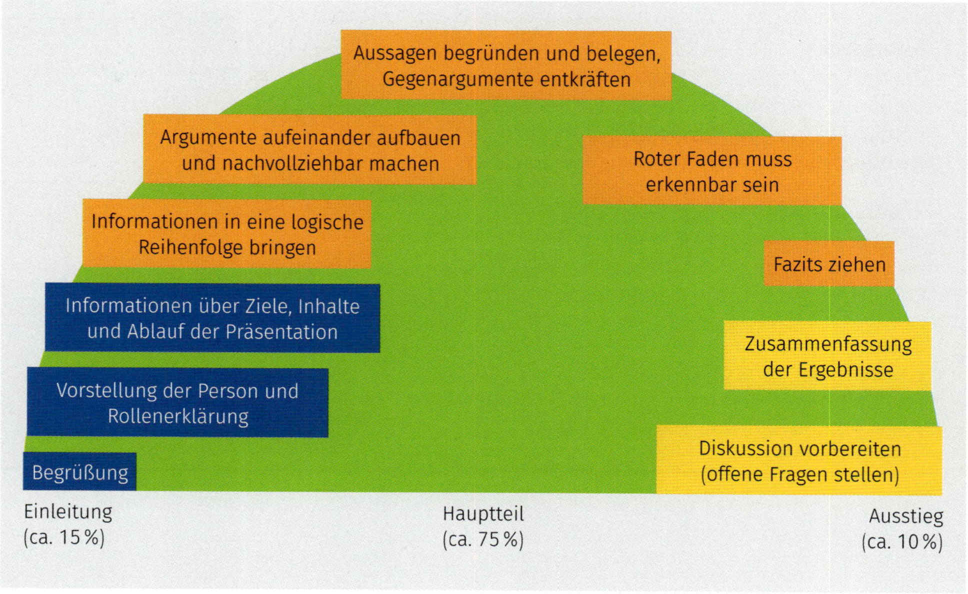

Zur Bewertung eines Vortrags bietet sich ein Videomitschnitt an. Alle bewussten und unbewussten Elemente des Vortrags werden auf diese Weise schonungslos aufgedeckt. Doch nicht jeder Vortragende ist damit einverstanden, dass sein Vortrag aufgezeichnet wird. Zur objektiven Bewertung eines Vortrags ist ein Bewertungsbogen nützlich, in dem alle Elemente des Vortrags mit Punkten bewertet werden.

BEISPIEL: Bogen zur Auswertung eines Vortrags

Teilnehmer		A	B	C	...
Bewertungskriterien	**Höchstpunktzahl**				
1. Auftreten und Haltung sicher – ruhig – ungezwungen – nicht nachlässig – passende Gestik – angemessene Mimik	5				
2. Freie Rede frei gesprochen (Stichworte erlaubt) – nicht auswendig gelernt	5				
3. Verhalten Reaktion auf Rückfragen (Schlagfertigkeit) – Diskussionsbereitschaft	10				
4. Inhalt Thema erfasst – nicht vom Thema abgewichen – Trennung des Wichtigen vom Unwichtigen – Thema erschöpfend behandelt – sachlich richtig	15				
5. Aufbau und Gliederung Anrede – Einleitung – Hauptteil – Schluss – geordnete Gedankenführung – wenige Wiederholungen	15				
6. Ausdruck deutliche Aussprache – richtige Lautstärke – Betonung – Wechsel im Tempo der Rede – natürliche Sprache – keine Schachtelsätze – Worte richtig angewandt – wenig Fremdwörter	10				
7. Darstellung anschaulich – praktische Beispiele lebensnah – Vergleiche lebendig – überzeugend – Begründungen – sinnvoll eingesetzte Medien	5				
8. Zeit Einhalten der geforderten Redezeit, bei Zeitunter- bzw. Zeitüberschreitung je Minute 0,5 Punkte Abzug	5				
Gesamtpunkte	**70**				

2.4 Projektabschluss und Projektevaluation

Im Allgemeinen lässt sich als **Evaluation** (Bewertung, Auswertung) auch die grundsätzliche Untersuchung begreifen, ob und inwieweit etwas geeignet erscheint, einen angestrebten Zweck zu erfüllen. Im Sprachgebrauch werden Evaluation, Untersuchung und Analyse gleichbedeutend im Sinne einer Bestandsaufnahme ohne besondere Zweckorientierung gebraucht.

Ziele der Evaluation – aus Fehlern lernen

Nach der Präsentation ist es sinnvoll, dass sich die Arbeitsgruppen nochmals zusammensetzen und sich über den Ablauf und die Ergebnisse des Projekts austauschen (reflektieren). Die **Evaluation** ermöglicht es, Erfahrungen für künftige Projekte zu verwerten.

Fehler bei der Vorbereitung und Durchführung des Projekts, bei der Abschlusspräsentation und beim Projektabschluss sollten erörtert und Verbesserungsmaßnahmen vorgeschlagen werden. Zielvorstellungen und die Zielerreichung sollten verglichen und Abweichungen begründet werden.

Der Verlauf des Lernprozesses sollte bewertet und die Arbeitsanteile jedes Projektverantwortlichen sollten eingeschätzt werden. Bei dieser Gelegenheit kann auf die Ergebnisse der Konfliktgespräche (Metainteraktionen) eingegangen werden und über die Qualität der Zusammenarbeit diskutiert werden.

Hilfsmittel für die Evaluation

Die Reflexion kann mithilfe eines **Fragebogens** durchgeführt werden, der von jedem Projektteilnehmer ausgefüllt wird. Die Antworten werden auf einem Plakat oder auf einer Folie zusammengefasst und auf einer Abschlusssitzung erörtert.

Fragenkatalog für eine Projektevaluation

1. Sind Sie mit dem inhaltlichen Ergebnis Ihrer Arbeit zufrieden? Was haben Sie erreicht, was wollten Sie erreichen?
2. Wie gut war die Informationsbeschaffung? Gab es dabei Schwierigkeiten? Welche?
3. Was ist besonders gut gelaufen, was ist schlecht gelaufen?
4. Wurde intensiv gearbeitet? Gab es Leerläufe, Ablenkungen?
5. Wie lief die Arbeit in der Gruppe? Haben sich alle beteiligt? Haben einige gestört oder dominiert?
6. Wie sind Sie mit Ihrer persönlichen Mitarbeit zufrieden? Konnten Sie Ihre Ideen einbringen?
7. Wo lagen Ihre Stärken, die Sie in die Gruppe einbringen konnten?
8. Haben Sie Neues dazugelernt? Haben Sie Ihre Fach-, Methoden- und Sozialkompetenz verbessern können?
9. Wie empfanden Sie die Beratung durch die Projektleitung/Lehrkraft?
10. Was möchten Sie zukünftig verbessern? Wie?
11. Wie schätzen Sie Ihre persönliche Leistung ein? Wie die Gruppenleistung?

Fragebogen zur Einschätzung des Verhaltens in der Gruppe

Namen der Gruppenmitglieder	
1.	5.
2.	6.
3.	7.
4.	8.

Bewerten Sie das Verhalten Ihrer Gruppenmitglieder mit Schulnoten von 1 bis 5

Gruppenmitglieder / **9 Verhaltensweisen**	**1.**	**2.**	**3.**	**4.**	**5.**	**6.**	**7**	**8.**
Arbeitet in der Gruppe aktiv mit								
Bringt Ideen und Vorschläge ein								
Hilft anderen								
Hält andere zur Mitarbeit an								
Achtet darauf, dass zügig gearbeitet wird								
Hört anderen zu								
Toleriert andere Meinungen und Vorschläge								
Spricht Missstände in der Gruppe offen an								
Vermittelt bei Konflikten								
Summe aller Noten								
Durchschnittsnote (Summe / 9)								

Eine andere Möglichkeit der Evaluation ist eine **moderierte Evaluationssitzung** mit Kartenabfrage und einer anschließenden Punktabfrage (Mehrpunktfrage).

BEISPIEL: Ergebnisse einer Evaluationssitzung

Gut gefallen hat mir:

Arbeit in der Gruppe (Teamarbeit)	••••• ••••• ••••	14
Abwechslung, anderer Unterricht	••••• ••••	9
Mitschüler/-innen besser kennenlernen	••••• ••	7
Selbstständiges Lernen	••••	4
Betriebsbesuche	•••	3
Thema	••	2
Nichts	•	1

Nicht gefallen hat mir:

Vorgabe des Projektthemas	••••• •••••	10
Experten waren unvorbereitet	••••• •••	8
Experten nahmen uns nicht ernst	•••••	5
Nichts	•••••	5
Disziplinlosigkeit einiger	•••	3
Zu lange Projektdauer	••	2
Zu kurze Projektdauer	••	2

Verbessern würde ich:

Nichts	••••• •	6
Interessanteres Thema	•••••	5
Mehr Zeit	•••	3
Abschlusspräsentation	•••	3
Terminvereinbarung mit den Betrieben	••	2
Mehr Hilfestellung durch Projektleiter	••	2

Abgegebene Fragebögen	**24**

Eine weitere Möglichkeit zur Bewertung der Projektarbeit ist die **Evaluations-Zielscheibe.** Hier geben die Projektmitglieder und die Adressaten bzw. die Zielgruppe der Präsentation ihre persönliche Einschätzung wieder, indem sie einen Punkt in das jeweilige Feld (Beurteilungskriterium) setzen.

BEISPIEL einer Evaluations-Zielscheibe

MERKE:

- Setzen Sie Ihren Punkt in die Nähe der Mitte des entsprechenden Feldes, wenn Sie mit dem Beurteilungskriterium zufrieden waren.
- Setzen Sie Ihren Punkt in Randnähe des entsprechenden Feldes, wenn Sie mit dem Beurteilungskriterium unzufrieden waren.

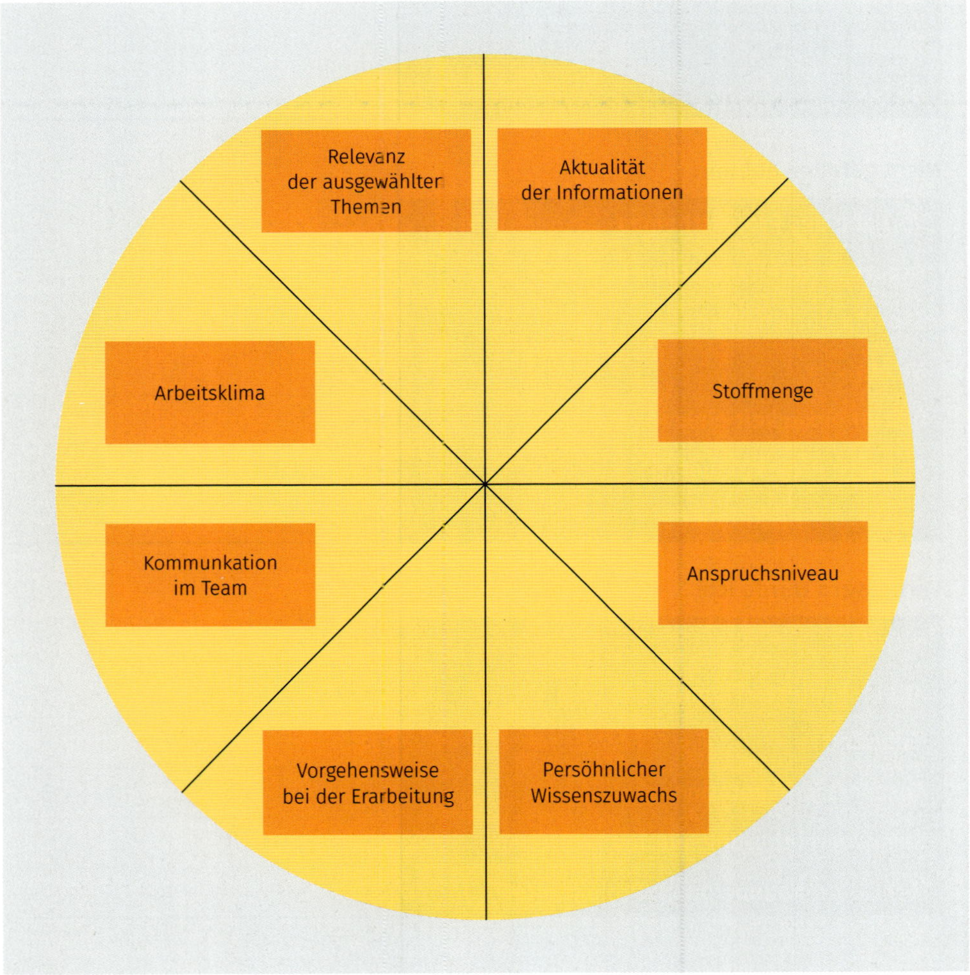

Nachdem alle Teilnehmer der Evaluationssitzung ihre Bewertung vorgenommen haben, ist ohne zusätzlichen Auswertungsaufwand leicht zu sehen, bei welchen Kriterien die Projektgruppe gut abgeschnitten hat und wo Defizite bestanden. Diese Defizite sollten in einer weiteren Sitzung aufgearbeitet werden. Die Projektmitglieder leiten aus diesen Schwachstellen Vorschläge für die Optimierung der zukünftigen Projektarbeit ab.

Anhang

Lern- und Arbeitstechniken zur Erlangung von Handlungskompetenz

Brainstorming (Gedankensturm)

Brainstorming ist eine Methode zum Finden vieler kreativer Vorschläge für die Lösung eines Problems. Die Teilnehmer sammeln Ideen, die ihnen zum Thema einfallen, um daraus neue Denkanstöße zu gewinnen.

Ein Brainstorming besteht aus zwei Phasen:
1. Phase = Ideensammlung: Sammlung von Vorschlägen zur Problemlösung
2. Phase = Ideenauswertung: Analyse und Beurteilung der gefundenen Ideen für die Lösung des Problems

Empfohlener Ablauf:

Sammelphase:

1. Definieren Sie das Problem.
2. Sammeln Sie möglichst viele, auch außergewöhnliche Ideen. „Spinnen" ist erlaubt. Spontaneität und Quantität gehen vor Qualität.
3. Halten Sie die Ideen stichwortartig fest.
4. Vermeiden Sie in dieser Phase jegliche Kritik.
5. Vermeiden Sie Killerphrasen, z. B.: „Das funktioniert nicht!", „Das ist Unsinn!"
6. Jede Idee ist willkommen.

Auswertungsphase:

1. Ordnen Sie die gefundenen Ideen.
2. Analysieren und bewerten Sie die Ideen im Hinblick auf das zu lösende Problem.

Tipps: Das Brainstorming kann über eine Kartenabfrage durchgeführt werden. Für die Auswertungsphase kann die Punktabfrage eingesetzt werden.

Es ist auch ein **Brainwriting** nach der **Methode 635** möglich. Dabei schreibt jeder von sechs Teilnehmern drei Vorschläge auf ein Blatt Papier und gibt das Blatt dem jeweils rechten Nachbarn reihum weiter. Dies wiederholt sich **fünfmal** (fünf Runden).

Kartenabfrage

Die Kartenabfrage ist eine Methode zum Erfassen offener Fragen, zur Problemerkennung sowie zur Strukturierung und Veranschaulichung von Ergebnissen. Die Teilnehmer halten ihre Aussagen stichwortartig auf Karten fest, die an Pinnwänden befestigt und beliebig umgesteckt werden können.

Empfohlener Ablauf:

1. Notieren Sie die Leitfrage an der Pinnwand, auf einem Flipchart oder an der Tafel.
2. Schreiben Sie Ihre Antworten auf die ausgeteilten Karten (höchstens fünf Wörter auf eine Karte).
3. Schreiben Sie mit kleinen und großen Druckbuchstaben.
4. Notieren Sie nur eine Aussage auf einer Karte.
5. Die Karten werden vorgelesen und an der Pinnwand befestigt. Dabei werden sie nach Themengebieten geordnet (Clusterung).

Tipps: Ergeben sich sehr viele unterschiedliche Cluster, bietet sich die Punktabfrage an, um die Aussagen in eine Rangfolge zu bringen (Prioritäten setzen).

Punktabfrage

Mit einer Punktabfrage kann eine Gruppe Prioritäten bzw. eine Rangfolge unter mehreren Themen oder Vorschlägen erkennen. Die Teilnehmer erhalten Klebepunkte, die sie auf die Themengebiete verteilen.

Empfohlener Ablauf:

Geben Sie zu einem Thema (Problemstellung) verschiedene Themengebiete (Unterthemen) vor oder erarbeiten Sie mithilfe einer Kartenabfrage verschiedene Themengebiete (Cluster).

Verteilen Sie Klebepunkte einzeln oder gehäuft auf die Themen. Die Zahl der Punkte, die an die Teilnehmer verteilt werden, ist abhängig von der Zahl der Unterthemen. Vorschlag: Zahl der Unterthemen dividiert durch zwei.

Stellen Sie fest, wie viele Punkte die Themen erhalten haben.

Legen Sie die Rangordnung fest.

Entscheiden Sie in der Gruppe, wie Sie die Themen behandeln wollen.

Tipps: Voraussetzung für eine Punktabfrage ist eine größere Zahl von Themen, z. B. das Ergebnis einer Kartenabfrage, eine Themenliste oder eine Ideensammlung. Versuchen Sie, Ihre Punkte unbeeinflusst von den anderen Teilnehmern zu verteilen.

Kopfstandmethode

Bei der Kopfstandmethode wird aus der ursprünglich definierten **Problemstellung** das exakte **Gegenteil** abgeleitet. Die Problemstellung wird auf den Kopf gestellt. Durch die Betrachtung des Problems aus einem konträren Blickwinkel können Denkblockaden aufgelöst und neue Lösungswege gefunden werden.

Empfohlener Ablauf:

1. **Analysieren** Sie das zu bearbeitende Problem.
2. Einigen Sie sich auf **eine** Problemstellung.
3. **Kehren** Sie die Problemstellung ins **Gegenteil**.
4. Halten Sie die Ideen **stichwortartig** fest.
5. Benutzen Sie z. B. den „Kopfstand-Bogen" (siehe unten).
6. Leiten Sie konkrete **Lösungen** für das ursprüngliche Problem ab.
7. Stellen Sie eine **Rangfolge** der Lösungen auf.
8. Präsentieren Sie Ihr **Ergebnis**.

Tipps: Lesen Sie auch die Informationen zum Brainstorming, zur Karten- und Punktabfrage. Die Kopfstandmethode kann auch allein durchgeführt werden.

BEISPIEL: Kopfstandbogen (ausgefüllt)

Problemstellung:
Wie kann die Beteiligung der Schüler/-innen am Unterricht verbessert werden?

Gegenteilige Problemstellung (auf den Kopf gestellt):
Wie kann die Beteiligung der Schüler/-innen am Unterricht verhindert werden?

Lösungsvorschläge für die **gegenteilige Problemstellung**	Lösungsvorschläge für die **ursprüngliche Problemstellung**
permanente Lehrervorträge und ausschließlich Frontalunterricht	Unterricht methodisch variabel gestalten unter Beteiligung der Schüler/-innen und Experten
Unterrichtsthemen stammen aus der Lebenswelt der Lehrkraft	Berufs- und Lebenswelten der Schüler/-innen berücksichtigen
nur schriftliche Leistungen beeinflussen die Endnote	auch mündliche Leistungen mit einbeziehen
unklare Unterrichtsziele der Lehrkraft	klare Formulierung der angestrebten Fach-, Methoden- und Sozialkompetenzen
Lehrkraft zeigt kein Interesse an den Problemen der Schüler/-innen	regelmäßig Sprechstunden für die Schüler/-innen anbieten

Internetrecherche

Das Internet bietet einen schnellen und umfangreichen Zugriff auf Informationen. Diese sind allerdings nicht systematisch, wie in einer Bibliothek, geordnet. Außerdem sind diese Informationen von sehr unterschiedlicher Qualität. Sie müssen daher ausgewertet und stets kritisch reflektiert werden, bevor sie in die eigene Arbeit einfließen können.

Empfohlener Ablauf:

1. Formulieren Sie einen konkreten Arbeitsauftrag für die Materialsuche.
2. Klären Sie vorab, ob Ihnen Internetadressen für die Materialsuche zur Verfügung stehen.
3. Nutzen Sie Suchmaschinen.
4. Überlegen Sie Schlüsselwörter, die in die Suchmaschinen eingegeben werden können.
5. Dokumentieren Sie während der Materialsuche wichtige Internetadressen.
6. Speichern Sie die wichtigsten Dokumente.
7. Werten Sie die gefundenen Informationen aus und fassen Sie die Arbeitsergebnisse mit eigenen Worten zusammen.

Tipps: Für eine genaue Analyse und Beurteilung der gefundenen Materialien ist es erforderlich, die Verfasser und ihre Interessen zu kennen. Beachten Sie, dass Quellen aus dem Internet zitiert werden müssen.

Auf den Seiten des Internets befinden sich „Links". Durch das Anklicken dieser „Links" erhalten Sie Zugang zu verwandten Themen.

Interviewtechnik

Das Interview ist eine Methode zur Informationsbeschaffung durch Befragung von Sachkundigen (Expertenbefragung).

Empfohlener Ablauf:

1. Beschaffen Sie sich Vorinformationen über den Interviewpartner, über das Thema des Interviews und die jeweilige Institution (z.B. durch Geschäftsberichte, Zeitungsartikel, Werkszeitschrift u.a.).
2. Halten Sie alle Fragen schriftlich fest.
3. Legen Sie fest, in welcher Reihenfolge Sie die Fragen stellen wollen.
4. Einer stellt die Fragen, ein anderer protokolliert die Antworten.
5. Nehmen Sie das Interview mit einem Kassettenrekorder, einem Diktiergerät oder einer Videokamera auf. Bitten Sie den Interviewpartner vorher um seine Einwilligung.
6. Werten Sie das Interview anschließend möglichst bald aus.

Tipps: Gestalten Sie das Interview abwechslungsreich und verwenden Sie unterschiedliche Fragetypen. Wenn das Interview veröffentlicht werden soll, muss dem Interviewpartner zuvor die Mitschrift des Interviews mit der Bitte um Durchsicht und Autorisierung (Zustimmung zur Weiterverwendung) zugeleitet werden.

Debatte (Diskussion)

Die Debatte ist eine Methode zur Meinungsbildung und Entscheidungsfindung durch das „geregelte Aufeinandertreffen unterschiedlicher Meinungen". Die Debatte ist ein Meinungsaustausch in Pro- und Kontrasituationen nach feststehenden Regeln.

Empfohlener Ablauf:

1. Stellen Sie das **Thema** vor.
2. Bilden Sie eine **Pro- und eine Kontragruppe**.
3. Legen Sie eine **Rednerliste** fest.
4. Vereinbaren Sie eine maximale **Redezeit** pro Redner.
5. Losen Sie aus, welche Gruppe mit der Debatte beginnt.
6. Tragen Sie Ihre Meinung eindeutig und begründet vor.
7. Setzen Sie sich mit den Meinungen der Gegenseite auseinander.
8. Vermeiden Sie persönliche Angriffe.
9. Stellen Sie am Ende der Debatte fest, ob Gruppenmitglieder ihre Meinung geändert haben.

Tipps: Es empfiehlt sich, einen Moderator zu wählen, der auf die Einhaltung der Debattenregeln achtet.

Rollenspiel

Das Rollenspiel ist eine Methode, vorhandene Verhaltensweisen zu überprüfen und neue Verhaltensweisen zu erproben. Rollenspiele dienen der Verbesserung der Handlungskompetenz durch eigenes Erfahren und durch Rückmeldungen (Feedback) von Beobachtern. Ein Rollenspiel vollzieht sich grundsätzlich in drei Phasen:

1. Phase = Vorbereitung
2. Phase = Spiel
3. Phase = Auswertung

Empfohlener Ablauf:

Vorbereitungsphase:

1. Stellen Sie das Thema vor.
2. Klären Sie die Rollen. Vergewissern Sie sich, ob jedem Mitspieler seine Rolle klar ist.
3. Legen Sie Beobachtungskriterien fest und verteilen Sie die Beobachtungsaufträge.

Spielphase:

4. Identifizieren Sie sich mit Ihrer Rolle.
5. Führen Sie das Rollenspiel ohne Unterbrechung durch.

Auswertungsphase:

6. Verlassen Sie Ihre Rollen.
7. Werten Sie das Rollenspiel gründlich aus.

BEISPIELE für Auswertungsthemen sind:

- Wie haben sich die Rollenspieler gefühlt?
- Wurde die Rollenverteilung eingehalten?
- Welche Verhaltensweisen und Meinungen der Rollenspieler haben Ihnen gefallen oder missfallen?
- Wurde sachlich argumentiert?
- Wie haben die Rollenspieler Sprache, Mimik, Gestik eingesetzt?
- Sind Ihnen eigene Haltungen oder Meinungen bewusst geworden?
- Welche Lösungen wurden entwickelt?
- Welche Qualität hatte die Entscheidungsfindung?
- Welche Konsequenzen ergeben sich für das künftige Verhalten der Rollenspieler?

Tipps: Beim Rollenspiel geht es nicht darum, welche Lösung letztlich herauskommt, sondern wie diese Lösung angestrebt wird. Daher ist die Auswertung des Rollenspiels genauso wichtig wie des Rollenspiel selbst.

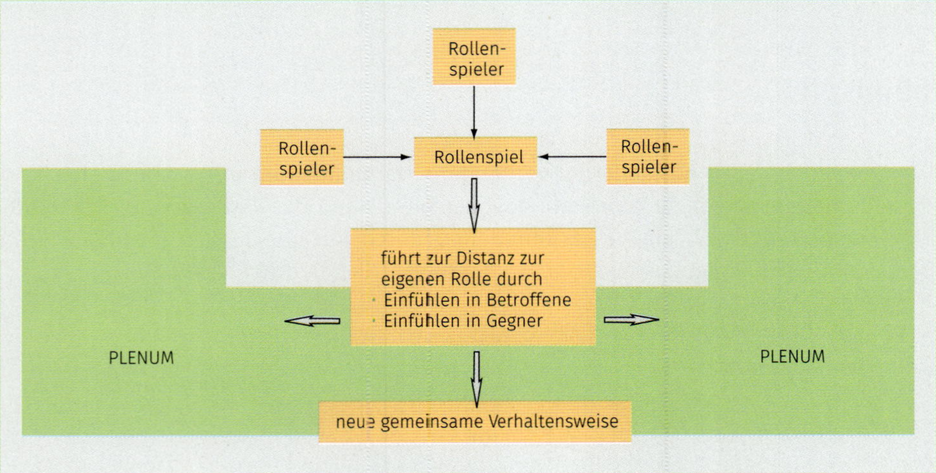

Textanalyse – Sachtexte bearbeiten

Wir erarbeiten uns mehr als 80 % unseres Wissens durch das Lesen von Texten. Um sich die wesentlichen Inhalte anzueignen, muss **„aktiv“** gelesen werden. Der Leser sollte also die Argumentation des Verfassers nachvollziehen und mit dem eigenen Vorwissen verknüpfen.

Empfohlener Ablauf:

1. Klären Sie zunächst Ihr **Interesse (Ziel, Aufgabenstellung)**, gerade diesen Text zu lesen.
2. Markieren Sie die **wichtigsten Begriffe** farbig, die Ihren Interessen, Zielen oder der Aufgabenstellung entsprechen.
3. Arbeiten Sie mit **Symbolen** am Rande des Textes. **Beispiele**: ! = richtig, ich stimme zu; ↯ = ich bin anderer Meinung; ? = verstehe ich nicht.
4. Schlagen Sie alle **unbekannten** Begriffe in einem Lexikon nach.
5. Fassen Sie anhand der markierten Stellen den Inhalt des Textes mit eigenen Worten zusammen.
6. Formulieren Sie eine **eigene Stellungnahme** zum Inhalt des Textes.

Tipps: Handelt es sich um einen langen Text, sollte er in Abschnitten bearbeitet werden. Für die Zusammenfassung von Texten ist die **Mindmap** geeignet. Der **variable Einsatz** von Sachtexten (z. B. Zeitungsartikel, Kommentare, Veröffentlichungen der Arbeitgeberverbände und Gewerkschaften, Schulbücher, Internet) fördert die Motivation der Schüler/-innen.

Mindmapping – gedankliche Landkarte

Durch diese Methode werden Ideen, Gedanken, Informationen und Arbeitsergebnisse sichtbar gemacht (visualisiert). Es werden Begriffe zueinander in Beziehung gesetzt, sodass eine gedankliche Landkarte (Mindmap) entsteht. Das menschliche Gehirn prägt sich Bilder leichter ein. Es geht kein Gedanke verloren, man hat **alles auf einen Blick**.

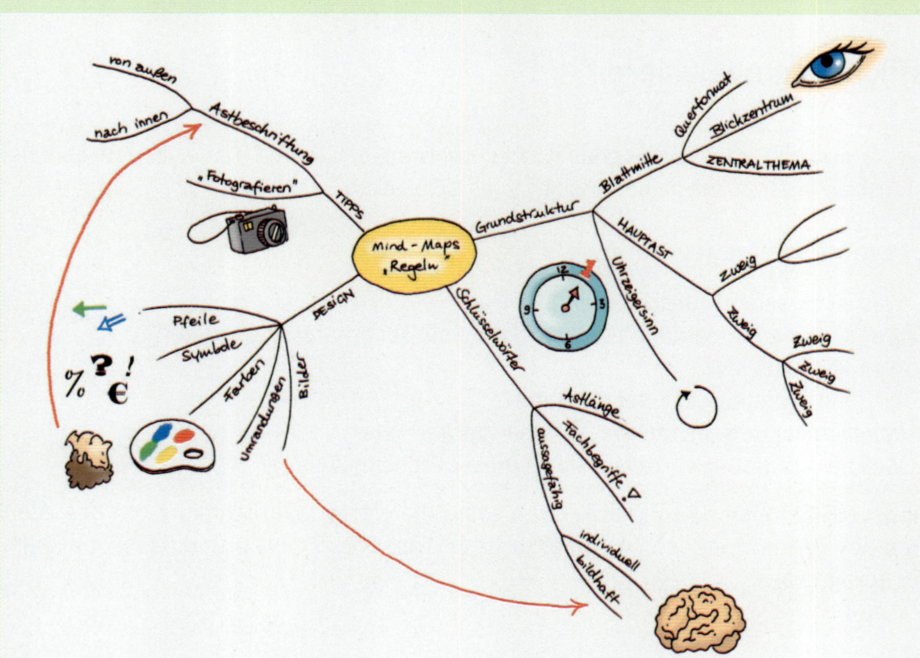

Empfohlener Ablauf:

1. Setzen Sie das Thema als Kreis oder Ellipse in die Mitte des Blattes.
2. Lassen Sie vom Thema die Hauptgedanken wie Äste abzweigen. Erarbeiten Sie die Hauptäste im Uhrzeigersinn. Die Hauptäste werden durch eine stärkere Strichstärke hervorgehoben.
3. Die sich aus dem Hauptgedanken entwickelnden fortführenden Gedanken halten Sie als Zweige fest, die sich wiederum in weitere Verästelungen unterteilen können.
4. Halten Sie spontane Ideen, die Sie nicht sofort einem Ast zuordnen können, an einem Ast „Sonstiges" fest.
5. Verwenden Sie nur Substantive: Schreiben Sie die Kernaussagen so an die Zweige und Äste, dass Sie frontal lesbar sind.
6. Schreiben Sie in kleinen und großen Druckbuchstaben.
7. Werden einzelne Astgruppen für bestimmte Projekte zusammengefasst, so sollten Sie diese durch Einkreisung kennzeichnen.
8. Setzen Sie überall dort, wo es möglich ist, Symbole zur Visualisierung ein.
9. Stellen Sie die Abhängigkeit oder Verbindung einzelner Gedanken durch Pfeile oder Farben dar.
10. Bringen Sie Einkreisungen oder einzelne Äste, wenn erforderlich, durch Nummerierung in eine Rangordnung.

Tipps: Durch Nummerieren, Einkreisen, Pfeile und Farben können Vorgehensweisen, Prioritäten und Arbeitsabläufe in eine Rangordnung gebracht und hervorgehoben werden. Mindmaps können in Gruppen- oder Einzelarbeit erstellt werden.

Karikaturen analysieren

Der Karikaturist übertreibt, verkürzt oder ironisiert ein Thema. Daher bedarf es einer intensiven Analyse, um seine Aussage zu entschlüsseln.

Empfohlener Ablauf:

1. Was ist zu sehen? (Beschreiben)
2. Wer sind die handelnden Personen (z. B. Politiker, Interessenvertreter)?
3. Wen vertreten sie?
4. Wie lautet die Aussage der Karikatur?
5. Welche Meinung vertritt der Verfasser der Karikatur?
6. Welche Auffassung vertreten Sie zu dieser Problemstellung?

Tipps: Bei der Analyse von Karikaturen sollte die eigene Wahrnehmung von der Interpretation getrennt werden. Die Arbeitsschritte 1 bis 3 und 4 bis 6 sind daher voneinander abzugrenzen.

Gruppenarbeit (Phasen)

1. Phase	Klasse mit der Thematik vertraut machen (Sachverhalt vorlesen, unmittelbare Verständnisfragen klären).
2. Phase	Gruppen bilden (maximal sechs Mitglieder pro Gruppe): ▪ Jede Gruppe bearbeitet das gleiche Thema (themengleiche Gruppen) oder ▪ Jede Gruppe bearbeitet ein anderes Thema (thementeilige Gruppen)
3. Phase	Gruppen verteilen gruppeninterne Rollen (Gruppensprecher, Protokollführer), nehmen die gruppeninterne Arbeitsverteilung vor und einigen sich auf gemeinsame Gruppenregeln. Vorschlag für Gruppenregeln: ▪ Jedes Mitglied muss etwas beitragen und seine Rolle annehmen. ▪ Jeder Beitrag wird aufgenommen und gewürdigt. ▪ Verbale Beiträge dürfen nicht länger als 30 Sekunden dauern. ▪ Entscheidungen werden gemeinsam getroffen. ▪ Der Gruppensprecher übernimmt die Vermittlerrolle. ▪ Der Gruppensprecher leitet etwaige Diskussionen. ▪ Killerphrasen sind zu unterlassen. („Das ist doch klar“, „Das geht nicht“ usw.)
4. Phase	Teilergebnisse innerhalb der Gruppen besprechen und Ergebnispräsentation (Visualisierung des Vortrags) vorbereiten.
5. Phase	Gruppenergebnisse vor der Klasse präsentieren (Gruppen stellen sich Detailfragen und Kritik der anderen Gruppen). Für den Hefteintrag sollten sich die Gruppen auf eine gemeinsame Lösung einigen. Das kann eines der Gruppenergebnisse sein oder ein Konsens bzw. Kompromiss aus allen vorgetragenen Gruppenlösungen.
6. Phase	Über das eigene Tun nachdenken. Gruppenregeln visualisieren.

Gruppenpuzzle (Jigsaw-Puzzle)

Die Teamfähigkeit wird durch kooperatives Lernen und durch die Selbstorganisation des Lernens gefördert. Die Vorteile liegen in der Verbesserung der eigenen Lernfähigkeit, im Vertrauen in die eigene Leistungsfähigkeit, in der Stärkung des Selbstwertgefühls und in der Verantwortung der einzelnen Schüler/-innen gegenüber anderen begründet.

Empfohlener Ablauf:

1. Legen Sie eine **komplexe Themenstellung** (Handlungssituation) mit mehreren Unterthemen fest.
2. Jedes Unterthema wird von einer **Expertengruppe** arbeitsteilig bearbeitet (drei Unterthemen = mindestens drei Expertengruppen).
3. Die erarbeiteten Informationen werden anschließend in neu zusammengesetzten Schülergruppen (**Puzzlegruppen**) ausgetauscht. In diesen neuen Gruppen befindet sich mindestens ein Mitglied aus jeder der vorherigen Expertengruppen und erläutert als Experte die Gruppenergebnisse.
4. Danach kehren die Schüler/-innen in **ihre Expertengruppen** zurück und berichten über ihre Informationsarbeit, über den Diskussionsverlauf und über die neuen Informationen aus der Puzzlegruppe, deren Ergebnisse abschließend ausgewertet werden.

Tipps: Die Puzzlegruppen erhalten nur dann die vollständige Information, wenn wirklich jedes Gruppenmitglied in seiner Expertengruppe gut mitgearbeitet hat. Schon in der Vorbereitungsphase der Puzzlemethode müssen die Schüler/-innen auf die Bedeutung einer aktiven Mitarbeit hingewiesen werden. Die Expertengruppen sollten unterschiedlich farbige Arbeitsblätter erhalten. So kann leicht überprüft werden, ob in jeder Puzzlegruppe alle Teilthemen bearbeitet werden.

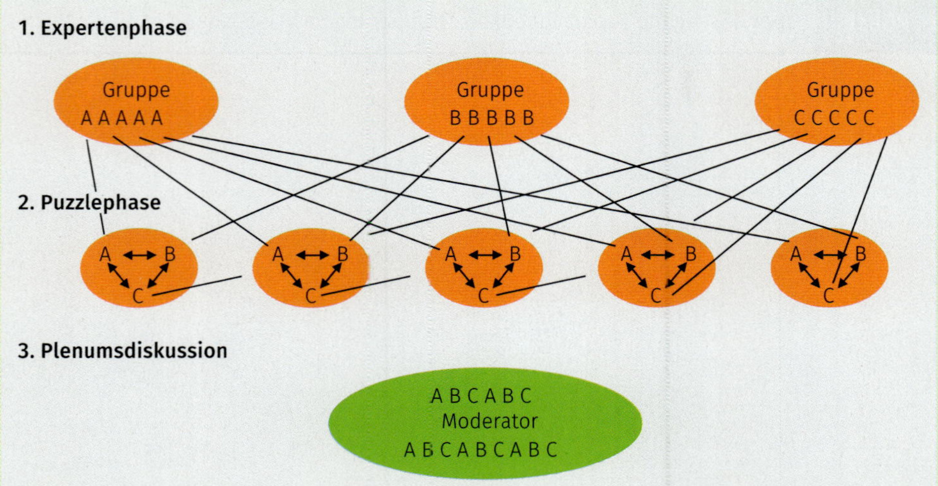

Wichtige Regeln der Metaplantechnik

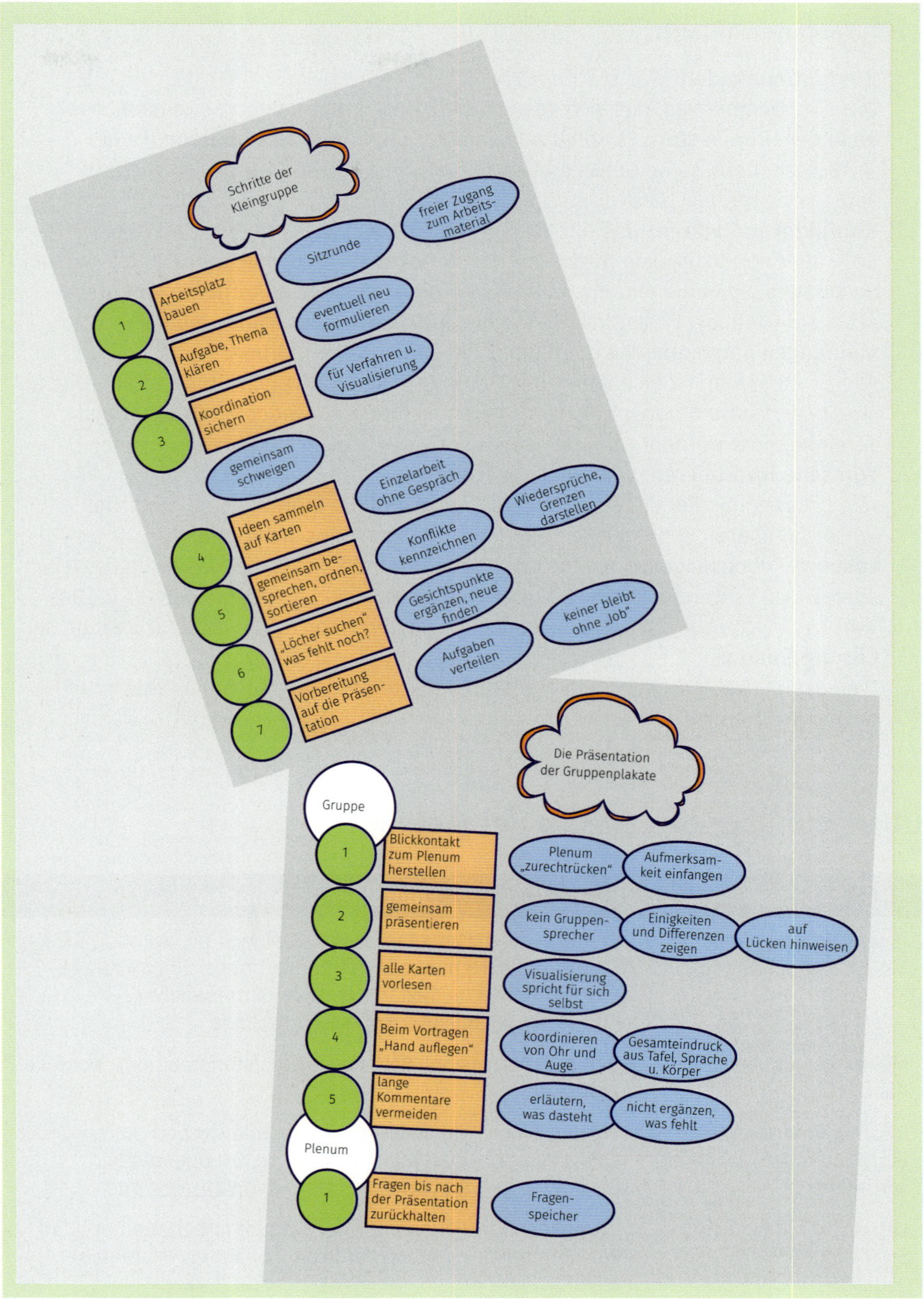

Konfliktgespräch

Empfohlener Ablauf

1. **Konflikt anmelden:** Was stört mich?
   Das Gruppenmitglied, das sich gestört fühlt, beschreibt möglichst konkret, was es in der Gruppe stört. Es sollte aus dem Ich-Standpunkt formulieren (keine Du-Botschaften), seine Gefühle ausdrücken und anderen Gruppenmitgliedern keine Vorwürfe machen.
2. **Konfliktgrund klären:** Was löst diese Störung aus?
   90 % aller Konfliktgründe liegen auf der Beziehungsebene, nur bei 10 % geht es um Sachfragen. Spannungen entstehen durch unterschiedliche Auffassungen über Arbeitseinstellung, Belastung, Hierarchie, Arbeitsumgebung und -inhalte.
3. **Meinungen sammeln:** Wie empfinden die anderen die Störung?
   Alle Gruppenmitglieder äußern ihre Meinung zum Konflikt (Ich-Botschaften). Diese Meinungen sollten nebeneinander stehen bleiben und weder verglichen noch vereinheitlicht werden. Keine gegenseitigen Vorwürfe!
4. **Wünsche formulieren:** Was wünsche ich mir?
   Alle Gruppenmitglieder versuchen, den Ärger und die Störungen in Wünsche umzuformulieren. Die anderen nehmen zu diesen Wünschen Stellung.
5. **Lösungen vorschlagen:** Alle Mitglieder beteiligen sich und reihen mögliche Lösungen aneinander. Es werden keine Wertungen vorgenommen, um Killerphrasen (z. B. „Das geht nicht!“, „Du spinnst ja!“, „Das haben wir immer schon so gemacht!“) zu vermeiden.
6. **Lösung finden:**
   Die Lösung des Konflikts sollte alle Konfliktparteien zufriedenstellen (Gewinner-Gewinner-Strategie).

Übersicht über den Einsatz der Methoden

Einsatz	Empfohlene Methoden
Ideen sammeln, in neues Stoffgebiet einsteigen	Brainstorming, Metaplantechnik, Brainwriting, Methode 635, Zuruffrage, Kartenabfrage mit Punktabfrage, Einpunktfrage, Internetrecherche, Textanalyse, Karikaturenanalyse, ABC-Methode, Blitzlich, Kopfstandmethode ...
Meinung bilden, Konflikt handhaben	Debatte (Diskussion), Rollenspiel, Kopfstandmethode, Konflikt-gespräch ...
Informationen sammeln, erarbeiten, strukturieren, vertiefen	Mindmapping, Interviewtechnik, Metaplantechnik, Karten-abfrage mit Punktabfrage, Textanalyse, Gruppenpuzzle, Gruppenarbeit, Stationen-Lernen, Sandwich-Methode ...
Lernerfolg kontrollieren, Stoff wiederholen	Gruppenpuzzle, Gruppenturnier, Gruppenarbeit, Heißer Stuhl, Partnerinterview, ABC-Methode, Mindmapping, Metaplan-technik ...
Ergebnisse präsentieren, Lerneinheit abschließen	Metaplantechnik, Rollenspiel, Rundgespräch, Fantasiereise, Marktplatz, Blitzlicht, Vernissage, Steinbeißer-Methode ...

Abkürzungsverzeichnis

AEUV	Vertrag über die Arbeitsweise der Europäischen Union
AG	Aktiengesellschaft
AGG	Allgemeines Gleichbehandlungsgesetz
AktG	Aktiengesetz
AO	Abgabenordnung
ArbSchG	Arbeitsschutzgesetz
ArbStättV	Arbeitsstättenverordnung
ArbZG	Arbeitszeitgesetz
Az	Aktenzeichen
AZR	Aktenzeichen/ Rundschreiben
BAG	Bundesarbeitsgericht
BBiG	Berufsbildungsgesetz
BEEG	Bundeselterngeld-/ elternzeitgesetz
BetrVG	Betriebsverfassungsgesetz
BGB	Bürgerliches Gesetzbuch
BildschArbV	Bildschirmarbeitsverordnung
BIP	Bruttoinlandsprodukt
BurlG	Bundesurlaubsgesetz
DIN	Deutsche Industrienorm
d.J.	dieses Jahr
EN	Europäische Norm
EStG	Einkommensteuergesetz
EStR	Einkommensteuerrichtlinien
ESVG	Europäisches System Volkswirtschaftlicher Gesamtrechnungen
EU	Europäische Union
EWR	Europäischer Wirtschaftsraum
e.K.	eingetragene(r) Kauffrau(-mann)
EZB	Europäische Zentralbank
GG	Grundgesetz
ggf.	gegebenenfalls
GmbH	Gesellschaft mit beschränkter Haftung
GmbHG	GmbH-Gesetz
GUV	Gesetzliche Unfallversicherung
GWB	Gesetz gegen Wettbewerbsbeschränkungen
HGB	Handelsgesetzbuch
HwO	Handwerksordnung
IBAN	International Bank Account Number
IHK	Industrie- und Handelskammer
ISO	International Organization for Standardization
i. d.R.	in der Regel
i.V.	in Vertretung (in Vollmacht)
i.V.m.	in Verbindung mit
JArbSchG	Jugendarbeitsschutzgesetz
KfW	Kreditanstalt für Wiederaufbau
KiSt	Kirchensteuer
KG	Kommanditgesellschaft
KrWG	Kreislaufwirtschaftsgesetz
KSchG	Kündigungsschutzgesetz
MuSchG	Mutterschutzgesetz
NZB	Nationale Zentralbank
OHG	Offene Handelsgesellschaft
p.a.	per annum (pro Jahr)
SGB	Sozialgesetzbuch
StabG	Stabilitätsgesetz
TVG	Tarifvertragsgesetz
TzBfG	Teilzeit- und Befristungsgesetz
UWG	Gesetz gegen den unlauteren Wettbewerb
u.a.	und anderes
WTO	World Trade Organization
ZR	Zentralregister
zvE	zu versteuerndes Einkommen
zz.	zurzeit

Bildquellenverzeichnis

Umschlagfotos: iStock (g-stockstudio) + Taschenrechner shutterstock (Derek Hatfield)

Innenteil:
Bergmoser + Höller Verlag AG, Aachen: S. 37, 38, 134, 174
Bitkom Bundesverband Informationswirtschaft, Telekommunikation und neue Medien e.V., Berlin: S. 26
Bildungsverlag EINS GmbH, Köln: S. 7
Deutsche Bundesbank, Frankfurt a. Main: S. 144
DIN Deutsches Institut für Normung e.V., Berlin: S. 25.1 – 25.4
dpa Infografik GmbH, Hamburg: S. 46, 47.1, 47.2, 54, 61.1, 61.2, 70, 149, 150, 166, 167, 178, 187, 189.1. 189.2, 190, 200, 211, 224, 245
dpa Picture-Alliance GmbH, Frankfurt/Main: S. 98 (dpa, Fotograf: Brock)
Elisabeth Galas, Bad Breisig/ Bildungsverlag EINS: S. 164
Foto Stephan - Behrla Nöhrbaß GbR, Köln/ Bildungsverlag EINS: S. 31
www.fotolia.com: S. 50 (Georgios Kollidas), 263 (Francesco Ridolfi)
Götz Wiedenroth, Flensburg: S. 163.2
Heinrich Drescher, Münster/ Bildungsverlag EINS: S. 106.1, 106.2, 131, 148, 163.1
imu Infografik, Duisburg: S. 30
iStock: S. 45 (ollo)
Jupp Wolter (Künstler), Haus der Geschichte, Bonn: S. 95
MEV Verlag GmbH, Augsburg: S. 23.1, 23.2
Stéffie Becker, Unkel: S. 220, 287

Sachwortverzeichnis

D

E

F

G

H

I

J

K

L

M

N

O

P

Q

R

S